内部控制的
价值主张与实现

不同视角下的普遍意义与银行个例

INTERNAL CONTROL VALUE PROPOSITION AND IMPLEMENTATION
The Universal Meaning from Different Perspectives
and a Case Study on the Banking Industry

安瑛晖　刘思偲◎著

中国金融出版社

责任编辑：张　铁
责任校对：刘　明
责任印制：陈晓川

图书在版编目（CIP）数据

内部控制的价值主张与实现：不同视角下的普遍意义与银行个例/安瑛晖，刘思偲著．—北京：中国金融出版社，2021.3
ISBN 978 - 7 - 5220 - 1009 - 0

Ⅰ.①内…　Ⅱ.①安…②刘…　Ⅲ.①企业内部管理—研究　Ⅳ.①F272.3

中国版本图书馆 CIP 数据核字（2021）第 022241 号

内部控制的价值主张与实现：不同视角下的普遍意义与银行个例
NEIBU KONGZHI DE JIAZHI ZHUZHANG YU SHIXIAN：BUTONG SHIJIAO XIA DE
PUBIAN YIYI YU YINHANG GELI

出版
发行　中国金融出版社

社址　北京市丰台区益泽路 2 号
市场开发部　（010）66024766，63805472，63439533（传真）
网 上 书 店　http：//www.chinafph.com
　　　　　　（010）66024766，63372837（传真）
读者服务部　（010）66070833，62568380
邮编　100071
经销　新华书店
印刷　北京市松源印刷有限公司
尺寸　169 毫米×239 毫米
印张　21.75
字数　374 千
版次　2021 年 3 月第 1 版
印次　2021 年 3 月第 1 次印刷
定价　80.00 元
ISBN 978 - 7 - 5220 - 1009 - 0
如出现印装错误本社负责调换　联系电话（010）63263947

自　序

　　对任何事物的探究必须从本质入手。作为人，不应被别人的意见所左右。不要对事物抱有一种那错待你的人所抱的同样的意见，或者抱有一种他期望你有的意见，而是要按其本来面目看待事物。[①]同时，我们要保持独立的观察、分析与推理能力，并尊重产生意见的能力，也就是提出概念和观点的能力。在个人所能支配的那部分里，是否存在与理性动物的本性和气质不相容的意见，就完全依赖于这种能力。

　　我们不能盲人摸象般地仅靠部分感官的感觉，而不能全面地感知；不能采取鸵鸟策略，视而不见，故意地回避一些东西；更不能一叶障目、不见森林，仅仅看到很小的局部，而忽视了带有本质属性的东西。总之，我们在不可能全面观察、分析的情况下，学会寻找尽量多的信息，学会窥一斑而见全豹，经过严格的逻辑推理，演绎、归纳出科学的观点。当然，这需要体系化的知识；需要系统思维，理性的、逻辑的能力是一个重要方面；更需要有深刻的实践经验作为知识和理性之外的，以行动为支撑的有效、有力的方法。

　　社会发展，组织变迁，生产力变化，人的诉求也在随之更新。作为个体的人，有角色的变化，经济人也好，社会人也罢，独立人格也好，综合人性也罢，个体也好，组织人也罢……任何时候都脱离不了人及其与事物的联系，人与社会，人与组织的关系，组织与人、社会与人的关系，这些都值得深入地观察和思考。

　　① 马可·奥勒留. 沉思录［M］. 北京：中央编译出版社，2008.

2008 年，为具体实施《企业内部控制基本规范》，我们做了广泛、深入的研究分析和实地考察调研，针对该规范的落地提出了深入、细致的具体落实方案，并在日后躬身实践，到现在已经有 12 年的时间了。

从一开始的懵懵懂懂，到一会儿明白、一会儿糊涂，混沌的思考，有时会突然清晰起来，遇到问题，尤其是理念方面和具体的宏观方案方面，又会陷入思维混乱和无所适从，如到底什么是内部控制、规范是最高理想还是最低标准、具体到一个单位的整体实施以及具体的实施措施、如何确定标准以及如何评价有效性的问题等。慢慢地，随着时间的流逝、思考的深入、实践的历练，这些问题也逐渐有了明确的答案。效率、秩序以及和谐的追求是永恒的课题。人类社会的整个发展历程，都是针对资源有限的现实，在人自身的权利、资源分配和占有的基本问题上进行斗争。这里面就有作为个体的人、作为群体的人以及人类在这个历史进程中为此作出的不懈努力。

以个人的经历从不同的视角来看内部控制，或许是真正解决疑惑、坚定信念和精准行动的唯一良方。我们想从以下九个方面，也就是九个视角来审视内部控制，抽丝剥茧，探索内部控制价值主张与实现的普遍意义。

一是我们从失效的案例，分不同企业主体和不同经营管理部位出现瑕疵而导致经营失败来剖析问题所在。事实上，从负面防止来展开思考，可以更深刻地触及人的内心深处。这主要是基于一个基本认识：对胜利的欢呼，人们会很快遗忘；对失败的拷问，却长久于心，念念不忘。哀其不幸，怒其不争，才有可能带来自我反省、过不惮改的决心和勇气。百年老店、基业常青的故事太多，但不会引起人们的关注。他山之石，可以攻玉，也只是说说而已。正面的引导历来就没有负面的劝诫来得更有效果。

二是从科学管理的视角看一个组织，尤其是企业的管理到底经历了什么样的历史发展、又有什么样的思想进步，从科学管理的角度看企业经营，可以展示内部控制在管理视角下的内涵和重要意义。只要是组织，就必然有其科学合理的管理模式。不同时期、不同组织的管理内涵或者说主要矛盾会有一定差异。对企业来说，科技发展、生产经营的组织以及管理的科学性都在逐步提升。工业革命带来的企业科学管理革命如火如荼，直到现在也是管理探讨的重要内容。从科学管理的视角来看内部控制，可以对内部控制有更加全面、更加深刻的认知。

三是用系统思维来系统化思考，系统理论与信息论、控制论一起构成了现代社会对问题的思考方式，社会是系统，组织是系统，运用系统思维看待内部控制，对内部控制掰开了、揉碎了，做庖丁解牛式的解构，具有解释、理解和实践意义。众所周知，系统论为我们思考问题提供了新的思维方式，与信息论、控制论共同促进了科学研究的进步，为理论研究和技术实践奠定了现代文明基础。我们在现代信息技术大发展的当代，运用系统的观点来研究探讨企业作为系统及内部控制作为系统的模式，可以更加清晰地展现其内涵和外延，为正确理解和看待内部控制提供了系统框架。

四是从企业伦理的角度来看，企业作为特殊社会组织的社会承担，这种来源于外部的约束，对企业强化内部控制提出了更高的要求，除了满足生存与发展，强调效率与效益之外，满足社会的功能更具意义。任何企业，不管是盈利的还是非盈利的，在现代社会中必须承担社会责任、强调企业伦理，从内部控制的外部责任承担可以更好地审视内部如何运作才能够满足外在诉求。这种在监管之上，更为普遍的外部利益相关者的诉求，更需要通过内部的方法加以关注和兑现。而且，没有道德的企业和没有道德的人一样，必将被社会所不齿、不容，可以赢得一时，却必不长久。

五是从组织与人、人与组织的讨论，可以让我们更深刻地理解企业作为黑箱和灰箱处理的不恰当性，组织的建立与人的作用密不可分，一个个鲜活的个体，也就是"人"这个最革命的因素，会对组织产生不可忽视的影响，能否把个人目标统一到组织目标并为之作出努力是一个十分棘手但务必解决好的问题，因此，组织的效率与乌合之众的群策群力都需要纳入观察。"法无授权不可为，法有授权必须为"，还是"法无授权皆可为"，都是在创新和照章办事的秩序之间进行的平衡。组织自然有其使命和目标，构建什么样的组织机构以实现围绕目标的高效率运作是一个大课题，也是内部控制制度安排的重要内容；与此同时，组织里面的人，不同层级的人，如何在组织架构里发挥有效作用，就成为另一重要课题。组织与人、人与组织，可以从不同的角度来观察"人"在内部控制中对效率的影响问题。

六是从应用框架来看内部控制的实际应用指南，有其发展规律可循，从内部控制框架到全面风险管理再到基于企业层级风险的内部控制要素及需考虑的因素，为内部控制体系的实际应用提供指导，更有不同类型企业的内部控制标准作为实际操作指南。

七是从制度建设的角度来审视内部控制，一切理念和行为规范都需要以成文法、案例法或者不成文的默认规则来加以明确，其建设和执行是内部控制有效的根本保证。作为企业规范运行、持续发展保障的，以明确授权、业务操作、管理为主要内容的制度体系是现代企业不可或缺的。制度即控制，是企业落实战略要求、实现企业目标、达成企业使命的重要前提。制度的严格执行是确保资源配置高效、业务发展规范、具有市场竞争力、承担社会责任的坚实基础。良好的制度是现代企业治理体系和治理能力现代化的重要内容和根本保障。从制度建设的视角来剖析现代企业，尤其是金融企业，可以探索建立健全内部控制体系的路径。

八是从作为社会发展的重要推动因素——科技，尤其是信息技术、IT 技术的发展和应用，来审视内部控制的实施以及本身需要的控制要求，可以从更为现代的科技视角理解和落实内部控制。科学技术作为主要的生产要素，其每一个进步都带来了社会进步，除了生产力发展、生产率提升、资源的开发利用效率提高、物资的丰富供给之外，也会引发社会变革，重大的发明会促使发生社会革命。其中，最主要体现就是社会组织的变革和管理的进步。科技与社会发展相互影响、相互促进，共同造就了缤纷的大千世界。

九是基于一个基本认识，就是"没有最好，只有更好"，从治理失效、追求卓越的视角，探讨如何以问题为导向，审视经济、社会、政治、技术等环境因素，重视组织结构设计、制度建设，体现人文关怀，以实现企业这个社会特殊组织发挥应有作用，促进效率提升，维护社会进步，保障人的发展，真正实现对卓越的追求。

我们根据上述九个方面，从不同的视角对内部控制的价值主张和实现进行较为深入的探讨，力争为理论界和实践者提供一个较为清晰的认知，为所有具有社会性的组织提供一个较为广泛的、一般性的应用指南。

安瑛晖
2021 年 3 月

目　录

第一章　失败之殇

失败令人沮丧、让人深思。如果没有吸取经验教训而重蹈覆辙，失败的成本就变成了毫无意义的付出。内部控制的价值主张不仅是基于原理和逻辑的演绎推理，更是来自实践的启示和发展的需要。"百年老店"值得推崇、学习，失败的教训更应成为防患于未然、追求持续健康发展的动力。

第一节　典型失败案例

在企业发展史上，失败的案例比比皆是，"百年老店"实属不易，基业长青更是美好的理想。失败的教训除了是自身走向成功的垫脚石，更给他人和后人以启迪，为优秀者追求卓越埋下伏笔。当然，亦有不觉悟者，常常步前者之后尘，"后人哀之而不鉴之，亦使后人而复哀后人也。"我们总是从良好的愿望出发，期待典型失败案例能够振聋发聩，可以警钟长鸣、防患于未然，激励企业自我反省、改进管理、健全内控机制，进而达成企业生存与发展的使命，促进长期健康持续发展。

一、工商企业

（一）安然事件

安然事件（the Enron Incident）是指 2001 年发生在美国的安然公司破产案。安然公司曾经是世界上最大的能源、商品和服务公司之一，连续六年被《财富》杂志评选为"美国最具创新精神公司"，列《财富》杂志"美国 500 强企业"第 7 名。2001 年 12 月 2 日，安然公司突然向纽约破产法院申请破产保护，成为美国历史上企业第二大破产案。

事件起因于 2001 年初，一家有着良好声誉的投资机构老板吉姆·切欧斯公开对安然公司的盈利模式表示怀疑，指出安然公司的业务看起来很辉煌，但实际上赚不到什么钱，也没有人能够说清楚是怎么赚钱的，而且他还注意到有些文件涉及安然公司背后的合伙公司，这些公司和安然公司有着说不清的幕后交易。与此同时，安然公司首席执行官一直在抛售安然公司股票，还不断宣称股票价格会从当时的 70 美元左右升至 126 美元。

外部质疑成为导火索，引发了公司破产。也许正是出于对安然公司的怀疑，人们开始真正探究安然公司的盈利情况和现金流向。到 2001 年 8 月，人们对于安然公司的疑问越来越多，股价闻风而动，并最终导致股价下跌近 50%。随后，安然公司公布的 2001 年第二季度财报（第三季度财务报表）显示公司亏损，这引起美国证券交易委员会的关注并开始对安然公司及其合伙公司进行正式调查。2001 年 11 月 8 日，安然公司被迫承认做了假账，虚报的数字让人诧异万分，树欲静而风不止，月底安然公司股价就跌至 0.26 美元。2001 年 12 月 2 日，安然公司正式向破产法院申请破产保护，破产清单中所列资产高达 498 亿美元。而且，随着事件的发展，安然公司的领导层，包括董事会和公司高级管理人员遭到广泛的质疑，面临的指控包括疏于职守、虚报账目、误导投资人以及牟取私利等，假账问题比较清晰地暴露出来。同时，安然公司假账问题也让其审计公司——安达信公司面临被诉讼的危险。

事实上，安然事件有着更为深层次的原因。安然公司的崩溃并不仅仅是因为做假账，也不完全是高层的腐败，更深层次的原因是急功近利和冒险的企业文化，这使安然公司在走向成功的同时也为自己预先挖掘了失败之墓。安然公司的核心文化就是盈利，经营者追求的目标就是"高获利、高股价、高成长"；安然公司的公司精神就是冒险，鼓励的是不惜一切代价追求利润的冒险精神，也就是用高盈利换取高报酬、高奖金、高回扣和高期权。

当然，安然事件的教训是十分深刻的，影响也是极其深远的。在安然事件中，损失最惨重的是普通投资者，其投资基本上是血本无归。投资人为挽回损失提起诉讼，包括对安达信在财务审计时未尽职责提起诉讼，以谋求损失赔偿。实际上，安然公司内部的审计人员对公司的财务状况曾提出过自己的看法，怀疑过报表的真实性。这对安然公司舞弊案件的调查进程起到了一定的推动作用。安然事件后，美国公司丑闻不断，特别是 2002 年 6 月的世界通信会计丑闻事件，沉重地打击了投资者对资本市场的信心。为了改变和扭转这一不利局面，重塑市场信心，美国国会和政府加速通过了《萨班斯—奥克斯利法案》（*Sarbanes - Oxley Act*，以下简称《SOX 法案》）。该法案目的明确，直奔重塑市场信心的主题，力图通过规范信息披露来保护投资者的合法权益。该法案的另一个名称是《上市公司会计改革与投资者保护法案》，其第一句话就开宗明义地指出："遵守证券法律以提高公司披露的准确性和可靠性，从而达到保护投资者及其他目的。"

（二）三鹿奶粉事件

随着我国经济社会的快速发展，我国消费市场迅速崛起，乳制品逐步成为人们日常生活中不可或缺的重要消费品，行业的扩张速度也是十分惊人的。自1993 年起，三鹿奶粉产销量连续 15 年排名全国第一。2007 年，三鹿集团实现销售收入达到 100.16 亿元，同比增长 15.3%，实现了快速发展。三鹿集团一直在快车道上高速行驶，创造了令人振奋的"三鹿速度"。然而，在企业疯狂扩张的背后，内控意识淡薄，风险识别、评估、控制能力低下，内控失效潜在风险巨大，成为三鹿之败的主要诱因。①

其实，早在 2004 年 4 月，在安徽阜阳"大头娃娃"事件中，三鹿奶粉就榜上有名，这已经给三鹿集团上了一堂风险警示课。但经过危机公关，三鹿集团从企业"黑名单"中消失，"成功"地躲过一劫。按道理，三鹿集团应该从中吸取教训，侥幸逃脱后的亡羊补牢应成为必然选项，下大力气加大公司内部治理与内控建设，建立健全风险预警机制。然而，事实上三鹿不仅没有在内部治理上下功夫，反倒是针对农村奶粉市场暂时出现的真空，快速抢占市场，把销售网络进一步扩展到乡镇，实施更为凌厉的外部扩张。

与此同时，企业在迅速扩张时期，原有的问题不仅没有得到及时有效解决，而风险点还在不断增加，风险逐步累积。2005 年 7 月，三鹿酸奶在天津、衡水、沧州市场出现断货现象，生产厂销售部与仓库人员为了缩短物流时间，擅自将正在检测过程中的产品提前出厂，导致了轰动一时的"早产奶"事件。三鹿集团像一般企业一样过度迷恋和迷信危机公关这个辅助手段的功效，在"摆平"舆论之后，除了将销售部门有关人员调离岗位，对三鹿酸奶销售直接负责人采取了扣除 20% 年薪的处罚外，没有从消除内控隐患的角度思考问题，又一次失去了整改的机会。在企业迅速扩张的前提下，当公司整体利益与部门利益或个人利益发生冲突时，就极有可能出现管理扭曲。三鹿集团不幸陷入这

---

① 汪靖中，张瑶瑶．三鹿：企业内控失效的典型案例［N］．中国财经报，2008 - 09 - 25．

个管理陷阱，不能自拔。

其实，2008 年 6 月 28 日，财政部等五部委联合发布《企业内部控制基本规范》，其中第三十七条规定："企业应当建立重大风险预警机制和突发事件应急处理机制，明确风险预警标准，对可能发生的重大风险或突发事件，制定应急预案、明确责任人员、规范处置程序，确保突发事件得到及时妥善处理。"但恰恰是企业依赖的危机公关后的应急事件处理也出了问题，应急机制不健全成了压倒三鹿集团的最后一根稻草。据报道，从 2008 年 3 月起，三鹿集团就陆续接到一些患泌尿系统结石病儿童家长的投诉，一些媒体也开始以"某品牌"影射三鹿。然而，面对即将到来的危机，三鹿集团的应急机制几近失效。在整个事情过程中，三鹿集团处理危机的方式不是积极应对、实事求是地做好相关工作，而是能推就推、能拖就拖、能瞒就瞒，最终导致事态日益恶化。直到 9 月 11 日东窗事发前夕，三鹿集团仍坚持说："三鹿集团是国内最大的奶粉生产企业，公司的产品经国家有关部门检测，均符合国家标准，目前尚没有证据表明食用奶粉与患肾结石有必然联系。"最后，实在隐瞒不住了，三鹿集团才发布公告，承认部分批次三鹿婴幼儿奶粉受三聚氰胺污染。三鹿集团在处理危机事件过程中，没有表现出应有的气魄、作出适宜的动作，这种迟钝、被动的危机反应，只会让公众失去信心和耐心。总之，社会责任意识淡薄、内部管理漏洞百出、利益冲突协调机制欠缺、应急机制不完善等原因加速了日益膨胀的三鹿集团这个奶品行业巨头的失败，教训是十分惨痛的。

（三）中航油事件

中国航油（新加坡）股份有限公司（简称中航油）是中国航油集团的海外控股公司，是在新加坡交易所主板挂牌上市的企业。中航油于 2004 年由于石油衍生品交易产生了 5.54 亿美元的亏损，被迫于 2004 年 11 月 30 日向新加坡高等法院申请债务重组。① 而之前，从外部评价来看，中航油曾被评为 2004 年新加坡最具透明度的上市公司。从内部管理来看，中航油内设风险委员会，曾聘请安永会计师事务所编制了公司的《风险管理手册》和《财务管理手册》。其中，《风险管理手册》中明确规定：损失超过 500 万美元，必须报告董事会。中航油经批准从 2003 年开始做油品套期保值业务，但其擅自扩大业务范围，从事石油衍生品期权交易，且一直未向中国航油集团公司报告，而中

---

① 刘凡. 从中航油事件看其内部控制 [J]. 中国管理信息化，2010（18）.

国航油集团公司也没有主动发现问题。其与日本三井银行、法国兴业银行、英国巴克莱银行、新加坡发展银行和新加坡麦戈利银行等在期货交易场外签订了合同，买了"看跌"期权，赌注为每桶 38 美元。但没有想到国际油价一路攀升，此时中航油不是顺应市场适当地调整仓位，反而增大石油期权交易规模，由最初的 200 万桶增加到出事时的 5200 万桶，致使中航油在清算时造成账面实际损失和潜在损失总计约 5.54 亿美元。①

2005 年 6 月 3 日，普华永道发布了有关中航油巨额亏损的最终调查报告，认为下列因素单独或共同造成了公司在期权投机交易上受到损失：对油价走势判断错误；没有按照行业标准对期权仓位进行估值；没有正确地在公司的财务报表上记录期权组合的价值；缺乏针对期权交易的适当而严格的风险管理规定；公司管理层有意违反本应该遵守的风险管理规定；董事会，尤其是审计委员会，就公司投机衍生品交易的风险管理和控制未能完全履行各自的职责等。

实际上，中航油除了存在上述问题，此前已经违反了相关规定：一是做了国家明令禁止的事情；二是场外交易；三是超过了现货交易总量。当然，除了这些违规之外，内部控制失灵是根本原因，主要体现在：一是从企业价值观和职业操守来看，无视国家规定，擅自开展明令禁止的业务，直接否定了内部控制对经营合规性目标的追求；二是从管理适应性来看，从事金融衍生业务操作，中航油在国际金融市场上还只是个新手，直接与国际大型基金对垒，做了"拍胸脯""走钢丝"的事情，无疑是"以卵击石"；三是中航油事件最突出表现在"管理层凌驾""人存政举，人亡政息"，领导人的作用不容忽视，但客观上形成的权力即权威的现实，直接导致监控机制的失效，人治特征显示出权力冲击规矩的破坏力之巨大；四是未严格执行风险评估并进行适当的风险控制，把风险控制在可容忍范围内成为空谈和妄谈；五是违背报告有效性目标，报告不及时、不可靠，从事期权场外交易未在财务报告上披露，也没有直接向母公司汇报。

二、商业银行

（一）巴林银行事件

百年老店，毁于一旦，巴林银行（Barings Bank）倒闭案在当时引起全球

① 韩婷，俞春江. 内部控制失效与中航油事件［J］. 对外财贸财会，2005（5）.

震动。巴林银行于 1762 年在伦敦开业，经过逐步发展形成了巴林集团，主要包括四个经营部分：巴林兄弟公司，主要从事企业融资、银行业务及资本市场活动；巴林证券公司，从事证券经纪业务；巴林资产管理有限公司，主要以资产管理及代管个人资产为目标；巴林集团在美国一家投资银行拥有 40% 的股份。巴林集团的业务专长是企业融资和投资管理，20 世纪 90 年代开始向海外发展，在新兴市场开展广泛的投资活动，截至 1993 年底，巴林银行的全部资产总额为 59 亿英镑，1994 年税前利润高达 15 亿美元。然而，这一具有 230 多年历史、在全球范围内掌控 270 多亿英镑资产的巴林银行，竟毁于一个年龄只有 28 岁的职员尼克·里森（Nick Leeson）之手。里森未经授权在新加坡国际货币交易所（SIMEX）从事东京证券交易所日经 225 股票指数期货合约交易失败，致使巴林银行亏损 6 亿英镑，这远远超出了该行的资本总额（3.5 亿英镑）。1995 年 2 月 26 日，英国中央银行英格兰银行宣布：巴林银行不得继续从事交易活动并将申请资产清理。10 天后，这家拥有 230 多年历史的银行以 1 英镑的象征性价格被荷兰国际集团收购，意味着巴林银行的彻底倒闭。

事情的大体脉络如下：

一是巴林银行重新开立"错误账户"。不管做什么交易，错误都在所难免，关键是看怎样处理。如果错误无法挽回，唯一可行的办法，就是将该错误转入一个被称为"错误账户"的账户中，然后向总部报告。这原是一个金融体系运作过程中正常的业务处理程序。但在 1992 年，上面要求里森另外设立一个"88888"的"错误账户"，以记录较小的错误，并自行在新加坡处理，以免打扰伦敦总部的工作。而所有的错误记录仍由原错误账户直接向伦敦报告。

二是巴林银行借此做假。如果当时取消新增的"错误账户"，巴林银行的历史可能会重写。为了弥补手下员工的失误，里森利用错误账户进行频繁操作，并钻了制度上的空子，等巨额亏损产生以后发现问题，但已经无力回天。

三是巴林银行审查不严。事实上，从每天的资产负债表、交易记录都可以看出里森的问题。1995 年 1 月 11 日，新加坡期货交易所的审计与税务部向巴林银行发函，提出他们对维持的"错误账户"所需资金总额的一些疑虑，而且此时里森已需每天要求伦敦汇入 1000 多万英镑，以支付其追加保证金。但问题被一而再、再而三地忽视，更具有讽刺意味的是，在巴林银行破产的两个月前，即 1994 年 12 月，在纽约举行的一个巴林金融成果会议上，250 名在世界各地的巴林银行工作者，还将里森当成巴林银行的英雄，对其报以长时间热烈的掌声。

四是巴林银行忽略细节。1993 年英格兰银行允许巴林银行在大阪的股票交易中突破不得超过 25% 的限制。截至 1993 年 12 月的 15 个月中，新加坡期货公司的交易活动造成的损失为 1900 万英镑，但上报利润是 900 万英镑。如此谎报利润竟未被发现。1994 年 7 月至 8 月，巴林银行内部审计报告提出了职责分开的具体建议，但这些建议未得到实施。1995 年 1 月 11 日，新加坡期货交易所的审计与税务部致函巴林银行，提出他们对维持"88888"账户所需资金问题的一些疑虑。可惜，这些问题仍然没有引起巴林银行高层的怀疑和重视。里森为隐瞒损失，曾假造花旗银行有 5000 万英镑存款，但没有人去核实花旗银行的账目。1994 年 7 月，在里森的损失达到 5000 万英镑时，巴林银行总部曾派人调查里森的账目，资产负债表也明显记录了这些亏损，但巴林银行高层对资产负债表反映出的问题视而不见，轻信了里森的谎言。1994 年 3 月巴林银行董事长彼得·巴林发表过一段评语，认为资产负债表没有什么用，因为它的组成在短期间内就可能发生重大的变化。1995 年 2 月，巴林银行在日本大阪股票交易所承受的风险已高达 73%，在新加坡高达 40%。

看似不可能出现的风险事件最终发生，击碎了人们的预期和美梦，而事情暴露出的问题则是深层次的、基础的、人们却习以为常而不以为然的，大体可以归结如下①：一是内部牵制制度缺失，业务过程中的职能分解和人员的职能分工没有形成制衡和牵制；二是内部审计监督不力，审计发现问题的能力和审计跟踪不能满足实际需要，发现的问题不能得到及时有效解决；三是企业内部管理层对业务的监管和风险监控不到位，对控制系统的风险威胁认识不足，控制措施的设计和执行存在漏洞，管理层的疏忽和监管不力是导致巴林银行倒闭的重要原因。

（二）法国兴业银行事件

法国兴业银行成立于 1864 年 5 月 4 日，由拿破仑三世亲自批准建立，最初为私营银行。到 2007 年，法国兴业银行已经成为世界上最大的银行集团之一。2008 年 1 月 24 日，兴业银行披露，由于旗下一名交易员私下越权投资金融衍生品该行蒙受了 49 亿欧元（约合 71.6 亿美元）的巨额亏损。这一数额巨大的欺诈案件一度引起了广泛的关注，监管当局也着手展开调查。更为糟糕的

---

① 彭文峰. 论企业的内部控制制度建设——巴林银行倒闭案的再思考［J］. 湖南商学院学报，2008（12），15：6.

是，受美国次贷危机拖累，该行 2007 年还额外计提了 20.5 亿欧元的资产损失。为了缓和资金困境，兴业银行紧急宣布，通过增发配股的方式再融资 55 亿欧元。在意外爆出巨额损失后，惠誉（Fitch Ratings）下调了对兴业银行的信用评级。公司董事长则表示，该行将考虑任何来自外部的合并或并购建议，但这不是当时的优先选择，并且任何建议都必须符合股东的利益。

法国兴业银行与巴林银行一样，祸起期货。根据兴业银行的电子声明，该行 2008 年 1 月 18 日发现一名在巴黎的交易员擅自设立仓位，并在未经许可的情况下大量投资欧洲股指期货。而轧平这些仓位直接导致了该行多达 49 亿欧元的损失。该交易员利用大量虚拟交易掩藏其违规投资行为，轻而易举骗过了该行的安保系统。此次兴业银行的欺诈案可能也刷新了一项世界纪录，就是单笔涉案金额最大的交易员欺诈事件。在兴业银行之前，巴林银行保持着这一纪录，由于在投资日经指数期货时判断失误，巴林银行亏损 14 亿美元。

从兴业银行事件的成因分析，可以得出以下比较清晰的结论①②③：一是信息系统存在技术漏洞，在提供服务、处理信息过程中，暴露出重大的科技风险，在被知悉人员利用后，出现重大交易风险和亏损；二是金融衍生工具交易风险监管存在瑕疵，忽视风险控制系统预警、无法有效识别虚假交易，员工引发的操作风险监控和管理悬空，造成非正常交易产生，形成风险事件和损失暴露；三是衍生工具交易的整体内部控制设计和执行的科学合理性不足，对欺诈、舞弊和非法行为的防止、发现和纠正的功能无法实现等。

（三）包商银行事件

中国银行业在发展过程中，逐步规范经营管理行为，为服务经济社会发展、充分发挥金融功能作出了巨大的贡献。但存在的一些问题也是不容小觑的。除了有些中小银行出现经营困境，被大型银行托管、实施改进措施外，一些突出的经营管理问题也是层出不穷，如在客户信息保护、消费者权益保护、违反监管规定开展业务、监管报送信息等方面的案件与监管处罚事件屡有发生。

当然，还有一些特殊案例更加发人深省，如银行行长夫人被绑架索要 2 亿

---

① 吴伟琳. 法兴银行事件的反思及启示 [J]. 特区经济，2009 (10).
② 刘华. 法兴银行内控失败及对我国商业银行的启示 [J]. 财会学习，2008 (6).
③ 林波，吴益兵. 法国兴业银行之劫——基于衍生金融工具内部控制的反思 [J]. 财会月刊，2008 (10).

元赎金①，其实就是关键人员调整影响了一些不正当业务的开展，而这些调整又不是常规行为，是领导意志的即时表达；如员工操作失误，客户账户余额突被清零②；如假按揭业务屡禁不止；等等。

包商银行事件作为典型案例，引起了监管和社会的广泛关注。③ 2019 年 5 月 24 日，包商银行因出现严重信用风险，被人民银行、银保监会联合接管。这是中国金融发展史上的一个重大事件，反映出的公司治理失败的惨痛教训值得警醒。

2015 年 12 月，包商银行向市场公开发行 65 亿元、期限 10 年的二级资本债，募集说明书显示，截至 2015 年 6 月 30 日，包商银行的"不良贷款率为 1.60%，拨备覆盖率为 168.86%，资本充足率为 10.82%"，"所有者权益为 243 亿元"。然而时隔一年半，当 2017 年 5 月专案组介入"明天系"案件后发现，包商银行自 2005 年以来仅大股东占款就累计高达 1500 亿元，且每年的利息就多达百亿元，长期无法还本付息，资不抵债的严重程度超出想象，2019 年 5 月被依法接管。

究其原因，包商银行失败的风险根源在于公司治理的全面失灵。从表面上看，包商银行有较为完善的公司治理结构，股东大会、董事会、监事会、经营层的"三会一层"组织架构健全、职责明确，各项规章制度一应俱全。但实际上，"大股东控制"和"内部人控制"两大公司治理顽症同时出现，加之地方"监管捕获"、贪腐渎职，导致形式上的公司治理架构和机制失灵，包商银行这时已经不能再称作正常的组织了。问题的具体表现：一是党的领导缺失，党委主要负责人附庸于大股东并演化为内部控制人，总行党委、纪委的作用被严重弱化，逐渐成了摆设；二是大股东操纵股东大会，干预银行正常经营，通过各种方式进行利益输送；三是董事会形同虚设，缺乏全面有效的风险管理体系，风险管控职能失效，核心作用被董事长个人取代；四是监事会监督职能弱化，监事专业性不足、独立性不强，监督履职失灵；五是管理层凌驾于制度之上，以领导指示或领导集体决策代替规章制度；六是监管失效，"内部人"内外勾结，银行经营管理混乱，风险管理和内控管理机制失灵。当然，形成这样的局面是有一个过程的，而且是一个渐进的过程。那么，在这个过程中，有没有防止向下坠落的"阻力"呢？有没有"缓冲器"呢？众所周知，"向上需要

---

① 行长妻子遭绑架案绑匪索要 2 亿赎金 [EB/OL]. (2011-09-27). http://www.sina.com.cn.
② 建行员工操作失误　客户账户余额突被清零 [N]. 南方都市报，2011-01-23.
③ 周学东. 中小银行金融风险主要源于公司治理失灵——从接管包商银行看中小银行公司治理的关键 [J]. 中国金融，2020 (15).

助力推动加速、向下需要缓冲减速"是现代内部控制作用的最根本体现。然而,事实上,企业一开始就没有建立一整套的内部控制机制和制度规范并贯彻执行,这是后续治理和管理恶化的根源。即使有向好的愿望,也会举步维艰、阻力重重,日常的监督更是无从谈起,持续纠错和改进于是便成了痴心妄想,只能任其坠落,直到有外力介入。

三、社会事件

追求经济发展没错,逐利没错,但是拜金主义就有问题了。在经济领域,民间借贷、P2P 暴雷事件都是一个混乱时期的产物。其中,P2P 作为金融创新、提高资源配置效率的重要手段,其中的一些尝试注定被钉在历史的耻辱柱上。而与此同时,该冷的没冷下来,拜金、追逐暴利的心一直被渲染;该热的也没热起来,社会良知一再被摧残,小悦悦事件是无数案例中的一个典型。2011 年,在广东省佛山市发生的 2 岁女孩小悦悦两次遭到汽车碾压,而 18 名路人避而不救的事情,演变成当时社会上广泛热议的"小悦悦事件"。同时,类似事件在全国不断发生,中国到底怎么了,成为每个关注社会发展人士最急迫的追问。应当说,中国社会过于追求经济的高速发展,而在一定程度上忽视了社会道德建设,是导致"小悦悦式悲剧"发生的大的社会背景。中国要想成为世界强国,光有金钱是不行的,更需要的是要成为一个让世界各国人民尊敬的国家。当然,社会道德水平低下、世风日下,不是说所有的个体道德都出了问题,很多人道德还是很高尚的,但不可否认的现实是整个社会的道德水平出了些许问题。慢下来,让灵魂跟上前进的步伐,或许才是明智的选择,社会主义核心价值观不仅要深入人心,更要表现在实际的社会实践活动中。

第二节　失败促进内部控制建设

从某种意义上讲,企业经营管理的失败,极大地推动了内部控制建设。奥林巴斯如何做假?牛奶帝国缘何消失?"合同门"后藏匿着何种风险?上市公司为何违规?通过对企业失败的原因分析,深度探寻企业失控的原因,可以给出启示和借鉴,实际上这些企业共有的是"内控失败基因",基因改造是唯一有效途径。[①] 事实上,每一次内控理论的飞跃都是伴随着一些重大"失败"事

---

① 白小刚 . 企业失败与内部控制建设 [M]. 北京:航空工业出版社,2013.

件的发生。从国际上看，内部控制源于防失误和反舞弊，由内部牵制发展而来，其理论发展经历了内部牵制、内部控制制度、内部控制结构、内部控制框架和风险管理框架等几个阶段。

一、内部牵制阶段

内部控制的最初形态实际上就是内部牵制，主要是为了防止舞弊和其他错误发生，保证资产和记录的安全。其机制是处理一项业务或记录时要求职责分离和相互制约，也就是人盯人"四眼原则"的做法。常见的内部牵制包括实物牵制、职责牵制和簿记牵制。这主要是基于两个主观假设，即两个和两个以上的人或部门无意识地犯同样错误的可能性非常小；两个或两个以上的人或部门有意识地合伙舞弊的可能性大大低于一个人或一个部门舞弊的可能性，其舞弊的成本相应会增大。当然，牵制也增大了成本。甚至到目前，内部牵制依然是企业控制活动的主要控制手段。

二、内部控制制度阶段

20 世纪二三十年代经济大萧条和第二次世界大战后，经济的快速发展迫使内部控制逐步由内部牵制发展到控制制度，会计控制第一次走进内控视野。会计控制是传统的内部控制思想和古典管理理论相结合的产物，具有严密的内部控制系统，以组织结构、岗位职责、人员条件、业务处理程序、检查标准和内部审计等为主要要素，并提出制度化相关要求。

1949 年，美国注册会计师协会（AICPA）首次提出了内部控制的定义。内部控制是企业制定的旨在保护资产、保证会计资料可靠性和准确性、提高经营效率，推动管理部门制定的各项政策得以贯彻执行的组织计划和相互配套的各种方法及措施，并把内部控制分为会计控制和管理控制。这时，内部控制就进入了一个制度化的新阶段。

三、内部控制结构阶段

1973—1976 年，对水门（Water Gate）事件的调查使得立法机关与行政机关开始注意到内部控制问题。在水门事件调查过程中发现，一些美国大公司进行过违法的国内捐款、违法的国外支付，包括贿赂外国政府官员等。针对调查结果，美国国会于 1997 年通过了《反海外贿赂法》（*Foreign Corrupt Practices Act*，FCPA），除了包含反贿赂的条款，还规定了与会计及内部控制相关的条款。由此，内部控制理论和实践有了新的发展。

1988 年，美国注册会计师协会发布的《审计准则公告第 55 号——在财务报告审计中考虑内部控制结构》，使用内部控制结构的概念，提出内部控制应当包括控制环境、会计制度和控制程序，极大地拓宽了内部控制的范围，对内部控制实施结构化处理，使内部控制更加清晰化。

四、内部控制框架阶段

尽管内部控制把会计控制作为重点内容，但是当时企业虚假财务报表事件也是时有发生。1985 年，由美国注册会计师协会、美国会计协会、财务经理人协会、内部审计师协会、管理会计师协会联合创建了反虚假财务报告委员会，旨在探讨财务报告中的舞弊产生的原因，并寻找解决之道。两年后，基于该委员会的建议，其赞助机构成立了反虚假财务报告委员会下属的发起人委员会（The Committee of Sponsoring Organizations of the Treadway Commission，CO-SO），专门研究内部控制问题。1992 年 9 月，COSO 发布《内部控制——整合框架》（Internal Control Integrated Framework），简称 COSO 报告。COSO 发布的指导内部控制研究实践的纲领性文件《内部控制——整合框架》提出，内部控制是由企业各个阶层共同实施的，以营运效果、财务报告的可靠性、相关法令的遵循性为既定目标而提供合理有效保证的过程，包括了五个要素，即控制环境、风险评估、控制活动、信息与沟通、监督，开始关注企业管理层的控制，并把外部环境纳入企业控制的范围。

五、风险管理框架阶段

2001 年和 2002 年安然、世通等企业经营失败事件之后，美国推出了《SOX 法案》。2004 年 4 月，COSO 在吸收各国理论界和实务界研究成果的基础上，公布了《企业风险管理框架》（Enterprise Risk Management Framework，ERM）①。该框架在 1992 年 COSO 内部控制框架基础上，结合《SOX 法案》在报告方面的要求进行了拓展，将企业管理的重心由内部控制转向风险管理，强调企业全体员工共同参与内部控制，识别可能对企业造成潜在影响的事项，并

---

① 2016 年 6 月，COSO 发布了新版企业风险管理框架《企业风险管理——服务于企业战略和绩效的实现》（Enterprise Risk Management——Aligning Risk with Strategy and Performance）征求意见稿，这是自 2004 年 COSO 正式公布《企业风险管理框架》以来第一次对该框架进行修订和完善，更确切地说，是对该框架进行了大刀阔斧地重新构思和设计，于 2017 年正式公布。

在风险偏好范围内管理风险，为企业目标的实现提供合理保证。

根据风险管理框架，内部控制包括三个维度，即企业目标、全面风险管理要素和企业各个层级。

六、从 404 条款、COSO 框架到 PCAOB

市场失灵、金融体系的公共产品性质影响证券市场功能的正常发挥，这使政府监管成为必要手段，为企业内部控制和公司治理提供制度建设依据。[①]

1997 年亚洲金融危机以及 2001 年、2002 年美国安然公司、世通公司等会计丑闻事件彻底打击了美国投资者对美国资本市场的信心。为了改变这一局面，美国国会在 2002 年 6 月通过了《萨班斯—奥克斯利法案》（Sarbnes - Oxley Act，简称《SOX 法案》），其另一个名称是《上市公司会计改革与投资者保护法案》，旨在通过提高公司信息披露的准确性和可靠性来保护投资者的利益。

《SOX 法案》共分为 11 章，主要内容包括：建立"上市公司会计监管委员会（PCAOB）"，对上市公司审计进行监管；保证审计人的独立性，要求咨询等服务与审计不兼容，建立审计合伙人轮换制度；明确公司对财务报告的责任，要求公司 CEO、CFO 为公司财务报告的真实性承担美国法律规定的刑事责任；及时地进行财务信息披露；提高对公司高管及白领犯罪的刑事责任等。

这样就对公司提出了要求，一是对公司高管而言，要求他们必须清楚其对于公司财务报告、信息披露和内部控制报告的责任，掌握公司各个部门遵循《SOX 法案》进行内部控制的措施和执行情况，了解不遵从《SOX 法案》所面临的法律后果和证券市场的风险，降低遵从《SOX 法案》所花费的内外部成本等。二是对于财务部门，尤其是首席财务官，要求能够提供真实、准确、可靠的财务信息，按时完成季度及年度的公司财务报告，建立和维护内部控制结构和程序，与外部审计人员有效配合，并有责任减少遵循《SOX 法案》所产生的内部及外部审计成本。三是对影响财务报表生成的其他业务部门及 IT 部门。《SOX 法案》有一些条款是与 IT 直接相关的，包括对财务报告的提供，内控报告的提供，实时披露材料的变更，为审计和评审员保留相关的记录等。遵循《SOX 法案》要求 IT 部门要支持公司高管、财务和内外部审计人员的需求，以确保影响财务报表的业务流程、应用和信息基础设施的完整性、可用性

---

① 陈燕. 萨班斯法案、内部控制与公司治理效率［M］. 北京：首都经济贸易大学出版社，2010.

和可审计性，保证内控报告和内控程序的完成，并能够对外部审计需求做出响应。

《SOX 法案》标志着美国证券法律根本思想的转变，也就是从信息披露转向实质性管制。同时，美国国会相关人员对该法案展开了较充分的争论，并尽可能地限制该法案对经济运行的负面影响，比如针对小企业问题，法案保留了由 PCAOB 按个案审批豁免的权力。

《SOX 法案》彰显一些基本信念，主要体现在：

一是法律重在执行。如果没有强有效地执行，法律就不可能起到预期的约束作用。

二是建立一种合理、稳定的预期。人们的行为在相当程度上建立在其对未来合理预期的基础之上，而完善的法律制度将为人们建立这种预期提供依据。美国通过加大对有错或者有罪管理者的起诉与惩罚，从而形成一种新的预期：公司管理层需要自我约束。

三是政府适度管制。历史事件表明，绝对无管制的市场容易走向极端，但政府高度管制同样不利于经济的发展。美国国会在制定法律的辩论过程中，仍然有相当多议员对政府管制持有审慎态度，其内在思想就是让市场自己运行，政府应当少掌握资源、少介入经济。

《SOX 法案》出台的目的是为了督促企业强化公司治理，以期化解诚信危机、重建投资者对市场的信心。其中，103、302、404、406 和 407 等条款涉及内部控制、内部控制评估以及内部控制信息披露相关规定，要求企业建立内部控制体系。主要针对内部控制内容的是 404 条款，该条款引用 COSO 内部控制框架，作为对公司内部控制有效性进行审核的专业标准。404 条款提出内部控制评审要求，目的在于通过加强内部控制来改进公司治理状况，最终强化公司责任。COSO 内部控制框架的内容涵盖企业运营的各个领域，要求管理层必须记录、检查内部控制系统的有效性、提供足够的证据并对内部控制的有效性公开发表声明。其中，将内部控制定义为由董事会、管理当局和其他员工实施的，为保证财务报告的可靠性、经营的有效性以及遵循现行法规等目标，达成所设定企业目标而提供合理保证的政策和实施程序。在这个定义中，既界定了内部控制的实施主体，也明确了内部控制的三个主要目标：透明可靠的财务报告、有效率和效益的经营、循规守法和保护企业财产安全。COSO 报告将内部控制的整体架构表达为五要素，分别是控制环境、风险评估、控制活动、信息沟通与监督。

　　COSO内部控制框架源于1985年成立的美国反对虚假财务报告委员会下属的发起人委员会，该委员会的重点任务是研究舞弊性财务报告产生的原因及对策。根据该委员会1987年工作报告的建议，又组成一个专门研究内部控制问题的委员会，这就是COSO。1992年，COSO提交的《内部控制——整合框架》，就是著名的COSO报告。1994年，COSO提出了报告修改版，扩大了内部控制涵盖的范围，增加了与保障资产安全有关的控制，得到美国审计总署（GAO）的正式认可。与此同时，美国注册会计师协会AICPA全面接受COSO内部控制框架。COSO内部控制框架提出了强化内部控制的体系结构，具有重要的历史意义和现实意义。不过，尽管其重要性早已得到专业界的普遍认可，但在实际应用方面一直比较滞后，直到《SOX法案》404条款明确将其作为建立内部控制的依据，局面才有所改观。自此，COSO内部控制框架在建立、审核和评价公司内部控制机制方面具有了法理依据。2013年版的《内部控制——整合框架》提出了3类目标、5项要素、17条原则、81个属性，更为全面地阐述了内部控制，指导企业开展内部控制体系建设。具体实践由各个企业独立完成，而不是提供具体的实施方案和标准。定位是一种理论指导和应用指南。

　　2004年3月，依照《SOX法案》成立的公众公司会计监管委员会（PCAOB）发布第2号审计准则《与财务报告审计协同进行的对内部控制的审计》，并于2004年6月得到美国证监会（SEC）的批准，成为内部控制审计的法理依据。该准则明确要求审计师发表两项意见：一是针对管理层自己的流程评估，评价其结论是否在合理的基础上得出，是否令人信服；二是独立测试内部控制的有效性，以确认管理层的评估是否正确，并得到公允表达。对公司的内部控制进行评估，就是要确认公司管理层是否有效地进行了以下工作：确认评估对象、范畴；评估控制的失效风险；评估主要发现是否与评估结果相一致；评估缺陷的严重性；就主要发现与有关方面进行沟通等。评估报告中所说的重要缺陷（Material Weakness），是一个或多个控制弱点（Control Deficiency）的组合，重要缺陷会对公司财务数据流程（授权、处理、报告）造成负面影响，导致不能防范或发现财务信息的错报。审计人员将测试发现的问题进行汇总并评估，确认这些问题是否构成重要缺陷，从而形成审计意见。当财务报告的内部控制存在一个或一个以上重要缺陷时，审计师必须发表否定意见。

七、内部控制机制的目的、评价与固有局限

（一）内部控制机制的目的

大多数人对于内部控制存在疑惑，甚至一些管理层成员都对强调内部控制嗤之以鼻，人们在思考外部要求到底是最高理想还是最低标准，要不要全力落实。那么，设计企业内部控制机制是否只是为了应对外部压力、满足形式上的需要，比如仅仅是应对监管，为了给股东一个交代，让社会各界有个看法；抑或是强化内部控制，是企业经营管理活动的真正现实需要？尽管答案在常人看来似乎是显而易见的，也就是内部控制当然是既要保证满足外部要求，也要保证企业正常运营。然而，现实社会中的情况远非如此简单与理想化。

一些更为严厉的法案并没有给出我们所要遵循的所有要求，只是从目的出发的支离破碎的冰山一角。我们熟知的《SOX 法案》404 条款，其要求的内部控制建设及有效性审计主要是针对财务报告的。其内部控制审计也只是针对生产经营结果的财务表述和与信息披露相关的内容，而不是针对生产经营和管理本身。而在没有什么约束力的 COSO 内部控制框架文件中，透明可靠的财务报告只是企业内部控制的三大主要目标之一。当然，我们可以理解，作为着眼于保护社会公众利益的证券监管机构，不论是美国的 SEC 还是中国的证监会，最关注的当然是与证券市场正常运转密切相关的公司财务信息披露的质量，因为财务信息披露影响到投资人（包括现实投资人和潜在投资人）、其他利益相关者的决策行为和后果；而对于公司的现实投资人、经营决策者、管理层以及员工来讲，实现透明可靠的财务报告只是内部控制的一个基本目标。

因此，我们不难看出，一方面，满足《SOX 法案》404 条款的要求，只不过是建立内部控制机制的一部分，而不是全部；另一方面，不容忽视的一个现实情况就是上市公司和公众公司仅仅是社会中所有企业中的很小一部分，对于更多的非上市、非公众企业来说，内部控制的目标当然就更不能仅局限于透明可靠的财务信息了。这样，对于企业实际经营管理来讲，比财务信息披露更为重要的内部控制目标应当在于有效率和有效益的经营、循规守法和保护企业财产安全。

（二）自我评价与内部审计

企业内部控制已经不是最新命题，但现代企业内部控制却是崭新的任务。

对我国企业来说，目前至少在政府层面已经具备了包含"内部控制"字样的诸多规范文件，例如，2001 年起财政部发布《内部会计控制规范》系列，2002 年中国人民银行发布《商业银行内部控制指引》，2002 年证监会发布《证券公司内部控制指引》，2004 年银监会发布《商业银行内部控制评价试行办法》，2008 年财政部等五部门发布《企业内部控制基本规范》以及后续的相关指引等。但强化公司内部控制并非一朝一夕之事，不可能毕其功于一役，追求短频快的习惯让管理层也是望而却步；再加上内部控制的专业性强，一方面内部有人才也不会因此而崭露头角，另一方面也不会引起外部的关注、成为大众媒体追逐的热点。2008 年发布的《企业内部控制基本规范》引起的一时轰动也是以默默无闻收场，到如今无人问津，实属遗憾！但与国内规范性要求冷处理的境遇不同的是，《SOX 法案》在国内具有很高的认知度。由于《SOX 法案》涉及所有中国在美国上市的公司，利益驱使、国际事件等属性都引起了国内媒体和民众对内部控制的关心。

事实上，形式上的内部控制制度不会自动发挥作用，执行的关键因素还是"人"。为了保证制度真正落实和贯彻，控制自我评价（CSA）就是一种使内部控制融入组织程序的自我审查机制，它强调经理层的控制意识和控制的责任，由公司全体员工共同对风险控制进行持续评价、持续监控或关键监控。控制自我评价有自身理论模型和一整套措施，但具体由谁来负责日常执行呢？于是，内部审计制度便闪亮登场了。

历史上，内部审计是作为组织的控制职能而产生的，开展组织活动的督察、考核和评价等工作。在组织制定计划并据此执行时，一定要监控执行状况，确保实现既定目标。基于控制目的，内部审计人员会检查和评价组织的所有活动，从而为组织提供保障服务。内部审计人员通过评价现有的控制，就能帮助有关的责任人更有效地实现结果，并为协助改进有关控制提供依据。《SOX 法案》404 条款使内部审计人员的角色和职责再一次发生变化。在组织机构整体的内部控制框架中，内部审计的重要性较以往增加了许多。为了使内部控制框架有效，审计人员必定要很好地理解内部控制，每一位涉及《SOX 法案》404 条款评审的内部审计人员，都应当了解公认会计原则（GAAP）及其相应的财务控制。《SOX 法案》的条款不仅对美国上市公司的内部审计人员产生了重要的影响，而且引发了内部审计的新规则。随着《SOX 法案》在全球影响的扩展，内部审计发挥作用的范围及其所扮演的角色都在不断扩大，而组织机构对于内部审计职能的期望也在不断增加。如何构建战略性的内部审计职能、如何培养具有胜任能力的内部审计人员，已经成为企业组织当前关注内部审计的关键问题。

（三）内部控制的固有局限

诚然，无论内部控制设计得多么完美，运行得多么符合设计者的预期，都不是万能的，固有的内生性局限可以概括如下：一是人为疏忽、分心、疲惫、误解指令、判断失误等都可能使健全有效的内部控制失灵；二是内部控制一般是为经常发生的经济业务而设计的，一旦发生异常或未预计到的业务，就会有失控或原有控制不适用的可能性；三是管理阶层为美化企业财务业绩或遵循法令状况等目的，可能击穿内部控制限制，不遵守已经明确制定的政策或程序；四是控制成本与效益是难以确切计量的，经常会出现运用主观判断作出决策的情况。这样，内部控制将有可能失效，主要表现在：一是串通舞弊谋取个人私利，规避控制、协同作弊将会导致内部控制失效；二是滥用权力，故意舞弊，不受法规、制度的约束，将会导致内部控制失效；三是如果执行内部控制制度的人员素质较差，不具备胜任能力，难以履行其控制职责，内部控制制度也难以发挥作用。

在我国，内部控制的固有局限性体现得最为明显。一般而言，金融业尤其是银行业的内部控制建设，在我国企业界是走在前列的。但最近几年，银行业不断出现违规违法案件，并造成一定的经济损失和行业信誉折损。这不仅告诉我们内部控制建设的重要性，也充分说明制度建设固然重要，有效地实施更是尤为重要。

第三节　内部控制的功能定位与价值主张

失败给人敲响警钟，但未必能唤醒沉睡人！而且，即使清醒之人，也对付出成本来实施控制存在诸多顾虑。我们坚信：未来只给有准备的人。按照供需论的观点，有需求就一定存在供给。因此，要回答为什么实施内部控制，就一定要说明组织对于内部控制存有内在需求。从功能上讲，也就是要说明内部控制具有哪些功能，可以为使用者提供什么样的服务，并帮助其实现哪些预期目标。从理论上看，只有功能与目标有机结合，才能合理地解释内部控制得以存在并不断发展的原因，也才有可能建立起内部控制理论分析基础。从财务的角度分析，不是利润中心，就是成本中心。内部控制的成本付出是否值得、价值创造是否与期待一致是任何企业的管理层必然考虑的问题。内部控制的价值主张体现在其提升企业价值的方方面面，实现"好材料进，好产品出"，运用优良的控制思想武装头脑，产生富有创意的好思路，通过好的内部控制使企业具有自然趋向于"较高价值创造机制"，实现内部员工、外部客户、市场与监管等利益相关者的平衡，以此来共同促进企业健康持续发展。①

一、内部控制有效性是企业生存的基本保障

企业以生存和发展为使命。生存的基本要求就是收益覆盖成本。通俗点说，就是要赚钱，没有钱，企业作为经济组织是难以运转的。科斯在1937年发表的《企业的本质》中，创造了"交易成本"（Transaction Costs）的概念，认为企业本质上是一种资源配置机制，和市场一样，都是交易的一种组织形式，都存在交易成本，所不同的只是交易成本有内外之分、大小之别。一般来说，当市场的交易成本相对于企业较高时，一些原来在市场进行的交易就会转入企业内部进行，出现所谓的企业替代市场；同样，如果企业的交易成本相对于市场较高时，一些原来在企业内部进行的交易就会转入市场进行，所谓的市场替代企业。这种替代性或交易成本的差异，主要是因为市场控制和企业内部控制的有效性不同。如果内部控制较市场控制有效，则企业内的交易成本要低于市场，交易在企业内进行是有利的，反之则相反。从这个意义上讲，企业内部控制和市场机制是以市场和企业界限为分界线的两种对等的控制模式或手段。

相对于市场，企业是一个不完备的契约。② 不同类型的财产所有者作为参与人组成企业，他们在什么情况下干什么、得到什么以及惩戒措施等并未清晰列示。企业只有对资源实施更有效率的控制，出现相对于市场的优势，才有存在的必要。企业内部控制有效性决定了企业的交易成本，决定着企业和市场之间的替代关系，从而决定着企业和市场的界限。只有在企业内部存在一个有效的控制机制来弥补企业契约的不完备性，企业才有可能正常运转并持续存在和发展。自然，企业内部控制存在是基于对企业生存的必要性和可能性考虑的，也是其本质所在，具有企业不同层面的制度、系统和控制机制等多重含义。盈

① 马修·雷奇. 内部控制设计——提升企业价值的战略过程 [M]. 大连：大连出版社，2011.
② 完备的契约准确地描述了与交易有关的所有未来可能出现的状态，以及每种状态下契约各方的权利和责任。相比之下，不完备契约就不能做到这一点，不完备契约常常不具备法律上的可执行性。

利性或者效益性是企业的根本属性。盈利是企业生存的前提条件，内部控制必须以降低成本、提高盈利能力为核心目标。

二、有效内部控制可以帮助企业可持续发展

效率是企业正常运转、保持持续发展的基础。替代市场，既要强调成本，又要强调效率。企业发展质量受到多重因素的影响。如何衡量企业的质量，理论上一直充满着争议。在 20 世纪 70 年代之前，基于古典企业理论中的销售收入最大化和成长最大化的观点，主要是从量的扩张性上来评价企业的质量，比较看重企业的盈利能力和企业规模。实际上，我们到现在为止，也还是存在以规模论长短的倾向。但是，在 20 世纪 70 年代之后，受到企业资源观的影响，对于企业质量好坏的评价开始变得更具有科学性，在企业规模和盈利能力之外，又增加了企业可持续发展能力和企业对于社会的责任的内容。可持续发展能力是一种综合能力，包括盈利能力和对于各种经济资源的运用和协调能力。

当然，现实情况也表明，企业实现可持续发展有赖于健全而有效的内部控制。一方面，企业所拥有的各种经济要素如资金、设备、人员等，需要一定的制度安排有序地融合在一起，形成真实的生产能力；另一方面，有效内部控制是防范和规避经营风险的重要手段，是风险防火墙，这主要是基于风险的客观存在而言的。只有在某些事情存在出错的可能性、存在风险的情况下，才需要控制。这时的控制就变成了可以将风险降低到可容忍的范围内或者消除风险的技术、方法或方式。在市场经济环境下，任何企业，无论是大企业还是小企业都存在着经营风险，而风险一旦爆发，轻则影响企业的发展，重则导致企业倒闭。巴林银行案件、安然事件、三鹿奶粉事件等都是这方面的经典案例。

当然，对于内部控制功能的认识因人而异。但凡涉及功能之类的话题，大都涉及观察者的个人价值判断，而且看问题的角度不同、思考问题的方式不同、对于事物之间相互关系的概括和表达方式不同，都会对同一事物的认知相差甚远。但归根到底，内部控制的功能体现在保持企业具有可持续发展的能力，如保证资产安全是为了保持实现可持续发展的物质基础；保证会计信息真实可靠是为了回避财务风险，避免对可持续发展能力造成损害；确保有关法规得到遵守是为了避免因为违法而受到起诉，同样也是为了使企业具有可持续发展的潜力。因此，用"保持可持续发展能力"可以把内部控制的所有功能都统领起来。

此外，内部控制还有三个运行机制，即预防机制、纠错机制和激励机制，

共同形成了一个保证机制，合理地保证企业可持续发展。一方面，通过相互制衡、相互监督预防犯错和舞弊，发挥内防舞弊、外防欺诈的作用；另一方面，即使预防机制失效，也可以通过纠错机制对已经发生的失控事件进行及时制止，并采用相应的补救措施。此外，激励机制引导员工向企业设定的目标努力，并对偏差和失控进行惩戒，从正反两方面促进正常运转。

三、内部控制是管理效率和生产效率的保证

效率对于企业的重要性不言而喻。对于效率的定义难以给出比较确切的含义。对于个体、具体工作要具体分析，对于企业这个比较宏观的社会组织，效率的概念就会更加复杂。从通常工业生产的意义上，高效率意味着可以在相同的时间内完成更多的工作量，低效率则正好相反。从定量的角度讲，效率实际上是指投入与产出之间相互比较的结果。对企业来说，提高效率具有很多方面的积极意义。第一，高效率意味着低消耗。任何高效率都是相对于低消耗而言的，在理论上和现实中都不存在高效率、高消耗这样的组合。而低消耗对于企业和整个社会来说都很重要，特别是在资源有限、普遍短缺的情况下，更显得异常珍贵。第二，高效率是高产出的基础。企业要争取尽可能多的产出、实现更多的利润，必须以有效的管理和生产为基础，否则，离开高效率的管理和生产活动，企业不可能取得长期的有效产出，这样的企业也就无法实现可持续发展。

从理论上讲，内部控制的产生与发展主要根源于组织的复杂化、专业化和由此所带来的如何提高工作效率的问题，可以说，是人类社会对于管理效率和工作效率的诉求，导致内部控制的产生与发展。[①] 高效率产生于内部控制所确定的岗位分工及由此带来的专业化优势。健全而有效的内部控制可以产生管理和生产上的高效率，而且内部控制还是其他效率源泉发生作用的制度基础。因为如果没有健全、有效的内部控制，先进科技手段未必就能够提高工作效率。根据观察和体会，可以从五个方面的作用来看内部控制在提升企业效率方面具有无比的优势。一是健全有效的内部控制，可以合理测算工作量，科学地划分作业程序，合理设定工作岗位，避免出现岗位设置过多、人浮于事，或者岗位设置过少、影响工作进程的现象。二是健全有效的内部控制，可以合理地划分

---

① 李连华. 内部控制理论结构——控制效率的思想基础与政策建议 [M]. 厦门：厦门大学出版社，2007.

每个岗位的工作职责和权力边界，使所有人员都知道自己应该做什么，不应该做什么，从而避免相互推诿、踢皮球等现象的发生。三是健全有效的内部控制，可以提高工作中的协调性，尽可能避免相互之间的不协调所造成的损耗和效率损失。四是健全有效的内部控制，可以在分工基础上产生专业化优势，提高工作中的熟练性，并由熟练而带来效率的提高。五是健全有效的内部控制，即对低效率设计相应的惩处机制，对高效率设计相应的奖励机制，可以引导员工的行为走向高效率的方向。一些管理学家如法约尔、韦伯、赫伯特·A. 西蒙等之所以关注内部控制，正是由于他们看到了内部控制在提高效率方面具有的巨大推动作用。

四、内部控制可以保障企业资产安全

资产安全是企业生存的根本，保证企业的资产安全、完整是企业管理者重要的管理职责之所在。对生产企业来说，所谓的资产主要是指实物资产，它主要构成企业的硬件设施和物质基础，是企业完成生产经营任务、实现经营目标所必须拥有的经济资源。离开物质基础，不可能形成生产能力，更不可能运用生产能力。资产是企业经营成果的载体，是财富的表现形式，按照资产转换来理解企业的生产经营过程，就是在合法的框架下以资产换取更多资产的过程。

在企业经营过程中，通常有两个主要目的：一是保持资产的安全、完整；二是保证资产的增值。只有保持资产完整，企业的生产经营系统才能正常运转，资产的增值过程才能进行下去。资产是否完好是判断一个企业的管理是否健全的最基本的标准。企业实现资产增值，目的无非是得到更多的资产，拥有更多的物质财富。

健全有效的内部控制是资产安全的一道重要防线。实现企业的资产安全和完整有多种可选择的管理措施，按照大的范畴可以划分为三类，一是按照人治思想把资产交给最为可靠的人去保管；二是按照技术思路把资产技术"加锁"；三是按照制度管理把资产安全和完整交由制度执行来实现。毫无疑问，三种方法中制度管理是现代企业的最根本方法，按照这种管理方法，企业为了资产的安全和完整需要制定一系列管理制度，比如制定资产交接制度、资产入库制度、资产出库制度、限制接近资产制度、资产的盘点清查制度、丢失资产的罚款制度、保管员的选聘制度、保管员的激励制度等，通过这些制度的有效实施来确保资产不被侵害和挪用。制度管理是最全面、最可靠的，它可以通过选聘制度、盘点制度和罚款制度解决保管员的监守自盗问题；可以通过限制接

近制度、出入库制度等避免保管员之外的人员盗取资产；保管员为了履行职责，避免资产在自己手上丢失而被处罚，也必然会积极主动地购置必要的保管设备和工具，从而使技术措施相应地得到落实。技术措施和人治管理都只是补充，只有健全有效的内部控制制度才是解决资产安全问题的根本之道。制度管理是现代企业内部控制的基本特征。

五、内部控制是会计信息质量的保证

（一）会计信息的重要性

会计信息的重要性不言而喻，它是企业和社会经济系统正常有效运转的基本保证。一是会计信息是企业管理决策的信息基础。会计信息是企业经营状况的直接、有效展示。在管理决策中，企业管理者需要大量信息支撑，而他们拥有自身积累和观察到的信息，在很大程度上都具有管理经验的性质；同时，他们还需要另外的信息，尤其是过去的信息和管理者不能亲自观察到的信息，这些信息必须依靠会计系统提供。二是会计信息是企业和其利益相关者建立相互关系的纽带。在现代经济制度下，企业和利益相关者在空间上可能是隔离的，利益相关者在正常情况下不会亲自到企业的现场了解相关情况，对企业的生产经营过程和结果也不会有直接的感官认知。这种信息不对称必然降低资本市场效率，致使企业和其利益相关者（主要是投资者）难以建立起正常的经济关系。通过会计信息的传导在企业和利益相关者之间建立沟通渠道，是促进资本市场高效运转的基本保障。三是会计信息是资本市场正常运转的信息支持系统。健康、高效运转的资本市场需要具备诸多条件，如法律的制定和执行、投资者的理性行为、监管机构合理而有效的管理等。但除此之外，会计信息系统也是一个必要条件，离开会计信息系统，一切市场活动都无法顺利开展。市场经济越发达、资本市场越发达，会计信息就越重要。

（二）会计质量的要求

会计信息要发挥在企业管理、资本市场和社会经济中的作用，就必须具有一定的质量特征。从实用价值的角度看，错不如无，错误的信息可能导致自信逻辑下的决策失误，也就是从这个意义上来看，会计信息的质量比是否具有会计信息更加重要。因此，我们可以从使用者的角度来看会计信息的质量特征。如果会计信息仅供企业自身使用，会计信息是否具有质量特征是不重要的，经营者对实际经营管理情况的了解和掌握并不仅仅依赖经过加工后的会计信息，会计信息只是内部经营管理的一部分内部信息而已。在人类社会发展史上，早期的小型企业和比较封闭的社会经济体系均属于这种情形。那么，如果会计信息不仅供企业自己使用，其他利益相关者也在使用会计信息，成为企业会计信息的用户，如国家税务机构、银行、投资者等都要依据会计信息作出自己职责范围内的业务决策，在这种情况下，会计信息就具有非常强的社会意义和外部性。如果出现会计信息虚假或者报告不及时等情况都会对相应用户的经济利益带来损失，并可能由此波及其他，甚至出现社会问题。对会计信息提出质量要求，不仅与利益相关者的经济利益攸关，而且是维持经济社会正常信任关系和保证社会经济系统顺利运行的重要基础之一。

（三）保证会计质量的手段

那么，如何保证会计信息符合特定的质量要求呢？如何提高会计信息的质量？实际上，有两种现实解决方案，也就是技术方案和制度方案。其中，技术主张从提高确认、计量、报告等各个环节的精确性来提高会计信息的质量。会计准则就是技术思想下的产物，为会计信息处理的各个环节均设定了一些技术标准，对如何确认会计事项、如何对会计信息进行计算、如何对会计信息进行列报等提出具体的技术性操作标准。同时，这些技术标准也是衡量会计信息是否符合质量要求的标尺。而制度思想则有所不同，其重点不在于技术性标准的制定，而是主张通过制度的制定、实施来规范会计行为，避免出现无意的或有意的错误，以此保证会计信息的质量。

对会计信息质量来说，这两种思路及所采用的相应措施都是必要的。从实践上看，会计准则的建立显然可以有效地解决信息质量的问题。在实际工作中，会计准则成为会计信息质量必不可少的重要保证。一方面，可以防止出现非故意性、非人为性的劣质会计信息，即会计人员有意愿把会计信息加工好，提供高质量的会计信息；另一方面，按照技术标准或操作指南等保证信息的确认、计量和列报等，防止出现技术性错误，避免劣质会计信息的产生。

但即使有会计准则的存在，会计人员出于某种利益考虑也可能不遵守会计准则的要求。遗憾的是，目前由这种原因造成的虚假会计信息占多数。只有依靠内部控制来加以预防，也就是通过建立、健全有效的内部控制制度来预防有关人员加工和提供虚假的会计信息，从制度上保证会计信息质量。内部控制可以将会计准则和行为规范很好地融合在一起，既有规范的流程，又有处理事项的标准。健全、有效的内部控制可以发挥以下几个方面作用：一是通过不相容岗位的分离防止虚假会计信息行为，二是通过对账制度、资产清查制度等发现虚假会计信息行为，三是通过惩罚制度防止提供虚假会计信息的行为。鲍尔和克洛瑟等把内部控制在会计信息系统中的职责概括为七项，即监督（Supervision）、勾稽核对（Clerical Proof）、已履行职责的确认（Acknowledge Performance）、责任移交（Transferring Responsibility）、保护措施（Protective Measure）、审核（Review）、检查和评估（Verification and Evaluation）。[①] 通过这些职责的履行，内部控制可以保证会计信息的质量，为领导层"签字确认"奠定基础。其实，从某种意义上讲，签字确认的不是最终报表展现的数字和相关报告信息，而是产生这些数据、信息的基础保障，也就是内部控制的有效性。

六、内部控制是人本管理的基础

制度管理和人本管理具有相互依赖性。制度管理和人本管理体现出两种不同的管理思想和管理风格。制度管理是以内部控制等作为管理手段而进行的管理，具有强制性和惩罚性特征，一方面必须无条件执行，另一方面对于效果没有达到要求的进行经济或其他方式的惩罚，优点是实施效率高。然而，现实中的管理制度是不完备的，这就降低了制度管理的效率，也成为反对者经常攻击制度管理的一个把柄。与制度管理的理念不同，人本管理是以人为本体的一种管理方式，具有非强制性、激励性和自我管理特征，通过人性化方法，调动积极性和主观能动性，增强其主人翁意识和自我约束能力，使自己的行为和企业的要求自觉地融为一体，从而达到管理的目的。这种方式的管理成本比较低，不需要制定繁杂的管理条例和支付监督方面的成本。只要员工的思想好、素质高，其管理效率也会有保障。

发挥人的作用就需要调动人的积极能动性。员工、客户、监管、市场、同业等利益相关者对内部控制有着诸多期待，其利益保护也希望通过内部控制得到实现。内部控制的清晰、透明、适应是保证员工忠诚度和客户满意度与依赖度的根本手段。毫无疑问，良好的内部控制可以为员工提供清晰的行为逻辑和行为规范。中国传统形成的"传帮带"有其好的一面，但更多的是在疑惑和不断请教中"捅破那层窗户纸"，尽管对工作从混沌、无所适从逐步走向明朗

---

① Richard C. Atkinson, Gordon H. Bower, and Edward J. Crothers. An Introduction to Mathematical Learning Theory. John Wiley & Sons, New York, 1965.

而心存感激，但无奈、愤懑始终伴随。清晰、透明的内部控制则不再依赖人带人，而是组织透过控制实现员工的自我学习，以此可以达到良好工作的目的，员工既有成就感，又有愉悦感。不难看出，让冰冷的内部控制富有人情味是现代内部控制能够带来员工满意和忠诚的重要手段。

透明、清晰的内部控制可以有效地避免随意性。我们每个人在成长的过程中，都会有不愉快地受到惩罚的经历，主要原因是违反了没有事前约定的规矩，让人既不舒服，又不服气。所谓的人本管理，必须以清晰的预期为根本，必须摆脱随意性。内部控制的透明、清晰、忠诚价值主张是内部控制人本管理的基础。

七、内部控制是履行社会责任的保证

内部控制的目标和边界决定了内部控制对外部责任的承担和义务的履行。任何企业都是经济社会之中的特殊组织形式，都会对社会承担一定的社会责任，并履行相关义务。

在工业化之初，企业野蛮生长，唯利是图，毫无道德可言，在为社会创造财富的同时，对资源的破坏、环境的污染，对工人毫无怜悯的压榨，对客户需求和渴望的漠视，对社会规则的肆意践踏，"企业无道德"成为那个时代的象征。

随着经济社会的发展，企业在伦理道德面前不再那么蛮横，甚至开始有些温顺。而企业讲道德就需要有制度保障，没有制度保障的道德是靠不住的。现代企业开始逐步建立和完善内部控制，用有形的规矩约束企业行为、履行社会责任，强化道德伦理。

第四节 内部控制的社会推动与社会价值

对内部控制来说除了企业的内发因素之外，外部推动也不可或缺。当然，外部推动力量也是社会分工不同引起的。其中，审计师规避风险的出发点推动了内部控制的发展，同时内部控制也将审计推向了另一个高度。这样，企业强化内部控制与审计强调效率共同为企业规范经营、为市场提振信心奠定了基础。

一、审计推动内部控制发展

内部控制与审计逐步融合，内部控制发展的动力之一是注册会计师回避风险的职业需求。内部控制和审计在很长时间内是沿着各自的轨迹平行发展的，并不存在明显的交叉性。内部控制和审计的产生与发展的理论和经济基础各不相同。从理论上讲，内部控制主要源于组织的复杂化、专业化以及由此带来的效率问题。由于人类社会对于管理效率和工作效率的诉求，导致内部控制的产生与发展。而审计则是产生于所有权和管理权的分离以及由此带来的受托责任问题，也就是由于受托责任的出现以及出于对受托责任履行结果的审查需求而产生了审计。

人类社会进入 19 世纪末和 20 世纪初期时，内部控制和审计开始趋向融合，而这种融合不是学科之间融合和学科之间交流的结果，而是源于社会经济实践的需要。19 世纪末期，西方已经基本完成了工业化革命，经济社会得到了飞速发展，从企业来看，规模扩大、内部组织结构复杂化、股份公司成为主要的企业形式，管理面临着前所未有的挑战；与此同时，资本市场快速发展，投资人和管理者之间的分离已经成为一种普遍现象。这就给审计职业带来了发展难题，一是按照传统账项审计，审计成本增大、效率低下的问题将不可避免；二是资本市场发展、所有权和管理权的加速分离，委托代理关系复杂化进一步增大了审计职业风险。

在这种大的经济背景下，审计师开始关注内部控制。众所周知，内部控制是会计信息可靠的制度基础和保证。一个朴素的认识就是企业如果建立和实施了有效的内部控制，其会计信息就不会存在太大问题。基于这种认识，审计师只需进行少量的抽样验证，就可以对企业会计信息的真实性和可靠性作出合理评价，既节约审计成本，又能够保证审计结论的可靠性。由此，内部控制开始成为审计的重要支柱，并在审计的推动下得到快速发展。到目前为止，审计一直是推动内部控制发展的最重要的外部力量。从国际上看，第一个正式的内部控制定义就出自审计职业组织——美国注册会计师协会（AICPA）1958 年发布的《审计程序公告》第 29 号和 1972 年发布的《审计程序公告》第 54 号，对会计控制和管理控制进行了明确的划分；1988 年发布的《审计准则公告第 55 号——在财务报告审计中考虑内部控制结构》，将内部控制拓展为"内部控制结构"，并提出内部控制由控制环境、会计制度和控制程序三个要素组成的"三要素论"；1992 年之后，内部控制的主要研究力量才转移到 COSO，出台和不断修订完善《内部控制——整合框架》，为企业建立内部控制体系提供基础支撑。

二、内部控制推动审计变革

审计推动内部控制进步和发展的同时，内部控制对审计变革所起的作用也不容忽视。一是内部控制是推动审计学发展的重要引擎之一。内部控制引入审计节约了审计成本，提高了审计效率，使审计职业摆脱困境，也使审计从业者可以把精力投入审计领域拓展方面，催生了管理审计、环境审计、绩效审计、大项目审计等审计领域，极大地丰富了审计理论的范畴。二是内部控制成为审计理论发展阶段的划分标志。在审计理论发展中，大体经历了三个阶段，即账项审计阶段、制度基础审计阶段和风险审计阶段。制度基础审计就是源于内部控制与审计的融合。三是内部控制的发展方向和审计理论的发展方向具有高度的同向性和一致性。21世纪初期，内部控制的发展进入了以风险管理为主导的阶段。这一阶段的显著标志是COSO的《企业风险管理框架》的颁布。与此同时，审计也从制度基础审计向风险导向审计演变。从这个意义上讲，内部控制也在引导审计理论的发展方向，推动审计实践的变革。

三、内部控制是防范企业失败的重要手段

企业经营失败有多种原因，但内部控制缺陷是经营失败甚至企业倒塌的重要因素。关于内部控制，参与2013年版COSO框架修订的美国著名风险管理专家罗伯特·R.穆勒总结了内部控制对于企业经营的重要性，即有效的内部控制是避免企业经营失败的防线之一。一些观点已经被广泛接受，诸如内部控制是提升企业经营绩效的重要驱动力，有利于创造和维护企业价值；内部控制是公司治理系统和风险管控能力的重要组成部分，它能够帮助企业管理风险，实现风险收益平衡。同时，在内部控制实施中，企业的治理层、管理层及全体员工都应该学会理解、影响和监督企业内部控制系统，学会利用机遇和应对威胁来实现企业的目标。

当然，广义上的风险管理是针对影响企业目标实现的所有风险因素的，内部控制已经成为风险管理的基础。重大的公司破产案通常会带来更加严格的规则和监管措施，企业也会花费时间和投入成本来满足外部给予的合规性要求，这给人一种内部控制来自外在压力的假象。但这种情况却掩盖了一个基本事实，就是有效的内部控制可以帮助企业消除潜在的威胁，形成竞争优势，在治

理和管理层面的控制可以优化公司治理，实施全面风险管理，进而帮助企业实现目标，创造、增加并维护股东价值，实现股东价值最大化以及企业价值最大化，保障企业的长期健康持续发展。

事实上，内部控制是为了保护企业自身而设计出来的，一方面，它能够确保相关经营单元的资产免于被滥用或者遭受损失；另一方面，健全的内部控制有助于确保对各项交易在适当授权下开展，并支持 IT 系统的良好运行，以确保财务报表信息的可靠性，服务于社会经济有序正常发展。当然，内部控制不可能消除所有的错误和违法行为，但能够提醒管理者关注潜在的问题，预警和未雨绸缪自然可以降低失败的可能性。

第二章　科学管理

　　科学管理是工业革命以来管理思想的集中体现。迄今为止，尽管管理的基础已经发生了巨大变化，但在市场经济体制下，基于新教伦理、自由伦理和市场伦理，企业这个特殊的社会组织出于对目标达成的效率追求和对共同利益的尊重而对企业组织、管理原则、管理活动的具体内容以及人的问题的研究成果，对今日的企业的内部控制依然具有现实指导意义，是内部控制科学合理性的根本保证。

第一节　管理思想的发展

　　管理实践古来有之。自从有了人类，就有了管理。人类在与大自然的相处和斗争过程中，为了解决资源不足、分配不公以及谋求提高效率、建立秩序的现实问题，与时俱进，创造性地开展管理活动与生产活动，共同造就了人类社会发展的光辉篇章。

　　在长期的农耕文明发展历程中，由于生产力低下，社会组织的形态也相对简单，人们对美好生活的向往相对于现代也较为肤浅或者说更接近于人对生存渴望的基本需要。这一时期的社会管理，更多崇尚通过道德的引导来建立和规范社会秩序。其中，限制人们对物质产生的占有和使用欲望是重要的内容，东西方都视节俭、乐于助人为美德。但在人的权利和物资分配权方面，中西方各有不同见解和具体实践，以解决社会"混乱"（Chaos）的问题。当然，对自然规律的认识水平直接制约现实生产力，物资的极度贫乏也给社会管理带来了难度，围绕占有权、使用权、分配权的斗争一直是社会发展的主轴线。与此同时，关于人的管理、社会管理、政府管理从思想到理论再到实践，都闪烁着人性的光辉，照耀着未来之路。比如中国的先秦诸子百家，后来发扬光大的经史子集，一脉相承到中国的近代，而且还在影响着现代中国社会和人们的生活。西方社会也一样，古希腊哲学家的思想依然影响巨大。那个时期的孔子、孟子、苏格拉底、柏拉图、亚里士多德等先哲的名字依然在现代人这里耳熟能详。

工业革命以来，管理学逐步成为一个学科。① 管理学的主要方法也从古典方法（科学管理和一般管理）、定量方法、行为方法（霍桑实验、组织行为学）向当代的系统方法和权变方法逐步发展和完善。管理研究已经深入到管理职能、组织、成本、权威、民主、人文等方面，基本涵盖了人、团体、组织、政府、社会的关切，关注对象也从个体到团体、从局部到全局、从人到全人类。

第二节 管理的基础

管理由来已久。而且，管理对于有组织的活动而言至关重要，当然管理的实践更为丰富多彩。从某种意义上来讲，管理的一个广义的操作定义被视为一种活动，即执行某些特定功能，以获得对人和物等资源的有效采购、配置和利用，进而达到某个目标。② 基于此，管理思想就是关于管理活动及其职能、目的、范围的知识体系。与此同时，人类在不断地探索管理的实质和客观规律，其实就是对工作性质、人类实质以及组织职能的不断变化的持续深刻认识。从现代意义上讲，对管理的研究方法包括分析法、综合法以及跨学科方法。其中，管理的基础主要是指人文环境，包括经济基础、社会基础、政治基础、技术基础等内容。

如果将管理思想纳入人文环境的框架里，我们就可以更加深刻地理解管理思想过去曾经是什么、现在又是什么，以及能够更为科学合理地理解为什么以这种方式发展，甚至推断未来的发展是什么样子的。从历史的角度来看，理论研究可以为合理解释历史事实和具体实践提供知识。从历史发展的角度看，理论研究可以外推至将来的发展方向和发展模式。

要搞清楚文化框架，就必须清晰界定文化的内涵。所谓的文化就是我们所有非生物属性的、世代相传的特征的共同继承，包括与人类行为有关的经济、

---

① 斯蒂芬·罗宾斯，玛丽·库尔特. 管理学 [M]. 北京：中国人民大学出版社，2017.
② 丹尼尔·A. 雷恩，阿瑟·G. 贝德安. 管理思想史 [M]. 北京：中国人民大学出版社，2012.

社会、政治形式以及科技力量。① 从这个角度讲，人类行为是过去和当前文化力量的一种产物，而管理理论则是过去和当前的经济、社会、政治和科技力量的一种产物。也就是说，"让历史告诉未来"永远都是无止境的。尽管历史绝不是简单的重复，但对过去的研究、当下的探索与未来的预判永远没有终点。研究现代必须回顾过去，只有这样才能了解共同传承的遗产以及演化的路径，也才能够更加客观地、更加科学合理地预测未来，未雨绸缪。

一、经济基础

人类首先是围绕经济基础来开展活动的，也就是人必须要解决好与资源的关系。当然，人类的思想和努力也属于资源。广义上讲，资源的稀缺性是人类社会始终面临的根本问题，是一切活动的动力源泉，也毫不例外地成为管理的动力来源。而解决资源稀缺性的方法，除了创造更多资源外，就是资源的分配和占有，更是文化的具体表现形式。因此，没有资源的稀缺性就不存在所谓生产率提高和分配的公平，也就谈不上管理的必要性。

从人类发展的历史来看，一般的资源配置方法可以大体上分为三类：传统的方法、命令的方法和市场的方法。② 在农耕文明时期，传统的方法便是社会规则中的主要内容，农业占据统治地位，个人的职业基本上是代代相传，社会和经济体制本质上是封闭和不变的，人的社会定位在很长一段时间内是固定的，其经济地位和获得资源的方式也基本上是固定的。随着经济的发展，农耕文明逐步向工业文明转变，历史发展过程中的文明共存，使命令方法和市场方法逐步发展起来。命令方法就是某个核心人物或机构的意愿强加到经济体中的其他人和机构，以决定资源的配置和利用。按照历史发展的时间维度，市场方法是相对近代的现象，依赖于非人为的力量和决策网络来配置资源，其价格、工资和利率等资源配置因素由拥有产品或服务的人与那些想得到的人之间通过谈判过程来决定。这个谈判过程可能是一对一、面对面的交易洽谈，也可能是有形的市场，也可能是网络的虚拟市场，没有中央机构或优先权的干预，纯粹是以追求最大回报或最佳选择作为基本原则。

当然，在现代社会中，三种方法依然是共存的，同时增加了科技条件和资源配置的决策来源。在这种环境下，就增加了管理的复杂性和完成功能的艰巨性。

---

① 丹尼尔·A. 雷恩，阿瑟·G. 贝德安. 管理思想史［M］. 北京：中国人民大学出版社，2012.
② 丹尼尔·A. 雷恩，阿瑟·G. 贝德安. 管理思想史［M］. 北京：中国人民大学出版社，2012.

二、社会基础

社会基础就是在特定文化中的人与人之间的关系。[①] 人类在发展过程中，除了工具制造和使用、语言交流之外，最大的成就是逐步认识到群体的优势。而人类一旦进入群体生活时代，就不可避免地要面对和处理好人与人之间的关系。这样，具有不同需求、不同能力和不同价值观的人聚集在一起，如何更好地发挥群体优势、保障生存与发展，充分强调个人能力基础的聚合能力就成为现实问题。为了保障群体的生存和展现强大的聚合力，就必须正确处理人与人之间的关系，确立基本原则，并事前约定、共同遵守，再不断地根据形势发展及时地进行补充和完善。这种约定就是"契约"，包括一些关于人们如何通过行为来维护群体的公共规则和协议，是形成社会的基础和基本前提。在约定产生和执行的过程中，价值观发挥了极其重要的作用。也就是说，必须按照一定的价值判断来确定或明确某些特定类型的行为是否恰当，即建立行为的文化标准，并形成人类社会中人与人交往和互动的重要部分以及社会契约中不可或缺的重要内容。

三、政治基础

政治基础主要是指个体和国家之间的关系，包括建立社会秩序和保护生命财产安全所必需的法律和政治制度。任何人都能够想到的简单道理就是无政府状态必然破坏秩序，并造成相对于秩序来说的非理性现象的发生和蔓延。在人类社会发展过程中，政权的更迭都是对秩序的破坏和重建。而相对于一个政权，秩序和稳定是首当其冲的首要任务，改革也是以此为中心开展的。当然，稳定秩序和稳定的政治机构可以有多种形式，如代议制政府、君主政体或其他制度，都是围绕秩序和稳定而经过历史演变形成的。很自然地，我们都是基于一种假设，就是人们不能或者不愿管理自己，最顶端的人或机构将自己的意愿强行施加给其他人。

然而，在现实生活中，也能很轻易地观察到：其实每个人都想摆脱制度的约束，寻求制度外的特权，而把制度的执行强化到他人身上。由此，我们不难得出结论，关于财产、契约和公正的规定就不得不由一种司法申诉机制来保护。同时，在管理上，也就顺其自然地受到政府形式、控制或不控制财产的权

---

① 丹尼尔・A. 雷恩，阿瑟・G. 贝德安. 管理思想史［M］. 北京：中国人民大学出版社，2012.

力，以及为生产和分配商品缔结契约的能力等因素的影响，只能采取申诉机制来纠正错误，维护秩序和稳定。这里的申诉机制意味着契约的执行和存续必须有必要的保护。

四、科技基础

科技对经济社会的影响不言而喻，它是一种达到目的的主要手段，既能产生有益的结果，也能产生有害的后果。科技本身没有对与错，科技应用方式及其后果是有差别的，具有明显的后置性。

从历史的发展来看，尽管科技发展的生命力无比强大，但是在受到传统束缚的情况下或者在封闭的社会里，由于惧怕改变的威胁，阻滞科技进步的问题是十分突出的。主要的表现以及可以观察到的，就是社会固有的原则不鼓励或激励寻求新的知识、去探索未知的领域、去开展相应的实验。实际上，没有教育和质疑的自由，没有除个人智力之外的投入和推动，人们承担风险的勇气甚至底气是严重不足的，科技进展也就不可避免地受到影响。当然，科技进步的步伐不会因为受阻而停滞不前。科技进步与经济、社会和政治的互动一直是历史发展的重要基础。

从上面对人文框架的梳理分析可以得出一个一般的结论，就是经济、社会、政治、科技的相互作用，构成了各个时代鲜明的文化特征，这既是置身其中的管理所必然展现的丰富内涵，也是管理受到的根本约束，直接影响或左右着管理的发展。

第三节 组织与管理

一、组织产生与管理促进

在文化框架的背景下，对管理基本要素的研究就成为管理的具体内容。而在自然状态下，资源的普遍稀缺和自然界中的敌对关系引发了人们对经济、社会和政治的需求，希望以此促进资源的增加和分配的公平与稳定。这样，经济、社会和政治组织就应运而生，与此同时，科技的发展也直接影响经济、社会和组织的运行。在这种情况下，管理作为一种广义上的执行特定功能的活动便登上了历史舞台，来有效地获得、配置和利用人类的"奴隶"和物资的资源，实现一些具体目标，并通过管理努力帮助人们实现对经济、社会和政治的需求。

在管理的过程中，人是最基本的研究分析单位。人类始终面对相对于满足自身需求而言的恶劣环境，诸如食物供应短缺、居住场所不足以及其他所需资源的稀缺。人类之所以能够生存下来，主要是源于人类特有的特质，概括起来就是思考能力。这种思考能力从创造和使用工具开始，后续包括建立组织、创造语言和文字等。人类是思考者、行动者和制造者，他们积极主动，富有创造力，进行集中化并实施计划、协作和配合，为了有益于自己及其种群发展而永无止境地作出改变。很重要的是，交流、沟通与传承对人类发展具有重要意义。

同时，在人类社会进化过程中，组织也相应地发生变化。当人们发现与他人共同协作能够放大自己的能力、更好地满足自己的需求，群体化或者说集中化便成为悄然而生的必然。而这种群体化也具有一些共同的组织特征或因素：一是必须存在一个目标或者要完成某些事情；二是人们必须受到目标或共同意愿吸引，有意愿参与进来；三是成员需要使用某些东西或者工具来工作或战斗；四是成员的各种活动必须是有组织的，他们相互作用、协调一致以实现共同目标；五是群体会发现并让某个人专门带领整个群体朝着既定的目标前进，而这个人能够解决意见分歧、决定战略和时机、维护各种行为和关系从而达到更好的效果。这种潜移默化、长年累月形成的认识会逐步得到强化，同时作为知识进行传承并在丰富的实践中发扬光大。

二、农耕文明时期的管理

在人类历史发展的长河中，工业化的历史或者说工业文明是相对短暂的。而农耕文明是一个长期的过程，其间的组织形式主要包括家庭、部落、教会、军队和政府等。这样，农耕文明时期的管理在人类社会发展中扮演着重要角色，尤其是在生产力落后、科技水平低下的背景下积累了丰富的实践经验，也影响甚至造就了工业化管理的进步，推动了工业文明的产生和发展。

从全球范围看，几千年的人类探索，在世界不同的区域，都诞生过灿烂的文化。如近东，在国家层面上，世俗权力和宗教统治往往由于主张的差异，存在一定的冲突甚至是严重的冲突。尽管如此，相互斗争中的融合或者博弈也不断出现良好的势头，如君主以神授统治权的形式发布法典进行统治。世界上著名的《汉谟拉比法典》（约公元前 2123 年至前 2071 年）是由 282 个律条组成的，对贸易行为、个人行为、人员关系、惩罚以及其他社会问题进行规范和管理，为当时的社会秩序建立奠定了基础，也为后世提供了可以借鉴的模板。

如在古老的中国，官僚制度已经全面发展起来，到了孔子（约公元前552年至前479年）时期，就有了通过自己的修行教育以及对于考核制度的倡导，实现"克己复礼"。实际上，孔子倡导的是那个时代为了解决社会混乱而探索出来的根本办法，且在那个时代出现了百花齐放、百家争鸣的局面，孔子的理论也并不排斥当时的诸子百家思想，如法家、墨家等，对兼爱和刑罚也有深刻的认识，如"教之以德，有耻且格"，把道德作为治理的基础和核心。孔子的思想与其他学说的差别，在于宣扬"仁义礼智信"，以"仁德"作为理政的本质要求，其不仅仅在"道"，而更在于"术"，在于具体的方法和手段。

如在埃及，官僚制度管理国家事务，并很早就认识到管理幅度和管理深度的问题；而且把管理职位明确下来，宗教事务由法老掌控，世俗事务则由特定人来管理。如希伯来人，他们的那些伟大领袖同时拥有宗教权力和世俗权力，并以此建立了有秩序的组织结构，提出管理的例外原则。如罗马及罗马帝国更是以强调秩序和纪律而显存于世界。

如希腊，历史的发展常常陷入"生于禁欲，死于安乐"的恶性循环，自我克制、节俭、辛勤工作、有秩序的生活能够带来繁荣，反之，就会出现更替。当然，在这个反复的过程中，灾祸和逆境也培育了凝聚力，而匮乏和贫瘠也促进了创新。先哲如苏格拉底（公元前469年至前399年）、柏拉图（公元前428年至前348年）、亚里士多德（公元前384年至前322年）等持续探求解决社会问题的道路。他们也提出了一些很重要的论断，现在也不过时，更具长远社会意义，比如我们的本性存在多样性，这使得我们适合不同的职业；如果我们能够推断出一个人最适合做的一件事情，并且在正确的时间做这件事和放弃其他任务，所有的事情都能够更加轻松地完成；关于组织和管理的远见卓识，包括诸如专门化、部门化、集权、分权和授权、配合、领导力。

三、西方现代管理的文化背景

随着经济社会的发展，各种力量的综合发力促使工业革命和人类新文化的发展。工业时代的到来具备一定的文化基础，带来了资源配置经济安排的同时，社会关系和政治制度方面也逐步摆脱了屈从地位。一是通过新教改革打破了神学的束缚；二是建立宪政，通过自由伦理明确了关于公民与国家关系的新概念；三是市场伦理提出了"建立以市场为导向的经济"的观点。这三个伦理或者说文化标准是相互关联和互动的，改变了关于公民、工作和利润的文化价值观。①

（一）新教伦理

在欧洲，中世纪占统治地位的天主教掌控着当时人们的生活，提供一种来生的希望，作为现世的唯一慰藉。十字军东征削弱了宗教的束缚，商业复兴也带来了普遍的繁荣，新教改革催生了资本主义精神。

韦伯②（Max Weber）对非理性、无节制的贪婪与理性资本主义精神进行了分析：对盈利的欲望，对利润、金钱的追求，其本身与资本主义并不相关，这种欲望普遍存在。资本主义可能更多的是对非理性欲望的一种抑制，资本主义确实等同于通过连续的、理性的、资本主义方式的企业活动来追求利润并且是不断再生的利润。③

韦伯寻找对资本主义精神的解释，观察注意到商业领袖、创业者、熟练工人以及在技术和商业领域受过更高培训的人员中，绝大多数是新教徒。人在作出选择和明确追求时，除了对物资利益的需求追逐之外，更加认定是神的旨意或者是神的安排，这样"自助者天助之"就与中国传统文化一致。发展努力和获利精神很容易推动人们对利益的非理性冲动，但同时受到新教义的自我控制，对利益的热忱必须时刻接受用来证明忠诚的自我约束的限制。

自我约束的教义成为善行生活的目标，如虚度时光乃万恶之首、劳动意愿至关重要、劳动力的分工和专业化是神的旨意、基本需要之外的消费是浪费等。这些观点对每个人的行为动机都有着显著影响，当然也会逐步形成创业精神。

同时，通过世俗的观察，麦克莱兰（McClelland）探索对经济发展具有重要意义的心理因素，认为是"获得成就的需求"。④ 实际上，成就感是人的一种高层次的需求。麦克莱兰总结韦伯的基本逻辑：强调在生活的各个方面都要自力更生，而不是依赖他人；父辈对孩子的教育集中在自力更生和独立自主

① 丹尼尔·A. 雷恩，阿瑟·G. 贝德安. 管理思想史 [M]. 北京：中国人民大学出版社，2012.

② 马克斯·韦伯（Max Weber，1864—1920），德国人，是现代一位最具生命力和影响力的思想家，同泰勒和法约尔处在同一历史时期，对西方古典管理理论的确立作出了杰出贡献，是公认的古典社会学理论和公共行政学最重要的创始人之一，被后世称为"组织理论之父"。

③ Max Weber. The Protestant Ethic and the Spirit of Capitalism, Trans. Talcott Parsons（New York：Charles Scribner's Sons，1958）.

④ David C. McClelland. The Achieving Society, New York：Van Nostrand Rinehold Co.，1961.

上；孩子会逐步形成并产生强烈的成就需求；强烈的成就需求促进经济活动的迅速发展，这种经济活动被韦伯称为资本主义精神。

(二) 自由伦理

被广泛接受的一个基本认识就是成就需求以及对个人的世俗努力进行奖赏的先决条件——政治体制必须有助于个人自由。在启蒙时代，政治先哲开始使用诸如平等、公正、公民权利、理性规则、建立按民意治理的共和国等理念激励人们的思想。但这种思想威胁到已存在的现实秩序。那个时代获得权力的方法无非运气、能力以及邪恶三种而已，但总不是那么稳固。同时，对人性的基本假设导致领导类型的确定，即所有的人都是坏人，只要有机会他们就会随时表现出邪恶本性。这样，在建立国家、制定法律、实施治理中，就不得不让他们选择令人畏惧的领导而不是好名声或受人爱戴。

这种情况的改变是以人类自由主义为契机的。约翰·洛克①的《政府论》是政治理论的一大杰出贡献，促进了政治活动的开展。一方面，启迪了卢梭②的《社会契约论》；另一方面，促进了英国宪法的改变与《独立宣言》的诞生。理所当然地，人们可以认为一些真理是不言而喻的，例如，人人生而平等；造物主赋予他们若干不可剥夺的权利，其中包括生命权、自由权和追求幸福的权利；人类建立政府，正当地行使权力，已经得到被统治者的同意或默许。

洛克的主要贡献体现在：人民受理性的自然法则支配；公民社会建立在私有财产的基础上。自然和理性法则规定人们不得侵犯他人的财产，个人加入公民社会是为了更好地维护他们的自由和财产。同时，提出公民秩序的特征：基于理性而不是独裁命令的法律；政府的权力来自被统治者；追求个人目标的自由是一种天赋权利；私有财产以及在追求幸福的过程对它的使用是天赋的、受法律保护的权利。这种主张支持自由放任式经济和对个人报酬的追求，保证财

---

① 约翰·洛克 (John Locke, 1632—1704)，英国人，被广泛认为是最有影响力的一位启蒙思想家，并被称为"自由主义"之父，他的工作极大地影响了认识论和政治哲学的发展，其著作影响了伏尔泰和让-雅克·卢梭以及许多苏格兰启蒙思想家以及美国革命者，对古典共和主义和自由主义理论的贡献反映在美国《独立宣言》中。

② 让-雅克·卢梭 (Jean-Jacques Rousseau, 1712—1778)，法国18世纪启蒙思想家、哲学家、教育家、文学家，民主政论家和浪漫主义文学流派的开创者，启蒙运动代表人物之一，主要著作有《论人类不平等的起源和基础》《社会契约论》《爱弥儿》《忏悔录》《新爱洛伊丝》《植物学通信》等。

产安全，保护契约，并为人们提供一种公正的制度。正所谓在规则面前一视同仁，没有亲疏远近的人情羁绊。当然，在规则形成过程中，尽可能体现精神实质，综合考虑所有因素的影响，慎重立法，严格执法，避免法外容情。

在实践上，我们一直诧异，为什么美国会建立一个严格的规则而被遵守，一个主观的、可观察的判断，就是外来人有共同的利益诉求和对不平等的恐惧与畏惧，心照不宣地遵守既定承诺，而且这些规则不被任何人破坏，成为所有人行事的基本原则。强烈的规矩意识，使人们一旦发现有人突破底线、破坏规矩，就必然采取严厉措施，让那些漠视、践踏规矩者受到相应的惩罚。

（三）市场伦理

最初的生产要素主要是土地和生产力。但随着经济社会的发展，农耕文明逐步向工业文明转变。这样生产变得更加复杂，产品流通的需要使贸易成为必需。在这个过程中，生产要素发生了变化，资本成为不可或缺的重要内容，文化因素也不可避免地渗透到生产过程中。有产品流通、有贸易，就自然产生了市场和市场行为，也就不可避免地出现了竞争，经济的秩序与和谐就必然依赖规律的发现与正确利用。

亚当·斯密[①]在《国富论》中受到"经济中存在一种自然和谐"的影响，认为关税是用国家法令来惩罚效率，只有市场和竞争，才是经济行为的调节因素，市场上"看不见的手"将确保资源获得最好的配置和得到最有效的回报，充分竞争的市场会带来最大的繁荣。劳动专业化思想是这种市场机制的一个重要支柱，并认为公共教育克服劳动分工不良影响是政府的职责。但问题在于，如果一个人将整个一生全部消磨从事一些简单的操作，自然而然地就会失去运用智力的习惯，并且变成最愚蠢、最无知的人。[②]

现代的科技进步，使大多数操作是自动完成的，取代了人的智慧。而且，随着物质创造能力的增强，人们在资源极度稀缺情况下的美德，如节俭、助人与互助等将不复存在。这种情况下，剩下的只是内耗，并由此选拔一些废人而不是能人，这种选择的结果必然使能人"遁世"、小人张狂，产生的社会问题主要体现在：人们如果想获得职位，最关键的是靠强大的关系网和所谓的好人

---

① 亚当·斯密（Adam Smith，1723—1790），英国经济学家、哲学家、作家，经济学的主要创立者，也是现代资本主义经济制度的创立者，强调自由市场、自由贸易以及劳动分工，被誉为"经济学之父"。1759 年《道德情操论》和 1776 年《国富论》是其成名作。

② 姚介厚. 西方哲学史［M］. 南京：凤凰出版社，江苏人民出版社，2005.

缘，而不是能力，更不是道德水平。

斯密时代发现自由主义经济学受到广泛支持，在市场伦理中发现一些有用的观点，如对经济支持的是个人主动性；竞争，而不是保护；变革创新，而不是经济停滞；作为激励力量的是自我利益，而不是集体利益、国家利益等。市场伦理是推动工业制度繁荣发展的重要文化基础。斯密在《道德情操论》中也强调了这种环境支持和相互影响，三种力量的相互作用、相互结合带来了工业化的新时代。

第四节　工业革命与相关问题

一、科技创新与要素变化

工业发展总是与科学和技术进步紧密联系在一起的。自人类开始耕种土地、制造武器和纺线织布以来，技术、艺术以及制造和使用工具与设备的应用科学一直在不断发展。18 世纪末爆发的以蒸汽机及其应用为标志的一场革命意味着更为迅猛的科技进步的开始，自然动力由机械动力取代，相关的技术创新带来了革命性的变化。工业革命预示着一个文明时代的到来，意味着农耕文明向工业文明的转变。

这个时期，创新精神带来了各种发明创造。经济思想的革命和蒸汽机使用的革命共同促进了工业革命的进程。与此同时，资本作为除土地和劳动力之外的第三生产要素开始登上历史舞台。企业家及管理人作为第四要素也迅速发展起来。管理的内容和方式也随之发生了翻天覆地的变化，资本、管理、科技、企业、员工、社会、政治等经济社会诸多要素共同演绎了经济社会发展的宏伟篇章，为现代文明培育了丰厚的沃土。

工业革命以来，科技创新层出不穷，为社会发展注入了活力。如第一台计算机、工业操作分析与管理进展等。巴贝奇①在 1822 年制造了世界上第一台实用的机械计算器——差分机，后又研制成功解析机，其能够自动遵循指令。随后，经过引入二进制和打孔卡片，赫尔曼·霍利里思（Herman Hollerith）发明了最早的使用穿孔排表机。从概念上讲，这种机器已经具备了现代计算机的所

---

① 1819 年，英国科学家巴贝奇设计"差分机"，并于 1822 年制造出可动模型。这台机器能提高乘法速度和改进对数表等数字表的精确度。差分机和分析机为现代计算机设计思想的发展奠定了基础。

有基本要素。1832 年巴贝奇的《论机器和制造业的经济》一书开始探讨机械、工具、动力的有效使用，展现了巴贝奇对制造业和管理的成就。同时，他开始试图证明工人和工厂主之间的利益一致性。巴贝奇建议采取利润分享计划，即工资的一部分应该取决于利润；工人应当从他可能发现的任何改进措施所产生的效益中获得额外的好处，即奖励。这样可以观察到的优点主要是每个工人的切身利益都与公司的繁荣息息相关；每个工人都有防止浪费和不当管理的强烈动机；每个部门都将获得改进；雇用技术最好的、最受尊敬的工人将符合所有工人的共同利益。在新兴的工厂体制下，采用系统、科学的方法以激励获得合作，促进了工人和管理者的新和谐。安德鲁·尤尔①作为管理培训师对制造原则进行探寻，提出了三种行为原则，或者说三种有机系统，即机械系统、道德系统和商业系统。

发明与创新的冲动是经济社会具有勃勃生机的力量源泉。人类社会的发展离不开创新，大的历史变革都与重大发明创造密切相关。纵观美国的发展史，可以看见到处都是发明与创新的冲动，这种非凡的精神塑造了美国的技术进步，而这种精神应归因于一些主要的推动者，是这些个体的想法和创意创造了这个国家的财富。随着大型企业的发展，其产品规模和范围不断扩大。规模（Scale）指的是单个运营单位制造越来越多的单种产品，而范围（Scope）是被用来描述单个运营单位使多种产品流通的过程。如在钢铁行业中的纵向一体化就是规模经济，利用工厂生产不同类型的钢产品则象征着范围方面的经济性。

19 世纪后半叶，大量的发明创造推动了企业的变化，在产生大型企业并涌现出众多相关企业的同时，也推动了企业科技研发的诞生。19 世纪末和 20 世纪初，伴随着贝尔实验室、通用电气、杜邦及其追随者的出现，企业研发开始扬帆起航，延续了发明者和创新者的时代，开创了财富创造的时代，为人类社会创造了巨大的物质财富。

二、资本的影响与历史意义

资本作为生产要素进入经济社会生活，对人类发展和经济社会生活的影响

---

①　安德鲁·尤尔（Andrew Ure，1778—1857）是第一个从理论和技术上在大学培训技术和管理人员的教育者。尤尔出生于英国的格拉斯哥，先后在爱丁堡大学和格拉斯哥大学学习，从 1804 年起，尤尔成为格拉斯哥大学安德逊学院的教授，从事化学及自然哲学的教学和研究工作，开始了他的学术生涯。

具有深远的历史意义。由于资本登上历史舞台，带来了一系列的历史性变革。资本的逐利本质为效率的提升和新的秩序建立夯实了基础。围绕资本的逐利性，一方面为了提高生产率，科技创新与进步由此被注入了新的活力，创新层出不穷，财富出现迅速增长；另一方面，社会秩序也因此发生了变化，政治制度、社会制度发生了前所未有的变化。在这个过程中，与工业革命相伴而生的资本主义制度得以诞生和成为发展主流，资本的本质与逻辑把人类社会带到另外一个高度。诚然，资本主义有其天然的弊端，其发展到一定程度后的社会制度革命或者变革也势不可挡。迄今为止，资本对全球以及各个国家的影响仍然是主要的，并将在一个长期的经济社会发展历史中发挥重要作用。

三、企业家、管理人与劳动力

资本的影响和历史意义不言而喻，而对企业家角色的解释更具历史重要性。在萨伊①看来，企业家应当具备判断力、百折不挠的精神以及对商业和整个世界的了解等道德品质；并在人们可接受的精确度内估计具体产品的重要性、大概的需求量以及生产方式，雇用相当的劳动力，购买原材料，寻找消费者，关注秩序和借鉴成熟经验，总之，要拥有监督和管理的艺术。

随着组织的发展壮大，企业家无法领导和控制所有的行为，一些授权便成为必需。这种由"不能"转化为"能"的基础就是专业管理职能的产生，这样就形成了一个崭新的生产附加要素，即第四项要素——管理。扩大的生产方式就需要把招募劳动力和寻找管理人才两个重要的基础工作任务确定了下来。而管理人才与当时的管理职能要求密切相关。早期的管理要求主要是强调工作流程的井然有序和工厂的干净整洁。在进行组织时，管理者在很大程度上受到其下属管理者的才能限制。在技术方面，蒸汽机的应用也带来了另一种更有效率的技术，就是流水线作业。当然，在控制绩效方面，还面临众多问题，诸如所有者不再像以往那样可以亲自监督所有操作，需要向管理者授权以应对更大规模的生产，建立委托代理关系、让他人管理生产经营甚至资产、移交权力都成为必需；会计知识没有做到相应的进步，管理者对于记录在账簿上的收入、工资、材料和销售等数据信息，不能完全理解其真实含义并支持日常经营管理；过分强调技术，而不是管理，使管理的一般化原则被忽视，管理成功依赖

---

① 让－巴蒂斯特·萨伊（Jean－Baptiste Say，1767—1832），法国经济学家，古典自由主义者。他是继亚当·斯密、李嘉图古典经济学派兴起之后的又一个经济学伟人。

于个人品质，管理被称为个人的艺术。

当然，在工业文明和资本主义蓬勃发展时期，我们密切关注第四要素的同时，不可忽视的依然是劳动力要素。而社会发展中最严重的问题是人口，也就是劳动力问题。如托马斯·马尔萨斯提出的人口理论，反驳了斯密的乐观主义和自由经济学。假定人口数量以几何级数增长，食物供应与生活必需品也应以此方式增长。那么，人口数量将为维持生存的方式所限制，生活条件将无法得到任何改善。唯一的解决办法就是限制劳动力的供应和鼓励人们在生育方面自我节制。这种悲观情绪自然会产生悲观主义。这样就存在两种改变方式以供选择，一种观点是人们无法改变物质环境，但可以用一种公社生活来代替市场上的个人主义，即所谓的乌托邦，并不提及反抗、暴力和革命；另一种观点则十分明确地主张，需要使用暴力并以此作为历史变革的助产婆，这来源于马克思和恩格斯的理论，并由此吹响了革命的号角。

四、寻找新的和谐成为历史任务

在工业资本主义的前进浪潮中，可以观察到其罪恶。很多人开始号召社会建立一种新的道德秩序。罗伯特·欧文①是一位自相矛盾的历史人物，他认为一种新的工业社会应该是农业公社和工业公社的结合体，人们应当退回到以前更为简单的人类时代去。同时，他又认为人是无能为力的，完全为新的机器时代的革命性力量所支配，而这个新时代摧毁了道德目标和社会团结。

欧文指责他的制造商不理解人的因素，积极倡导改革。制造商愿意为最好的机器花费数千英镑，却只购买最廉价的劳动力，完全忽视人的价值存在。在这种情况下，欧文开始实施其社会改革，建立新道德社会，为其成员提供幸福，并将其命名为新和谐（New Harmony）。最终发现，自己在财政上和经济生活上都垮掉了，探索试验的结果令人失望。但这种社会变革的探索对促进社会发展的意义却不同寻常，改良者从中获取营养，革命者进一步坚定了信念。

五、美国工业革命的启示

美国的工业革命经历了非常复杂的过程。1776 年，美国的《独立宣言》

---

① 罗伯特·欧文（Robert Owen，1771—1858），威尔士空想社会主义者，也是一位企业家、慈善家，现代人事管理之父，人本管理的先驱。罗伯特·欧文是 19 世纪初最有成就的企业家之一，是一位杰出的管理先驱者。

和亚当·斯密的《国富论》从政治上和经济上吹响了独立的冲锋号。美国的 19 世纪是工厂体制蓬勃发展的时代，在经历了 5 年内战后，到 19 世纪末，已经成为世界上最重要的政治和工业力量。并且，随着生产技术的发展与变革，与之相适应的管理方式也在不断变化之中，企业也在竞争中优胜劣汰。美国铁路公司的发展为美国式的管理探索贡献了显著的成效，尤其是对于交通和通信行业，以系统的方式强调管理，影响深远。

在与自然界的相处过程中，人类往往是以自我为中心的。对于人是如此，组织亦不例外。几项重大的发明创造改变了人类的生活、认知与管理，如电报揭开了全国通信系统建设的序幕，传输信息的标准化赢得了竞争优势；铁路建设更是需要规划和协调，而且必须制定长期的规章制度和政策来指导管理者作出决定。在这种情况下，对制度和组织的研究便成为现实需要。在丹尼尔·麦卡伦（Daniel Craig McCallum，1815—1878）看来，良好的管理需要良好的纪律、详细而具体的工作描述、经常而准确的绩效报告制度、基于价值的报酬和晋升制度、一种权责明确的上下级权力机构，以及整个组织中责任和义务的执行。① 他将自己的管理原则阐述为：正确划分职责；授予充分的权力，确保这样的职责能够被完全执行；有办法知道这样的职责是否被忠实执行；极其迅速地报告一切玩忽职守的情况，从而使这些错误行为能够得到迅速地纠正；通过每日报告和检查制度而获得信息既不会使那些主要管理者为难，也不会削弱他们对下属的影响；总体来说，采用一种使公司主管能够不仅立即发现而且可以找到失职者的制度。他特别注重统一指挥原则的使用，坚持认为不应该存在任何例外情况，否则，个人责任控制系统将失效。这一点，在我们现在看来是多么重要！严肃的追责就必然以权责分明和统一指挥为基本前提。

为了解决管理中成本收益比较分析问题，艾伯特·芬克（Albert Fink）设计出了一种使用信息流、成本分类以及统计控制方法的成本会计制度，这种制度也成现代企业控制的一种模式。② 同时，审计也从会计部门分离出来成为单独的职能部门。

组织的发展、活动地域的分离以及所有权和管理权的分离，都成了管理系统化的推动力量。这样，地区部门化、正式的权力和责任结构、沟通和联络、

① 丹尼尔·A. 雷恩，阿瑟·G. 贝德安. 管理思想史［M］. 北京：中国人民大学出版社，2012.
② Albert Fink. Classification of Operating Expenses, in Annual Report of the Louisville and Nashville Railroad Company（1874），in Chandler, Railroads, pp. 108 – 117.

生产与幕僚人员的职责、绩效测量以及成本会计等方面的理念就应运而生。

六、大型企业的诞生

当我们思考和观察现代企业时，就不可避免地把企业早期发展作为重要时期进行分析和研究。这个阶段既是企业的萌芽和发展"初心"的重要时期，也是企业发展壮大、思考和解决面临的实际问题甚至是长期存在的问题的重要时期。

如果我们将企业视为一种"投入—生产—产出"系统，那么投入来自外部市场，以人力、资本、技术和其他资源的形式出现，通过一种管理层级结构，公司成为一种能够转化这些投入并对其使用进行协调和监督的手段。对于公司的产出，市场是通过消费者的需求来发挥调节作用的。这时企业管理就外接投入和市场，内接生产和产出管理，以保障正常运转。企业管理所涉及的企业边界已经不再是局限在生产的有限区间，而是变得更加宽广和模糊。

而且，随着资源的积累出现了许多大型企业。一般情况下，经过市场的考验，大型企业的成长历史可以划分为四个阶段：一是各种资源的初步扩充和积累；二是资源使用的合理化；三是扩展到新的市场和线路，以帮助其继续充分利用资源；四是能够使重新增长合理化的"一种新结构的形成"。大型企业的形成使内部管理难度进一步增大，权力的让渡成为现实选择，有效控制成为管理重点。一个不得已而为之的调度越权带来了主动性授权的改变，由此引发涉及组织、报告、会计和控制制度等方面的一场变革。

卡耐基[①]曾经在集中注意力做钢铁行业时总结出一条信念：资本或贷款的每一个美元、每一种商业思想，都应该集中关注某种已经有人从事的生意。绝不应该分散自己的注意力……将你所有的鸡蛋放在一个篮子里，然后看好这个篮子，这才是真正的原则——一切原则中最有价值的一条。当然，他采取纵向并购，整合了铁矿、煤矿以及与钢铁相关的业务，保证了产业链条的完整和有效运转。从成功的经验看，有效运转有其前提条件，就是在管理中精确地应用测量绩效、控制成本、分配权力和责任等知识。

大型企业的产生引发了产量增长速度和管理层级的成长之间的关系研究，

---

① 戴尔·卡耐基（Dale Carnegie，1888—1955），美国著名人际关系学大师，美国现代成人教育之父，西方现代人际关系教育的奠基人，被誉为是20世纪最伟大的心灵导师和成功学大师，其在1936年出版《人性的弱点》一书，70年来始终被西方世界视为社交技巧的圣经之一。

也就是管理对有效率地使用组织的各种资源至关重要。这样，系统管理在大型企业中逐步崭露头角，广泛用来解决组织的难题，即需要制定计划以获得劳动力、原材料、设备及资本；通过劳动分工、授权、分配责任以及划分部门等方式组织这些资源；通过提供激励、处理人际关系和提供组织内部的沟通和传达方式，领导和协调雇员们的努力；通过测量绩效、比较预期绩效和实际绩效以及在必要时采取纠正措施，实现对组织的控制；为了便于沟通和协调，出现了沟通和传达正式化的需要。尤其重要的是把企业当作一个统一的整体，防范措施和制度对于其实现内部的规模经济至关重要。

当然，这个时期的管理实践对管理者的素质还缺乏关注，其原因很可能是人们并不十分清楚一位管理者需要具备哪些技能和能力。可以说，这是到现在都没有解决好或者说永远都难以事前解决的难题，只能靠后天实践检验，尽管有很大风险，但也是不得已的选择。

七、一种更为广泛的管理观

亨利·瓦农·普尔[①]试图通过探索更为广泛的铁路运营原则发现第一大行业的良知，包括财政规章制度以及铁路在美国人生活中扮演的角色等内容。普尔找到了一种管理制度，总结了三个基本原则，即组织、沟通和信息。组织是所有管理的基础，每个人都有特定的任务和责任，按照劳动分工开展工作。普尔反复使用"责任"（Responsibility）和"负责"（Accountability）两个术语，至今都尤为重要。沟通意味着设计一种报告方法，使关于公司运营的连续、准确的信息能够在整个组织内传递，直到最高管理层。信息是"被记录的沟通"，是管理文献中"数据库"的雏形，是为设置统计控制制度作出的努力。按照内部控制框架的标准，当时的管理制度有三个要素可以分别对应起来，但是监督未独立设定，而且整个管理过程不是根据风险识别、评估、控制及容忍度标准为轴线的。但是，组织、沟通与信息的提出已经具备了现代内部控制的雏形，强调在混乱中建立秩序，进行更为严格的控制，只有通过秩序、制度和纪律才能保证组织安全成功地运转。

---

① 《美国铁路杂志》（*American Railway Journal*）主编亨利·瓦农·普尔（Henry Varnum Poor）是一位著名的管理学先驱，出版《铁路历史》及《美国运河》两部名著。作为一名出版商，普尔创办的普尔出版公司以编辑发行《美国铁路杂志》而出名。普尔对钱德勒的学术影响是最直接的。1956年，一部名为《普尔：商业编辑、分析家和改革家》的书由哈佛大学出版社出版，作者就是开创美国企业史研究的奠基人——阿尔弗雷德·D. 钱德勒。

与此同时，管理者开始关注组织中的人，认识到严格的任务描述以及管理的官僚化将降低工人们的良好动机，这也是僵化管理结构固有的问题。解决问题的办法就是要通过向组织灌输一种团队精神来克服迟钝和僵化的领导。最高管理层应该成为企业的灵魂，将生命、智慧和服从注入每个部门，使人们保持热情、智慧、生命、责任和服从。这时，保证一致性就成为根本。这就涉及企业文化，对企业文化这个"魂"进行探讨，可以在一定程度上解决"不能把人当作机器"的问题。这些探索对现代企业管理依然具有重要意义，但把人当作机器使用的观点和实践始终存在于现实生活中，挥之不去。

随着工业化的深入，企业组织形式发生了根本性变化，对于投资者来说如何看护好自己的财产成为新的课题。可以理解，作为财产的所有者，他们的态度是谨慎和警惕的。所有者具有非常强烈的主人翁精神，一丝不苟、严肃认真地呵护自己的财产。但公司制的企业组织形式产生，所有权和经营管理权分离，内部人控制，管理层渎职行为、没有科学会计行为支撑的成本核算下高分红现象等时有发生。这样，公司治理问题的研究与解决就提上了日程，以区别于通常意义上的公司管理。

普尔观察并关注自由竞争、政府管制、立法的必要性等政府层面的问题。他主张政府不应该管制价格，而且唯一必要的立法是保护"诚实的理性人"免受不诚实的股票发起人的伤害。同时，普尔也关心公司本身应该作出的改变。在普尔看来，公司所有改进的起源都是知识，将诚实引入公司管理的唯一方法是向公众公开每件与管理相关的事情。他认为，在任何情况下，隐瞒毫无疑问将导致弊病，除非存在严格的责任制度，否则诚实几乎无法被维持。他提出，通过向股东和公众公开信息，以及管理的专业化，并且通过保护理性人免受非理性人的伤害，公司能够实现它们在经济中的角色。当然，普尔所关心和关注的管理问题，不仅是当时的问题，也是现在和未来都要持续面对的问题。

八、员工选择与企业社会责任

员工的选择是企业需要重视的核心内容之一。亚当·斯密坚决反对重商主义的观点，即最饥饿的工人是最好的工人。他坚持主张提供高工资，以使工人变得更加"积极、勤奋和迅速"。同时，他也提醒雇主要缓和这种冲动，避免雇员工作过度。

在强化管理的过程中，计件工资制度也面临重大考验，需要通过非正式的谈判和妥协来加以协调，以保证工作量和计件工资率的有效。当然，经济学家也观察到，采取利润分享计划实现高工资分配，如果这种高工资导致生产率的提升并且降低单位成本，那么奥妙就在于报酬和绩效联系起来了。诚然，利润分享计划和计件工资都存在缺陷，弗雷德里克·哈尔西[①]认为：利润分享计划缺乏激励，而计件工资则存在激励滥用。在这种情况下，系统管理就有了更加明确的方向，对资源配置合理化的需要也变得更加清晰，系统管理也就为科学管理拉开了序幕。

在人的问题上，社会达尔文主义与反对社会达尔文主义的纠缠贯穿了整个管理发展史，即使到现在依然如是。达尔文的《物种起源》（On the Origin of Species by Means of Natural Selection, or the Preservation of Favored Races in the Struggle for Life）提出了关于通过生存竞争实现进化和自然选择的理论。社会科学家采用达尔文理论试图将这些理论应用到人类社会，就是社会达尔文主义，其中，最引人注目的就是"生存竞争"和"适者生存"。但是，认定企业领导人受到社会达尔文主义的影响颇深是值得商榷的，尽管由于企业家或者企业领导者本身特性决定了必然受到公众批评。当然，把自然法则、丛林法则作为圣经的这种流毒一直到现代也没有绝迹，甚至有些人还视若珍宝。

反对社会达尔文主义抓住了企业领导者的政策和行为，发现新的意识即社会福音，暗示企业领导者的慷慨程度远远超过通常假设的程度。企业管理者和董事能否将企业的部分利润馈赠予与企业无关的事情呢？事实上，两个法定原则，即有限特许权和管理者作为股东财产受托人的两个概念综合起来，就形成了19世纪关于企业慈善活动的法律基础。法律的立场非常清楚，即公司被允许从事具体的事情，只有当捐赠财产能够给公司带来可衡量的利益时，公司才可以这么做。当然，这并不影响以个人的名义从事慈善事业。但政府依然把他们的努力视为对政府职责的侵犯，也反映出人们担心企业的慈善活动可能会导致商界对社会越来越强烈的控制。随着时代的变迁，所得税和遗产税使企业家积累巨额财富的难度越来越大，公司的慈善活动也已经在法律和实践中得以澄

---

① 弗雷德里克·哈尔西（1856—1935），美国机械工程师，他在工资和奖金制度上提出了重要的创见。哈尔西认为，当时美国存在的三种工资制，都有着较大的缺陷：第一种是日工资制，它对工人缺乏激励力；第二种是一般计价工资制，其缺陷是一旦工人较明显地提高产量以后，雇主就会降低工资率；第三种是亨利·汤于1889年提出的收益分享方案，其缺陷是没有反映出工人生产以外的收益增长因素，工人不分勤惰同样地分享收益，工人只分享收益而不分担损失，工资增加以后的收益时间过长。为了克服以上各种工资方案的缺点，哈尔西提出了一种新的工资和奖金方案，以工人的产量作为标准产量，工人如果提前完成了工作，则把节省时间而增加产量的收益按一定比率（约为正常工资率的1/3到1/2）发给工人作为奖金。

清，公众对企业在社会中扮演的角色给予了更高的期望，也就是希望它们承担更多的社会责任。这就为企业履行社会责任奠定了社会基础。

九、政府改革

随着经济的迅猛发展，政府改革也成为一个紧要问题。系统管理和理性化的种子似乎也同样在公共部门发挥作用。1886年，威尔逊①在布林·莫尔学院做"行政学之研究"的报告，认识并关注公务员改革必须超越人事事务的范畴而进入政府机构的组织和工作方法领域，建议"行政管理研究首先要发现政府能够正确而成功地做什么事情，然后发现政府如何能够以最有效率、在金钱或精力方面成本最低的方法做这些正确的事情"。他还指出，管理研究的目标是挽救管理方法，使之避免经验主义的混乱和高昂的成本，使它们的基础深深扎根于稳定原则。威尔逊有更加清晰的思路来将更好的制度和方法引入政府机构。由此改变了国家政策在商业管制方面没有有效努力的局面，开始了改革商业行为的尝试，并逐步加以深入，如由铁路行业法令到其他行业管制的引入、州际法案催生全国性法令、企图阻止"限制贸易"的企业托拉斯和垄断行为以及联邦所得税法案等。政府的一些政策举措对完善市场经济体制、规范企业行为发挥了巨大的推动作用。

第五节　科学管理

一、科学管理的时代背景

19世纪后半叶，工业革命发展到了一个全新的阶段，这是一个复杂的、不平衡的阶段，既是科技进步、能源变化和劳动力管理关系发展相互作用的结果，也是强烈要求用管理实践系统化来推动这些因素协调作用的结果。其间，科学管理进入了历史视野。科学管理是从工业革命以来，在工业文明和后工业

---

① 1885年，威尔逊出版《议会制政府：对美国政治的研究》（*Congressional Government：A Study on American Politics*）。威尔逊统治的政府是美国历史上伟大的分水岭之一。在这一时期之前，美国一直把几乎所有注意力都集中在依靠自我创造、自我补充的精英阶层来开发自然资源上。美国人享有一个自由放任但绝非没有限制的社会，对经济自由的限制是通过他们对上帝所颁布的道德法规而不是对人所设计的政府法规的信任而强加给人们的。乡村民粹主义的兴起，中产阶级进步主义在大城市的出现，尤其是西奥多·罗斯福的浪漫改革主义和利他民族主义，都是变化即将到来的先兆。

时代，以充分利用各种资源、提高生产率为核心，逐步形成的管理理论，有深刻的时代背景。①

（一）对效率的追求

弗雷德里克·泰勒②的著作《科学管理原理》（*Principles of Scientific Management*）阐述了用科学的方法确定完成一项工作的最佳方式。③ 科学管理理论以泰勒将科学原理用于人工工作的开创性研究作为起点，主要内容包括：对每个工人的工作因素进行科学研究，取代传统的经验方法；科学地选拔工人，并对他们进行训练、教导和培养；与工人一起工作，以确保大多数的工作严格按照设计好的科学原理进行；将工作和责任尽可能平均地委派给管理者和工人，管理者做所有相较于工人而言更适合他们做的工作。

泰勒认为，通过如何以最有效率的方式完成每一项工作并且以此制定业绩标准，可以解决工人磨洋工的问题。④ 他坚信，一旦工人看到的业绩标准设定得"科学合理"，就不会产生埋怨。这样，管理层期望获得工人"公平的每日工作量"和"公平的日收入"，并以此作为管理依据。由此，工时研究便成为基础，研究的方法就是分析（Analysis）和综合（Synthesis），也就是把每项工作都拆分为最基本的动作来做，确定最高效、最迅速的方式，然后再按照正确的顺序将这些最基本的动作组合起来，确定所需时间，并促使人们改进工具、方法等因素，实现标准化，这是提高效率的一种有效的科学方法。

实施标准化工作、提高工作效率后，紧接着就是探索如何实施更好的激励。这时，利润分享计划作为计件报酬机制便应运而生。泰勒发现利润分享计划需要正视和克服不考虑个人贡献而让所有人参与利润共享对个人积极性的打击问题。因此，针对年底的利润分享对改进日常表现几乎没有激励作用，他提出了"时间就近原则"（Principle of Temporal Contiguity），也就是关注刺激与反应之间的时间长短的重要性。这样，他提出了管理层有责任制定每日产出标

---

① 丹尼尔·A. 雷恩，阿瑟·G. 贝德安. 管理思想史 [M]. 北京：中国人民大学出版社，2012.
② 弗雷德里克·温斯洛·泰勒（Frederick Winslow Taylor，1856—1915），美国著名管理学家，经济学家，被后世称为"科学管理之父"，其代表作为《科学管理原理》。
③ 斯蒂芬·罗宾斯. 管理学 [M]. 北京：中国人民大学出版社，2017.
④ 磨洋工包括两种："本性磨洋工"（Natural Soldiering）来源于"一种自然本能和人们倾向于松懈的趋势"；"系统磨洋工"（Systematic Soldiering）则来自工人"由他们的人际关系导致的更为复杂的二次思考和权衡"。

准。同时，探讨绩效标准和报酬标准的设置，认为应该根据个人绩效而不是职位高低来支付报酬，其主要目的并不仅仅是解决磨洋工的问题，而是为了更好地奖励个体的积极性。

泰勒在实践中还初步建立了"任务管理系统"，以完成工时研究和制定绩效标准，并挑选差别工资激励下能够达到绩效标准的工人。基于此，他将管理定位为"确切了解你想要下属做什么，并且让他们多快好省地完成任务"。为了落实这些实际要求，需要增加特定管理人员、设立计划部门来开展工作，以协助管理者推动整体运转。这样，管理者可以采用例外原则，有时间去处理它们最紧迫和重要的事项，以提高效率。当然，企业有效运营必须具备一个基本前提，就是一切权威都建立在知识而不是职位的基础上。这也就对管理层和管理者的产生、培养和使用提出了很高的要求。当然，在这一点上，面对现实状况，只能说是一种美好的理想。

（二）对共同利益的尊重

在关注效率的同时，泰勒还认为，管理的首要目的应该是保证雇主和每一个员工最大限度的富裕，劳资双方不能仅仅将目光盯着如何分配盈余，而应当共同将注意力转向扩大盈余的规模。也就我们经常说的，做大蛋糕，而不是天天纠缠于分蛋糕。但直到现代，人类总是对分蛋糕乐此不疲，对做大蛋糕却毫无兴致，甚至对试图做大蛋糕的人嗤之以鼻、打击报复。实际上，所有的人都清楚，劳资双方的共同利益是进行真诚、彻底合作的基础，而双方的满意度是影响效果的重要因素。这样，泰勒就警告说，不能把管理的机制当成管理的本质，或者它的哲学基础。现实生活中，我们经常会本末倒置，还口若悬河，忽视管理的本质和哲学基础，而热衷于对管理机制自身的好给予毫不吝啬的褒奖。

泰勒总结性地提出一些管理要素集合，他认为：它是科学，而不是单凭经验的方法；它是和谐，而不是冲突；它是合作，而不是个人主义；它以最大产出代替有限产出；它让每个人达到最高效率和获得最大富裕。泰勒对制度和人有如下描述：没有任何制度可以脱离真实的人的需求而存在。制度和优秀人员都是必需的，引入最好的制度以后，成功与否将取决于管理层的能力、恒心以及受人尊敬的权威。当然，泰勒也认识到没有毕其功于一役的康庄大道，必须持续不断地调查分析和改进完善管理方法和制度。

（三）对工业习惯的培育

在工业社会中，形成工业习惯至关重要。对于工人而言，这些习惯包括勤劳（Industriousness）和合作（Cooperation），它们将有助于工人学习和获得各种知识和技能，以发挥自己的全部能力，迅速、高效地完成自己的工作，并获得别人的认可和自身的自豪感。在现代社会的银行，其大多数员工是从事操作性工作的，与产业工人无异。因此，强调工业习惯也是无可厚非和有所裨益的。

二、组织效率的探索与追求

毫无疑问，任何组织都在追求效率，尤其是工业革命以来。哈林顿·埃默森①是效率工程师的标志性人物。正是这一代工程师为美国工业带来了全新的工时测量和成本节约的方法。他认为，各种资源利用的效率低下都源于组织的缺乏，以及由此带来的人力、机器和原料因没有合理组织而产生的浪费。

（一）幕僚与直线组织

为了解决效率问题，埃默森尝试把参谋部的概念引入工业实践中，从而达到"直线与幕僚的完全平行，直线上的每个成员都可以随时获益于幕僚的知识和帮助"。例如，在公司设置一位首席幕僚，主管四个小组：一个负责对与员工福利有关的事宜进行计划、指导和建议；一个负责对结构、机器、工具和其他设备问题进行计划、指导和建议；一个负责对原料进行计划、指导和建议；一个负责对工作方法、工作条件，包括工作标准、记录和会计，进行计划、指导和建议。由此不难看出，幕僚的职责不是完成工作，而是确定标准和理想状态，使直线能够更加高效地运转。对于现代企业而言，幕僚与组织其实就是直接经营之外的管理职能部门，协助经营条线提升效率、保证质量。从现代商业银行的组织架构可以看到，有无比相似之处，如国际上流行的银行组织是以人力、财务、风险、法律、合规、科技、行政等职能部门来支持零售业务、公司业务、投行业务、金融市场业务等条线的业务开展，以完成战略实施任务。

---

① 哈林顿·埃默森（Harrington Emerson，1853—1931），"科学管理"理论的奠基人之一，西方管理学界公认的传播效率主义的一位先驱者，对"科学管理"的推广起到了积极的作用。1912年，他出版了《十二个效率原则》（12 *Efficiency Principles*），积极宣传效率观念，成为管理思想史上的又一个里程碑。

（二）效率原则

埃默森改进了成本会计，利用记录账目、设置评价工人和车间效率的标准等措施，区分了历史成本会计（描述性的）和在完工前用以估算成本的"新式成本会计"。尽管埃默森的效率成果被泰勒的任务管理系统的光芒所掩盖，但是其成果对企业管理的影响也是深远的。

埃默森出版的《十二个效率原则》是管理上的一个里程碑。12 个原则中，5 项涉及人的关系处理，7 项涉及方法、制度和系统。同时，他提出了一个基本前提，就是"创造了现代的财富和现在正在创造财富的并不是劳动力、资本或者土地。是思想创造了财富，我们需要的是更多的思想——人的天然思想库开发得越充分，单位生产所需要的劳动力、资本和土地就越少"。思想是消除浪费和创造更有效率的工业体制的最重要力量。效率原则是达到这个目标的根本手段，直线幕僚形式的组织是所有效率原则的基础。直到现在，其中的一些效率原则依然有效并被成功企业所遵循和坚守。

第一项原则是"明确界定的理想"，明确表明了需要雇主和员工就组织目标达成一致意见，以及所有人齐心协力为了目标奋斗的重要性。从另一个角度来看，没有共同理想的乌合之众是没有前途的。

第二项原则是常识判断，劝告管理者用更广阔的眼光来看待问题，尽可能地寻求专业知识和建议。每一个级别的员工只要能够贡献某种价值，就应该鼓励他们参与解决问题。这一点尤为重要，层级隔离与职位歧视是寻找真知和有效办法的天敌。

第三项原则是有能力的议事机构，与第二个原则密切相关，涉及组建一个有演讲天赋、知识渊博的幕僚团队。议事机构不是决策机构，但为决策提供了科学可靠的支撑。如有的企业会组成专家委员会，成员没有职务限制，但一定是知识渊博、经验丰富的人才。不承担决策责任，但承担声誉风险，对专家来说是他们认真履职、展现水平的激励约束机制。

第四项原则是纪律，有了纪律，才会服从和遵循组织规定，是其他所有原则的基础。只有纪律与遵守，才能避免混乱，使组织成为真正的良性系统。没有纪律，不成其为组织；没有纪律的严格执行，不能成为一个有战斗力的组织。

第五项原则是公平对待，和平、和谐以及高绩效都取决于公平的雇员—雇主关系，不是恩赐型或利他型，而应该是互惠互利的。公平一直是人类共同的理想。职位决定了没有绝对的公平，但是相对公平，或者说公平对待不公平的地位，也许是一种次优选择。

与工作方法相关的其他 7 项原则更加机械化，也更加明确，主要包括："可靠、迅速、精确、永久的记录"（信息和会计系统），"调度"（工作计划和流程），"标准和进度"（方法和时间），"标准化的环境"，"标准化的操作"，"书面的标准行为说明"，以及"效率与奖励"（与效率相匹配的奖励）。恰恰是这些机械化的方法，到现在我们也没有能够很好地实现。但是，我们相信随着科技发展，慢慢地这些东西都会体现在计算机系统中而固化下来，而避免人为的中间干预。

三、人与人事管理

在企业经营管理中，人是核心因素。20 世纪的头 10 年，美国政要开始关注美国资源的损耗，引起了对更大问题的讨论，即国家效率以及人力和物力资源的不合理使用。人们对"工业和制造业组织"的效率以及"在这些组织中工作的人"忧心忡忡。在这种情况下，管理者为了消除这种浪费，提出的目标就是"让正确的人处于正确的位置"，人事管理成为科学管理关注的重要内容。

（一）科学管理与人事管理

在实施科学管理过程中，涉及雇用和解雇工人、保管绩效记录、处理纪律问题、负责工资支付、协调生产中的人际关系等内容，已经触摸到人事管理的边界。人事管理拥有提高雇员生产率的潜力，对这种潜力的兴趣导致关于人类行为心理学的研究。本能或者说天生的倾向仍然对人的行为具有显著影响，但是人事研究领域取得的进展达到了新的境界，它能够更加科学地招聘、安置和培训雇员。从"心理学的视角"来寻求"行为中的因果关系"，可以更好地指导人的行为。

现代人事管理继承了科学管理和"福利工作"运动的双遗产。科学管理从本质上说是一种工程学方法，目标是如何最节约地使用工人，而"福利工作"的根源是期望提高"美国人的整体生活水平以及贫困和不幸者的生活标准"。

作为福利工作的人事管理，是实施雇员福利计划的一部分，动机是应对持续高涨的工会运动，但也有一部分原因是来自人们意识到"雇员的生产率在很大程度上取决于他们 10 小时工作之外 14 小时的环境和生活"。但在实施过程中，不可避免地越来越深入到雇员的个人生活里，这就变得令人生厌了。当然，它们的遗产在现代社会的人力资源管理计划中"员工福利"（Fringe Benefits）和产业政策关系中得以延续，是令人欣慰的。

（二）心理学与个体

一直以来，所有的管理都会触及人及人类的本源假设。一个简单的问题就是人类的需求假设，即人类如何通过努力以满足自己的不同欲望。对人类需求层次的预期以及"一旦较低层次的需求获得满足，便会追求更高层次的需求"的假定，并不是实证研究的结果，而是观察和逻辑推理的结果。

在科学管理之前，心理学是建立在内省的、脱离实际的或者演绎的基础上。随着工业化进程的逐步深入，人们开始通过受控制的实验来研究人类的行为，为"工业与组织心理学"开辟了道路。工业心理学的诞生是工业革命发展到一定阶段的必然产物。

最初的工业心理学的目标是促进"个体在工业中的最大效率"以及"他在工业环境中最适宜的调整"。工业心理学创始人雨果·芒斯特伯格①的《心理学与工业效率》（*Psychology and Industrial Efficiency*）直接与科学管理相联系，包括三部分内容，即最合适的人、最合适的工作以及最理想的效果，试图研究工作对人的要求以及这种必要性，也就是找到具有最合适心理素质来从事这份工作的人；确定在什么心理状况下，能够使每个人都实现最高、最令人满意的产出；研究对符合企业利益的人类需求施加影响。这种方法聚焦于个体、强调效率，意识到应用科学方法来调查工厂里的人类行为可以为社会创造利益。他探讨了人员甄选、职业伦理、工作绩效的心理因素，强烈呼吁要加强管理的科学性，必须把心理学成果更好地应用于提高工业效率上。他的理论和观点，本质上是对泰罗制的心理学补充。按照芒斯特伯格自己的说法，就是："我们决不要忘记，通过将来的心理上的适应和通过改善心理条件提高工作效率，不仅符合厂主的利益，而且更符合职工的利益；他们的劳动时间可以缩短，工资可以增加，生活水平可以提高。"这样，就开启了"社会人"的研

---

① 雨果·芒斯特伯格（Hugo Munsterberg，1863—1916）是工业心理学的创始人、行为科学的先驱，建树颇丰，影响力广泛，研究内容涉及心理学、哲学、社会学等方面，反映他的工业心理学思想的著作有《心理学与经济生活》《应用心理》《普通心理学和应用心理学》等。

究。西方所谓的"社会人"与科学管理密切相关,它把基督教的准则应用于整个社会,开启了"社会人"时代。我们会在霍桑实验中进一步阐述"社会人"的一些研究进展。

工业社会学及其实证研究取得了一定成果,如通过观察,不难发现:所有的工人和管理者,都是根据自身的工作来衡量自己的价值以及对社会的价值,工作影响社会地位,他们的谋生方式决定了其家庭在哪里生活以及如何生活,他们对自己、朋友、雇主以及整个世界的看法都是由他的工作决定的。这里面至少包含三层意思,一是工作决定了他的生活方式,二是工作决定了他的意识形态,三是工作决定了他的社会地位。

社会福音运动的拥护者怀廷·威廉姆斯①用朴素实证主义的方法研究发现:工人们之所以限制产出即工作时拖沓,是因为他们认为缺乏工作机会,而且雇主往往不分青红皂白就解雇和雇用工人;工会的兴起源于工人对工作安全的渴望,如果雇主证明他们关注工人的这种需求,工会就不会有太大发展;长时间工作使工人变得疲惫和不满,容易导致人际冲突;工人之所以倾听激进者的鼓动,主要原因是雇主没有提到计划和宗旨、目标和理想,而这些恰恰是公司的特征。威廉姆斯的研究取得了很大进步,但传统上,人们依然将霍桑实验作为工业社会学研究的开端。

四、管理原则

马克斯·韦伯解决了组织应该如何被构建这个更为基础的事项。而关于组织运转,朱尔斯·亨利·法约尔②是首位对管理要素和原则进行正式阐述的管理者和工程师。事实上,如果说构建组织是理想状态描述的现实成果的话,那么,组织的运行是检验成品品相的唯一依据。也就是说,实践是检验真理的唯一标准。

在法约尔看来,领导者的管理能力取决于一些特定的素质和知识,例如:

(1) 身体素质:健康,精力充沛,谈吐清楚。

(2) 智力素质:理解和学习的能力,判断力,精神饱满,适应能力。

(3) 道德素养:干劲,坚定的意志,承担责任的意愿,主动性,忠诚,

---

① 怀廷·威廉姆斯(Whiting Williams, 1878—1975)是社会福音派的代表人物之一,他坚持社会福音派的直接参与理念,放弃了白领职位,乔装成一名工人,亲临现场研究。

② 亨利·法约尔(Henri Fayol, 1841—1925),古典管理理论的主要代表人之一,亦为管理过程学派的创始人,被称为"现代管理之父"。

机智，尊严。

（4）通识教育：对专业技能之外的一般知识的大致了解。

（5）特殊教育：某种职能特有的知识，可以是技术、商业、金融、管理或者其他方面的知识。

（6）经验：从正确的工作中获得的知识，个体自己从各种事情获得的经验和教训。

同时，法约尔还根据雇员的不同层次的职权，说明技术能力和管理能力对他们的相对重要性，他发现：职权越高，对管理能力的需求就越占据主导地位；管理者的职数增加，处理商业、金融、安全和会计等事项的能力的重要性就越来越低。专业分工对管理者知识和技能的要求会有很大差异，因职能选人、因职能用人成为必然，"人岗相适"是一种合理选择。

法约尔还发现了管理原则（Principle），而且原则可以因人而异。法约尔专注于 14 个原则①：工作分工、权力、纪律、统一指挥、统一领导、个人利益服从整体利益、报酬、集权、等级链（权力链）、秩序、公平、稳定的员工任期、主动性、团结精神。

（1）工作分工（Division of Work），就是劳动专业化的思想具体体现，将各种不同的任务分配给拥有不同专业技能的个体，希望以相同的努力获得更多、更好的成果。

（2）权力（Authority），被定义为"下达命令的权力和要求服从的力量"。可以分为正式权力和个人权力，前者是管理者依靠职务或者级别而拥有的，后者是由"智慧、经验、精神价值、领导能力、以往的服务"等因素综合形成的。

（3）纪律（Discipline），实质上指公司与员工之间的相互尊重和服从。纪律对于公司的良好运行和繁荣昌盛至关重要。良好的纪律源于得力的管理、令管理者和雇员都满意的劳动协议以及制裁措施的正确使用。

（4）统一指挥（Unity of Command）被描述为"无论任何行动，一名员工应该只接受一位上司的命令"。一仆不能事二主。双重指挥对权力、纪律和稳定都是一种威胁。

（5）统一领导（Unity of Direction）是具有相同目标的一组活动应该只有一个领导和一个计划。这样，可以为公司集中精力提供不可或缺的协调。统一

---

① 斯蒂芬·罗宾斯. 管理学［M］. 北京：中国人民大学出版社，2017.

领导来自良好的组织结构，并且对统一行动至关重要。

（6）个人利益服从整体利益（Subordination of Individual Interests to the General Interest）是呼吁消除"无知、野心、自私、懒惰、软弱以及人类所有的狂热"。把某个个体或群体的利益置于公司的整体利益之上，必然会导致相关各方之间的冲突。这也是对代理理论（Agency Theory）所称的机会主义的早期描述，而机会主义就是一种利己主义的行为。

（7）报酬（Remuneration），涉及日工资、计件工资率、奖金以及利润分享等。妥当的雇员报酬取决于多个因素，总体来说，公司支付的报酬应该是公平的，应当通过奖励良好的绩效来发挥激励作用，避免过度支付，并赞同非经济激励方式。

（8）集权（Centralization），是一项显而易见的原则，属于自然规律。实际上，集权是一个平衡问题，取决于公司自身经营管理的特殊情况。当然，当信息沿着组织的等级链传递时，往往会产生失真或者扭曲。在今天看来，依然如此。一些有益的见解供参考：集权本身并不是一个好的或者坏的制度安排，可以采用集权、分权和授权，但是集权或多或少地存在；集权的程度必须根据不同的情况进行调整，目的是最大限度地利用员工的所有才能；而中间媒介，也就是中间地带的作用发挥取决于管理者的个性、道德品质、下属的可靠性以及组织自身的一些条件。

（9）等级链（权力链，Scalar Chain），指的是从最高权力的负责人直到最低等级的负责人所形成的链条。这个链条就是公司的权力线条以及信息从公司最顶层传达到最底层以及从最底层传递到最高层的链条。为了克服信息延误问题，法约尔提出了"跳板"观点，允许信息越级汇报，实现最短路径的信息横向沟通。

（10）秩序（Order）。在物质层面，就是确保"每件东西都有一个位置，每件东西都处于正确位置"，使事情井井有条；对员工来说，也是一样，"正确的人处在正确的位置上"。物质秩序是为了避免资源浪费。社会秩序则需要通过良好的组织和选拔才能够得以实现，而且必要时还需要使公司的人员配置与它可以获得的各种物质资源相匹配。现实中，野心、裙带关系、偏袒或者无知都会产生不必要的职位或者使不称职的员工占据职位，从而破坏社会秩序。

（11）公平（Equity）。在法约尔看来，来自仁慈和公正的综合。公平可以为如何开导员工以及向他们灌输奉献和忠诚提供基础。法约尔还精确地细分公平和平等（Equality），并且预见到公平理论。当然，创造一种公平感，满足员工对公平的渴求是一项非常艰巨的任务。

（12）稳定的员工任期（Stability of Tenure of Personnel），就是努力提供有秩序的人力资源招聘和配置计划，以确保公司的员工拥有必要的技能来完成工作任务。这种技能的获取必然要耗费时间和精力，只有稳定的预期才能让员工踏实地采取行动。

（13）主动性（Initiative）是一项督促员工在所有工作中发挥热情和干劲的原则。法约尔发现"提出建议并且实施"的自由是人们发挥主动性的关键因素，对下属获得满足感和成就感至关重要。

（14）团结精神（Esprit de Corps），强调在公司内部构建和谐和团结、协调努力、鼓励锐气、利用每个人的能力以及奖励每个人的价值而不引起嫉妒或者破坏和谐关系，只有发挥真正的智慧才能做到。

当然，这些管理原则是用来指导理论和实践工作的，不是教条，更不是全部。

五、管理要素

法约尔提出管理要素为计划、组织、命令、协调和控制，也被称为"管理过程"。①

关于计划，法约尔认为通过定义公司的目标为其他管理要素奠定基础。

关于组织，在法约尔看来，组织就意味着为公司提供实现目标所需的每一件东西，包括经典的生产要素如土地、劳动力以及原料。后来，他把组织要素又分为组织和人事，就是确保公司的"人力和物力的组织与公司目标、资源和要求相一致"是管理者的任务。公司应当调整自己的结构以提供统一指挥和明确定义的任务，鼓励主动性和责任，对行动和努力进行协调。组织本身不是目的，不能忽视人的因素，法约尔已经预见到了组织设计中的权变理论。

法约尔也注意到，组织内的权力层级是组织的职能和等级增长的一种产物。组织的职能增长是横向结构上的，等级增长是垂直方向的。对于组织中的个体来讲，有效监管的下属数量是有限的，这就引发了对"管理跨度"的思考。而且，在幕僚人员方面，法约尔主张使用一批"有实力、知识和时间"的雇员来协助直线管理者，充当管理者个体的一种延伸，为直线管理者处理日

---

① W. H. 纽曼，C.E. 萨默. 管理过程——概念、行为和实践［M］. 北京：中国社会科学出版社，1995.

常事务提供辅助。当然，法约尔也意识到，糟糕的雇员选拔导致的后果严重程度是"与该雇员的级别息息相关的"，也就是级别越高，后果会越严重。

关于命令、协调和控制，根据法约尔的推理，公司一旦组建，就必须开展各种活动。在活动过程中，命令也可以称为指挥或指导。法约尔认为"从所有雇员那里获得最大回报"是每一位管理者的任务。因此，管理者应当全面了解他的员工、淘汰不合格的员工，熟悉约束企业及其员工的各种协议，为其他人树立良好的榜样，对企业的绩效进行定期审计，采取手段实现统一指挥和集中努力，使员工产生团结、积极、主动性和忠诚等。

协调意味着"使公司的所有活动协调一致，从而促进公司的运转和帮助公司获得成功"。在法约尔看来，协调是一种平衡行为，要求平衡收支、平衡设备维护和生产目标的实现、平衡生产和销售等。

控制指的是"检验所进行的每件事情是否符合制定的计划、发布的指示和既定的原则"。在法约尔看来，实施控制的目标是查明和确定错误，以纠正并防止错误的再度发生。控制适用于一切人、目标和行动。有效的控制以迅速行动为基础，在必要时还需要实施制裁。控制具有一定的综合影响，可以刺激更好的计划，简化和加强组织结构，提高命令的效率，并且能够促进协调，使管理行为能够循环完成和管理过程持续。

法约尔对高层管理者的定位是"一般管理的职责是以最优的方式利用各种资源，从而使企业迈向它的目标。而制定计划、选拔员工、判断绩效，以及确保和控制所有行为的顺利实施，则是行政管理的职责"。无论人们承认不承认，今天的大多数管理者在本质上都是法约尔主义者。

六、官僚机构

韦伯对社会学、宗教、经济学和政治科学具有浓厚的兴趣，他在 1930 年出版了《新教伦理与资本主义精神》（*The Protestant Ethics and the Spirit of Capitalism*）。在构思的过程中，他观察了美国资本主义和德国的区别，发现美国的资本主义精神是鼓励创新和竞争的。

韦伯的研究从本质上讲是规范性的，与泰勒和法约尔提供的管理实践为导向的建议形成对比，其主要特征是"官僚制度"（The Bureaucratic System），也就是对官僚机构和官僚制度的惯例进行观察和研究。官僚制度是指由官职或职位来进行的管理制度，具有以下四点特殊强调的地方：

一是韦伯使用"官僚制度"来探讨管理问题，并不是一种讽刺，不是用贬低的情感态度来叙述文字功夫上的官样文章、无休止的无谓强调、行动中的循规蹈矩以及由此导致的整体无效率。它是一种非批判性的标签，用来称呼被他视为最现代、最有效率的一种组织形式。这与我们日常反对的"官僚主义"不是一个东西。

官僚制度从某种程度或从历史发展的角度来看是一种进步，它是通过反对以前的各种管理制度如君主制和独裁制所存在的屈从和残酷以及反复无常的主观判断而体现出优势的。毫无疑问，韦伯认定世界是不公正的。基于这个认识，官僚制度强调法定权力，力图终结对雇员的剥削并且确保所有人获得公平机会和公平待遇。

二是在韦伯看来，官僚制度是一种理论，在现实当中并不存在。它是一种标准或者模式，不仅可以用来组织一家公司，也可以用来评价其相对绩效。韦伯的官僚制度是假设性的。

三是韦伯的官僚制度是基于法定（Legal）权力的，与此对照的是另外两种权力，即基于传统（Tradition）的权力和基于超凡魅力（Charisma）的权力。法定权力来自规则与其他控制措施。通过自己的职位，管理者被授予解释和执行这些规则与其他控制措施的权力。下属服从的并不是某一个人，而是一个职位拥有的非个人化的权力。因此，权力依附于具体职位，而不是个人。关于这一点，我们的大多数人至今都没有清醒的认知。

四是在韦伯看来，人们需要有效率地进行组织，这种需求与文化无关。这样，依赖于理性和对法律的尊重，公民平等的理念以及现代国家提供的广泛服务使某种形式的专家治理在所难免。事实上，不断增长的公司规模、先进的技术以及全球化的市场，使官僚制度成为历史必然。

官僚制度的特征和优点主要表现在以下方面：

一是劳动分工（Division of Labor）。分工使权力和责任被明确地定义下来，而且分工就意味着专业化。这样，劳动分工就可以通过专业化、标准化来提升效率。这也是科学管理的基础和依据。

二是管理层级（Managerial Hierarchy）。管理层级就是将各种职务或职位划分成权力层级并形成一个清晰的指挥链，从而定义不同的权力级别以及定义岗位上的个人权限，也由此带来更好的沟通与交流。

三是正式选拔（Formal Selection）。所有员工的选拔都是基于正式考试、教育或培训证明的技术资质，员工的雇用及晋升将基于他们的价值和技能，雇主和员工都将因此而受益。正式的、公开的选拔有利于形成良好的氛围和良性循环，有效地实现"把正确的人放到正确的位子上"。

四是职业定位（Career Orientation）。对于政治人物而言，选举出未来代表选民群体意愿的高层官员可以实现弹性变化。但对于员工这些专业人员来说，他们不是政治家，他们从事专业工作以获得固定薪水，在自己的专业领域追求职业发展。这样，雇用专业人员应当保证在无须考虑外来压力的情况下，使被分配的任务得以保质保量地完成。这样也能保证各项运作在选拔循环中的连续性。

五是正式的规则以及其他控制措施（Formal Rules and Other Controls）。"没有规矩，无以成方圆"。所有的员工都须遵从预期工作任务有关的正式规定和其他控制措施，以保证员工行为的规范性和效率。失去了规矩约束，组织将是一盘散沙，会陷入无政府的自由主义旋涡而一事无成，更谈不上组织目标实现。

六是非个人化（Impersonality）。被大家遵守的规则一定是公认的和非个人的，不能把个人的意志强行变成规矩，否则将陷入一种"人在政举，人亡政息"的恶性循环。规则以及其他控制措施都应当是非个人化的，个人色彩和个人偏好必须避免，这样下属获得保护而免受上司武断行为的伤害，进而提升他们遵守规则的意愿。

当然，官僚制度也会存在天然的缺陷：

一是规则以及控制措施可能会过于自以为是，从而变得无效。人们只热衷于运用各种政策和规定，而不关注公司的主要目标。甚至极端拘泥于规则和其他控制措施可能会导致盲目地重复以前作出的决定而没有观察到或者考虑到情况已经发生变化。"僵化的官僚主义"会导致教条，出现照章办事，而不是依靠常识，更不会因势而变的权变和相机抉择。

二是规则可能带来员工的"合法怠工"，因为规则中不可能涵盖属于员工的所有职责范围。而对此类问题的积极作为，例如制定额外的官僚主义规定，只会使情况变得更加糟糕。

三是在授权方面，虽然向下属授权可能会提高运行效率，但是这样做也会导致员工只关注本部门的事务，而不是组织的整体目标，很容易引起部门间的矛盾并降低有效性。

尽管还存在诸多批评，但不妨碍现实生活中，官僚主义的管理仍然是现代社会的一个核心特征，所有的人都必然生活在官僚主义的世界里。

第六节　科学管理的再分析

对于科学管理的回顾与分析，可以发现科学管理的精神遗产、原则方法的价值贡献以及实践的观察对以后的经济社会发展具有重要的意义，科学管理已经成为管理的主流精神。

一、环境分析

从经济环境来看，科学管理是从农场到工厂、由农耕文明向工业化转变时期对资源利用的合理化、管理与工人等具有明显时代特征的课题的研究成果。

从技术发展来看，科学管理具有依赖于科技进步又促进科技创新的核心理论内涵。开拓新的技术可以促进企业的成长，新技术使新兴企业和传统企业都能更加成功地进行竞争。按照技术进步的先后，我们可以发现：煤是蒸汽机的最主要能源，煤矿开采成为重要产业；电力也随后登上历史舞台，除了作为照明和电器的一种新能源外，逐步成为工业能源的重要来源；汽车是另一项技术进步，带来了巨大的经济和社会变化；交通、通信行业的发展都成为那个时代的产物；以计算机为核心的现代信息科技进步促进了整个经济社会形态的转变。经济环境和技术进步把工业生产提升到了前所未有的水平，也带来了新的管理难题，科学管理应运而生。劳动力分工、标准化生产、信息应用等问题在理论研究与实践探索中取得了骄人的成就。

从社会环境来看，早期的科学管理理论与对个人努力进行奖赏的社会价值观以及受到自我利益引导的理性人的古典美德是一致的。一些文学作品中，把勤奋、正直、坚毅和节俭等美德作为获得财富的基本素养。当然，在那些美德中，有新教伦理中的自律、勤奋和节俭。实用主义经济学家认为，人们会谋求舒适和避免劳累，并且在此基础上理性地计算什么最符合自己的利益。这就产生了"经济人"的概念。在泰勒之前，通过激励来进行管理之所以失败，是没有为工人消除阻碍他们获得利益的障碍，在获得高工资时削减工资率。泰勒认为，管理者应当通过调查研究和正确分析来推动工人更努力工作，明确经济报酬的根本驱动力，削减工资不符合雇主利益，会带来怠工习惯。

而文化的变迁是永远无法避免的现象，文化更替的碰撞效应都会在社会活动中逐步得以显现。实际上，碰撞效应的特征就是冲突，如果不予以疏导，最终将导致社会和心理的变化。在这个过程中，个人伦理和社会伦理都将受到冲击。个人伦理首先考虑的是将个人视为最主要的价值，而社会伦理首要考虑的是将群体视为一种价值来源。事实上，人们既不是纯粹个人主义的，也不是纯粹以群体为导向的。在强调工作中的共同利益和合作的同时，又要强调以个人利益为基础的经济激励以及每个人在最大限度上选择和发展的自由。这个时期，人们对成就的追逐随着社会的发展逐步向寻找归属转变。

同时，我们可以观察到，社会福音派作为社会达尔文主义的一个对立面，影响了人事管理领域，是进步主义政治纲领的社会先驱，对后世的影响一直延续。如工会是进行社会和经济改革的工具；实施员工参与计划，甚至有些计划要经过工会同意和合作；工业改善、福利工作运动是慈善、人道主义和商业才能的一种不均匀混合，通过提供医疗诊所、餐厅、浴室、利润分享、娱乐设施和其他设施以赢得工人的忠诚，福利计划的目的就是防止发生劳工问题和提高绩效。人们意识到，努力工作与道德和福利相辅相成，良性循环。这样，通过效率使社会进步的观念逐步盛行起来。

在政治环境方面，那个时代的政府和政治问题始终围绕两个基本主题的平衡展开，一是建立平等和秩序的需要，以保护个人权利免受他人的侵犯；二是限制政府权力的需要，以保护个人权利免受国家侵犯。洛克和卢梭试图建立一种使个人能够制止政府权力被过度使用的平衡制度，立宪制政府或者代议制政府以被治理者同意作为所有立法权力的正当来源。美国建立在这些前提之上，有限政府、私有财产、经济机会的自由、对个人主动性的强调以及不干预企业活动。当然，民主实践与理想预期还存在相当程度的不平衡和不完善。

二、科学管理与进步主义

科学管理对企业、政府和社会的影响是巨大的。从社会层面看，进步主义关注选举权，帮助低收入群体，要求建立最低工资制度，颁布个人报酬法案，鼓励工会以及颁布联邦所得税法案等。同时，把效率当成道德和社会秩序的同义词。从宏观层面来看，管理实践上体现了通过专家和知识来提高领导力，从而超越了阶级偏见，避免了管理的强迫性和心血来潮的随意性。而且，通过建立有关效率的制度，从两个方面入手，一是提高雇员工资、降低生产成本，二是遏制雇主的贪婪、规避雇员的怠惰。

与此同此，从微观主体看，企业界受到政府税收法案的影响，这促使企业界有主观意愿去采取基于专业知识的科学管理并进一步取代依靠特权而进行的管理，不是孤立地强调对盈余的分配，而是逐步强调以更低的价格和更高的工资来进行生产，对效率和生产率的追求为科学管理提供了土壤。

三、科学管理对内部控制的影响

科学管理对管理规律的探索直接影响企业的经营管理活动。现代企业通过内部控制实现正常运转，依赖于生产经营和管理活动的有效开展。法约尔提出的管理五职能理论是按照一定的内在逻辑，划分为若干相对独立又相互关联的部分，包括计划、组织、指挥、协调和控制。对内部控制内在规律的探索离不开对管理理论和实践的观察。有人认为：现代内部控制的最大弊端是为了不断完善内部控制，而将内部控制定义不断衍生和扩展，进而涵盖了管理的方方面面；并认为控制只是管理的一项职能，在这个基础上才能正确界定内部控制的范围。当然，也肯定了一个比较正确的观点，即内部控制贯穿经营管理的始终，组织架构、决策制定、信息反馈等环节都有内部控制的存在。① 而且类似的观点比较普遍。

通过实际观察，我们不难发现，一方面管理理论对管理实践的影响是显而易见的；另一方面，作为管理实践的内部控制依然是管理理论的重要组成部分，受到管理理论的影响和左右，尤其是管理层管理思想和意志的具体体现。科学管理的思想、原则与具体实践都对现代企业的内部控制提供了强大的支撑，甚至一些观念在现代社会中还需要进一步强化。

同时，工业革命在带来经济社会进步、解决了一些现实问题的同时，也带来了新的问题和使原来的一些问题更加严重，解决这些问题更为急迫。如最基本的问题是与生产（生产资料和生产力）、产品、贸易（市场和指令）和使用密切相关的，这个过程中的一系列问题都需要解决，如能力、成本、道德、有效、通畅等。现代经济学交易成本理论的核心思想就是一种管理等级制度有时候比市场更为有效地配置资源。这时，企业作为内部市场，在与外部市场竞争的过程中，必然以内部控制的效率为基本保证。而科学管理对效率追求的探索，从思想、原理、准则以及具体事务的处理都对内部控制效率目标的实现提供了基础支撑。

---

① 何九妹. 从法约尔的五职能理论浅谈内部控制的范围［J］. 会计之友，2010（9）：64 - 65.

第三章　系统思维

我们经常把复杂问题的解决说成是一个系统工程而加以强调。这就需要扎根理论，探寻实践出路。对问题的分析、判断以及解决方案的提出与落实，都要从整体上进行系统思考，并依赖于信息、引入控制。在具体实践上，复杂问题简单化可以清晰地展示事物的基本逻辑；简单问题复杂化用来提升问题解决的可行性，系统思维方式不可或缺。系统、控制、信息理论方法为经济体实现控制提供了理论基础，引入大数据与人工智能等创新科技手段可以更好地实现预期目标。

系统思维是研究分析系统的一般模式、结构和规律的思维模式。系统论研究各种系统的共同特征，用数学方法定量地描述其功能，寻求并确立适用于一切系统的原理、原则和数学模型，是具有逻辑和数学性质的一门科学。[①] 根据系统论的观点，系统是普遍存在的，只要由两个以上的要素（元素、部分或环节）组成，要素和要素、要素和整体、整体与环境之间就存在相互作用和相互联系，即具有确定的功能就构成了一个具体的系统。与系统论相关的信息论、控制论以及最新的人工智能都是系统思维不可或缺的组成部分。

内部控制则把企业视为一个系统，以其运作需要一个有效的内在控制系统为研究起点，可以从加强企业资源的有效管理、提高企业效率和效益的角度来认识内部控制。对企业这个经济系统而言，内部控制应当作为经济控制系统而存在。因此，可以把内部控制视为为了实现企业的目标，由存在于企业内部的具有约束、指导、激励功能的机制、制度、程序、氛围等因素有机地组合在一起而形成的集合。单纯地把它归结为制度、方法、活动或工具，不能描述内部控制的实质，也不能满足企业管理的需要。如何协调、控制、激励每一部分，

[①] 刘敏. 生成的逻辑 [M]. 北京：中国社会科学出版社，2013.

以实现企业的目标，是企业内部控制的目的所在，它应当是一种机制、一种控制系统。①

第一节 系统论

一、系统思想的发展

系统观念，源远流长。作为科学的系统思想则形成较晚，系统科学作为一个学科，从 20 世纪中叶开始经历了孕育、形成和漫长的发展过程。而系统思想就其基本内涵而言，是关于事物的整体性观念、相互联系的观念、演化发展的观念的统一。②

系统的概念来源于人类社会的实践。人类在与自然界打交道的过程中，在群体生活管理、社会构建与社会实践中，观察与实践逐步由单一到整体、由割裂对待到相互联系、由绝对到相对，逐步形成了整体、统一和发展的朴素的系统概念。尽管由于生产实践的局限，对自然、对社会的认识还受到诸多局限，但长期的社会文化发展不仅积累了大量的生产经验，也留下了丰富的文化遗产，尤其是在哲学领域。

19 世纪上半叶，自然科学的重大成果和进步直接影响人们对自然界的认识，如能量转换、细胞和进化论的发现以及相应生产革新，使人们在哲学领域取得了迅猛的发展，系统思想也进一步从经验上升到哲学、从思辨进展到定性的论述。而且，科学技术的进步与文化发展为科学的、定量的系统思想奠定了坚实的基础，一方面使系统思想定量化，逐步形成具有数学理论支撑、能够定量处理系统组成部分相互联系的科学方法；另一方面，电子计算机的出现也为定量化系统思想的实际应用提供了强有力的工具。

同时，系统思想的实践基础更不容忽视。社会实践的需要对系统思想逐步向科学、定量演变提供了现实依据。在与自然、社会的斗争中，重大项目的开展、战争的爆发等重要社会事件都需要从全局思考问题、从全局出发合理使用局部力量、最终使全局效果最佳。而系统思想提供了分析和综合的辩证思维工具来指导实践，并在实践中进一步得到完善和丰富。

---

① 张宜霞. 内部控制——基于企业本质的研究 [M]. 北京：中国财政经济出版社，2004.
② 许国志. 系统科学 [M]. 上海：上海科技教育出版社，2000.

系统科学是现代科学技术体系中的一门综合新兴学科。提出量子论的普朗克①认为,"科学是内在的整体,它被分解为单独的部门不是取决于事物的本质,而是取决于人类认识能力的局限性。实际上存在着由物理到化学、通过生物学和人类学到社会科学的连续的链条,这是一个任何一处都不能被打断的链条。"系统科学在科学技术进步,尤其是以人类社会系统和生命系统为代表的"宏观层次"的科学技术进步的带动下,逐步发展完善起来,并反过来指导科学技术的发展。

一般公认的观点认为,以贝塔朗菲提出"一般系统论"(General System Theory)概念为标志,诞生了系统论,并与运筹学、控制论、信息论组成了早期的系统科学,而系统工程、系统分析、管理科学则是系统科学的工程应用。

二、系统的概念与内涵

"系统"是一个古老的概念,但从贝塔朗菲开始,系统才逐渐地具有了明确的科学定义,并赋予了重要意义,认为"现代社会和生活的整体领域里都需要按新的方式抽出新的概念、观念和范畴,而它们都是以'系统'概念为中心的"②。系统是"相互作用的多元素的复合体",也就是指通过相互作用关系联系在一起的若干要素所组成的功能性整体。这个概念包含"整体性""功能性""关系性"和"相互作用"等特征。系统科学以一个基本命题为前提,就是系统是一切事物的存在方式之一,因而都可以用系统观点来考察,用系统方法来描述。

一是系统强调整体性。贝塔朗菲认为,系统是相互联系、相互作用的诸元素的统一体。整体性强调系统是一个整体,是各组成部分的要素在相互关联、相互作用下形成的一个体系;系统是一个关系集,其行为是由所有元素和所有关系共同决定的;系统内部存在不起作用的孤立部分。整体性是系统最重要、最突出、最基本的特征,是有组织的统一体。有组织性就是指一种有机性、非

---

① 马克斯·卡尔·恩斯特·路德维希·普朗克(德语:Max Karl Ernst Ludwig Planck,1858—1947),德国著名物理学家、量子力学的重要创始人之一。普朗克和爱因斯坦并称为20世纪最重要的两大物理学家。他因发现能量量子化而对物理学的又一次飞跃作出了重要贡献,并在1918年获得诺贝尔物理学奖。

② 转引自:李曙华. 从系统论到混沌学 [M]. 桂林:广西师范大学出版社,2002.

线性及内在功能的耦合性。①

二是系统强调功能性和关系性。贝塔朗菲认为，系统是"处于一定的相互关系中并与环境发生关系的各组成部分的总体（或集）。"强调系统的功能，就是系统不仅具有整体性的结构，而且是在与环境的相互关系和作用下具有整体性的行为和功能；强调开放系统的关系性，凡是有机系统都是开放系统，与外界进行物质、能量、信息的交换，表现在系统内元素与元素之间、部分与部分之间、部分与整体之间及整体与外部之间的相互作用。系统的功能性、关系性、开放性是相互关联、不可分割的，具有统一性。

三是系统强调多级层次性和复杂性。事实上，越是复杂的系统，系统科学的应用也就越有效。强调系统的多级层次性，即每个组成部分都是一个小系统，不同层次的子系统又如网状一样耦合在一起；系统的复杂性、功能的耦合性、网状的关系性、多级层次性等特点共同造就了系统的复杂性。

埃德加·莫兰②在定义系统时，认为大部分的系统不是由"部分"或"成分"构成，而是由复杂的"部分"或"成分"之间的相互作用构成。其主张系统、相互作用和组织三个相关概念：系统，就是"表达复杂的统一性和整体的现象特点，以及整体和各个部分的关系的复合体"；相互作用，就是"表达了一个系统中发生和交织起来的关系、作用和反馈作用的总体"；组织，就是"表达这些相互作用的建构的特点，它的形成、维持、保护、调节、支配、再生的作用"，既创造有序也创造无序。

关于系统以及系统科学方法的进步，可以总结为以下观点：

一是系统的不可分性。通过系统定义及其特征的分析可见，系统的整体性至少表现在三个层次的不可分性，即结构的整体不可分性、功能和关系的整体不可分性、系统演化过程的整体不可分性。

二是生成论对系统演化的理解。生成论首先承认整体论，主张以一种过程行为体察系统由生而盛、而衰、而亡的演化机制，包含两个层次的含义，即系统内在的生命性、系统整体之生成和演化的过程性。

三是系统方法由构成论、还原论逐步向整体论、生成论改变。如果说系统科学之于经典科学是革命的话，根本的革命之处不仅仅在于整体论取代还原

---

① 经典科学的构成性整体观遵守"整体等于部分之和"的线性叠加原理，而在系统科学的生成整体观中叠加原理失效。

② 埃德加·莫兰. 复杂思想：自觉的科学［M］. 北京：北京大学出版社，2001.

论，更深层次的内涵应该是生成论取代构成论。

系统科学所坚决反对的是世界可分性这一点。经典科学使用的方法是分析法，尽管分析是重要的科学方法，但使用分析法并不意味着世界本身是可分的。所谓可分、可累加是科学研究的需要，恰恰是人为的，"分"是有条件、有代价的。① 从这种意义上讲，经典科学是以相当主观的方式在研究客观世界。而实际上，这个世界由充满了关系性、功能性、层次性与复杂性的各类有机体组成，原则上是不可分割或机械分解的。因此，从哲学方法论的角度讲，立足研究自然界生成奥秘的系统科学必然是反对构成论，主张生成论的；必然是反对还原论，主张整体论的。

三、系统的特征

（一）系统的边界

把系统与环境分开的东西，称为系统的边界（Boundary）。② 从空间上看，边界是把系统与环境分开来的所有点的集合。从逻辑上看，边界是系统形成关系从起作用到不起作用的界限，规定了系统组分之间特有的关联方式起作用的最大范围。边界的存在是客观的，凡是系统都有边界，有些系统的边界清晰，有些则不明确。如社会中的经济系统、文化系统、教育系统等难以给出明确的界限。从事物相互联系的观点看，任何系统都是从环境中相对划分出来的。在科学层面上，首先应当承认系统与环境之划分的确定性，系统内部与外部差别的确定性。当然，对于不具有明确界定，划分相对的系统，可以定义为：按照所关心的问题从存在千丝万缕相互联系的事物中相对孤立出来作为研究对象的一部分事物。

（二）系统的环境

一个系统之外的一切与它相关联的事物构成的集合，称为该系统的环境（Environment）。也就是说，系统的环境基本上是指系统之外一切与系统具有不可忽略的联系的事物集合。

关于系统的开放性与封闭性可以由一定的标准确定。系统与环境的相互联

---

① 李曙华. 从系统论到混沌学 ［M］. 桂林：广西师范大学出版社，2002.
② 许国志. 系统科学 ［M］. 上海：上海科技教育出版社，2000.

系、相互作用是通过交换物质、能量、信息来实现的。系统能够同环境进行交换的属性称为开放性（Openness），系统阻止自身同环境进行交换的属性称为封闭性（Closeness），这两种属性对系统的生存发展都是必要的。

（三）系统的行为

系统相对于环境所变现出来的任何变化，也就是说，系统可以从外部探知的一切变化，称为系统的行为（Behavior）。行为属于系统自身的变化，是系统自身特性的表现，与环境有关，反映环境对系统的作用和影响。系统有各式各样的行为表现，如生存行为、学习行为、适应行为、演化行为、自组织行为、平衡行为、局部行为、整体行为、稳定行为、不稳定行为、临界行为、非临界行为、动态行为等。

（四）系统的功能

功能（Function）是刻画系统行为，特别是系统与环境管理的重要概念。系统的任何行为都会对环境产生影响。系统行为引起的、有利于环境中某些事物乃至整个环境存续与发展的作用，称为系统的功能。对于作用的外部事物，我们称为系统的功能对象。功能是系统行为对功能对象生存发展所做的贡献。

（五）系统状态

系统状态（State）是指系统的那些可以观察和识别的状况、态势、特征等。能够正确区分和描述这些状态，也就是把握了系统。状态是刻画系统定性性质的概念，一般可以用若干称为状态变量（State Variable）的系统定量特征来表征，并采用状态空间（State Space）来研究系统的状态转移。

四、系统演化

系统的结构、状态、特性、行为、功能等随着时间的推移而发生的变化，称为系统的演化（Evolution）。演化是系统的普遍特性，系统演化有狭义和广义之分，狭义上是指结构或形态的转变，广义上包括从无到有的形成、从不成熟到成熟的发育、结构或形态变化、系统的老化与退化、从有到无的消亡等。

（一）系统演化的因素

系统演化的动力来源于内外部因素，内部来源于组分之间的合作、竞争、矛盾等导致系统规模改变，组分关联方式改变引起的系统功能及其特性的改变；外部环境的变化以及环境与系统相互联系和作用方式的变化，在不同程度上导致系统的内部变化，包括组分特性、结构方式的改变。一般情况下，系统是内部动力和外部动力共同推动演化的。

当然，系统演化也存在两个方向，一种是由低级向高级、由简单到复杂的进化，另一种是由高级到低级、由复杂到简单的退化。这两个方向的演化也可能存在于一个事物当中，反反复复。

（二）系统演化的过程

系统演化是一种系统过程。只要观察的时间长度足够长，就可以看到所有系统都是作为过程而发展的，凡是演化都是过程。从这个意义上讲，凡是系统都需要作为过程来研究。既然是过程，就必须具有过程结构。过程可以细分到子过程，直至过程元素，也就是动作。过程中的子过程、动作之间的基本关系、排列次序及相互衔接，就构成了过程结构。整体性观点应用于过程系统，就是全过程观点，从过程出发协调各个动作、程序、阶段、子过程的关系，就可以使全过程运行得到优化。

（三）系统演化的组织特性

一是组织是指按照一定目的、人物和形式加以编制的，是一个过程。在系统科学中，系统的演化是系统的一种主要行为，组织属于一类特殊的演化过程。组织过程所形成的结构也称组织。

组织结构相对于组织前的状态来讲，其有序程度增加，对称性降低。组织的这一特点明显地体现在组织过程形成的事物中，称为组织结构。在系统科学中，这种结构也称为有序结构，在系统科学中讨论的系统状态的有序、对称性等性质可建立对应关系，也就是说从系统科学的角度，通过状态有序无序变化可以分析组织结构。

组织过程是系统发生质变的过程，是系统有序程度增加的过程。系统演化有量变和质变两种方式。组织过程是一个状态发生变化的过程，是质变。

二是他组织必须有一个系统以外的组织者，通常事前有一个目标，有预定的计划、方案等，组织者组织系统使其按照事前确定的计划、方案变化达到预定的目标。他组织过程与控制密切相关，也就是说对同一问题从不同的角度进行分析。他组织强调被控制对象即系统的行为，强调系统对组织者的响应，以此研究系统状态发生质变的过程以及质变后与质变前有哪些区别，以及是否达到预期等。控制则强调组织者的行为，讨论如何才能使系统发生变化，控制者的输入怎样影响系统的输出以及输入输出的关系等。

对控制的研究就是如何选择控制以及在一种控制作用下系统的响应机制是什么，在这两者的共同作用下使系统达到控制施加者的目的。同时，在研究控制作用时，要区别自然控制和人工控制，人们更为关心的是人工控制。控制现象取决于两个方面的因素，第一是控制的内容、控制的大小、控制的方式等；第二是被控制对象的响应机制。这里就需要特别关注反馈的概念。在控制系统中，将输出信号的一部分作为输入，再来控制系统的输出，称为反馈。反馈分为正反馈和负反馈，正反馈是激励机制和信号放大机制，负反馈是抑制机制、稳定机制和信息衰减机制。

三是自组织是客观世界存在的另外一类组织现象。在系统实现空间的、时间的或功能的结构过程中，如果没有外界特定的干扰，仅仅依靠系统内部的相互作用，系统就是自组织的。在自组织问题上，既要研究系统内部机制，也要分析外部条件，外部条件和内部机制共同决定了自组织系统的性质。

五、系统科学与系统方法

系统科学是探索各种科学中的"系统"的科学理论，以及适用于所有系统的普通原理与学说。"系统科学是从系统的角度，把研究对象作为系统整体，即撇开对象的其他特性，只抽象出其中具有系统意义的共同现象或问题，在纯粹系统的意义上研究存在于一切领域的系统现象，探索关于系统的普遍规律和一般原理的科学"。① 系统科学把事物看作是一个整体的系统，从系统的整体结构、功能、演化等角度研究学科的共性，是各种学科的方法论和研究基础。

系统方法就是按照事物本身的系统性、把对象放在系统的形式中加以科学考察的方法。系统科学有很多分支理论，每个理论代表一种方法。以系统的观点研究现实世界，形成系统的认识论、方法论和思维科学，就是系统科学的任务。当然，系统的认识论和方法论自然会引起科学思维方式的革命性改变。

从发展的历史来看，系统科学思想最初是以系统理论为中心的。20 世纪20 年代至 60 年代，系统论、信息论、控制论是系统科学的理论基石，是以系

---

① 李曙华. 从系统论到混沌学 ［M］. 桂林：广西师范大学出版社，2002.

统中的信息问题为主要研究对象的。这一阶段的认识与理论足以支撑企业内部控制系统观与系统建设，可以满足基本需要。这一阶段主要研究了系统的结构与功能，揭示了既存系统是如何通过信息反馈来控制系统，维持系统整体稳定的；从既存系统整体及其控制的角度冲破了生命与机器之间的屏障。整体性研究方向与方法的出现，标志着系统科学的主要精神，其整体论是一种构成性整体论。

一般系统论是奥地利生物学家贝塔朗菲[①]创立的，在1937年首次提出一般系统论（General System Theory）的概念，1945年出版的《关于一般系统论》，标志着一般系统论作为一门新兴学科的诞生，1968年出版的《一般系统论的基础、发展和应用》和1972年出版的《一般系统论的历史和现状》中，全面总结了系统理论，提出了包括系统科学、系统哲学和系统技术在内的新的范式设想。由于其最高宗旨是"重建人类尊严"，充满了人文主义情怀。

信息论是美国数学家香农[②]（C. E. Shannon）创立的。1948年，《通信的数学理论》奠定了通信科学的现代科学基础。信息论则发端于通信工程，它第一次使信息成为科学研究的范畴，并给出了定量计算信息的数学方法，奠定了建立系统通信联系、实行控制的基础。香农的信息论是狭义信息论，是一门应用数理统计方法来研究信息处理和传递的科学，主要研究在通信与控制系统中信息传递的共同规律。提出了信息熵的概念。信息熵是度量一个信息序列整体信息量的办法，认为信息是负熵，与不确定的概念相对立，反映了事物在时空中的有序化、组织化程度。

控制论是美国物理学家维纳[③]（Wiener）提出的，其影响较大的著作包括《行为、目的和目的论》《控制论》《人有人的用处——控制论与社会》《我和控制论的关系——它的起源和前景》等。控制论蕴含的并不是纯粹的技术处理，而是内含一系列科学观念的根本变革：打破了传统科学一贯的确定和机械性思维方式，把不确定性和自动性引入科学思维，维纳完成了这一转变，把控

---

① 贝塔朗菲（Ludwig von Bertalanffy，1901—1972），美籍奥地利生物学家，一般系统论和理论生物学创始人，20世纪50年代提出抗体系统论以及生物学和物理学中的系统论，并倡导系统、整体和计算机数学建模方法和把生物看作开放系统研究的概念，奠基了生态系统、器官系统等层次的系统生物学研究。

② 克劳德·艾尔伍德·香农（Claude Elwood Shannon，1916—2001），美国数学家、信息论的创始人。香农提出了信息熵的概念，为信息论和数字通信奠定了基础，主要论文有1938年的硕士论文《继电器与开关电路的符号分析》、1948年的《通讯的数学原理》和1949年的《噪声下的通信》。

③ 诺伯特·维纳（Norbert Wiener，1894—1964），美国应用数学家，控制论的创始人。

制系统放在时间序列和开放过程中，从处理"总会发生的事情"，进入到探讨那种随机发生的事情；维纳较早地认识到牛顿科学以来物理与生理、身与心的绝对割裂问题，利用人工智能从一个新的角度揭示了物理与心理、生理与意志之间的统一性；维纳的控制论否定了自牛顿以来自然科学所崇尚的"价值中性论"，认为控制现象、反馈现象、黑箱方法等为冲破科学的传统规则作出了巨大贡献。

控制论从通信和控制系统研究中崛起，突破了动物和机器的界限，揭示了反馈控制等各种截然不同的系统维持整体稳定的共同机制。系统论、信息论、控制论的研究和关注的重心在于如何维持系统的稳定，用整体或系统概念来处理复杂性问题。

整体论思想下的一般系统论的基本架构包括有机系统论、动态系统论和开放系统论。有机系统论可以将系统归纳为整体性、动态结构、能动性和组织等级等概念。开放系统理论强调物质、能量和信息的流通，试图解决如稳态（Steady State）、等终极性[①]、秩序在开放系统中的可能增加等问题。动态系统理论来源于经典力学，动态系统是按确定性规律随时间演化的系统，系统的状态变量是时间的函数，即其状态变量随时间而变化；系统状况由其状态变量随时间变化的信息来描述；状态变量具有持续性。

六、有机构成的意义与内容

有机构成作为一种开放系统，一边和外界进行物质代谢、能量代谢，一边维持自身平衡发展[②]。有机构成显示的是在各个要素、各个部分之间成立的相互关联的形态。具体实质内容包括有机体的各个部分在相互的空间配置中表现为一定的形态；即使有集体的特定部分出现欠缺，也可以由相邻的部分填补，相邻器官群的机能维持不变；即使拥有统一器官形态的动物，品种不同整体形态也不同；各个器官为了执行共同的功能而在生理学上协调着；组织根据所属器官的不同，有着各种形态；每个构成要素都不是单纯的手段而是目的，各要素相互协调使全体成为可能的同时，依据全体理念，规定每个位置和功能；物质的自然，由于相反的作用力根源性不均衡而处于不断的流动状态或者生成过

---

① 在封闭系统中，终态是由初态决定的，而在开放系统中，不同的初态可以达到相同的终态，开放系统中所达到的稳态不依赖于初态，而取决于相同的反应速度和传输速度，即所谓的等终极性。

② 河本英夫.第三代系统——自生系统论［M］.郭连友，译.北京：中央编译出版社，2016.

程之中；以功能为中心统合各个部分，促成了功能—构成论的系统；在有机体中，有元素、组织和器官，构成器官的同质要素称为组织，而组织本身什么都不是，通过有机构成才拥有作为某一部分的位置价值①等。

在有机构成中，承认多阶层关系论，认为有机体中多阶层有机构成的等级差异，并指出下阶层的目的是上阶层的手段，中间的阶层具有双重属性。动态系统论强调系统的动态性，引起了科学目标、科学方法、科学理念以及科学范式的转化，促使科学思维基本方向的转变。

一般系统论的主要任务包括：说明系统方式的普遍性，即整个世界包括人类本身都是以系统的方式存在着；揭示系统的一般原则和规律，但并不研究特定或专门的系统；揭示不同领域内系统运行规律的同型性，为现代科学奠定综合创造基础；研究系统理论在处理复杂问题上的机制与作用。系统理论的理论精神对于科学观的变革具有划时代的意义：对经典科学的哲学基础与研究范式进行了改造，整体论取代机械论；"人是个体"与"重建人类尊严"；体现人性关照和人文关怀；控制论、信息论沟通人与机器、生命与非生命的同时，在科学和人文之间架设了一座桥梁。

20世纪60年代至80年代，以耗散结构理论、协同学、超循环和突变论为代表的自组织理论先后兴起。自组织理论则通过对系统结构如何组织起来的研究，揭示了性质迥异的各种系统在诞生过程中所遵循的共同规律，第一次将生命与非生命之间、物理学与生物学之间、科学与人文之间架设了沟通的桥梁，自组织理论是对传统理性的超越，代表了科学试图从原子和机械向生命和人性的回归。这一阶段的整体论是一种进化式的整体论，由构成整体论转向了进化整体论。

耗散结构理论是比利时著名化学家伊·普利高津②创建的，发现远离平衡态形成的新的稳定性——耗散结构，研究了如何开放、开放的尺度、走向自组织的条件等问题。就其方法论而言，创造条件使得系统自发走向自组织也是遵循自组织原理的一种方法论，重新思考时空关系和因果律问题，提出了新结构诞生的条件。

---

① 位置价值是指由组织通过有机构成组成的器官具有独立的形态、分担独立的功能。

② 普利高津（Ilya Prigogine，1917—2003），主要研究非平衡态的不可逆过程热力学，提出了耗散结构理论，并因此于1977年获得诺贝尔化学奖。普利高津认为，只有在非平衡系统中，在与外界有着物质与能量的交换的情况下，系统内各要素存在复杂的非线性相干效应时才可能产生自组织现象，并且把这种条件下生成的自组织有序态称为耗散结构。

1960 年，伊·普利高津在《结构、耗散和生命》一文中首次提出耗散结构理论，解决了关于科学的"时间佯谬"以及宇宙学佯谬，发现远离平衡态的稳定结构——耗散结构。耗散结构理论的提出与整体论密切相关，其对时间概念的纠正，对内部时间的引入，直接导致系统进化思想的产生，揭示了系统从一种稳定态转化为另一种稳定态的机制。进化整体论的最大特点就是揭示了系统进化的方向性和整体的突变性。

普利高津并不否认牛顿力学是一种有效的科学体系，只不过模型具有很大的局限性，"普适定律"并不普适，它的使用有很强的条件性及环境的限定性，只是用于现实世界的局部区域，而非全部。

通常认为的时间是二元对立的，经典力学的时间观是单向性的，且认为过程是可逆的，特别是在计算时默认时间可以对称反演；而热力学、生物进化论和其他一些人文社会科学的时间观显然是有方向性的，不可能反演。在经典科学习惯于强调永恒性的地方，引入时间和连续，重提时间、反思时间、发现内部时间是进一步研究的重要前提。普利高津主要论证了时间的方向性和不可逆性问题，一方面，他认为时间的简单性概念或无方向性是由于我们把注意力集中在相对理想化的微观因素上而产生的，这在很大意义上是出于实验的原因。而只有当我们以系统的眼光看待客观世界时，我们才会发现时间的作用，才会有"历史"的意识，提倡时间的非对称性，促进对事物发展的不可逆性的理解。另一方面，进一步讨论了时间方向性的不同情形，揭示了热力学时间不可逆的走向和原因。同时，认为人类对"熵"的主观主义认识，导致人类把不可逆过程看作是糟糕的东西，实际上，不可逆过程具有非常大的建设作用。在开放系统、非线性系统、非平衡态条件下，不可逆过程的力量是非常惊人的，它可能成为形成物质的新动力学。在这种情况下，自组织的原理就是一种生命原理。

时间概念、方向性、不可逆性（过程的不可逆性）是历史意义的具体体现。也就是说用发展的眼光或者回溯的视角可以观察系统是"进一步"还是"退一步"，历史演变、路径依赖可以清晰展现出来。制度变迁、内部控制实施都不可避免地打上时代的烙印，不可逆转的东西可以回溯，检验路径与成效是可行的。

耗散结构是指远离平衡下动态的稳定化的有序结构，是一种"活"的、稳定化的有序结构。耗散结构能否形成是一个新系统能否诞生和进化的关键，为人们认识演化和不可逆过程提供了新的思路。耗散结构形成的条件包括：

开放是新的整体诞生的条件，一是经验，即一切生命系统的有序演化都是系统与环境之间不断的物质、能量、信息交换作为条件的；二是孤立的系统必然走向无序的平衡态，不可能导致有序结构的生成。

非平衡是有序之源，远离平衡区形成的新的有序结构，蕴含了两层含义：一是生成，即新结构"生"而"成之"；二是进化，即对原有稳定态而言，新结构是一个全新的系统和组织，即一个新的稳态，当然具有进化的意义。

涨落是耗散结构形成的"种子"和动力学因素。"涨落"是指系统中某个变量或行为的对平均值所发生的偏离。偏离是不可避免的，临界状态的系统即使有很小的偏离，也可能失去稳定性，导致演化为一个新的系统。涨落既是导致原结构失稳的破坏性因素，又是促成新的宏观有序的建设性因素。

非线性导致自组织。整体不等于部分之和，叠加原理失效，才能使系统在负反馈机制的作用下，各要素之间产生长程相干效应与协同调节作用。这样，系统的变化带有间断性、突变性，具有不规则运动的转化和跃变，其整体功能产生了其部分不具有的性质。非线性才能导致自组织。

因此，耗散结构形成的条件可以归纳为：开放是整体进化的前提，非平衡是有序之源，通过涨落达到有序，非线性导致自组织。

七、系统理论的进展

随着系统科学研究的逐步深入，系统理论由一般系统论、自组织理论逐步向多个方向发展，协同学、突变论、非线性理论以及复杂系统论得到多方位的发展和应用。

（一）协同学

1971 年德国物理学家哈肯①首次提出"协同"的概念，1988 年《高等协同学》出版。协同（Synergetics）本意为合作、协同作用。协同学即协调合作之学。协同学关注的核心内容是系统演化的突变点上，各子系统是如何通过自

---

① 哈肯（Haken，Hermann，1927—），德国物理学家，协同学的创始人，主要从事激光理论和相变研究。1969 年提出协同学一词。他建立序参量演化的主方程；解决了导致有序结构的自组织理论的框架，并用突变论在有序参量存在势函数的情况下对无序—有序的转换进行归类，于 20 世纪 70 年代创立了协同学。协同学是研究协同系统从无序到有序的演化规律的新兴综合性学科。协同学适用于非平衡态中发生的有序结构或功能的形成，也适用于平衡态中发生的相变过程。其著作有《激光理论》《协同学——物理学、化学和生物学中的非平衡相变和自组织引论》。

组织而在宏观尺度上形成时间、空间或功能上的新的有序结构的，并探索支配这种自组织过程的一般原理和普遍规律。其中，序变量和支配原理是协同学的重要概念和原理。

在协同学中，认为：①引发新的整体诞生的动力因子是序变量，序变量与系统的整体状态相对应，由系统本身的集体运动或集体行为产生，是描述系统有序程度的参量。参量分为快变量和慢变量，快变量是临界点附近阻尼大、衰减快的变量，慢变量是发生临界慢化，几乎不衰减的变量。慢变量在临界点上诞生后，会迅速成为主导力量，打破原有平衡，推动系统走向有序。②导致新的整体形成的动力机制是支配原理。支配原理的实质就是规定了临界点上系统的简化原则，即"快速衰减组态被迫跟随于缓慢增长的组态"，也就是快变量服从于慢变量，序参量支配子系统行为，也就是在临界点上，一个或几个序参量一旦占有优势，就会趋向主导地位，迫使其他因素或状态服从它们的支配。

（二）突变论

突变论是法国著名数学家勒内·托姆① （R. Thom）提出的，是对系统生成演化中的突变现象进行研究的新兴数学学科，是定性研究系统生成演化的数学理论，是自组织理论的数学工具。突变点的产生导致系统的整体重建，进而实现一种内在的进化，其提出和研究是突变论的重大贡献。

在自然界和人类社会进化发展过程中，不仅存在平稳发展的渐变现象，也有如火山喷发、生物灭绝、社会革命等突变现象，如佛教中的渐悟与顿悟、马克思主义哲学中的量变与质变。突变论研究的主要问题是自动趋向稳定态的系统是如何从一种稳定态跃迁到另一种稳定态的，基本方法是从稳定性理论出发寻求状态变量与控制变量之间的关系。

那么，传统的数学只能描述连续、平滑的渐变，无法处理复杂而又不连续的突变现象。突变和渐变是系统演化的不同方式描述，属于系统调节控制的问题，取决于系统从一种稳定状态过渡到另一种稳定态的过程是否稳定，即中间过渡态是否稳定。

突变和渐变是一对矛盾，在一定条件下可以相互转化。从系统演化的角度看，突变常常起到建设性的作用。正是由于这种建设性作用，复杂系统研究更

① 勒内·托姆（René Thom，1923—2002），法国数学家，突变论的创始人，于 1958 年获得菲尔兹奖。

加关注对突变和突变点的研究。

(三) 非线性科学阶段

非线性科学是系统科学崭新的理论内容，主要包括分形、混沌、孤立子理论等内容，主要探讨组织起来的整体是如何生成演化的，揭示了系统生成的内在逻辑。20 世纪 90 年代至今分形、混沌、孤立子理论及复杂网络理论迅速发展起来。系统科学的发展开始探讨整体性生成的逻辑起点与生成尺度问题。分形被认为是系统整体生长的形态学，并揭示了复杂性系统信息的储存方法；混沌是系统生长的动力学，揭示了大自然信息在生成与生长过程中创生的秘密；而孤立子理论则是一种关于特殊性非线性孤立波的传播学，揭示了一种独特的信息传播现象与方法。非线性系统科学及软的研究对象从原子转向信息，开启了对大自然生成奥秘的全面而深刻的探讨，达到了整体论的高级形态，即生成整体论。

(四) 复杂系统

在复杂网络及其整体性思想方面，研究取得了重大进展。在整体科技思潮的推动下，国际上出现了专门从事复杂性科学研究的机构——美国的圣菲研究所①，目的是促进知识统一和消除两种文化之间的对立。研究的工具主要是计算机，研究方法是隐喻和类比，研究内容也从自然科学逐步向经济学、文化学、人类学等社会科学领域拓展。

首任所长考温指出②："当为一群不同程度被理想化了的问题寻求解决方案，但却多少背离了真实的世界，并局限于你所能够找到一个解答的地步"，"这就导致科学越分越细，而真实的世界却要求我们采用更整体化的方法"。

复杂网络主要是指具有复杂拓扑结构和动力学行为的大规模网络，它是由大量的节点通过边的相互连接而成的图，例如互联网、超文本传输协议、食物

---

① 圣菲研究所 (Santa Fe Institute, SFI) 是一家位于美国新墨西哥州圣菲市的非营利性研究机构，该所的主要研究方向是复杂系统科学。该所于 1984 年由乔治·考温、大卫·潘恩斯、斯特林·科尔盖塔、默里·盖尔曼、尼克·麦特罗博利斯、赫布·安德森、彼得·A. 卡拉瑟斯，以及理查德·斯兰斯基等一同创办。主要致力于研究复杂系统科学，该研究所的许多科学家均认为"存在西方以外的科学体系"。该研究所一直在探索如何刺激持久的新的研究活力，致力于构建"没有围墙的研究所"。圣菲的研究人员来自政府机构、研究团体和私营企业有名望的科学家。研究所研究风格的两大特征是提倡综合学科研究方法，重在研究涉及复杂相互作用的问题。

② 转引自：成思危. 复杂性系统探索 [M]. 北京：民主与建设出版社，1999.

链网络、生物网络、无线通信网络、航空网、高速公路网、电力网、细胞神经网络、超大规模集成电路、流行病传播网等复杂网络。其特点主要表现在：网络中节点与节点之间连接的多样性、网络具有动态严谨的特性、网络之间的交互影响性等。

复杂网络研究的主要内容包括网络的集合性质、网络的形成机制、网络演化的统计规律、网络上的模型性质、网络的结构稳定性、网络演化的动力学机制等。在网络分析中，重点是网络内部个体与个体之间的相互影响，即测试性概念。如一个顶点的度的概念是指与此顶点连接的边的数量；而边是相互作用的数量反应。复杂网络关注的重心是相互关系和相互作用。

（五）构成整体论、进化整体论和生成整体论的发展

系统科学是研究"整体"和"整体性"的科学，从整体论来看，系统科学大体经历了构成整体论、进化整体论和生成整体论三个阶段。当然，围绕"整体性"看系统是否具有整体性，即有组织的统一性，是区分系统和非系统的判据。在此基础上，我们对系统的哲学思考就可以归纳为三个阶段的理论发展。

系统构成整体论对科学进行了重新定向，主要包括一般系统论、信息论和控制论，突出整体论，揭示系统整体存在论。构成整体论的主要任务就是在本体论意义上揭示系统之为整体的存在论，系理论从系统结构与功能的角度，揭示了系统本体、系统结构、系统功能的整体不可分性，即揭示既存系统是如何通过信息反馈来控制系统、维持系统稳定的。

整体性思维倡导一系列原则挑战了经典科学的方法论和认识论，如整体性原则、非线性原则、涌现性原则、层次性原则等，否定了原子性原则、线性原则、还原原则与鼓励原则等。系统的整体不可分性、非加和性、凸显性、层次性、开放性等都是整体性之下的理论基础。特别是凸显性，也就是涌现性，体现出质的新颖性就是整体性的直观体现。绝对意义上的整体和部分的截然区分，在现实中是不存在的。

内控评价的整体有效性可以从系统整体性来体现。局部有效不代表整体有效。整体的功能与结构是有机组成，并与外界发生关系的。这也就是我们为什么强调顶层设计的出发点。突出企业层级的制度安排与建立相应的规范是内部控制的核心。评价不仅仅是孤芳自赏，更是外部检验。

系统整体存在论揭示的另一个重要问题就是信息问题的提出。信息问题是

信息论和控制论所探讨的核心问题。香农（C. E. Shannon）和维纳（Norbert Wiener）从不同的角度定义了信息，并揭示了信息的存在及其对系统整体稳定所发挥的作用。如果说世界的本源是信息而不是物质，那么从世界观来讲就是革命性的改变了。

系统科学尽管高举整体论的大旗，但对整体及整体性的理解还有构成性的痕迹，这也就是近可分解性。

同时，构成整体论在整体问题上还有一个不彻底的表现就是对时间的传统看法。在构成性整体中，过去、现在和未来在一定时间内保持相对的稳定性。控制论的创始人维纳在时间问题上是有所突破的。其中，伯格森（H. Bergson）在"科学的时间"之外引入了"生命的时间"，认为"科学的时间"其实就是"空间化的时间"，而"生命的时间"是一种绵延的、不可逆的时间，体现弱时间性。

进化整体论的重要内容是自组织理论，引入了复杂性、熵、非线性、非平衡等概念，终结了确定性，表达了一种全新的自然法则与文化法则，通过耗散结构理论、协同学、超循环和突变论等，揭示了系统科学走向"整体是如何诞生的？"这个问题的研究与答案找寻。

一方面，研究探讨新整体诞生条件的确定，即明确开放性、非平衡、不稳定、涨落以及非线性是耗散结构形成的条件，也就是新系统整体诞生的条件。另一方面，对内部时间的揭示，明确提出内部是对应于具有演化特性的生物空间，即空间统一于时间。时间与生命是紧紧联系在一起的，时间的延续就是生命的展开。经典动力学是时间外在于物体，是对物体运动状态及空间位移的度量，就是时间空间化；内部时间则在于物体，是揭示生命演化过程与节奏的内在尺度，即空间时间化。普利高津认为，与内部时间对应的不是外在的物理空间，而是随着事物演化逐渐组织起来的生物空间，是具有机能的富含信息的物质非对称空间形态。

同时，在整体论的程度问题上，自组织理论也没有实现对整体生成论理念的彻底更新，依然存在构成的痕迹。如协同学，既重整体，又重分析。自组织理论在宏观理念上强调从整体出发认识问题，但在解决问题时用的却是经典的解方程办法，通过解方程来分析其稳定性。

进化整体论关注新结构诞生的条件、动力及如何实现新的整体稳定性等问题。进化是一个动态的过程，是在信息的作用下，系统内部与外部的物质能量发生新的关系与变化。进化的前提是系统处于开放的环境，而时间方向性问题的引入直接导致了整体论具有了进化的意义。进化的直观表现就是通过自组织实现系统内部的整体重建。进化就是选择和创建，是系统自省的内在根据。对生命规律的揭示则更加彰显了生成的内涵与系统自省。

生成整体论强调生命寓于信息之中。生成整体论是系统科学发展到非线性科学阶段哲学基础的基本特征，其理论主要包括分形、混沌、孤立子、复杂网络等，探索系统整体生长的起点、尺度与动力，更为清晰地揭示了协同整体生成的内在逻辑。非线性科学在揭示生成规律的数学模型与动力学机制时，给出了相应的空间描述与时间描述。

一方面是生成起点的确定与生成尺度的刻画。生成元①是生成的逻辑起点，也隐含了生成的规则。生成元存在于系统科学的各个分支理论之中，如耗散结构中的涨落、突变论中的突变点上的整体控制型、协同学中的序变量、超循环中的突变体、混沌中的吸引子、分形中的分形元等。生成元是新的整形结构诞生的胚胎。生成的尺度在非线性科学中具有多元化的表现形式，无标度性、无穷嵌套型、自相似性及倍周期分岔都是对生成尺度的刻画。生成整体论对部分与整体关系的揭示：不是部分组成整体，而是整体（生成元）生成整体，生成元是蕴含信息的一个未分化的整体，在生成规则的作用下，生成更大的整体；部分是整体的体现与展示，更是整体的一种表达，整体通过协同内部的生成机制连续不断地变化，从功能与结构耦合的角度通过部分的变化展示整体的新质涌现；生成整体本身是个不断更新、变化的整体，是具备演化和进化功能的整体。

另一方面是关于信息对生成的统摄与观照。信息是生成的重要条件。生成规律本质上是信息规律，是信息选择、组织物质和能量的规律。信息问题是贯穿整个协同科学的一个重要问题，特别是在非线性阶段，分形理论解释了复杂系统信息的储存方法，混沌理论揭示了大自然信息生成及创立的秘密，孤立子理论解释了一种独特的信息传播现象与方法。信息成为一种首要的活元素，既能表征物质和能量的状态与过程，也能用量化的方式表达自身，信息由此成为一种使世界得以展现的新方式。生成的过程是信息指导下物质的生成转化，是一个不断进行新物质涌现和形态演变的过程。

对于结构整体论、进化整体论和生成整体论而言，其主要差异可以归结如下：

一是关于三种形态的差异，进化整体论之于构成整体论最大的差别在于前者重新理解了时间与因果律；生成整体论之于进化整体论最大的差别是前者对

---

① 李曙华称之为生成元，见《系统生成论与生成进化论》，载《协同辩证学报》，2005 年第 4 期。

系统整体生成之逻辑起点的发现及生命观问题的引入。结构整体论与两种整体论最大的差异在于主要关注系统空间结构的变化，未把时间因素作为系统演化的维度进行研究。构成论主要是偏向静态意义上的整体论，主要任务是保持系统整体存在之结构稳定性；进化论在时间因素的参与下，重点研究系统内部自组织的过程与机制、系统形态的整体重建；生成论既关注系统的空间结构，更关注时间的连续性与系统的动态演变性。

二是在整体与部分关系问题上的差异，构成论认为整体是由部分构成的，主张从形式的整体出发认识部分，强调整体的涌现性，主要任务是确定系统作为整体的存在，回答系统整体由哪些部分组成、怎样构成的；进化论认为，进化就是选择和创造，主要任务是探究新整体诞生的条件、如何形成动态平衡有序机构，追求和揭示一种整体重建和整体进化；生成论从形态和动力的角度寻找部分过渡到整体的方法，在未分化的生成元的整体信息作用下，系统内部通过信息反馈、复制于转换生长而涌现出部分的不同表现，主要任务是探究整体生成起点与演化逻辑，也就是生成过程、机制和规律。

三是在内在逻辑关系方面，构成论主要是明确作为整体的系统存在；进化论的主要任务是揭示新整体诞生的条件及实现整体进化；生成论的主要任务是揭示整体生成的起点与演化逻辑。

第二节　控制论

控制论一词最初源于希腊文（Cybernetics），其原意为掌舵术，包含调节、操纵、管理、指挥、监督等多方面的意义。[1] 作为一门学科，控制论的产生时间大体上在 20 世纪 40 年代初期，其主要创始人是美国科学家维纳[2]。1943

---

① 万百五. 21 世纪控制论综述评论集 [M]. 广州：华南理工大学出版社，2018.

② 诺伯特·维纳（Norbert Wiener, 1894—1964），美国应用数学家，控制论的创始人，在电子工程方面贡献良多，是随机过程和噪声过程的先驱，提出了"控制论"一词，主要著作有《控制论》（1948）、《维纳选集》（1964）和《维纳数学论文集》（1980）。维纳独立于香农开创信息论，将统计方法引入通信工程，奠定了信息论的理论基础，把消息看作可测事件的时间序列，把通信看作统计问题，在数学上作为平稳随机过程及其变换来研究，阐明了信息定量化的原则和方法，类似地用"熵"定义了连续信号的信息量，提出了度量信息量的香农—维纳公式。同时，创立控制论，即以数学为纽带，把研究自动调节、通信工程、计算机和计算技术以及生物科学中的神经生理学和病理学等学科共同关心的共性问题联系起来，揭示了机器中的通信和控制机能与人的神经、感觉机能的共同规律，为现代科学技术研究提供了崭新的科学方法，有力地促进了现代科学思维方式和当代哲学观念的一系列变革。

年，维纳发表的《行为、目的和目的论》一文是控制论的第一篇论文。这时的控制论主要是研究各类系统之间的调节和控制规律问题。但后来的发展使控制论成为更加具有方法论的学科，其理论、观点成为研究其他学科的科学方法。内部控制的思想源泉、方法基础等是控制论的核心内容。控制论主要研究各种系统之间的信息传递、变换、加工和处理，并通过信息交换来达到对系统的控制和保证系统稳定，这种控制思想正是内部控制的思想基础之一。

一、控制论基本原理

（一）控制论的概念与分类

控制论作为学科是在 20 世纪 40 年代发展起来的，它的诞生是以美国数学家诺伯特·维纳（Norbert Wiener）1948 年出版的《控制论（或关于在动物和机器中控制和通信的科学）》（*Cybernetics，or Control and Communication in the Animal and the Machine*）作为标志的，用统一的观点来考察各种系统的控制和通信问题。他定义控制论为"设有两个状态变量，其中一个是能由我们进行调节的，而另一个则不能控制。这时我们面临的问题是如何根据那个不可控制变量从过去到现在的信息来适当地确定可以调节的变量的最优值，以实现对于我们最为合适、最有利的状态"。1950 年，维纳出版了《人有人的用处，控制论与社会》，论述了通信、法律、社会政策等与控制论的联系，并进一步认为控制论在社会体系中的应用。控制论发展出各分支在世界范围内推动有关学科的发展，如生物控制论、医学控制论、工程控制论、机器人、社会经济控制论、管理控制论、军事控制论、自然控制论等，并且从控制的角度看，逐步形成了一般的理论控制论、智能控制论、心理控制论、软件控制论、计算控制论等众多支派。

而且，控制论、信息论和系统论对国际社会、政治和法律事务等领域也产生了强大的影响。控制论的思想在全世界范围内广泛传播。同时，在哲学层面上，也开始探讨黑箱方法、机器思维、信息的物质属性等。

（二）控制论的方法

控制论被认为是综合性、边缘性、基础性的学科，尽管一般系统都具有质量、能量和信息三个要素，但控制论只着眼于信息方面，只研究系统的行为方式。按照万百五的定义①，控制论是利用经典和现代控制理论以及智能控制和人工智能技术对复杂心态的通信和控制进行研究的科学，其中复杂心态包括工程系统、生物系统、自然系统和社会经济系统等。

控制论的方法论可以归纳为：它强调对不同部门的形态进行信息分析，确定输入、输出和研究信息的处理、加工内容及过程；对形态进行闭环和反馈及其因果性关系的分析；通过"黑箱"和功能模拟方法建立系统的模型，探讨形态的特征等；采用计算机进行仿真；采用类比的方法引进其他部门系统中应用的思想，如进化、适应、自繁殖、自组织、最优化、智能等，来控制该系统，以创建、制造、培育出能满足人们期望的、更好的人造系统。

二、社会领域的控制论

（一）社会经济控制论

社会经济控制论主要是将社会经济系统看成是一个具有反馈调节，特别是信息反馈功能的控制系统；对社会经济形态进行定量的描述与处理，建立经济模型，以求达到最优控制，作出有效、合理的经济决策；社会经济控制的主要任务是给出最优的经济决策，通过最优的经济管理实现预期的经济指标；采取调控手段，如税率、投资、项目审批、通货膨胀控制、公债、利率以及相关政策等。

（二）管理控制论

组织（公司、企业、机关）的负责人在一定的环境条件下，对组织拥有的资源（人力、物力、财力、技术与信息）进行有效的领导（计划、组织、配置、控制、检查和协调），成功地适应环境并实现组织目标的过程称为管理。原则上，管理具有跨学科的性质，不仅仅涉及经济理论，还涉及社会学、心理学、社会心理学等内容。管理是一个古老的话题，具有科学和艺术的统一性。

1959 年，英国教授比尔②借助控制论思想，对组织的管理进行了系统的研

---

① 万百五. 21 世纪控制论综述评论集［M］. 广州：华南理工大学出版社，2018.
② 比尔（Stafford Beer），英国控制论专家，"管理控制论之父"，著有《控制论大脑》（The Cybernetic Brain），认为"控制论大脑的意义不是映像，而是行动""在行动中最重要的职责是适应"等。

究，出版了关于控制论和管理的专著《控制论与管理》（*Cybernetic and Management*），定义了管理控制论是人类组织中通信和控制的科学，或者关于有效组织的科学。

管理控制论的定位及其内容[①]：一是约翰·贝克福德（John Beckford）和彼特·达德利（Peter Dudley）1998年在《管理控制的介绍》（*An Introduction of Managerial Cybernetics*）中，给出了一个整体的管理控制论定义：管理控制论是管理科学的一个分支，它的结构、信息和以人员为出发点来研究任何组织的集成整体。二是管理控制论从多个方面研究一个组织，也可称作组织控制论，从职能上看，包括财务、会计、销售、人事等；从结构上看，有递阶、环形、扁平以及观察者的参与；从学科上看，包括组织行为、运筹学、决策分析、信息系统；从思维、理念上看，包括指导思想、成员愿望、精神面貌、愿景；从组织的形式上看，包括小企业、大公司、机关、公共事业管理机构等。强调从整体上而不是从部分进行研究，强调从全局上探究，强调适应内外部环境、以人为中心的研究，强调认知的过程、信息处理及制定决策和学习。

管理控制论涉及的内容非常丰富，如生产流程改进法、交互规划法、系统动力学法、五项修炼法、必备组织、五音阶法、全民协管法、整体管理控制论法等。其中，整体管理控制论法从整体上研究组织，积极地挖掘人员的潜力、能实时研究管理的行为以及推进组织的持续有效。其基本思想是基于输入和输出经过比较，其误差用来控制系统的概念可以推广到组织管理领域。组织的基本控制论模型包括组织的输入、组织的输出、被控部分为生产过程或者组织的运行或工作，原来的比较环节被管理环节所替代。根据当前对输出的测量，如何调整所需要的输入，促使输出展现的与期望值相一致，比较的作用就包含在其中。领导对管理环节加以控制，由高阶向低阶输出管理。

管理者的职责和才能表现在：能够从输出的测量值，正确地估算所需的输入调整量，以达到管理的期望。实际上，高阶管理者要面对多个不同的上述模型或过程，还要面向环境、市场、社会、工艺和顾客等。

同时，贝克福德提出了三方会商的思想：对广义的环境的分析研究部门、有关价值集、处理日常输出的机构，后者基于信息管理系统掌握人员行为及其资源数据。三方可以描述为：规划（战略）、目的和监控（操作）。组织的成功在于，通过结构更新、过程或工作的再设计、利用知识和技艺、减少官僚

---

① 万百五. 管理控制论：回顾、展望与评述［J］. 控制理论与应用，2012，29（11）.

化、改进信息的利用、改进决策制定以及管理行为以达到更好地利用资源的目的。

当然，这些都基于对组织的环境、组织自身以及员工和客户复杂性的认知，并认为组织的适应能力极其重要，这样才能够使各级管理者进行学习、改进和调整。管理控制论强调反馈、信息处理、控制、适应、学习、自组织，涉及广泛的因素与理论，对组织的管理提出了强化控制的深化理解。

第三节 信息论

一、信息论的产生

信息论是一门用数理统计方法来研究信息的度量、传递和变换规律的科学。信息论中的概念比较抽象，信息是看不见、摸不着的量。信息论主要是研究通信和控制系统中普遍存在着信息传递的共同规律以及研究最佳解决信息的获取、度量、变换、储存和传递等问题的基础理论。[1]

香农被称为是"信息论之父"。人们通常将香农于 1948 年 10 月发表于《贝尔系统技术学报》上的论文《通信的数学理论》（*A Mathematical Theory of Communication*）作为现代信息论研究的开端。

自然界无时无刻不在进行各种各样的通信活动。在现代通信方式出现之前，人类的通信活动依然是低效率、近距离的，信息传递的时效性很低。

信息的含义可以从广义和狭义两个范畴来理解。广义上的信息是与物质和能量并列的基本概念，是物质世界的三大支柱。1948 年维纳指出：信息就是信息，既不是物质，也不是能量。但没有物质什么都不存在，没有能量什么都不会发生。那么，没有信息什么都没有意义。信息是物质的一种属性，需要依附于事物而存在。信息可以被复制、存储、加工，并在事物之间传递和交换，实际上，广义上的信息可以理解为关于事物运动的、千差万别的状态和方式的知识，用于揭示事物的发展规律。从这个意义上讲，信息可以分为三个层次：语法信息、语义信息和语用信息，分别反映事物运动的状态和方式的外在形式、内在含义和效用价值。

---

① 刘宴涛，王雪冰，秦娜. 信息论——经典与现代 ［M］. 北京：中国工信出版集团、电子工业出版社，2019.

　　从通信工程的角度来看，广义的信息理解不利于系统设计，语义信息和通信工程无关，且语义信息和语用信息也无法度量，并对接收者来说理解和认定的价值也因人而异。狭义的信息概念产生于通信工程，并服务于通信工程的设计，称为设计信息。而且在通信工程中，信息、消息和信号是区别使用的，信息是事物运动状态或存在方式的不确定的描述，是内涵；消息则是信息的外在表现形式，如文字、图像、声音等，是外延；信号则是消息的物理表现形式，如声波、无线电波等。通信系统中的信息论主要研究信息的度量、信道容量、信源编码、信道编码等问题。

二、信息的度量和作用[①]

　　一条信息的信息量与其不确定有着直接的关系。事实上，要搞清楚一件非常不确定的事，或者一无所知的事，就需要了解大量的信息。而已经对某事了解很多，则不需要太多的信息。从这个角度讲，信息量就等于不确定性。

　　那么，如何量化信息量呢？香农引入了"信息熵"（Entropy）的概念。

$$H(x) = -\sum_{x \in X} p(x) \log p(x)$$

变量的不确定性越大，熵就越大。

　　信息的作用在于消除不确定性，这也是唯一的办法。在英文中，信息和情报是一个词（Information）。知道的信息越多，随机事件的不确定性就越小。

　　假定 X 的随机分布是 $p(x)$，熵为

$$H(x) = -\sum_{x \in X} p(x) \log p(x)$$

　　假定我们还知道 Y 的一些情况，包括它和 X 一起出现的概率，称为联合概率分布（Joint Probability），以及在 Y 取不同值的前提下 X 的概率分布，在数学上称为条件概率分布（Conditional Probability）。定义在 Y 条件下的条件熵为

$$H(X \mid Y) = -\sum_{x \in X, y \in Y} p(x,y) \log p(x \mid y)$$

　　可以证明 $H(x)$ 大于等于 $H(x \mid y)$。也就是信息增加，不确定性降低。

　　互信息是另一个重要概念。信息熵和互信息是信息论的基础。当获取的信息和要研究的事物有关系时，才会降低不确定性。互信息（Mutual Informa-

---

① 吴军. 数学之美［M］. 北京：中国工信出版集团、人民邮电出版社，2014.

tion）就是两个随机事件相关性的量化度量。

假定两个随机事件 X 和 Y，其互信息定义如下：

$$I(X;Y) = \sum_{x \in X, y \in Y} P(x,y) \log \frac{P(x,y)}{P(x)P(y)}$$

互信息就是随机事件不确定性与条件熵之间的差。

$$I(X;Y) = H(X) - H(X \mid Y)$$

互信息是一个取值在 0 和 $H(x)$ 与 $H(y)$ 最小值之间的函数，当 x 和 y 完全相关时，取值 $H(x)$，且 $H(x) = H(y)$；当二者完全无关时，取值为 0。

信息论应用到社会经济系统中，表现出了广义信息的优势。由于生产社会化的程度越来越高，企业的规模越来越大，管理过程越来越复杂，信息不仅是现代管理的重要资源，而且是管理活动赖以进行的凭借。管理决策对信息的需求不仅在数量上大幅度增加，而且在质量方面也提出了更高的要求。控制和信息是不可分的，任何信息的传递和处理都是为了控制，任何控制都要凭借信息。信息既是现代社会的主要资源，又是现代管理的基础，也是内部控制的基础。从而促使信息系统的产生。而且，随着大数据时代的到来以及信息技术的迅猛发展，尤其是存储技术的发展、计算能力的大幅提升以及网络技术的进步，数据挖掘、人工智能、机器人等科技成果斐然且得到广泛的应用。信息的收集、存储、传输、加工处理、结果应用展现出了革命性改变。

第四节　人工智能

人类历史上经历了蒙昧时代、农耕文明时代、工业文明时代和后工业文明时代。人们始终在孜孜不倦地追求，如何解放人类，让人类在生存与发展中，更加和谐、更加幸福。而对人类劳动的替代一直是一个梦想！人是如何思考的，如何从人脑的单细胞到多细胞并产生思维的？生物实现的过程能否转化为非生物实现过程？人的思考作为高效的智能能否被复制？1956 年的达特茅斯会议，思维和智能的概念引发了人们对图灵测试[①]的讨论，诞生了人工智能

---

① 艾伦·图灵（Alan Turing，1912—1954），英国数学家、逻辑学家，被视为计算机科学之父，提出图灵测试（The Turing Test），也就是测试者与被测试者（一个人和一台机器）隔开的情况下，通过一些装置（如键盘）向被测试者随意提问，进行多次测试后，如果机器让平均每个参与者作出超过30% 的误判，那么这台机器就通过了测试，并被认为具有人类智能。

（Artificial Intelligence，AI）的这个词汇[①]。人工智能的提出以及在计算机浪潮的推动下逐步进入人类社会生活的视野并发挥前所未有的作用，为人类带来另一个可以期盼的黎明。

一、人工智能的定义

按照人的思考和行动两个方面的因素，最早的人工智能一直沿着一个主线进行，就是思想、方法、规则、信息、决策、行动方案、执行与校验的循环来探索、寻找答案。AI 已经从通用领域逐步向专门领域进军，其研究领域与人们生活工作的方方面面越来越贴近，人们已经开始触摸和感受到机器人的拥抱和气息，人工智能令人激动。

按照 Stuart J. Russell 和 Peter Norvig 的描述，人工智能可以从两个维度、八个方面排列出八种定义。[②] 两个维度是关注思维过程与推理，以及强调行为。

表 3 – 1　人工智能分类

像人一样思考	合理思考
"使计算机思考的令人激动的新成就……按完整的字面意思就是：有头脑的机器"（Haugeland，1985） "与人类思维相关的活动，注入决策、问题求解、学习等活动的自动化"（Bekkman，1978）	"通过使用计算模型来研究智力"（Charniak，Mcdermott，1985） "使感知、推理和行为成为可能的计算的研究"（Winston，1992）
像人一样行动	合理行动
"创造能执行一些功能的机器的技艺，当由人来执行这些功能时需要智能"（Kurzweil，1990） "研究如何使计算机能做那些目前人比计算机更擅长的事情"（Rich，Knight，1991）	"计算智能研究智能体（Agent）的设计"（Poole 等，1998） "AI……关心人工制品中的智能行为"（Nilsson，1998）

八种定义实际上可以分为四类：

像人一样的行动：图灵测试的途径。艾伦·图灵提出的图灵测试的设计旨在为智能提供一个令人满意的可操作的定义。这就要求计算机具有如下能力：

---

① 约翰·麦卡锡（John McCarthy，1927—2011），计算机科学家与认知科学家，被称为"人工智能之父"。1956 年 Dartmouth 会议的发起人（该会议被视为 AI 作为一门学科诞生的标志），提出 Artificial Intelligence 一词。1958 年，发明 Lisp 编程语言，至今仍在人工智能领域广泛使用；1960 年左右，提出计算机分时（Time – sharing）概念。

② Stuart J. Russell，Peter Norvig. 人工智能［M］. 北京：清华大学出版社，2013.

自然语言处理，以便于语言交流；知识表示，以便于存储知识信息；自动推理，运用信息推出结论；机器学习，适应新的情况；计算机视觉，以便于感知物体；机器人学，以操纵和移动对象。这六个方面内容构成了 AI 的大部分内容。

像人一样的思考：认知建模的途径。领会人的思考方式，让程序实现或模拟人来进行思考。有三种方法来完成这项任务：一是通过自省捕捉人们自身的思维过程，二是通过心理实验观察工作的人，三是通过脑成像观察工作中的头脑。只有具备人脑的足够精确的理论，才能支持研究计算机程序。认知科学（Cognitive Science）就是希望把来自 AI 的计算机模型与来自心理学的实验技术相结合，试图构建一种精确且可测试人类思维的理论。

合理地思考：思维法则的途径。亚里士多德试图严格定义"正确思考"，将其定义为不可反驳的推理过程。以"三段论"（Syllogisms）为起点，开创了逻辑学（Logic）。近代的逻辑学家建立了关于各种对象及对象之间关系的陈述并制定了一种精确的陈述表。这样，程序就可以求解用逻辑表示法描述的任何可解问题。人工智能的逻辑主义（Logicist）就是希望靠这样的程序来创建智能系统。但事实上存在两大困难：一是获取非形式的知识并用逻辑表示法陈述是一件非常困难的事情，二是"原则上"可以解决的问题和实际问题会存在很大的差别。

合理地行动：合理智能体的途径。人们期望计算机智能体能够做很多事情，如自主操作、感知环境、长期持续、适应变化并能创建与追求目标等。理性智能体（Rational Agent）是一个为了实现最佳结果，或者当存在不确定性时，为了实现最佳期望结果而行动的智能体。这些都取决于正确推理。当然，完美的理性一旦成本巨大且不成为必需，有限理性①（Limited Rationality）就成为一种次优选择。

---

① 有限理性模型是指 20 世纪 50 年代之后，人们认识到建立在经济人假说之上的完全理性决策理论只是一种理想模式，不可能指导实际中的决策。赫伯特·西蒙（Herbent Simon）提出了满意标准和有限理性标准（Bounded Rationality Model），用社会人取代经济人，拓展了决策理论的研究领域，产生了新的理论——有限理性决策理论。有限理性认为人的理性是处于完全理性和完全非理性之间的一种有限理性，一是手段—目标链的内涵有一定矛盾，简单分析会导致不准确的结论；二是决策者追求理性，但只是有限理性；三是决策者在决策中追求"满意"标准，而非最优标准。在决策过程中，一方面，人们往往满足于已有的备选方案，而不愿继续研究；另一方面，由于种种条件的约束，决策者本身也缺乏继续研究的能力。

二、人工智能的基础

人工智能是人类的长期追求，其有深厚的思想、理论、技术与实践基础，大体上可以从哲学、数学、经济学、神经科学、心理学、控制论、语言学和计算机技术等方面进行阐述。

（一）哲学

人类在与大自然打交道以及长期的社会实践过程中，逐步深化认识，哲学作为社会实践的最高思想表现形式也经历了漫长的发展历程。对人工智能的哲学思考或者思想基础应当说从哲学产生就开始了，主要集中在以下几个关键问题：形式规则是否可以用于推理出有效结论、思想如何从物理大脑中产生、知识来自何方、知识如何导致行动等。

亚里士多德①是第一位系统阐述支配头脑理性部分的一组精确规则的哲学家，提出了逻辑学的概念，并为了严密推理制定了一种非正式的三段论系统，给定初始前提后，该系统原则上允许机械地推导出结论。到了工业革命时期，莱布尼兹建造了一个试图对概念而不是数字执行操作的机械装置，能够做加减乘除以及方根计算，但对于概念性作用非常有限。这时就有人推测机器不仅能够计算而且能够思考并独立行动，认为头脑至少部分地根据逻辑规则来运转并建造出能模拟那些规则的一些物理系统是同一件事情。笛卡尔②对头脑与物质之间的区别以及由此引起的问题给出了一个清晰的结论，他强烈提倡在理解世界时推理的力量，这是一种理性主义（Rationalism）的哲学。但笛卡尔又是二元论（Dualism）的支持者，认为人类头脑存在一部分灵魂的或者精神的在自然之外的不受物理定律支配的东西。对二元论的替代是唯物主义（Material-

---

① 亚里士多德（Aristotle，公元前 384 年至前 322 年），古代先哲，古希腊人，世界古代史上伟大的哲学家、科学家和教育家之一，堪称希腊哲学的集大成者。他是柏拉图的学生，亚历山大的老师。

② 勒内·笛卡尔（René Descartes，1596—1650），法国哲学家、数学家、物理学家。他对现代数学的发展作出了重要的贡献，因将几何坐标体系公式化而被认为是解析几何之父。他还是西方现代哲学思想的奠基人之一，是近代唯物论的开拓者，提出了"普遍怀疑"的主张。他的哲学思想深深影响了之后的几代欧洲人，并为欧洲的"理性主义"哲学奠定了基础。

ism），它认为脑髓根据物理定律的运转形成了头脑。自由意志①只是针对选择实体可以选择的感知出现的方式来说的。

在给定了一个能够处理知识的物理头脑后，就可以探讨建立知识的来源。经验主义（Empiricism）运动始于培根②的《新工具论》。休谟③提出了归纳（Induction）原理的东西：一般规则通过揭示规则中元素之间的重复关联来获得。以罗素等的工作为基础，维也纳学派发展了逻辑实证主义（Logical Positivism）学说，认为所有知识都可用最终与对应于感知输入的观察语句（Observation Sentences）相联系的逻辑理论来刻画，这时逻辑实证主义就结合了理性主义和经验主义，即一切有意义的陈述都可通过实验或分析单词的含义来验证或证伪。Carnap④和 Car Hempel 的证实理论（Confirmation Theory）试图分析来自经验的知识获取，他们的著作《世界的逻辑结构》（*The Logical Structure of the World*）为从基本的经验中提取知识定义了一个明确的计算过程。

头脑的哲学描述中的最后元素是知识与行动之间的联系。既要有推理又要有行动，这对人工智能至关重要。只有掌握如何证明行动是正当的才能了解如何构建一个其行动是无可非议的或者说合理的智能体。亚里士多德主张通过目标与行动结果的知识之间的逻辑关系来证明行动的正当性。其思想引导的算法被纽厄尔和西蒙在其程序中得以实现，也就是回归规划系统。

当然，基于目标的分析是十分有用的，但是当多个行动都可以达到目标或

---

① 自由意志（主观能动性）是哲学里面的一个专业概念，理解为意识选择做什么的决定、也就是意志的主动性。自由意志（Free will）并没有一个为各方所认可的定义，而日常人们所讲的自由意志又不同于司法界和心理学界所理解的自由意志。在最广义的层面，自由意志就是人们依照其拥有的条件去决定是否做一件事情的能力。

② 弗朗西斯·培根（Francis Bacon，1561—1626），英国文艺复兴时期散文家、哲学家。英国唯物主义哲学家，实验科学的创始人，是近代归纳法的创始人，又是给科学研究程序进行逻辑组织化的先驱，主要著作有《新工具》《论科学的增进》以及《学术的伟大复兴》等。

③ 大卫·休谟（David Hume，1711—1776），苏格兰不可知论哲学家、经济学家、历史学家，被视为是苏格兰启蒙运动以及西方哲学历史中最重要的人物之一。历史学家们一般将休谟的哲学归类为彻底的怀疑主义，但一些人主张自然主义也是休谟的中心思想之一。休谟的哲学受到经验主义者约翰·洛克和乔治·贝克莱的深刻影响，也受到一些法国作家的影响，他也吸收了各种英格兰知识分子如艾萨克·牛顿、法兰西斯·哈奇森、亚当·斯密等的理论。

④ 鲁道夫·卡尔纳普（Rudolf Carnap，1891—1970），德裔美籍哲学家，经验主义和逻辑实证主义的主要代表。研究逻辑学、数学、语言的概念结构，曾受罗素和弗雷格（Frege）的著作影响。主要著作有《世界的逻辑结构》（1928）、《语言的逻辑句法》（1934）、《语义学导论》（1942）、《可检验性与意义》、《逻辑的形式化》（1943）、《意义与必然性》（1947）、《概率的逻辑基础》（1950）、《归纳方法的连续统》（1952）、《物理学的哲学基础：科学哲学导论》（1966）等。

者没有哪个行动能够完全达到目标时，处理原则就变得十分关键。Antoine Art-nauld 正确地描述了用于决定采取行动的定量公式，使用效用函数捕捉偏好，制定简单决策①；约翰·穆勒②的著作《功利主义》（*Utilitarianism*）在人类活动的所有领域推广了理性决策准则的思想。当然，还有很多的形式化决策理论逐步发展。

（二）数学

数学是解决量化处理的基础工具，在确定能导出有效结论的形式化规则、可以计算的领域以及用不确定性信息进行推理等方面提供方法支持。哲学家提出人工智能的一些基本思想，就需要逻辑、计算和概率应用等数学体系提供解决方案。

数学对人工智能的贡献主要体现在三个方面：一是形式逻辑推理，通过设计命题逻辑，引入关联理论，把逻辑对象和现实世界的对象联系起来；二是确定计算的极限，通过逻辑演绎算法，把一般数学推理形式化为逻辑演绎，当然，可能存在可判定性或不完备性、可计算性和易处理性的问题③；三是概率理论，可以解决不确定的测量和不完备的理论，根据新的证据更新概率的规则，贝叶斯规则是人工智能中用于不确定推理的现代方法的基础。

（三）神经科学

对人工智能的研究，需要我们了解或者说试图掌握大脑是如何处理信息的。神经科学（Neuroscience）研究的是神经系统，特别是大脑。尽管大脑怎样使思考成为可能的精确方法仍是一个重大的科学难题，但是对大脑确实使思考成为可能的事实已经有了充分的认识。随着科学技术的进步，人们在与病魔

---

① Stuart J. Russell, Peter Norvig. 人工智能［M］. 北京：清华大学出版社，2013.

② 约翰·穆勒（John Stuart Mill，1806—1873，英国著名哲学家、心理学家和经济学家，19 世纪影响力很大的古典自由主义思想家，支持边沁的功利主义，把实证主义思想最早从欧洲大陆传播到英国，并与英国经验主义传统相结合。在哲学方面的主要著作有《论自由》（1859），其心理学思想散见于《逻辑学体系》（*A System of Logic*，1843）、《对詹姆士·穆勒心理学的诠释》（1869）等，政治经济学方面有《论自由及论代议政府》《代议制政府》《政治经济学原理》《功利主义》等。

③ 不完备性定理（Incompleteness Theorem）证明任何形式理论中都存在不可判定的真语句，即使在该理论中这些真语句没有证明。可计算（Computable），也就是能够被计算，尽管不能给出计算或有效过程概念的形式化定义，但对于一些数学函数需要回答是否可计算的问题。易处理性（Tractability）是针对实际问题解决需要的时间以及随着规模巨大变化，给出是否能够处理的结论，以此资源的小心使用为智能系统的特征。

的斗争过程中，发现了大脑由神经细胞或神经元（Neurons）组成，并随着对神经元结构的开创性研究，可以用数学模型来定量研究神经系统。现在已经有一些数据涉及大脑区域与身体器官之间的映射，这些区域控制对应的器官或者从对应的器官接受感觉的输入。当然，这种映射可能发生变化，也可能存在多重映射。对大脑的研究取得了很大的进步，但是仍然难以满足人们对认知过程实现的理解。一个令人欣喜的结论是简单细胞的聚集能够产生思想、行动和意识，也就是大脑产生精神。计算机与人脑有很多不同的性能，但是到现在，即使超大容量的计算机也无法实现大脑的智能。

（四）心理学

人类一直探讨自身是如何思考与行动的。对于观察一个人，孔子说："察其言，问其由，观其行，知其所安。人焉廋哉？"一直延续下来的天人合一、知行合一等理念都是对想和做的思考，都是在没有科学基础的情况下，对人们思维、行动的探索，为人们的社会实践提供指导。而科学的心理学可以追溯到19世纪德国物理学家用科学的方法研究人类的视觉。之后，实验心理学实验室建立，开始仔细控制的实验，在内省思维过程时还要执行知觉或联想的任务。当然，内省并不能提供可靠的数据。认知心理学（Cognitive Psychology）则把大脑看作一个信息处理装置，可以追溯到威廉·詹姆斯[1]的工作，《解释的本质》有力地恢复了像信念和目标那样的心理术语的合法性，认为他们正如使用压力和温度来谈论气体一样科学，尽管气体由没有压力和温度的分子组成。同时，明确说明了基于知识的智能体的三个步骤：刺激必须翻译成内部表示；认知过程处理该表示以获得新的内部表示；这些表示反过来重新翻译回行动。唐纳德·布罗德本特[2]的《知觉与传播》（*Perception and Communication*），把心理现象建模成信息处理，由此，计算机建模的发展引起了认知科学（Cognitive Science）领域的创建，并通过不同模型的建立分别用于处理记忆、语言和逻辑思维的心理学。

---

[1] 威廉·詹姆斯（William James，1842—1910），美国心理学之父，美国机能主义心理学派创始人之一，亦是美国最早的实验心理学家之一，主要著作有《心理学原理》（1890）、《心理学简编》（Psychology：Briefer Course，1892）。

[2] 唐纳德·布罗德本特（Donald E. Broadbent，1926—1993）是一位英国著名实验心理学家，他的研究工作成为第二次世界大战前弗雷德里克·巴特莱特爵士的方法与战争期间应用心理学发展之间的桥梁，20世纪60年代以后以认知心理学而著称。

（五）语言学

在人工智能中，要解决好语言与思维的关联问题。1957 年，B. F. Skinner① 出版的《言语行为》（*Verbal Behavior*）对语言学习的行为主义方法给出了一个综合的、详细的解释。语言学家诺姆·乔姆斯丹② （Noam Chomsky）的《句法结构》（*Syntactic Structures*），其理论足够形式化以至于原则上可以被编程实现。现代的计算语言学（Computational Linguistics）或自然语言处理（Natural Language Processing）证实语言问题比预想的要复杂得多。事实上，理解语言在了解句法结构的前提下，更需要了解主题和语境。知识表示把语言学、语言的哲学分析以及知识转化为计算机可推理的形式整合到一起，才能实现人工智能所需要的知识。

很自然地，在哲学、数学、神经科学、心理学和语言学的基础上，人工智能在控制论与计算机工程的要求成为必需，而控制论是探讨如何在控制下运转的问题；计算机工程是实现人工智能的技术手段，也是构建高级计算机的支撑，在此不再一一赘述。

三、人工智能的发展和应用

人工智能的发展经历了孕育期、早期的热情期、现实困难期、知识系统期、产业化期、神经网络回归期、科学方法期、智能体期、大数据可用期以及广泛应用期。

（一）发展历程

一般地认为，20 世纪 40 年代，Warren McCulloch 和 Walter Pitts③ 利用三种

---

① 伯尔赫斯·弗雷德里克·斯金纳（Burrhus Frederic Skinner，1904—1990），美国心理学家，新行为主义学习理论的创始人，也是新行为主义的主要代表。他引入了操作条件性刺激，著作主要有《沃尔登第二》（*Walden Two*）、《超越自由与尊严》（*Beyond Freedom and Dignity*）、《言语的行为》等。

② 艾弗拉姆·诺姆·乔姆斯基（Avram Noam Chomsky，1928—），美国哲学家，麻省理工学院语言学的荣誉退休教授，代表作品有《现代希伯来语语素音位学》《转换分析》《句法结构》（*Syntactic Structures*）等，其中，《句法结构》被认为是 20 世纪理论语言学研究上最伟大的贡献。他认为说话的方式（词序）遵循一定的句法，这种句法是以形式的语法为特征的，具体而言就是一种不受语境影响并带有转换生成规则的语法。儿童被假定为天生具有适用于所有人类语言的基本语法结构的知识。但是，人类的语言能力究竟是天生的，还是后天习得的，语言的演化是人类基因作用的结果，还是历史文化影响的结果，至今也没有让人信服的答案。

③ Warren McCulloch 和 Walter Pitts，神经学家，神经科学界的巨擘，计算神经科学的开创者，于 1943 年首次提出与深度学习类似的系统。深度学习是机器学习的一种类型，要求更少的人工协助，涉及人工神经网络，是一个松散的数学系统，主要是模仿人类大脑中神经元的协同工作方式研发出来的。

资源，即基础生理学知识和脑神经元的功能、罗素和怀特海德的对命题逻辑的形式分析以及图灵的计算机理论，提出了人工神经元模型，每一个神经元都被描述为"开"和"关"的状态，作为与足够数量邻近神经元的刺激的反应。自此，开启了人工智能的研究，尽管没有统一的原理或范式，但其发展阶段可以用研究方法变化来划分。

采用控制论和计算神经科学进行大脑模拟研究。20 世纪 40 年代到 50 年代，研究者探索神经病学、信息论及控制论之间的联系，基于控制论或神经网络的方法，制造出一些使用电子网络构造的初步智能。

采用符号处理进行人类智能研究。20 世纪 50 年代，随着计算机的出现，研究者开始探索人类智能是否能简化成符号处理。60 年代，符号方法在小型证明程序上模拟高级思考取得了一定的成就。60—70 年代的研究者确信符号方法最终可以成功创造出人工智能机器。认知模拟经济学家赫伯特·西蒙和艾伦·纽厄尔研究人类问题解决能力和尝试将其形式化，同时为人工智能提供了基本原理，如认知科学、运筹学和经营科学。他们使用心理学实验的结果开发模拟人类解决问题方法的程序。与此不同的是，约翰·麦卡锡[1]认为机器不需要模拟人类的思想，而应尝试基于逻辑方法找到抽象推理和解决问题的本质，不必关心人们是否使用同样的算法。他的实验室致力于使用形式化逻辑解决多种问题，包括知识表示、智能规划和机器学习。研究者发现要解决计算机视觉和自然语言处理的困难问题，"反逻辑"应运而生。Roger Schank 描述"反逻辑"方法[2]为"SCRUFFY"，常识知识库就是"SCRUFFY" AI 的例子[3]。1970

---

① 约翰·麦卡锡（John McCarthy，1927—2011），计算机科学家与认知科学家，被称为"人工智能之父"，1971 年图灵奖得主，代表作品是 *Formalizing Common Sense*（1990）。麦卡锡是 1956 年达特茅斯会议的主要发起人，另外三个发起人是当时在哈佛大学的明斯基（1969 年图灵奖获得者）、IBM 公司的罗杰斯特（N. Rochster）、信息论的创始人香农。1959 年，麦卡锡基于阿隆索·邱奇（Alonzo Church）的 l - 演算和西蒙、纽厄尔首创的"表结构"，开发了著名的 LISP 语言（List Processing Language），成为人工智能界第一个最广泛流行的语言。

② "反逻辑"是相对于形式逻辑的，是基于发现要解决计算机视觉和自然语言处理的困难问题，需要专门的方案，主张不存在简单和通用原理（如逻辑）能够达到所有的智能行为，常识知识库是一种方式。

③ 常识知识库是当代智能系统或智能代理所具备的一种知识库，它是解决人工智能或知识工程技术瓶颈难题的一项关键措施。在人工智能的研究中，常识性知识是收集到的事实和一个普通人预知的信息。有专家认为"如何有效地获取领域专家的知识一直被认为是人工智能中的难题"，在 21 世纪开发各种专家系统所需要的各种中等规模的领域知识库和开发常识系统所需要的大规模的常识知识库都具备了基础条件。

年出现大容量内存计算机后，研究者基于知识方法开始把知识构造成应用软件，"知识革命"促成专家系统的开发与计划，是第一个成功的人工智能软件形式。

采用子符号法模拟人类认知过程。20世纪80年代符号人工智能停滞不前，很多人认为符号系统永远不可能模仿人类所有的认知过程，特别是感知、机器人、机器学习和模式识别。研究者开始关注子符号方法解决特定的人工智能问题，如自下而上、接口智能体、嵌入环境（机器人）、行为主义等，专注于机器人移动和求生等基本的工程问题，再次关注早期控制论研究者的观点，同时提出了在人工智能中使用控制理论。计算智能再次提出神经网络和联结主义，和其他的子符号方法（如模糊控制和进化计算）一起，组成了计算智能学科的研究范畴。

统计学方法的广泛应用。20世纪90年代，人工智能研究发展到用复杂的数学工具来解决特定的分支问题，这些数学工具使得结果可测量和可验证。共用的数学语言允许多学科的合作是人工智能成功的一个重要原因。

集成方法成为未来潮流。智能体范式是集成方法的代表。智能体就是一个会感知环境并作出行动以达致目标的系统。最简单的智能体是可以解决特定问题的程序，复杂智能体包括人类和人类组织（如公司）。这种范式可以研究单独的问题和找出有用且可验证的方案。在这个过程中，智能体可以使用任何可行的方法，如符号方法、逻辑方法、子符号神经网络或其他新的方法来实现。同时，可以提供一个与其他领域沟通的共同语言，也就是一些如决策论和经济学中的抽象概念。90年代的智能体范式被广泛接受，出现了人工智能系统集成。

（二）广泛应用

人工智能是一门极富挑战性的科学，作为计算机科学的一个分支，试图了解智能的实质，并生产出一种新的、能以人类智能相似的方式作出反应的智能机器，该领域的研究包括机器人、语言识别、图像识别、自然语言处理和专家系统等。人工智能从诞生以来，理论和技术日益成熟，应用领域也不断扩大，人工智能带来的科技产品将会是人类智慧的"容器"。人工智能从对人的意识、思维的信息过程的模拟逐步朝着像人那样思考并超过人的智能的方向发展。

人工智能一如最初的目的设想，在像人一样思考、像人一样行动、合理地思考和合理地行动等方面取得长足进步，并已经产业化，成为现代科技领域不可或缺的重要创新成就。人工智能也在计算机、机器人、经济政治决策、控制系统、仿真系统、语音识别、规划与调度、知识与推理、机器学习等领域得到广泛的应用。

第五节　企业内部控制的一般系统观点

内部控制是针对企业的，企业作为一个独立的经济体和内部控制体系建设的主体，必须承担相应的责任、履行相关的义务。只有了解了企业的本质和企业的管理运作，才能对内部控制有比较清晰的认识，对内控框架的解读离开了企业的实质是没有任何意义的。

当前，比较一致的观点，就是企业是一种"组织"，是一个以满足社会需求为目的、把人们联合起来的社会机构；企业的首要任务是生存；企业作为一种社会组织，完成组织使命，就必须解决好领导问题、制度问题和标准问题。① 随着经济社会的迅速发展，现代企业制度作为较好解决领导、制度、标准等问题的模式已经被广泛接受。在企业理论研究范畴内的内部控制与公司治理在解决企业管理方面发挥了巨大作用。虽然其探求解决的问题和方法迥异，但实际上企业作为一个经营整体，内部控制和公司治理难以从根本上进行截然区分。只有逐步揭开企业作为组织的"黑箱"谜团，按照系统的观点对企业管理的方方面面进行细分，并科学、谨慎地进行剖析，才可能使得建设科学的内部控制体系成为现实。自从科斯 1937 年在《企业的性质》一文中对企业性质、企业边界、企业的内部组织与制度安排等重要内容的研究开始，现代企业理论的研究便如火如荼地在全球范围内展开。由此，产权经济学、交易费用理论、企业的契约理论、委托代理理论等关于企业的研究成果层出不穷，并在理论应用层面收效颇丰，如财务理论、公司治理等。其中，委托代理理论把企业作为"黑箱"，研究企业所有权和控制权分离情况下的投资者与企业经理的最优激励合约安排。对"交易费用"的认识，促使企业管理理论对契约的不完备性进行反思，并把"剩余控制权"的配置作为企业制度中的关键，同时对实际中的企业"异质性"有了充分的认识。按照西方主流理论的观点，"资本雇用劳动"的逻辑是完善企业治理结构的根源和基础。这样，公司治理结构

---

① 安瑛晖，欧阳世伟. 内部控制理论发展与系统观点［J］. 学理论，2010（17）.

就必须研究投资者与实际管理者的制度安排，解决信息不对称、利益的冲突与协调、经营管理的激励与约束、合约的不完备性等问题。从实践来看，以 20 世纪 90 年代备受关注的以市场为基础的公司治理体制和 20 世纪 80 年代以德日公司治理体制以及相应的金融体制为主要实践特征，两个不同治理结构的存在及实践效果的不分伯仲引起了理论界和实业界的兴趣和深入思考。一般意义上的模型和企业的"异质性"共同决定了企业的治理结构选择，主要包括两个方面内容：从内部看，主要体现在激励约束机制和内部管理机制，很重要的内容就是内部控制机制；从外部看，主要体现在市场机制、信息披露机制与外部监管机制等。现代内部控制的发展既适应了现代股份制经济发展和解决公司治理问题的要求，同时又相互推动、共谋发展，特别是以市场为基础的股份公司背景下公司治理问题成为内部控制发展的强大推动力。从理论和实践两方面来看，内部控制机制与公司治理的相关内容有着密不可分、千丝万缕的联系，清晰地划分其边界十分困难。为了揭开企业管理的谜团，比较清晰地界定内部控制的范围、性质和概念体系，按照系统的观点和整体的视角逐步剥离和剖析相互关系，将使内部控制能够在一个清晰的背景下精确展现。

　　按照系统的观点，我们可以把企业看作一个系统，这个系统又由若干个小系统组成，以此为基础，可以展开对内部控制的剖析，得出一个内部控制的系统观点。应当说，企业面临诸多的管理问题需要解决。从内部控制来看，其内外部的需求者主要包括财务报表审计人员、企业管理者、企业的投资者、潜在的投资者和外部监管者等。而且，随着经济社会的发展变化，企业的相关利益者会越来越多。我们需要注意的一点是，这些需求者不是按照一个标准、一个视角对内部控制提出要求，其需求存在很大差异，但又都需要得到满足。这样我们就需要对"内部"进行清晰的界定，首先企业内部控制的范围取决于企业的边界，而且这个边界不是仅仅局限在"物理边界"或"法律边界"之内，其范围应当取决于企业目标对其的定位和要求，是可以超越的。其次是按照系统的观点对内部控制进行结构划分，也就是确定子系统，比较普遍认可的做法分为三个层次：与所有权相关的企业治理控制、与经营权相关的企业管理控制、与岗位职责相关的业务控制（见图 3 - 1）。同时，由于契约的不完备性，为了保证企业的正常运转和可持续发展，必须采取措施实现企业内部的均衡和有效运作，这就需要从系统和整体效率的视角来审视内部控制的本质和由此产生的概念体系。

　　按照系统和整体的观点，企业内部控制应当关注企业的整体效益与效率。

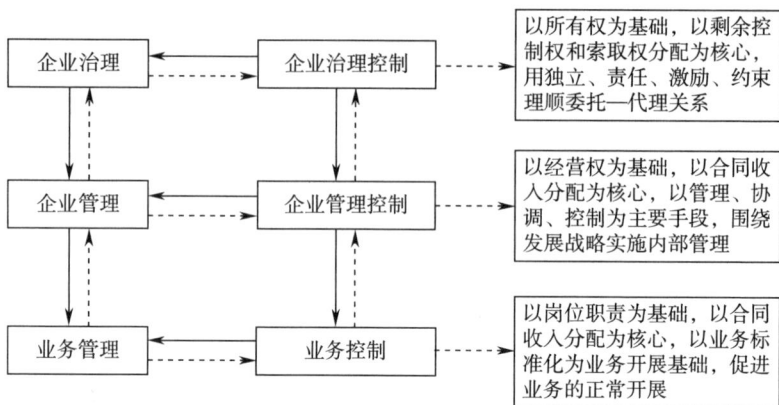

图 3-1　内部控制的层级结构

企业作为一个系统整体，存在与系统相关的若干利益相关者，如股东、管理者、员工、其他非直接利益相关者和潜在的利益相关者。因此，整体有效取决于治理控制、管理控制和业务控制的全部有效。这需要对内部控制建立起一个完整、有效的概念体系，以便为企业提供科学、合理、有效的内部控制提供支持。在现代社会，企业必须面对激烈竞争的市场、越来越严格的监管环境以及更加广泛的利益相关者的关注，只有制定和明确一系列行之有效的竞争战略并采取相应的竞争手段，才能确保企业的持续经营和健康发展。这样，现代企业需要在明确的战略目标指引下通过合规合法的经营管理进一步强化整体效益和效率，并在满足整体效益和效率追求的基础上，对利益相关者提供充分、有效的财务和管理信息支持；同时，企业实现在合规经营基础上的整体效益最大化以及进行及时、可靠、有效的信息披露，需要在公司治理层面、经营管理层面和信息披露层面实施有效的控制。按照系统的思维方式，可以在系统论、控制论、信息论的框架下，解构和构建内部控制系统，并引入最新科技成果如人工智能，实现人与内部控制体系的良性、协调运转，保障内部控制价值主张的有效实现。系统、控制、信息与人工智能都对企业内部控制体系的建设和运行提供了相关知识与技术的支持。没有最好，只有更好，内部控制的持续完善一直在路上，需要与时俱进，应当积极进取。

第四章　组织与人

　　组织有目标，个体有追求。如何高效率地实现组织目标，需要抛开"经济人"假设，把组织中的个体当作"社会人"看待。不管是组织的关键少数，还是组织中的多数基础，都需要有一个良好的人际关系，领导确立权威、员工心情舒畅应当成为时代的追求。一个良好、有效的内部控制体系必须能够为组织目标实现做好"人"的准备，实现"人"与组织的和谐发展，这也是现代内部控制"有血、有肉、有灵魂"的基石。

第一节　社会人时代

　　霍桑研究开启了对人的社会属性的关注，逐步揭示了"经济人"假设的现实性观察不足的问题。通过实验观察和研究分析，"社会人"有其存在的经济、社会和政治环境基础，其初期的主导思想可以归纳描述为：员工满意度和生产率取决于员工之间以及员工与其上司之间良好的社会交往和互动。由此，霍桑研究以及梅奥[①]的新哲学为人际关系运动提供了学术支持，开启了社会人时代。

---

　　① 乔治·埃尔顿·梅奥（George Elton Mayo，1880—1949），美国管理学家，原籍澳大利亚，早期的行为科学—人际关系学说的创始人，美国艺术与科学院院士。他出生在澳大利亚的阿德莱德，20岁时在澳大利亚阿德莱德大学取得逻辑学和哲学硕士学位，应聘至昆士兰大学讲授逻辑学、伦理学和哲学。后赴苏格兰爱丁堡研究精神病理学，对精神上的不正常现象进行分析，从而成为澳大利亚心理疗法的创始人。

一、霍桑实验

霍桑研究①是在霍桑工厂开展的。霍桑工厂是一家具有开明的人力资源政策和慷慨的福利待遇的企业。研究过程及其研究内容先后包括照明实验（1924—1927 年）、继电器装备实验室研究（1927—1932 年）、访谈计划（1925—1932 年）、绕线观察室研究（1931—1932 年）以及作为社会系统的组织等方面。实验研究结论都具有一定的理论研究和实践指导意义。

研究的结论主要体现在②：

（1）在照明实验中发现，照明仅仅是影响员工产出的众多因素之一，且照明和员工生产率之间不存在简单的因果关系。

（2）在继电器装配实验室研究发现，心理态度似乎比其他任何因素更能解释工作绩效的提高，而且按照重要程度顺序，依次为在小群体中工作，更宽松、友好的监管风格，更高的收入，成为实验参与者的新鲜感，以及公司管理者和研究者对他们投入的关注。这样，不难看出，解释工作绩效提高的三大要素就是监管风格、拥有团结精神的小团队的形成、工资激励计划。

（3）在访谈计划中，采用了被称为"整体情境"③的心理学方法，将组织视为一个社会系统，发现引入休息时间提高了员工们的工作效率。梅奥解释为休息时间减少了员工们的"悲观主义的幻想④"，从而提高了工作士气和生产率。同时，发现工人们的一些抱怨往往与事实不符。实质上，有些抱怨从来没有被当作事实看待，但是可以作为个人或社会情况的预示来加以认真对待。工人对自己私人问题的过度关注会限制了他们的工作绩效，而与此对应的举措是管理者要去倾听和理解工人的私人问题，而不是去说教，在接触中应尽量避免带有道德说教、所谓的言传身教、劝告或情绪表达的意味。这样，可以正面地

① 霍桑实验是人际关系学派的主要代表人物乔治·梅奥、罗斯利斯伯格等开启的。他们的学说是从 20 世纪 20 年代中期到 30 年代初在美国芝加哥西方电器公司的霍桑工厂进行实验而提出的，因而得名霍桑实验。霍桑实验从 1924 年开始到 1932 年结束，历时 8 年，经过对工作环境、工作条件、群体行为、员工态度、工作士气与生产效率之间关系的一系列实验，发现并证明：人们的生产效率不仅仅取决于人的生理方面、物理方面的因素，而且更受到社会环境、社会心理等方面的影响。
② 丹尼尔·A. 雷恩，阿瑟·G. 贝德安. 管理思想史［M］. 北京：中国人民大学出版社，2012.
③ 心理学中的情境是指影响人的心理活动的重要因素，有位置或者场所、工作或者职业之意，尤其是指在某一时间内事情发展情况、事态或情势，具有整体性、连续性、生态性、不确定性，可以分为真实的情境、隐含的情境。
④ 悲观主义的幻想，即忧郁的情绪或思想支配着一个人的意识压制了其他一切情绪的特殊意识形态。

疏解情绪、防患于未然，而不是负面的、容易引起反感和抵触的所谓苦口婆心。

（4）绕线观察室研究发现，操作工人已经形成的"非正式组织"以及他们对于产量的限制，这让实验研究者倍感诧异。非正式组织在群体中发挥的功能主要是他们保护工人们免受群体内部成员轻率行为的伤害，如产量冒尖或严重落后；他们保护工人们免受管理层的外部干预，例如提高产量标准、削减工资率或限制他们的工作场所规范。实际上，非正式组织相对于正式组织而言，是工人用来控制彼此行为和情绪，避免雇主实施干预措施的一种工具。

尽管管理不当或整体经济状况等与非正式组织并无关联，但管理者遵循"效率逻辑"，使产出最大化和成本最小化常常成为终极目标。而工人把这种办法视为对其主权的干预，持有反感态度。管理者必须清醒地认识到这种现象，在考虑效率逻辑的同时，还必须考虑工人的情绪。

在研究中，企业被看作是社会系统的组织。梅奥对企业的观察，从来不是彻底的帕累托主义者，尽管他接受其中的一些观点。罗特利·斯伯格撰写的一份广为人知的报告——《管理和工人》①，从中可以清晰地看到帕累托思想的影响，它强调把工作场所视为社会系统的观点，技术方面对效率和经济回报的追求与每个组织对人的因素的关注密不可分。在一个组织内，既存在正式结构及其相关的规则、秩序、政策和程序，同时又必然具有员工们出于共同目标和利益而形成的非正式群体，而且这些非正式群体可能并不一定支持组织目标。非正式组织不是坏人，但一定是正式组织的某些必然方面。把组织视为一个社会系统，有助于管理层努力去平衡正式规则、政策和程序要求的"效率逻辑"与作为非正式组织之基础的"情感逻辑"之间的矛盾。霍桑研究的重要结论或者说实践指导就是提倡一种新型的管理技能组合，强调人际互动管理技能，一是要有理解人类行为的诊断技能，也就是要善于识别和理解人的想法和行为；二是用来和工人交流以及劝告、激励和领导工人的人际交往技能，也就是要善于与人正确地交往。

---

① 罗特利·斯伯格是人际关系理论的创始人之一，早期人际关系理论的归纳总结者，与梅奥一同参加霍桑实验，提倡将正式组织信念体系的"成本逻辑""效率逻辑"与非正式组织信念体系的"思想逻辑"加以综合，归纳为一个整体的经营企业的信念体系，并将之称为"整体的情境逻辑"，先后出版了专著和与人合著《管理与工人》《管理和士气》《组织中的人》，为人群关系管理的创立和传播作出了突出贡献。

二、人际关系与合作

霍桑实验的结束并不意味着对人的社会性观察的结束。恰恰相反，事实上引发了人们对霍桑效应的更为广泛的关注和更加深入的探讨。长期以来，人们对霍桑研究发生的事情进行各种各样的解释，成为了一个经久不息、持续发展的故事。

（一）观察的固有弊端

霍桑效应本身受到越来越多的关注。人们反思，或许实验期间的所有行为变化可能与实验之前的假设无关，而是与特殊环境的特殊对待有关。也就是说，人们很少能够在不对其产生某种影响的情况下近距离地观察一种现象，因此，必须"戴着眼镜"去观察，才能发现态度和结果的变化。这样人们观察所发现的现象和认定的结果可能已经被"污染"，尽管能得出一些结论，但因此可能遭受到一些质疑。

（二）精神病理学的介入

梅奥开始实验前，是基于一些现实观察和深入思考的，并作出了一定假设，一开始他就强调"有效合作"以及在一个不断变化的世界中有恢复"社会团结"的需要。当然，这是针对不断变化的环境可能出现人们丧失稳定、目标或规范的现象或情况而言的。至此，对于个体失范引发社会失范的反思使人们开始关注精神病理学方面的内容。

从个体角度来看，让皮亚杰①认为：强迫性思维②是心灵受到创伤的病人表现出的初步精神紊乱。强迫性思维的核心思想认为：个体由于被自己的强迫症影响到某种程度，以致他们无法灵活地对生活实际作出反应、采取行动，包括他们个人的、社会的和工作中的各种行为。强迫症会降低一个人对生活的总体满意度，这又会降低生产率，提高辞职率和缺勤率。事实上，有些工人找不到适当的途径来表达他们在工作生活中的私人问题和不满，这种阻塞导致他们的"悲观主义幻想"和对私人问题的"先入成见"达到了一种潜在的程度，

---

① 让·皮亚杰（Jean Piaget，1896—1980），儿童心理学、发生认识论的开创者，被誉为心理学史上除了弗洛伊德以外的另一位巨人。

② 实施强迫行为后，会有片刻的心安，但随之而来的就是自我责备。推动强迫症状的是焦虑情绪，强迫性思维和强迫性行为是个体自发的缓解焦虑情绪的快捷方式。

而一旦这个问题达到明显程度就会转化为对权威的反感、对产量的限制以及其他各种降低士气和产量的行为方式。

（三）一个行之有效的办法——平衡逻辑关系

随着工业革命的深入发展，工业生活引发的一些问题越来越明显。比如这种生活方式极大地弱化了个人作用，很容易让人产生一种个人无能为力的感觉，无助感会进一步导致个人的强迫性、非理性的行为，而个人失范又可能进一步导致社会失调。如何调整这种失范成为一个棘手的社会问题，而不仅仅是个体或者一个组织的问题。

从历史发展来看，在传统社会中，人们知道自己的位置和自己的未来，在不发生社会大动荡的前提下，自己的定位和预期变化是可以让人心知肚明且无太多意愿去力争改变，而且基于自己的社会角色而存在一种较为稳定的社会团结和互助，人们乐于生活其中。在现代社会中，尤其是在大型组织里，处理人际关系的方法从一种私人的、基于血缘和友谊的方式转化为一种非私人性质的、公事公办的方式，传统的社会团结被破坏，其结果是一种无规范的、无根基的生活方式。工业革命带来了生产率的提高、物质的丰富和社会进步，不可避免地也出现了人们对此引发的社会关系变化的不适应情况，进而带来了个人和社会失范问题。

梅奥认为，工业革命形成的技术导向型社会的发展过于强调工程技术，并从技术的角度来诠释工作的意义，也就意味着个人成就建立在追求经济性的效率逻辑之上。个人的需求被放在不受重视的位置，极大地削弱了人们"在工作中进行合作的能力"。管理方对效率逻辑的强调扼杀了个体获得集体认同、社会满意和社会目的的愿望，而这些只能通过公共生活才能够获得。在这种情况下，梅奥提出了管理精英的概念，认为：他们不仅要强调技术，而且还要对人的本质有深刻的理解。因此，培养人际关系的领导变成了必然选项。通过形成掌握社会和人际关系技能的管理精英，可以有效地克服失范和社会解组问题。

梅奥支持泰勒的目标，即工业中的合作和协作，预期结果都是劳资双方认识到彼此的共同利益关系。梅奥认为，权利应以能够确保合作的社会技能为基础，而不是基于技术能力或技术特长。为了进一步促进合作以实现组织的目标，以人际关系为导向的领导者将扮演社会情感的调查员角色。这样，他们才能够根据掌握的情况，花心思去保持群体的完整性和紧密联系，以促进合作和社会团结。事实上，平衡而不是偏执是高效组织的主旨，通过平衡经济逻辑与情绪的非逻辑之间的关系，才能使一个组织的社会结构能够让员工们获得更多的认同感、满足感和安全感。

三、人际关系与激励

在考虑并追求平衡的过程中，一个不可忽视的问题就是人际关系的领导者如何来激励员工。而"社会人"的假定似乎彻底抛弃了"经济人"假设，基于绩效的工资激励仅仅是一个无法单独被强调的因素，人类动机的因素成为具有解释力的重要内容，如员工以何种方式来看待工作、同事、上司以及社会认同和安全感。这时，收入已经不是他们最关心的事情，宣扬工作中的社会合作而不是基于绩效的工资制度更能促进人的生产率的提升。

这样，在实际的管理过程中，就需要丰富激励的手段，充分考虑人的社会属性需求的方方面面，促进人际关系的改善和人际合作的提升，共同促进组织目标实现。

第二节　组　织

一、正式与非正式组织

切斯特·巴纳德①将组织定义为"对两个或多个个体的活动或力量进行有意识协作的系统"，并认为所有系统都包括三个要素：成员们的协作意愿、一个共同的目的以及成员们能够与彼此沟通。

关于协作意愿，巴纳德认为，组织必须提供适当的诱因，既要有物质的又要有社会的，以补偿个体由于拒绝另外系统并参加目前系统所作出的牺牲。他认为个人意愿取决于"提供的客观诱因和强加的负担"的共同作用，其中，客观诱因就是物质的（如金钱）、非物质的（如声望、权力）以及联系性的（如良好的社会关系、参与决策）；而主观说服主要涉及通过训导、榜样以及激发个人动机来改变态度。

---

① 切斯特·巴纳德（Chester Irving Barnard，1886—1961），美国著名管理学家，近代管理理论奠基人，代表作是 1938 年的《经理人员的职能》，开创组织管理理论研究，揭示了管理过程的基本原理，经后人进一步发展，形成管理学领域的组织管理流派，对当代管理学体系产生了重要影响。

巴纳德认为沟通是一个过程，可以使共同目的和协作意愿变得富有活力。他提出如下原则：沟通的渠道应该人所共知，而且非常明确；客观的权威要求对每个组织成员都有一个明确的正式沟通渠道；为了加快沟通速度，并减少由于多渠道传递引起的失真，沟通线路必须尽可能直接和简短。

关于非正式组织，巴纳德认为，非正式组织是由人们之间的私人联系和互动以及由此形成的结社所构成的集合，有共同的态度、习惯和规范，具有三个职能，即沟通方式、进一步促进组织成员的凝聚力以及保护其成员的个人完整性。

二、组织整合

霍桑研究刺激了人们对将组织视为社会系统的兴趣，关注对权力、责任、努力进行协调的需要，冲突的解决方案以及如何设计组织以获得最大化的效率和效力的研究。在实践中，寻求组织整合是一种趋势。

玛丽·帕克·福莱特①开始关注群体原则，其思想的基础是"完整人"（Whole Man）及其在群体内与彼此的关系，认为"只有通过群体组织，才能成为真正的人。个人的潜能在被群体生活释放出来之前只是一种潜能。只有通过群体，人们才能发现自己的真正本质，获得真正的自由"。在研究过程中，她使用"团结精神"（Togetherness）、"群体思维"（Group Thinking）以及"集体意志"（Collective Will）等专业词语来寻找群体原则，强调人的社会属性和社会组织体现。

同时，福莱特也关注冲突解决，在《创造性的经验》（*Creative Experience*）中提出，通过回忆、讨论和合作，人们可以彼此激发潜在的思想，并且在追求共同目标的过程中，彰显它们的统一性。群体努力的目标是一种融合统一，而爆发冲突可能导致以下结果：其中一方自愿服从；通过斗争，一方胜过另一方；妥协；整合。

因此，组织整合就是要关注组织的社会性，以群体原则划分权力和责任，并通过合作的方式解决冲突，让个体的努力成为组织目标实现的保障。

---

① 玛丽·帕克·福莱特（Mary Parker Follett，1868—1933），管理理论之母，一辈子未婚的传奇女性，是一位具有重大建树的一流学者，在政治学、经济学、法学和哲学方面都有着极高的素养，称为"管理学的先知"。

三、组织与个体的协调

关于组织与个体的关系问题，组织的结构和设计与群体动力学、决策参与、领导和动机等主题的行为研究同期进行、广泛开展。而且在研究过程中，研究者有意识地区分了"职位的结构与暂时占据这些职位的人的行为"，认为：能够对组织进行卓有成效研究的唯一方法就是把组织与某个特定时刻占据那些职位的组织成员的个性和政治斗争割裂开来①。这样才能够更加科学地把岗位和特定的人分别进行分析研究，从三条线来展示人际关系运动：一是对组织结构、权力、协调、管理跨度以及与组织设计相关的其他问题的兴趣和关注；二是对从最高管理层的视角看待管理的日益关注；三是对最高管理者的角色和公司的性质进行思考。

（一）组织：结构与设计

古典主义者研究组织的职能和权力时，是把组织与任何单个个体的表现隔离开来的，他们发现组织是通过占据相关职位的管理者所采取的行动来承担责任和义务的，这样就有必要对组织设计（Designing）和人员配置（Staffing）进行区分。

詹姆斯·D. 穆尼②和艾伦·C. 莱利（Alan C. Reiley，1869—1947）在《工业，前进！》（*Onward Industry*！）中试图揭示组织原则（Principles of Organization）以反映人们在群体运动中的各种构成，更好地了解和使用这些原则来帮助工业保护好自己的增长。穆尼认为只有工业目标的价值才能证明这些目标的正确性。工业目标通常是通过服务获得利润，这就包括证明这些服务的机制并且创造和公平分配利润。他认为工业的目标是减轻人们的匮乏和痛苦。这样生产效率是必需的，但并不一定足以确保提供工业服务，而且整个组织内部要贯彻实施同等的效率。为了实现这个目标，组织原则应当解决现代文明社会的问题。

穆尼认为，有效率的组织必须具有它的形式主义，而形式主义不是我们通

---

① 事实上，如果是观察研究就很难区分岗位和岗位上的人，主要表现在职务行为还是非职务行为的观察上，因为存在太多的职位上的非职务行为。在研究中，"应该"成为岗位研究的常用词，也就是体现理想或者概念上的要求。

② 詹姆斯·D. 穆尼（James D. Mooney，1884—1957），美国高级管理人员（曾任通用汽车公司执行官）和管理学家，管理过程理论的重要代表人物之一，曾被管理学家戴尔称为"伟大的组织者"。

常理解的贬义词的内涵，而是用来有效率地协调所有关系的方法。在此种情景下，组织被视作一个过程，变成了为实现某个共同目标而以任何形式组成的联合。关于抽象的组织原则建议主要包括：统一命令的协调原则、"梯状"原则、职能原则、直线职能和参谋职能原则等。穆尼提出的概念模型由三项组织原则构成，即协调原则、等级链原则和职能原则。

协调原则就意味着有序地安排集体努力，以便于在追求某个共同目标的过程中能够实现一致行动。协调原则是组织的一个广泛性原则。当然，协调的基础是权威，也就是存在"最高的协调权力"。权威不意味着独裁，也不是我们中国人说的乾纲独断，协调中最主要、也是最重要的是所有成员必须理解组织的共同目标，并在这个目标下开展合作和采取一致的行动去实现这一目标。

等级链原则是能够使实施协调的权威在整个组织内得以贯彻落实的一种正式程序。等级链原则的基础就是领导，而领导就是权威如何进入等级链。实际上就是通过授权完成等级链上的领导和权威的对接。授权是由上级向下属授予一定的权威，权威也就意味着承担相应的责任，即完成所授予的工作或任务。

职能原则是区分不同类型的任务。穆尼认为只要直线人员发布命令、幕僚人员提出建议，直线和幕僚的潜在冲突就不会出现。事实上，直线和幕僚的天生矛盾不可避免，却可以协调。关于管理理论的基石，卢瑟·古利克①把工作划分成七种基本职能：计划、组织、认识、指挥、协调、报告、预算。

关于控制跨度，在组织设计上，控制跨度或者管理跨度成为一个不得不考虑的因素，必须根据工作性质和工作量进行适宜安排，没有绝对的标准，根据实践的效果可以作出适时的调整。

（二）最高管理层的视角

拉尔夫·C. 戴维斯②在《高层管理的基本原理》中宣称管理就是高层管理者的领导职能。同时，把三种有机职能作为高层领导的职能，即计划、组织和控制，其中，计划就是明确阐述在解决一个企业问题时所考虑的和需要的各种因素、力量、效果和关系等，并且为经济而有效地实现企业目标奠定基础；组织就是设计使职能、物质因素和人员形成良好的相互关系，而这是基于权威

---

① 卢瑟·古利克（Luther Halsey Gulick，1892—1993）是一名美国管理学家，曾任美国哥伦比亚大学公共关系学院院长，曾担任罗斯福总统的行政管理委员会的成员，出版了许多管理方面的著作。

② 拉尔夫·C. 戴维斯（Ralph C. Davis，1894—1986），美国管理学家，担任过许多大公司的咨询顾问，是管理过程学派的代表人物之一。

的，权威就是对组织的活动进行计划、组织和控制的权力，也就是决策权；控制则是对完成一个目标所需采取的行为、活动进行约束和调节的职能，其中事前控制是想方设法地设计出能够确保计划顺利实施的各种约束条件和规章制度，即时控制则是在行为和活动正在进行时发挥作用、进行纠错纠偏。三项职能可以细分为八项子职能，包括例行计划、日程安排、准备、调度、指挥、监督、比较以及纠正措施。

追求最优是管理者普遍拥有的主观愿望。哈里·霍普夫[①]（Harry Hopf, 1882—1949）将最优定义为企业的这样一种发展状态：它往往能够使规模、成本和人员的能力等因素之间维持一种长期均衡，从而促进企业目标的最充分实现。当然，他同时认为，企业在实现社会角色时，应当首先服务社会，然后使收入最大化，而不是相反。这和我们现代社会中一些资本家的想法完全相悖，他们认为追求利益最大化就是服务社会、造就社会。这些资本家的观点理所当然地遭到广泛的批评甚至批判。

那么，如何评价什么是优秀的管理呢？杰克逊·马丁德尔[②]（Jackson Martindell）设计了一套体系来分析最高管理层的质量，也就是后来所称的管理审计，它通过十项标准来评估公司，即公司的经济职能、公司的组织职能、公司收入增长的健康程度、公司对待其股东的公正态度、公司的研发活动、公司董事会贡献的价值、公司的财务政策、公司的生产效率、公司的销售组织以及公司高层管理者的能力。任何企业都可以与相似行业中公司的评价分数进行比较，通过判断得出公司的优秀程度，以此评估公司管理的优劣。

（三）所有权和控制权

所有权和控制权是近代社会经济制度中不可回避的问题。阿道夫·伯利（Adolf Berle）和加德纳·A. 米恩斯[③]（Gardiner A. Mena）批评大型企业最高管理层没有意识到他们为谁服务，也就是没有意识到公司是为公司股东服务的。正如斯密警告的那样，就是管理他人财产者不如管理自己钱财那么小心谨

---

① 哈里·霍普夫的思想是将科学管理在车间的应用发展为一种企业整体观念的具体体现，他提出形式服从功能，即组织结构必须服从组织目标，他将公司视为一个整体。

② 1950 年，杰克逊·马丁德尔提出了一套完整系统的对公司管理进行评价的指标体系，如生产、销售、财务、收益、董事会业绩、股东服务、经理人评价、员工贡献等。

③ 阿道夫·伯利和加德纳·A. 米恩斯所著的《现代公司与私有财产》认为最高管理层未意识到他们是服务于股东利益的。

慎。经理人和董事①是"经济独裁者",他们形成一个拥有控制权的群体,有能力将创造的利润转移到他们自己的口袋里。这就为公司治理②和委托代理理论③的发展提供了现实的研究基础,铺平了道路。

对"看不见的手"和"看得见的手"的探讨是对外部市场和内部"市场"进行研究的前提。在科学管理理论中,将管理描述为第四个生产要素起,研究者观察到管理者的收入不同于向财产所有者返还的利润,他们就意识到管理者对在公司内配置各种资源具有重要作用。

约翰·R.康芒斯④是制度经济学的创始人,认为交易(Transaction)是财产权转让的最小分析单位,而交易并不是商品的交换,而是"在劳动力能够制造或者消费者可以消费或者物质商品等能够交付给其他人之前,必须经谈判达成的未来所有权的转让"。他提出了三种类型的所有权转让,即谈判型、管理型和配给型:谈判型源于市场自愿;管理型源于上下级关系,权力被用来指挥需要完成的工作,就工资和劳动时间等因素与雇用者进行自由谈判;配给型涉及一种"集体上级",如董事会的预算决定、立法者、刑事法庭或者商业仲裁者,以此实施财富分配或获得公平等。

在康芒斯看来,经济学必须被理解为会随时间演变的合法的制度关系,而且是由所有权及财产权的转让构成的。尽管涉及的财产交易确实是在公司内部发生的,其实与市场等其他情境等同,这也为后来的交易理论奠定了基础。

---

① 由于公司治理结构的不同,董事、监事、高管在企业组织中发挥的作用会有很大的差异,在对控制权的分析中,是需要针对实际情况的。

② 从广义角度理解,公司治理是研究企业权力安排的一门科学。从狭义角度理解,公司治理居于企业所有权层次,研究如何授权给职业经理人并针对职业经理人履行职务行为行使监管职能的科学。基于经济学专业立场,企业有两个权:所有权和经营权,二者是分离的。企业管理(Corporate Management)是建构在企业"经营权层次"上的一门科学,讲究的就是企业所有权人向经营权人授权,经营权人在获得授权的情形下,以实现经营目标而采取一切经营手段的行为。与此相对应的,公司治理(Corporate Governance)则是建构在企业"所有权层次"上的一门科学,讲究的是科学地向职业经理人授权,科学地对职业经理人进行监管。

③ 20世纪30年代,美国经济学家伯利和米恩斯因为洞悉企业所有者兼具经营者的做法存在着极大的弊端,于是提出委托代理理论(Principal-agent Theory),倡导所有权和经营权分离,企业所有者保留剩余索取权,而将经营权利让渡。委托代理理论早已成为现代公司治理的逻辑起点。

④ 约翰·R.康芒斯(John R. Commons,1868—1945),制度经济学派的早期代表人物之一,在其代表作《制度经济学》中阐述了"交易"的产权性质等诸多制度经济学的基本概念,康芒斯的产权思想为现代产权理论的发展奠定了基础,对后来的现代产权经济学产生了极为深远的影响,回顾其产权思想将更有利于理解现代产权理论的内涵和意义。

罗纳德·H. 科斯①（Ronald H. Coase，1910—）从不同角度来研究分析交易问题。他发现，斯密的市场上用"看不见的手"来保证资源配置的效率，并不是那么严密。如果市场如此有效率，为什么人们还要去经营企业。1937年，他发表了《企业的性质》（The Nature of the Firm），指出"在公司外部，价格变化指挥生产，而生产是通过市场上的一系列交易来协调的。在公司内部，这些市场交易是不存在的，而且复杂的市场结构以及交易由指挥生产的企业家协调来取代。"而且，他发现，使用市场机制还存在一种"成本"，如果公司能够协调这些市场交易，这种交易的成本可以被降低。当时的经济学没有把企业视为致力于以比市场更低的成本来进行交易的代理商。因此，科斯将企业解释为"看得见的手"，并且在资源配置上往往要优于市场这只"看不见的手"。

这样，在公司治理层面，就要解决好所有权和控制权的问题，以资源配置效率作为企业内部管理的重要内容，为企业作为整体面对市场提供强大的竞争力。

四、组织的整体行为

任何企业作为社会组织，必然面临与外部的交流、组织内部的人际关系以及合作等问题，需要从组织架构的外在形式和内部程序两个方面入手，展现组织的整体行为。

（一）作为开放系统的组织

巴纳德将组织视为一个包括投资者、供应商、顾客以及其他人组成的开放系统。作为开放系统，组织面临的环境可能是风平浪静、风景宜人的，也可能

---

① 1991 年诺贝尔经济学奖的获得者罗纳德·H. 科斯的主要学术贡献在于，揭示了"交易价值"在经济组织结构的产权和功能中的重要性。他的杰出贡献是发现并阐明了交换成本和产权在经济组织和制度结构中的重要性及其在经济活动中的作用。科斯的代表作是两篇著名的论文。其中一篇论文是1937 年发表的《企业的本质》，该文独辟蹊径地讨论了产业企业存在的原因及其扩展规模的界限问题，创造了"交易成本"（Transaction Costs）这一重要的范畴来予以解释。交易成本即"利用价格机制的费用"或"利用市场的交换手段进行交易的费用"，包括提供价格的费用、讨价还价的费用、订立和执行合同的费用等。科斯认为，当市场交易成本高于企业内部的管理协调成本时，企业便产生了；当市场交易的边际成本等于企业内部的管理协调的边际成本时，就是企业规模扩张的界限。另一篇著名论文是1960 年发表的《社会成本问题》，该文重新研究了交易成本为零时合约行为的特征，批评了庇古关于"外部性"问题的补偿原则（政府干预），并论证了在产权明确的前提下，市场交易即使在出现社会成本（即外部性）的场合也同样有效。

是狂风暴雨和举步维艰的。经济的、社会的、政治的以及技术的变化速度或快或慢，而有些组织安排能够比其他方式更好地应付不断变化的环境。当然，建立组织结构的方法多种多样，但组织设计受到环境因素的影响毋庸置疑。

有些人认为组织设计必须考虑使用技术的复杂性，在制造业中，这确实表现得淋漓尽致。成功的组织往往采用线性组织结构，对员工实施更为严密的监管，适用更为精巧的控制技术，更为依赖正式的书面沟通，技术观点十分明确，等等。

但另外一种方法认为，组织机构取决于环境因素：环境条件的变化率，可获得的信息的稳定性，决策或行动的结果反馈的时间跨度。面临更稳定、更确定环境的公司，要更为正式和集权；面临更不稳定、环境更不确定的公司，则要更为灵活和分权。

更为有趣的是存在一种现象，组织年龄和规模影响其组织结构。与产品存在引进、成长、成熟和衰落等阶段一样，组织也存在生命周期。创造性和创新是初始阶段的要素；灵活性是成长阶段的要素；稳定和规范是成熟阶段的因素；在衰落阶段本来应该需要更加灵活，但是却暮气沉沉。

这样，技术、环境以及生命周期只能作为考虑因素纳入组织结构设计中，但是没有办法提供最好的组织形式选择。

（二）组织目标

与研究领导、动机和组织内工作设计的社会科学关注点形成鲜明对比的是，组织理论更多地关注整个组织，或者说从宏观角度考察组织的目标、结构以及完成组织目标所必需的过程。

众所周知，所有的组织都面临同样的问题，即整合人们的努力以实现预期目标。即使组织面临激烈的市场竞争，他们也会将设计组织结构的目的归结为是为了使成员的努力聚焦该组织的目标，从而完成一个人无法单独实现的事情。

韦伯把官僚制度描述为一种基于理性和法律权威的理想组织形式，并力争官僚主义和形式主义最小化。其他学者也从组织原则、社会技术形态、组织决策、正式与非正式组织等内容进行研究分析。从巴纳德开始，对组织的研究进入了一个崭新的阶段。

（三）公司行为理论

从组织结构转向内部流程是一些学者的主要研究领域。经济学家理查德·西尔特①和心理学家詹姆斯·马奇②强调对稀缺资源的内部竞争、利益群体形成的联盟、冲突的解决方案、组织学习、决策中的适应过程以及绩效反馈等，采用内部流程和微观方法对组织进行研究。另外，一些理论家将组织视为宏观环境因素的一种产物，认为组织从外部环境获得支持才能够生存，也就是具有资源依赖。

这样，组织就必须正视外部环境和内部流程两大要素，公司行为就有了对外部生态的社会预期影响的考量，从正式组织结构逐步演变到权变理论，再到强调内部流程以充分认识外部因素。这些变化，对把当今的企业作为社会组织研究依然具有重要的指导意义。

第三节　领导—组织中的关键少数

一、管理者职能

（一）经理人员的职能

巴纳德是一位组织社会学家，在《经理人的职能》（*The Functions of the Executive*）中对协作系统的性质、正式组织的结构、权威理论、经理人员的职能等进行了深入的、具有见解的剖析。巴纳德认为经理人的职能就是确保对实现合作努力至关重要的协调，具有三个具体职能，即提供一个沟通系统，更好地保证至关重要的协作努力，以及制定并界定目标。

在巴纳德的《经理人的职能》中，他提到了两类心理过程，也就是逻辑的和非逻辑的。逻辑的过程是有意识的思考，可以用语言或推理表达出来；非逻辑过程是无法用语言或者推理表达出来的，只能通过判断、决定或者行动才能够观察得到并为人所知。

三个职能是整体发挥作用的，不可偏废，是整个组织实施的过程。同时，

---

① 与马奇合著的《企业行为理论》，对企业内部行为进行了分析。

② 与西蒙合著《组织》，是组织理论学家。

巴纳德认为，在所有组织中，有创造性的力量是道德的力量。巴纳德观察到，组织的持久性依赖于领导的质量，这种质量来自它所依赖的道德程度，道德较差则领导不会维持太久，其影响力也会很快消失。

（二）领导的任务

福莱特认为，在一个既定的情景下，除非在所有的要素之间实现统一和合作，否则就不可能实现控制。即当冲突的利益没有被调和时，就失去了对情景的控制。自然地，控制的基础存在于自我调节和自我管理的个人与群体中，这些个人和群体认识到彼此的共同利益并控制他们各自的行动以实现获得一致同意的目标。

这样，管理者就不是控制个别的要素，而是控制复杂的相互关系；管理控制的不是人，而是情景；他们期望的结果是整个情景中的统一和合作。

这种控制是"以事实来控制，而不是以人来控制"，是"相关联的控制"（Correlated Control）而不是自上而下的强加控制（Super-imposed Control）。每种情景都有自己的控制，应该在一个组织的许多点上实施集中控制或关联控制。

福莱特认为，组织就是控制，组织和协调的目的就是确保受控制的绩效，协调是为了实现统一，而统一就是控制。这样，领导者不应该基于权力，而是基于在当前的情景中领导者对于下属以及下属对于领导者的互惠影响。领导者的首要任务是界定该组织的目的，是共同目的，并在此基础上实施互惠影响。

（三）协作协调的性质

巴纳德认为，正式组织是人们之间一种有意思的、谨慎的、有目的的协作。通过观察可以寻找到提高这类协作的效率和效力的方法，一是理解在组织内部通过"在物质的、生物的、社会的材料、要素和力量等因素不断变化的环境中，维持其复杂性的平衡，以保证组织的生存；考察对组织未来平衡具有影响的外部力量，以及分析由正式组织中的各级管理者行使的职能"。巴纳德强调组织内部的平衡，反对组织具有边界并且由数量明确的成员构成。在考虑组织的更为广泛的外部环境时，要把投资者、供应商、顾客以及其他对该组织作出贡献的人全部包括在内，虽然从技术上讲，他们不是组织的员工。

他根据个人动机和组织动机之间的不一致区分了"效率"（Efficiency）和"效力"（Effectiveness）。协作如果取得成功，目标就得以实现，这个系统就是有效力的。但效率则不同，他认为协作效率是个人效率的结果，协作是为了满足个人动机。

二、领导与权威

事实上，在实践中，领导有组织赋予的权力，但不一定有权威并让权力发挥好作用。关于权威与权力，福莱特认为，除非人们重新思考他们对于权威和权力的观念，否则，作为解决冲突的一项基本原则，"整合"将无法充分发挥其效果。当然，可以用"共享的权力"（Power With）来代替"统治的权力"（Power – over），用"共同行动"（Co – action）来代替同意和强制，以维护权力、发挥作用。

"老板"和"下属"的观念为彼此认识到共同利益制造了非常严重的障碍。为了克服这种困难，福莱特提出要把命令"去个人化"，并把服从转变为"情境规律"（Law of Situation）。也就是说，"一个人不应当对另一个人下命令，但双方应该同意从情景中接受命令。如果命令只是情景的一部分，那么发号施令者和接受命令者之间的问题就不会出现"。当然，情景要求始终变化，人就不得不持续不断地投入努力以保持一种有效的工作关系。这样，工作中的人员必须具备特定情境所需的知识。由此，通过把权威转向知识，个体之间的冲突就会减少到最低限度。良好的人际关系本质上就是形成人与人之间一起工作的美好感觉，而不是谁领导谁、谁是领导、谁是下属的感觉。这就要求共享权力，不是单纯的行政命令式的行使权力，平等处理情境下的工作，凭借特定情境下掌握知识的水平决定权威，推动工作实施，实现共同行动。

当然，最终权威是基于对权力的错误前提假设的一种幻想，就是情境而不是个人或者地位带来的权威。这样，职责也变成了一种幻想。职责是工作或者职能的固有内容，可以叠加，称为累加责任。对于个人而言，个体应当对工作负责，而不是对某个人负责。对于部门或组织而言，工作职责由所有付出努力的人们共同承担。

在这种情况下，传统的"权威就是统治的权力"将归于情境，而不是个人或者职位。这种思想即使到现在也许只是个幻想，仅有少部分实践，但相信大多数人会同意和赞同其精髓，并或多或少地在工作中加以使用。

巴纳德的不寻常的思想之一就是他的权威思想，即权威的接受理论。他把权威定义为"正式组织中被其贡献者或成员接受并用来支配自己工作行为的一种沟通（命令）的性质"。这里面包括两个层次的含义：个人主观上接受将命令作为权威；命令的性质获得认可。权威的来源并不在于拥有权威的人或发布命令的人，而是在于下属对于权威是否接受。真正的权威来源于组织的成员，通过不得不接受命令并按照命令行事，他们为其上司赋予权威；如果他们愿意，他们决定接受各种命令，也可以通过拒绝服从其上司的命令，随时撤回他们为其上司赋予的权威。

　　总体来讲，在福莱特看来，主张"去个性化"的权威以及服从情景规律；巴纳德认为权威起源于组织的最基层，然后自下往上流动，只有当正式的权威被下属接受时，它才是真实的。传统上，命令是权威的，因为来自组织赋予"拥有权威的人"，也就是正式权威或者说职位权威。在另一种情况下，一个命令之所以被接受，是因为下属尊重和信任上司的个人能力，而不是因为上司的等级或职位，巴纳德将之称为"领导的权威"。

　　一个现实任务的核心就是所有组织都倚重能够刺激员工的合作意愿和合作能力的领导者。然而，现实却是很残酷的，在奴才文化或者更确切地说主子文化的背景下，每个人既是主子又是奴才，职位权威成为必然，变本加厉也是大势所趋。小人、无能者时常窃居高位，玷污庙堂之事屡见不鲜，根本谈不上什么"领导权威"。如柏拉图所言，除非是真正的哲学家获得政治权利，或者是出于某种奇迹，政治家成为真正的哲学家，不然人类就不会看到好日子①。真正的领导权威，其实在权力盛行的年代只是梦想和善良人的美好愿望。

第四节　工作中的人——组织的多数基础

　　关于人与组织的问题，从 1930 年左右到 20 世纪 50 年代初管理思想发展有两个分支，关注人际关系运动在经过微观和宏观阶段的发展。微观阶段见证了大量对群体动力学、参与决策、领导以及激励等主题的行为研究。宏观阶段见证了对分析工具和概念模型的探求，以解释作为社会系统的组织的正式和非正式方面的互动。这两个阶段都是以人为导向的，在探讨人与组织的关系中，组织的结构方面是次要主题；在探讨组织与人的关系中，组织结构成为首要主题。

---

① 姚介厚. 西方哲学史［M］. 南京：凤凰出版社，江苏人民出版社，2005.

一、个体角色

微观观点来自从科学管理阶段的工程师主导到人际关系时代的社会学家、心理学家和人类学家的融合，其变化带动了跨学科研究，并成为主流。其中，一个共同前提是群体成员的行为并不只是他们个人行为的简单叠加，也就是所有的组织行为都包含某种倍数效应（Multiplier Effect）。这样，群体中的个体就不能被孤立地研究，而必须作为一个动态社会系统的组成部分来予以分析。

（一）群体作用的社会测量

雅各布·L. 莫雷诺①提出了一种分析方法，就是社会测量法（Sociometry），他明确指出：这是一种分类过程，设法将能够形成和谐人际关系的个体聚集到一起，从而创造一个能以最大化的效率和最小化的破坏倾向和过程来发挥作用的社会群体。莫雷诺认为，群体结构的"社会精神病理学"可以通过定量方法来研究群体结构，以确定群体成员们的态度、互动模式以及它们的演变过程。他基于三种情绪（吸引、排斥和不关心）来划分群体成员的态度和互动模式，要求成员指出他们喜欢和不喜欢与群体中哪些成员交往，以此对三种情绪进行测量。然后，用社会关系网络图（Sociogram）将群体成员对彼此的感觉进行配对和排序，并根据偏好变化进行动态调整，以此测度群体结构的和谐程度。

同时，通过心理剧（Psychodrama）和社会剧（Sociadrama）的形式展现现实生活中的情况或冲突，并要求演员扮演自己相对的社会或文化群体的角色，拓展角色的灵活性，更好地理解对方是如何考虑和感知的，以此来研究分析个体心理过程，以此做心理疏导。但这些并不足以分析个体或者群体在工作场所中的行为。

库尔特·T. 勒温②提出了群体动力学（Group Dynamics），认为群体行为是错综复杂的一套具有象征性意义的互动和力量，这些互动和力量不仅影响群

---

① 雅各布·L. 莫雷诺（Jacob Levy Moreno, 1889—1974），心理剧疗法的创始人，集体心理治疗的先驱。

② 库尔特·T. 勒温（Kurt T. Lewin, 1890—1947），德裔美国心理学家，拓扑心理学创始人，实验社会心理学先驱，格式塔心理学后期代表人，传播学奠基人之一。他是现代社会心理学、组织心理学和应用心理学的创始人，常被称为"社会心理学之父"，最早研究群体动力学和组织发展。勒温对现代心理学，特别是社会心理学，在理论与实践上都有巨大的贡献。

体结构，而且改变个人行为，一个群体永远不会处于一种均衡的稳定状态，而是处于相互适应的持续过程之中，也就是"准静态均衡"。

勒温将行为视为一个关于人与其社会环境之间互动的函数，环境是一种动态的"场"（Field），方程式为 $B = f(P, E)$，也就是行为是一个关于人和环境的函数，并通过使用"生活空间""自由运动空间"和"场力"（即群体压力向个体施加的拉力）等概念，研究了对变化的抵制以及群体的社会环境。其结论可以归结为：群体领导人的独裁行为损害了主动性，并且导致产生了敌意和攻击性；人们认为民主的、自由放任型的领导行为则能够更加有效地维持群体的士气和满意度。

人际关系研究在 20 世纪 40 年代末流行起来，其目的就是克服障碍和提高人际技能，而角色扮演、非指导性咨询、群体讨论以及敏感性训练等被认为是挖掘雇员潜在才能的途径。这种方法是通过以群体为导向的方法。在诺曼·R. F. 梅尔①看来，群体决策具有以下特征：通过领导而不是力量来进行控制；通过社会压力来实施群体纪律；公平对待工作和所有群体成员；使群体就解决一个问题的想法最好地达成一致意见；集思广益；以合作的方式解决问题；使每个人都有机会参与工作环境中与其相关的事项；需要技能并且要求尊重他人等。

（二）改变对工作中的人的假设

人的物理需求主要包括人身安全和生存安全②。这就产生了两类敌人：一类是饥饿、疾病、杀戮、人身暴力以及物质资料的匮乏，另一类是对未知世界的恐惧、对知识和尊重的期望、对创造的渴望、发现美及富有个性。亚里士多德认为，人本质上是政治动物。国家由生活在社会中的纯洁的人们组成，对社会进行管理，为公共幸福而努力，目标在于追求美好的公共生活，包括物质生活和精神生活。

对于员工动机的性质、管理者对激发人际关系合作的作用以及员工情绪和非正式工作行为的重要性，人际关系时代提出了一些不同视角的观察。后霍桑时代的研究取得了很大的进步，主要体现在：对员工动机更加深刻的理解，对

---

① 密歇根大学的诺曼·R. F. 梅尔（Norman R. F. Maier, 1900—1977）是最早提倡"群体行为"训练方法的人之一。
② 韦恩·莫里森. 法理学 [M]. 武汉：武汉大学出版社，2003.

劳动分工带来的利益提出不同观点，通过员工的决策参与使员工产生对组织目标的更高认同。

关于人与动机的问题，需求理论（Need Theory）对个体实施特定行为提供了一种解释。1938 年，亨利·A. 默里[1]提出了人们会通过各种活动或行为去设法满足的 27 种基本个人需求，其中三种需求即权力需求、归属需求以及成就需求成为进一步研究的重点。亚伯拉罕·H. 马斯洛[2]（Abraham H. Maslow，1908—1970）建立了一种获得最广泛认可的动机理论。在马斯洛看来，个体有动机去满足五种类型的需求：生理需求、安全需求、情感需求、自尊需求和自我实现的需求。这些需求是沿着需求阶梯往上攀升的。其中，自我实现是基本动机，它触发了所有其他动机。马斯洛认为对自我实现的追求是普遍性的，尽管很少被实现，甚至永远都不会实现。我们经常挂在嘴边的一句名言"不想当元帅的士兵不是好士兵"，也反过来说明了这个问题。

行为主义和心理分析是在 20 世纪中叶获得广泛接受的其他动机理论。如西格蒙德·弗洛伊德[3]在心理分析领域的主要思想是源于对神经病患者或精神病患者的研究。当然，马斯洛对行为主义的刺激和条件反射观点感到失望，对人类动机的理解建立在情绪紊乱者的行为之上显然存在缺陷。

马斯洛重点关注更高层次需求的满足，而人际关系思维方式强调的是员工的社会需求。相应地，这个时代对动机的最新关注点是工作场所中行为的社会方面和群体内的关系。他坚持梅奥的主体思想，即企业必须促进协作和社会团结，因此，个体激励计划开始逐步褪去光环，而群体激励计划则水涨船高，获

---

① 亨利·A. 默里（Henry A. Murray），美国心理学家，曾任内科和外科医生、心理学讲师、临床心理学教授，先专攻生物学，受弗洛伊德与荣格心理学说的影响，开始转向人格心理学研究。

② 马斯洛需求层次理论是亚伯拉罕·H. 马斯洛于 1943 年提出的，其基本内容是将人的需求从低到高依次分为生理需求、安全需求、社交需求、尊重需求和自我实现需求五种需求。马斯洛需求层次理论是人本主义科学的理论之一，其不仅是动机理论，同时也是一种人性论和价值论。马斯洛是美国著名社会心理学家，第三代心理学的开创者，提出了融合精神分析心理学和行为主义心理学的人本主义心理学，于其中融合了其美学思想。他的主要成就包括提出了人本主义心理学，代表作品有《动机和人格》《存在心理学探索》《人性能达到的境界》等。

③ 西格蒙德·弗洛伊德（Sigmund Freud，1856—1939），奥地利精神病医师、心理学家、精神分析学派创始人。1881 年获医学博士学位，1882—1885 年在维也纳综合医院担任医师，从事脑解剖和病理学研究，然后治疗精神病。1895 年，提出精神分析概念。1899 年出版《梦的解析》，精神分析心理学正式形成。1919 年成立国际精神分析学会，标志着精神分析学派最终形成。他开创了潜意识研究的新领域，促进了动力心理学、人格心理学和变态心理学的发展，奠定了现代医学模式的基础，为西方人文学科提供了重要理论支柱。

得了更多的强调。当然，个体激励并没有完全退出工业舞台。詹姆斯·F. 林肯① （James F. Lincoln） 在《激励管理》 （*Incentive Management*） 中认为人们正在为获得保障而放弃自由，正在由其他某个人或者政府来承担这种保障责任，而工作中的那种自豪、自力更生以及经受了时间考验的其他美德正在衰退，因此，呼吁员工恢复个人的雄心壮志。事实上，针对这种衰退的正确解决方案就是恢复个人理想的"明智的自私自利"，林肯认为人们最重要的激励并不是金钱，也不是保障，而是对他们技能的认可。

（三） 工作内容的拓展

工业化带来的劳动分工，虽然具有经济优势，但会对工人产生不利影响。事实上，单调的工作内容，不仅会让人感到枯燥和毫无乐趣，甚至会抹杀其主观能动性和创新思维，慢慢地变成了一具"工作机器"。而大多数人又不愿意扮演"工作机器"的角色，这就产生了矛盾和碰撞。

随着工业化的逐步深入，具有创新精神的公司都是严肃对待员工的机械化工作问题的。如 IBM 公司采取了称为工作扩展（Work Enlargement）的措施，并发现这项行动导致了更高的产品质量，减少了工人和机器浪费的时间，而且通过引入多样性和责任，"丰富"了工人的工作。工作扩展或者工作内容丰富化成为工作场所行为研究的一个重点，以此来减少单调、提高技能水平和增强工人对工作任务重要性的感觉。

此外，参与决策是改变员工态度和激发热情的重要方法和手段。决策参与关乎组织内的权力关系性质，之前的假设受到广泛质疑，导致越来越多的人呼吁向员工提供更多的发言权。员工参与将导致对组织目标的更高认同，而且将进一步实现个体和群体的满足感。这样，设计出员工参与决策的工作制度，改变了"自上而下的管理"为"以解放思想和鼓励所有员工发挥主动性，从而使各种想法和推动力自下而上地流动"。

与此同时，领导也逐步变成人与生产的结合。库尔特·勒温与同事在1950 年出版的《独裁的个性》（*The Authoritarian Personality*）对关于领导的文献产生了显著影响，试图将个性结构与领导、追随、道德、偏见和政治联系起来，分析领导风格以及追随者对领导者的偏好。

研究发现存在两种不同导向的领导风格，一是以工作为导向的领导者风

---

① 詹姆斯·F. 林肯曾任林肯电子公司的总经理，对如何激励员工有深刻的认识。

格，领导者的行为重点强调严密的监管、施加压力以督促员工满足最低标准和实现更好的绩效，并对员工产出实施评估；二是以员工为导向的领导风格，领导者的行为强调工作中人际关系和具有高绩效目标的高效工作群体，更加关注员工的需求、福利、进步和个人成长。

当然，这两种风格之间并没有泾渭分明的分界线，只是强调的重点不同而已。俄亥俄州立大学研究认为，领导可以分为两个主要维度：关怀维度（Consideration），即领导者的行为强调相互信任、双向沟通、对下属的想法和意见的尊重以及对他们感受的关注；结构维度（Initiating Structure），即领导者的行为强调通过正式制度来管理下属的行为，以实现组织的目标。其实，这个分类和以工作为导向的领导与以员工为导向的领导基本一致。

二、社会角色

从人际关系运动的宏观层面的观察和研究，可以解释组织的正式方面与非正式方面的互动，寻求融合是大势所趋。在针对组织内的社会系统和技术系统互动的研究中，有一个关键的概念就是工作地位（Job Status）或者说是一份工作在工作持有者或其他人的眼里的相对声望。这样，传统意义上的更高职位的人给地位相对较低的人安排任务时，冲突就不可避免。在这种情况下，"非人格化"的工作可以交由传送器来完成分办，并且所有人都服从"情境规律"。在现代银行中，可以看到柜面服务的排号机与任务布置，都是通过机器完成的，避免了人为安排的冲突。

随着研究的深入，人际关系活动的宏观研究发现，公司可以由五个社会系统要素组成，或者说是组织纽带，对于个体与群体的关系处理至关重要。一是它们可以使员工紧密相连成为生产中的伙伴，也就是职能说明书；二是成为领导者和被领导者、代表和被代表，即地位系统；三是成为信息的发布者和接收者，即沟通系统；四是成为奖励和处罚的度量，即奖励和处罚系统；五是该组织的整体特质的承担者，即组织章程。这五种系统紧密相连、相辅相成、互为纽带。同时，强调融合过程，也就是作为功能整体的组织和成员之间的互动，而该成员个体思想和行为与其他所有成员个体思想和行为相加并整合，共同构成了组织的行为。

整个整合过程包括两个因素：社会化过程，员工必须在某种程度上被塑造成一位代理人（Agent），并且被融入组织形象中；个人化过程，就是组织被塑造成员工的代理机构（Agency）并且融入他们的形象中。一个从组织到个体，一个从个体到组织，两个过程同时运行。

现实中的管理者不是完全理性①的决策者，自始至终都追求利润追最大化或者成本最小化，管理决策会受到参与决策者智力和情绪的限制，还受到可能无法控制的外部环境因素的制约，有限理性会导致最优决策（Optimum Decisions）无法实现。这样，我们通常强调管理者应该如何行事，变成实际上他们如何行事。"有限理性"的概念更加适用现实管理决策者，进而取代"经济人"决策者。

这样，我们要关注在群体内部系统和外部系统之间互动的要素，一是活动，即正式要求和非正式方式出现的行为；二是互动，两个或更多群体成员间的任何交往和联系；三是情绪，即正面的和负面的价值倾向的情感。社会活动的唯意志论、协作系统、结构功能主义等研究成果可谓丰硕。

第五节　跨文化的问题

随着企业在规模和业务方面变得越来越全球化，它们不可避免地正在和多种多样的文化打交道。文化是一个令人捉摸不定的概念，但与经济、社会、政治的普遍行为方式联系在一起，是一系列的理念、价值标准、价值判断与价值追求。最基本的就是道德规范、道德准则以及行事方式，这里也就包括习俗和伦理。

为了探究这种文化影响，一种有效的方法就是定义"超级规范"，也就是在所有文化中都应该受到尊重的一些特定权利，如自由迁徙的权利、免受刑讯折磨的权利、财产所有权、人身安全的权利、受到公正审判的权利、自由言论和结社的权利、生存权、接受基本教育的权利、政治参与权、免受歧视对待的权利等。对由各种国际团体提出的规范性指导方针进行研究，一些基本的指导方针也获得了一致同意，如合理的健康和安全标准，所有人的生命权、自由权、隐私权以及保障个人安全的权利，关于污染的环境标准等。

当然，考察不同文化下的伦理道德，也可以提供一些衡量尺度，如对道德伦理的更高要求在主见、以绩效为导向、权利距离和全体集体主义这四个维度

---

①　理性是指人在正常思维状态时为了获得预期结果，有自信与勇气冷静地面对现状，并快速全面了解现实，分析出多种可行性方案，再判断出最佳方案且对其有效执行的能力。理性是基于现有理论，通过合理的逻辑推导得到确定的结果。

中表现得最为显著；对道德伦理渴望程度较低的群体，具备制度性的集体主义、以未来为导向、性别平等主义、以仁爱为导向以及不确定性规避等文化维度。

研究还发现，那些将工作定义为他们不得不去做或被强迫去做的人，与那些积极看待工作并将其视为为社会创造某种价值的人之间存在对工作设计的明显差异。前一个群体，工作在生活中不具备核心地位，更加强调物质和经济条件。后一个群体高度重视工作，以工作为中心，认为工作更多的是一种自我表达方式。总体而言，有趣的工作是排在第一位的，按照重要性顺序依次是丰厚的报酬、良好的人际关系、工作安全、自主性以及学习新事物的机会。

跨文化管理必然涉及人力资源管理、组织行为学、信息和技术转移、战略管理以及政企关系等。管理自然会受到文化的约束，各国文化也存在差异：权利距离，也就是一种文化视为正常的个体间的不平等程度；个人主义与集体主义；男性化（强硬的价值观）与女性化（温和的价值观）；不确定性的规避（对待风险的态度）；长期导向与短期导向等。

而且，由于伦理、企业社会责任以及法律等方面存在的巨大差异，跨国竞争变得更加复杂。如美国1977年《反海外腐败法》禁止从事国际业务的美国公司为获得或维持该公司的业务而向外国政府要员或外国政党、政党的官员或代理人行贿。这一法案对企业的经营产生了深远的影响。

当然，寻求"超级规范"是有价值的。但如领导一样，伦理也是受到文化约束的，而且还取决于企业期望在哪里做生意。当然，选择进入全球市场，企业还必须思考：自身的核心竞争力是否适合特定的市场中的机遇，当地对外国投资的欢迎程度，技术转移是否有利于所有人，政府体制是否提供保障，经济体制是否适合市场驱动的企业，目标市场中竞争是否激烈；等等。

第六节　社会人时代的简要回顾

霍桑实验的两个最主要的研究者梅奥和罗斯利·斯伯格认为工业社会的特征是失范，失范会导致个人生活和社区的社会解组，并且使个体产生一种无能为力、失败悲观和幻想破灭的普遍感觉。梅奥进一步认为，人们专心致志于"悲观主义的幻想"中，需要获得其他人的认同，并为自己潜在的恐惧和失望找到建设性的发泄途径。虽然技术进步取得了巨大进展，但是由于降低了合作性、漠视了社会技能的重要性直接导致了一种文化滞后（Cultural Lag）。

在这种情况下，为了有效实现组织目标，高层管理者需要的不仅仅是倾听和一般的人际关系技能，更应该注意到将人际关系作为一种单独的技能来传授，存在把知识割裂开来的风险。因此，各种管理技能的更好综合成为一种现实需要和发展趋势。

对于大型公司来讲，经济的必要性、个人成就的社会认可、对效率的提倡以及对国家生产能力和资源节约的政治关注等，都成为一种显而易见的发展要素。因此，建立更加科学合理的组织结构、基层群众自下而上的运动以及新技术的发展应用都成为现代大型企业面临的课题。

而且企业必须面对社会价值观、社会伦理以及政治环境的不断变化，因势而动，有所作为。霍桑研究导致了一次重大的转变：对人而不是生产的更多关注；告诫人们降低组织结构的僵化程度，以更好地满足人们的需求；只是将经济激励视为激励结构的一部分；更多地关注情感的非逻辑性，而不是效率的逻辑性。人际关系运动提倡社会的、人文的技能，而不是技术方面的技能；强调通过集体和社会团结来重建人们的归属感，克服精神的混乱；注意通过工会、参与式领导以及将工厂中的正式组织和社会系统结合起来，使权力均等化。

后霍桑研究，从微观上建立了对集体中的人的研究，提出了人类需求的层次并且将领导力视为群体—互动—情境现象（Group - interactive - situational Phenomenon）；从宏观上，试图理解情绪、行为及互动的正式系统和非正式协调并进行综合。这两条路径都将通向现代的组织行为和组织理论。一方面，组织建构被作为解决文化僵局的一个方法，试图通过自己的效率—效能来对形式主义者和人际关系主义者进行综合；另一方面在用组织的方法解决管理的问题，从最高层管理者的视角对管理原则进行综合。

自助、节俭和勤劳不再被视为成功的关键所在。人们竭力通过找到归属以及与他人和睦相处来获得认同以及人存在的理由。人，而不是生产，才是管理者的主要关注点。从经济的、社会的、政治的和心理上的变化来有区别地进行变革，才是作为社会中重要组织组成部分的企业立于不败之地的力量源泉，这也为企业管理带来了新纪元。

现代管理思想是过去的思想在四个方面进一步发展的产物，一是在法约尔工作的基础上扩展而成的一般管理理论和管理活动研究；二是人文主义者、人类关系学家和其他一些人本取向的研究者提出的行为发展；三是组织结构的发展观点；四是以亚里士多德、巴贝奇、科学管理先驱及其继承者为代表的问题解决范式等。他们都在寻求对管理及其目的、职能和范围的更好理解，希望改善组织绩效和增强对人的理解，平衡个体和组织在寻求各自目标时的需要，把组织与其经济、技术、社会和政治的环境因素联系在一起。当然，对组织行为的关注、管理科学与信息系统的研究、全球化的超文化观察等都极大地丰富了管理思想，绽放出更加闪耀的光芒。

第七节　管理发展浪潮

一、一般管理的兴起

人们开始在系统的经验和观察的基础上，总结那些有效的管理实践，形成管理的原理或者说管理思想和行为指南。法约尔把一般管理理论定义为"一般经验通过尝试和检验之后得到的规律、规则、方法和程序的总和"，主要包括两个部分：基本要素，描述了要做什么，即计划、组织、命令、协调和控制；管理原理，如何进行管理的指南，提供一套可以传授的知识体系。

威廉·纽曼①在《行政管理活动：组织和管理的技术》（*Administrative Action: The Technique of Organization and Management*）② 中将行政管理界定为"当一群个体向某个共同目标作出努力时，对他们进行的指导、领导和控制"。管理要素主要包括计划、组织、调集资源、指挥以及控制，其中计划包括从认识到行动的需要、调查与分析、提出行动方案、作出决策，计划分为三类，即目标或目的、专门用途的计划、长期计划。企业的目标应当界定其所在行业中的位置或生存空间，确定其作为"企业公民"的社会理念，并且为本企业建立总体的管理哲学。

乔治·特里（George Terry，1909—1979）把自己的著作命名为《管理的原理》（*Principles of Management*），把管理定义为"对人员、材料、机械、方法、资金和市场等基本要素的运作进行计划、组织和控制的活动，它提供了指挥和协调，并对个体的努力提供领导，从而实现企业所追寻的目标"。这也就把计划、组织、指挥、控制以及对人们努力的领导归结为管理要素。之后，又

---

① 威廉·纽曼（William H. Newman），著名的战略管理研究大师，美国管理学会前主席，美国哥伦比亚大学商业研究生院管理学教授，美国管理过程学派的代表人物之一。他从20世纪50年代就开始从事企业战略管理方面的研究和著述，1998年与彼德·杜拉克一起获得"美国管理学会终身服务奖"。

② William H. Newman. Administrative Action. The Technique of Organization and Management（Eaglewood Cliffs, N）Prentice Hall, 1951.

把指挥和领导合并为激励职能，把协调作为独立的职能。特里把管理原理定义为"为行动指南提供的一份基本说明"。

1954 年，美国空军编发了《管理过程》（*The Management Process*），明确了计划、组织、协调、指挥和控制五项职能。

哈罗德·孔茨[①]把管理思想分成了六个学派：管理过程学派，把管理视为一种过程，通过操纵有组织的群体中的人，使事情得以完成；人类行为学派，也称为人类关系、领导学或行为科学方法，将管理视为人际关系加以研究，采用心理学和社会心理学的方法和知识来强调管理中人的方面；社会系统学派，将管理视为由于不同的群体之间互动和合作而形成的相互关联的文化系统；决策理论学派，将管理集中于分析和理解谁来作出决策、决策如何作出以及如何从各种选项中确定行动路径的整个过程；经济学理论，特别是消费者选择理论成为管理思路的理论基础；数理学派，认为管理是一个"数学模型和程序的系统"，运筹学及其他数理知识为管理决策提供了方法基础。

当然，对管理的研究还有若干角度，如管理角色的探讨，明茨伯格提出了十个角色，划分为三大类：人际角色、信息角色、决策角色；从管理者的角度看，考察三个方面的内容：要求、限制和选择，结论是"管理更像是艺术而不是科学，但又是规律性的东西"，主要包括：确定目标、政策和战略，对稀缺资源的分配作出平衡，发现问题并且使它们得到控制，从他人那里获得信息和合作，激励、控制和评估绩效，处理冲突。

总之，考察管理活动或者观察管理者做什么，都可以发现：在计划方面，管理者接受、储存、监控和传播信息，作出关于战略和资源分配的决定，并发动有计划的变革；在组织方面，管理者的行为就像联络官，在人和活动之间建立联系，作出关于资源配置和利用的决策，包括人员配置、培训与绩效考核；在领导方面，管理者运用自己的权威以实现组织的各种目标，信息和沟通是这项工作的两个重要内容；在控制方面，控制是基于绩效相关的信息，作出有关纠正措施的决策，而协调至关重要。

成功的企业各有特点，实践的丰富多彩更富艺术特质。有些学者将管理咨

---

① 哈罗德·孔茨（Harold Koontz，1908—1984），美国管理学家，管理过程学派的主要代表人物之一。早年于美国耶鲁大学获得博士学位。以后在美欧各国讲授管理学，并在美国、荷兰、日本等国的大公司中从事咨询工作，曾担任美国管理学会会长，在美国加利福尼亚管理研究院任管理学名誉教授。他从 1941 年开始陆续出版了二十几本书和发表了八九十篇论文，主要代表著作有《管理学原理》《管理理论丛林》《再论管理理论丛林》等。

询和实践结合得更为紧密，他们把管理艺术提高到凌驾于技巧和工具之上，是打造卓越企业的八条原则：偏好行动而不是沉思；密切了解顾客对产品和服务的需求；鼓励自主和宽松，而不是严密的监管；对员工的态度是鼓励其生产效率，避免这种"我们"与"他们"的对立情绪；通过一种被称为"走动式管理"的技巧，与大家保持密切的接触；通过坚守自己的商业优势，避免无关的投资，从而坚持一种"保持专注"哲学；组织机构简洁，人员精干；拥有这样一种控制系统，保持松紧有度的特性，既保证实现组织目标，又不遏制创新性。

彼得·F. 德鲁克①认为社会和经济都处于创造、成长、停滞和衰退的持续状态中。他在很大程度上受到约瑟夫·熊彼特的影响，认为摒弃停滞和衰退的做法也是一种创新。德鲁克对企业战略的观点非常明确，同时还强调，在确定目标和评估结果时要界定关键领域，主要包括：市场地位，与市场潜力对照；创新，在产品和服务上创新，或在改进产品和服务的制造或流通方面创新；生产率，持续提高目标作为衡量尺度；物质及财政资源，界定需求，作出计划，获得所需；盈利能力，投资回报率；管理者的绩效和开发，目标管理及自我控制；员工的表现和态度、员工关系，以及公共责任，也就是社会责任的参与。

德鲁克创造了"目标管理"这一词汇，对组织目标进行必要的阐述，"管理者的工作，应该基于为了实现企业目标而完成的任务之上……管理者应该受他所要完成的目标的指挥和控制，而不是受制于老板。"这样，就要用目标管理取代被驱动的管理，控制应该来自自我控制而不是上级的控制。

二、战略管理

管理是所有组织中都存在的一种行为，不管是营利性组织还是非营利性组织，管理都在寻求人力资源和其他资源的最优利用，以实现组织目标。尤其是作为营利性组织的企业，其最高管理层必须将公司的各种职能整合成一个连贯的整体，高效运转起来，以实现其目标，达成其使命。这就自然地涉及管理在企业中的作用、交易成本的概念以及公司治理和代理理论之类的一些话题。管理职能从关注企业政策和内部流程到企业战略是一重大进步。战略管理是一项

---

① 彼得·F. 德鲁克（Peter F. Drucker, 1909—2005），现代管理学之父，在管理界是受人尊敬的思想大师，著作颇丰。

重要的内容，通过理解管理流程，并实施组织、认识、指挥、监督、协调和控制，拓展一般管理理论的范畴，从而达成企业的目标。

（一）市场与"内部市场"

奥利弗·伊顿·威廉姆森①发现从市场向"非市场"转变、将公司视为"新制度经济学"主要是基于两个假设，一是受限制的理性，也就是有限理性，即对"选择的威力"的各种限制；二是投机主义，即"通过在交易中缺乏公正或诚实而获得个人利益的努力"。由于市场交易成本的内在化以及存在防止投机主义的监管机制，公司比市场更有效率，这也引发了对交易成本经济学的广泛兴趣。也就是说，由于管理层采取了行动，在绝大多数情况下，"看得见的手"比"看不见的手"更有效率。

（二）"内部市场"的效率基础——治理与代理

假定公司的管理层在绝大多数情况下比市场更有效率，那么，公司管理者的行为就成了一个至关重要的问题。从法律和理论上讲，董事会以及高层管理者是股东的代理人（Agent），被期望能够使投资者的财富最大化。但事实上情况却并非始终如此。这就引发了对公司治理的思考。

亚当·斯密非常担忧那些管理"他人钱财"的人的意图。但是，约翰·穆勒并不关心这个问题，他认为通过经济激励，被雇用的管理者的"热忱"能够与股东的利益协调一致。当然，更多的人对所有权和控制权的分离以及高层管理者成为寡头政治的可能性表示了担忧。

迈克尔·詹森②始终都在批评内部控制体系并不足以实现公司和股东对效率与价值的追求。詹森认为如果董事会效忠于董事长，如果董事会文化喜欢一致同意和讨厌分歧，如果董事长设定议程而又没有完全披露重要信息，如果法律责任的可能性导致董事会成员尽可能承担较少风险和保护他们自己的利益，

---

① 奥利弗·伊顿·威廉姆森（Oliver Eaton Williamson, 1932—），"新制度经济学"的命名者。自1998年以来在美国加州大学伯克利分校担任"爱德华·F. 凯泽"名誉企业管理学教授、经济学教授和法学教授。曾任美国政治学与社会学学院院士（1997年），美国国家科学院院士（1994年），美国艺术与科学院院士（1983年），计量经济学学会会员（1977年）。2009年诺贝尔经济学奖获得者之一。

② 迈克尔·詹森（Michael C. Jensen）是真正横跨经济学和公司财务与治理两大领域的大师级学者，他的某些前沿研究甚至达到举座皆惊的地步。除了在资本市场理论中确立举足轻重地位外，他还在公司控制理论和资本结构理论方面做了开创性工作，是代理经济学的创始人之一。

那么董事会就是失败的。

公司治理涉及非常广泛的话题,如高层管理者的报酬、董事会的规模以及内外部人的混合方式,风险承担和创新,高层管理者的遴选和发展,以及战略领导等。治理和代理问题与其他管理主题相互交织,这些主题包括组织、人力资源管理、动机、伦理、战略领导、人际关系、沟通和信息系统以及控制等。在一般情况下,公司治理涉及治理机制和治理架构,并与企业管理(Corporate Management)密不可分,共同作用于公司整体①。

(三)战略管理的分析方法

SWOT(Strengths Weaknesses Opportunities Threats)是企业内部竞争战略的一种分析方法,即基于内外部竞争环境和竞争条件下的态势分析,将与研究对象密切相关的各种主要内部优势、劣势和外部的机会和威胁等通过调查列举出来,并依照矩阵形式排列,然后用系统分析的思想,把各种因素相互匹配起来加以分析,从中得出一系列相应的结论,而这些结论通常都带有一定的决策性。运用这种方法可以对研究对象所处的情景进行全面、系统、准确的研究,从而根据研究结果制定相应的发展战略、计划以及对策等。

著名的竞争战略专家迈克尔·波特②提出的竞争理论从产业结构入手对一个企业"可能做的"方面进行了透彻的分析和说明,而能力学派管理学家则运用价值链解构企业的价值创造过程,注重对公司的资源和能力的分析。SWOT分析就是在综合了前面两者的基础上,将公司的内部分析和产业竞争环境的外部分析结合起来,形成结构化的平衡系统分析体系。

从整体上看,SWOT可以分为两部分:SW用来分析内部条件,OT用来分析外部条件,再使用系统分析的思想把各种因素相互匹配起来加以分析,得出一系列相应的结论,以支持作出决策和规划。主要有以下几个方面的内容:一

---

① 企业管理(Corporate Management)是建构在企业"经营权层次"上的一门科学,讲究的就是企业所有权人向经营权人授权,经营权人在获得授权的情形下,以实现经营目标而采取一切经营手段的行为。与此相对应的,公司治理(Corporate Governance)则是建构在企业"所有权层次"上的一门科学,讲究的是科学地向职业经理人授权,科学地对职业经理人进行监管。在具体实践上,治理和管理必然是协同作用于一个企业组织整体的。

② 迈克尔·波特(Michael E. Porter, 1947—),是哈佛商学院的教授(University Professor是哈佛大学的最高荣誉)。迈克尔·波特在世界管理思想界可谓是"活着的传奇",是当今全球第一战略权威,是商业管理界公认的"竞争战略之父",在2005年世界管理思想家50强排行榜上,他位居第一,主要作品有《竞争战略》《竞争优势》《国家竞争优势》。

是分析环境因素，外部环境因素包括机会因素和威胁因素，内部环境因素包括优势因素和弱点因素，不仅要考虑到历史与现状，而且更要考虑未来发展问题；二是构造 SWOT 矩阵，根据轻重缓急或影响程度等排序方式将各种因素构建成矩阵；三是制定行动计划，以"发挥优势、克服弱点、利用机会、化解威胁"为原则，立足当前，着眼未来，形成未来发展策略。

三、人与组织行为管理

受到霍桑实验研究及人际关系分析方法的影响，关于组织中领导、激励、群体动力学、组织理论的研究和探讨逐步取得进展。其中，关于人与组织之间如何形成一种令人满意的、富有生产力的关系，以解决效率逻辑与情感逻辑之间的冲突，以及在实现组织目标的同时满足人的需求，成为重要的研究课题。

（一）人的基本假设

现代人际关系实际上包括两个方面：一方面涉及通过经验调查来理解、描述和确定人类行为的因果；另一方面则是这些知识在具体情况下的运用。前者称为组织行为（Organizational Behavior），后者称为人际关系（Human Relations）。

这样，就需要对人做基本假设。道格拉斯·麦格雷戈[①]在《企业的人性面》（*The Human Side of Enterprise*）中根据对人的不同本质假设，来组织、领导、控制和激励员工。一组是传统的观点，称为 X 理论，其假设是：普通人生来厌恶工作，而且只要有可能就想逃避工作；绝大多数人必须使用惩罚措施来强迫、控制、指挥和胁迫，以鞭策他们竭尽全力实现组织目标；倾向于受人指挥，希望逃避责任，相对而言没有进取心，将工作安全看得重于一切。另一组被视为与人力资源管理相关的理论，即 Y 理论，其假设是：这类人在工作中耗费体力和脑力劳动与玩耍或者休息都是自然而然的，不厌恶工作；外部控制和以惩罚相威胁并不是鞭策人们努力工作实现组织目标的仅有方式，人们愿意通过自我指挥和自我控制来实现他们具有认同感的目标；对目标的认同是一个关于奖赏的函数，而奖赏则与他们的绩效相关，例如自我满足与对自我实现

[①] 道格拉斯·麦格雷戈（Douglas M. McGregor，1906—1964）是美国著名的行为科学家，人性假设理论创始人，管理理论的奠基人之一，X – Y 理论管理大师，人际关系学派最具有影响力的思想家之一。

的需求能够直接导致人们努力实现组织目标；在合适的条件下，不仅懂得接受责任，而且懂得主动承担责任；在所有人中，有许多人能够在解决组织的问题时，发挥相对较高程度的想象力、灵活性和创造力；在现代工业生活的条件下，人们的智力潜能只能一部分得到利用。当然，X 理论和 Y 理论不是相对的、彼此针锋相对的两个极端，它们是关于人性的基本观点，这些观点将影响管理者采取相应的管理策略。

（二）人力资源管理的重要性

人作为完成组织目标所必需的因素，其重要意义显而易见。在公司的所有管理中，人力资源管理至关重要，显而易见它能够赢得竞争优势。管理者需要进行招聘、选拔、培训、开发、计酬、业绩评估以及吸引、任命、奖励和挽留员工等相关工作。

一是工作设计。一个非常有意思的现象是，当工人们报告说不快乐和对工作感到不满意时，他们将这种感觉归咎于工作环境，或者说工作情景（Job Context）；当他们报告说感觉快乐或者满意时，他们将此归功于对工作本身或者工作内容（Job Content）的感觉。赫茨伯格将工作情景中遴选出的一些因素称为"保健"因素，主要包括监督、人际关系、工作条件、薪酬、公司政策和管理时间、福利待遇以及工作保障，它不是治疗性的，是预防性的。

能够带来积极态度、工作满意和激励作用的那些因素被称为"激励因素"或者工作内容中的事情，包括成绩、成就感、有挑战性的工作、更高的工作责任、发展和成长的机会等，它会带来更高的动机。很不幸的是，如果按照传统的动机假设，如工资激励、改善人际关系和构建良好的工作条件，现实中并不会带来更高的动机。

这种现象的研究刺激了人们对工作设计的兴趣，其中有四个特征：任务的多样性、自主、任务的特性以及反馈，可以称为"核心维度"，当然也要考虑员工满足"更高层次的"需求来获得个人成长的渴望，让他们认为工作"更具意义"。在这种情况下，工作的性质已经发生了变化，一份工作可能不再是一份事业，许多岗位也发生了变化，工作是至关重要的谋生手段，专业性的前景与价值考量或许应当成为重要因素。没有专业、没有价值、没有前景的工作不会给就业者带来除谋生手段外的任何意义，甚至会带来个体生活之外的工作"悲观主义情绪"。

二是动机。法约尔强调管理层需要对结果以及有效率的有效绩效承担责任，诺曼梅尔提出：绩效 = 能力 × 动机。这样，动机就成为需要研究的重要因素。

人类需求理论的各种缺陷导致各种动机理论的反复无常。其中，期望理论是基于心理学理论的，假设动机是在各种行为之间作出选择的一个过程，而且人们追求的是那些他们希望能够带来满意结果的行为。期望理论认为动机是价值和期望的一种产物，价值是某种特定的回报对个体的价值，而期望是个体对某些特定行为模式是否可能导致其需求获得满足的判断。其中，价值可能是积极的，非常渴望的某些事物；也可能是消极的，希望能够避免的某些事物，而且其驱动力也能够发生改变。

期望理论有助于解释涉及动机的选择过程。员工表现的动机是在寻求的目标、这些目标所具备的价值以及员工的这种预期（即认为某种特定反复能够实现这些目标）之间产生的一种互动。期望理论是一个复杂的概念，有很多难以明确的、确定的内容，如个体是否会设法使他们获得回报最大化，或者说是否"感到满意"；那些价值是否会始终稳定，如果保持稳定，在个人行为发生变化前，必须产生多大程度的改变。

虽然公平理论（Equity Theory）不是一个新鲜概念。怀特·威廉姆斯为了弄明白"工人究竟是怎么想的"，提出了公平工资理论[1]。其核心原理认为，报酬事关分配公正和社会比较，一个人对收入的感觉至少基于两种考虑：该个体的收入相对于其他人的收入比率；该个体的"投入"（也就是花费的努力、教育、技能水平、受过的培训、经验等）相对于自己的"产出"（收入）的比率。金钱再一次恢复了其重要激励因素，同时金钱作为一种交换媒介使人们能够选择自己想要的方式来满足自己[2]。

在我们的传统文化中，有"不患寡，而患不均"的平均主义意识，甚至到现在也是一样延续，不会与不相干的人比较，总是与身边的、认识的、同等条件的人做深入的分析、判断，总结出自己的"幸福状态"和给出"公平与否的判断"。

三是目标。目标设定理论认为目标设定是在开发和设定需要员工完成的特定工作目标或任务过程中能够实施的"有意识的引导行为"，目标也是越明确越好，便于工作成果的反馈和绩效考核，是一种激励力量。在自我效能方面，

① 丹尼尔·A. 雷恩，阿瑟·G. 贝德安. 管理思想史［M］. 北京：中国人民大学出版社，2012.
② 金鹤，罗仕国. 梅奥的管理哲学：科学的人本主义［J］. 经济与社会发展，2016（3）.

人们发现目标设定理论和期望理论与社会学习理论是一致的，拥有高自我效能的人选择更加困难的目标，而积极的工作绩效反馈则提高自我效能，进而产生新的高绩效循环。

（三）领导职能发挥

领导重点关注通过人与其他资源共同发挥作用来实现组织目标，可以使用若干概念或术语来描述这种职能，如指挥、领导、执行、监管等。按照早期的观点，领导者必须具备与非领导者不同的性格特征、技术能力、智力、精力、创新能力、诚实以及其他一些个人品质，与传统观念里的掌权者更高大、更聪明、更优秀等交织在一起。这是指领导者个体的特征。现代管理中的驱动力、精力、主动性、诚实/正直、自信、适应性之类的概念具有丰富的内涵，用以概括性地描述领导者的个人特点。

随后的领导概念慢慢地与领导者行为联系在一起，将领导风格视为从独裁到民主的一个连续体，并不是要么独断专行、要么民主式参与。当然，民主式领导由人际关系和组织人文学倡导者引领，遵循权力均衡（Power Equalization），即减少上级与下属之间的权力和地位的差别。在简单的组织中，员工在决策过程中拥有更大发言权，鼓励创造性，通过参与设定和认同组织来克服对组织的冷漠。在现代语言环境中，普遍使用"授权"来描述这种现象。

人们把领导者行为划分为四种类型，即剥削独裁式、开明独裁式、协商式和参与式群体；并概括了三个概念，即支持型关系原则、群体决策和群体监督方法的运用、为组织设定高绩效目标。同时，更加关注权变领导或者说情景式领导，确定三个主要要素：领导者与成员之间的关系，或者说是一个群体信任、喜欢该领导者或者愿意跟随该领导者的程度；任务结构，或者说是任务设计的优劣程度；职位权力，或者说与该领导者的个人权力区分开来的正式权威。那么，这时就要探讨领导者匹配问题（Leader–match），虽然难以精确定义在什么条件下某种领导风格才最为合适，也不会普遍认同最优领导方式的存在。

当然，对组织的领导（Leadership of an Organization）与组织中的领导（Leadership in an Organization）之间存在巨大差异。现实中，对组织的领导首要是"远程领导"，尤其是在任何大规模的现代组织中，领导者充其量只具有象征意义。分层系统理论可以对科层制进行系统细分，在组织内的领导也会随之清晰，更具现实意义，更能为管理的领导观察提供样本。

四、一种展望

管理作为对所有组织的努力至关重要的活动，在经济地配置和利用人力和物质资源以实现组织目标中找到了自己的根基，在组织这片沃土中发展壮大。管理也贯穿了整个人类发展历史。明确的发展趋势、影响因素和哲学理念在不断演变的历史长河中变得越来越清晰。

从内部来看，强调生产的技术方面，强调工作场所中的行为以及对人类固有需求的满足，强调领导对目标明确的组织的引导作用，强调组织的本质也就是作为获得最大利益的工具，强调管理问题的组织和方法层面。

从外部来看，强调技术的不断进步与不断变化的经济、社会和政治的价值观以及环境挑战和国际挑战的影响等都促进了管理思想、管理理论、管理工具和管理实践的循序渐进和与时俱进，动态地解决人类面临的最为古老的问题——配置和利用稀缺资源以满足一个变化着的世界的多样化需求。

当然，一切的过去都是一个崭新历史的起点，让历史告诉未来，对管理的认识必将随着经济、社会、政治、技术、文化的发展变化而与时俱进。

五、中国企业的思考

任何组织都会强调要在识人、育人、用人方面作出努力，旗帜鲜明地表明态度，实事求是地严格执行标准，力争建设一支"想做事、能做事、做成事"的队伍，完成组织使命；同时，也会在个人修养方面强调高尚的情操和人格魅力，尤其是政治素质。

（一）选人

作为一个组织，选人是关键。选择比培养要更为有效，也更为高效。这就自然地引出两个基本问题，选什么样的人？由谁来选？选人的人一定要具备几项基本素质：一是对组织的目标有清晰的认识，而且熟知组织需要什么样的人，也就是了解和掌握用人的标准；二是能够做到按图索骥，并保持标准一致，贯穿选人始终；三是要区别对待不同的人才，把组织情况、职位安排、工作内容、质量要求、工作环境以及升迁预期等情况及时传导给备选者，形成良好互动。

当然，委托代理关系的存在、个人的素质差异与偏好都会影响到选人的效果。一个不得已的组织解决方案就是，首先采用客观考试的办法，发现具备基本条件的备选人员；再通过相关的主观判断来关注人的现实能力、品质以及潜质、天赋和经验。在这个过程中，天赋和现实能力同样重要。

（二）政治素质

在建设中国特色社会主义的伟大实践中，必须强调政治建设，发挥实际工作的政治引领作用。党中央要求，在政治建设上，要把握政治方向、站稳政治立场、涵养政治生态、提高政治能力。要切实把中央精神落实到实际行动中去，在思想上政治上行动上同党中央保持高度一致。坚持和加强党的全面领导，突出政治功能，提升政治能力，促进完善现代企业制度。

在推进企业治理体系和治理能力现代化过程中，要强化政治引领。在实际工作中，要善于从政治上分析问题、解决问题。从来没有离开政治的业务，也没有离开业务的政治。要从政治上思考问题、指导实践，持续关注党中央会议精神、党的社会经济政策在企业的落地情况、治理能力及治理效能的提升情况。在推进企业治理体系和治理能力现代化进程中，要从政治上、全局上、战略上认知和把握制度优势，以中央精神贯穿业务战略、业务开展的全过程，以生产要素创新为突破口，围绕以人民为中心的发展理念，凝聚智慧，实现高质量发展，推动企业治理体系和治理能力现代化。

（三）干部队伍建设

干部是事业成败的关键。毛泽东指出："政治路线确定之后，干部就是决定的因素"。一是在选人、用人上，要坚持政治思维、大局思维、系统思维、问题思维，强化制度保障，根据事业需要、干部配备需要、岗位需要，把制度执行力和治理能力作为干部选拔任用的重要依据，强调善于发现问题、敢于揭示问题、勇于解决问题，做到"人岗相适、人事相宜"，推动广大干部严格按照制度履行职责、行使权力、开展工作。二是在干部培养上，要加大培养力度，在实践中锻炼人。通过在矛盾集中的地方、在危难险重的任务中、在纷繁复杂的局面里的长期磨炼，检验和锤炼制度执行力和治理能力，挖掘和培养干部解决实际问题的能力。对于干部的培养，要有思想淬炼、政治历练、实践锻炼和专业训练，有"宽度"、有"厚度"，还要有足够的时间跨度。三是在队伍建设上，领导干部要会带队伍、带好队伍，敢于压担子，敢于放手，既要管理指导，又要充分信任，让干部在处理复杂事务中，淬炼党性、提高解决实际问题的能力。

第五章　企业伦理

企业作为一种社会组织，承担社会责任义不容辞。同时，企业在社会中扮演重要角色，也可以在人格化后，按照人的道德追求行事。当然，做一个"有道德"的企业必然有较高的追求。但企业的基业长青需要具备承担社会责任和具有道德追求的特征。短暂的成功不说明问题，在追求长期持续健康发展上，对道德的追求毋庸置疑。"企业无道德"应成为历史，而且道德思考不仅是一种艺术，更应当成为科学。

第一节　公共选择与企业约束

一、人类的探索

人类在生产斗争和社会实践中，始终面对着资源有限而人的欲望无穷的现实矛盾，寻求有限资源的有效配置和充分利用成为历史任务。配置资源的效率成为经济学研究的基本问题。而且，人们对效率的认识和态度也在不断地发生变化。人类从农耕文明向工业文明发展，尤其是现代市场的产生，人们发现利用市场机制是达到效率目的的一种基本手段。当然，完全依靠市场也会带来很多问题，需要探索更为广泛的辅助手段，甚至在某些领域成为主要手段。

企业作为一种社会组织，在社会发展过程中，逐步建立和完善起来。尤其是企业作为一种制度安排，在社会发展过程中，扮演着越来越重要的角色，发挥着越来越大的作用。企业是市场机制中不可或缺的主体。因此，企业、政府、市场和社会的关系协调，便成为社会管理的重点。

当然，经济社会实践对一些经济理论基本假设的否定引发了人们对企业本质的重新思考，主要体现在以下几个方面：一是有效市场假设，二是内部市场交易成本，三是公共选择的帕累托最优，四是政府干预。

二、市场失灵引发的思考

在资本主义初期，人们信奉自由主义，相信市场的力量，产生了市场足以解决经济运行中一切问题的幻想。亚当·斯密基于人的自私假设，在《国民财富的性质和原因的研究》中用"看不见的手"来比喻市场在资源配置中的巨大作用。[①] 对市场有效配置资源，在学界一直受到来自逻辑分析、不完全竞争市场以及经济思想史等方面的挑战。

经济学理论在讨论资源配置效率时，一般都采用帕累托效率标准来进行衡量。所谓帕累托效率或者帕累托最优状态是指资源配置达到这样的一种状态，即如果增加一个人的福利则必然要减少其他人的福利，或者说一个人福利的增加是以损害其他人福利为代价，此时就表明资源配置是有效率的，达到了最优。帕累托效率有着严格的前提条件，其基本要求就是市场必须是完全竞争的，不存在公共商品、没有外部性以及信息要充分且对称等条件。只有达到这些条件，竞争性的市场经济才是具有帕累托效率的。

在完全竞争市场条件下，市场机制可以通过自身的运行使供给和需求达到平衡，既可以满足各经济主体的偏好，还能够满足社会整体利益诉求，以此达到帕累托最优状态或者帕累托效率。但是，现实中不存在这样理想化的市场，最优状态在现实中也是不存在的，市场对资源的配置也不是充分有效的，我们把这种现象称为市场失灵。而市场失灵的原因可以归结为：不能有效提供公共品和公共服务[②]、不能有效解决外部性问题[③]、市场竞争不完全[④]、市场信息不

---

① 亚当·斯密. 国民财富的性质和原因的研究［M］. 北京：商务印书馆，1974.

② 公共物品是每个人对某种产品的消费不会导致其他人对该产品消费的减少。公共服务亦如是，都具有供给的连续性以及排除他人消费的不可能性或无效率。

③ 外部性亦称外部成本、外部效应（Externality）或溢出效应（Spillover Effect）。外部性可以分为正外部性（或称外部经济、正外部经济效应）和负外部性（或称外部不经济、负外部经济效应）。外部性的定义问题至今仍然是一个难题，有的经济学家把外部性概念看作是经济学文献中最难捉摸的概念之一。制度外部性与科技外部性促进新制度经济学丰富和发展了外部性理论，并把外部性、产权以及制度变迁联系起来，从而把外部性引入制度分析之中。

④ 只要私人市场无法提供产品或服务，或是提供的成本低于个人支付价格，也会存在市场失灵，这种情况被称为不完全竞争。

充分不对称、收入分配不公平以及宏观经济的波动等①。其中，市场不完全竞争源于产品和服务创新、交易成本较高以及信息不对称不充分，并由此引发道德风险、逆向选择等问题，而且自然垄断也会造成某些市场的不存在，从而出现市场失灵。与此同时，由于在市场上交易各方都不具备完全信息，存在信息失灵，需要政府把信息作为一种公共商品和公共服务，加以弥补；市场监管作为一种制度，是一种公共商品和公共服务，具有非排他性和非竞争性的特征，以盈利为目的的私人部门是不能够通过市场来提供的，至少是不能有效提供。

市场失灵以及监管制度的公共品属性等证明了市场并不能有效地进行资源配置。斯蒂格利茨②进一步分析认为，针对市场失灵的纠正，政府有着巨大的优势，可以充分利用其拥有的强制性的权力，例如征税权、禁止或处罚权，鼓励或限制个体或集体的行为，同时还能够有效减少交易费用，避免最易出现的道德风险和逆向选择等问题。正是由于市场固有的缺陷，才产生了弥补市场缺陷的一系列经济学理论。

三、制度经济学的交易成本理论

人类社会的发展是一个追求秩序的过程，而一定的行为规则是符合一定的行为标准要求的，这一切都深深地打上了时代的烙印。至少在当时看来，这些规则标准和行为规范都规定了个体和集体的范畴及行动范围，界定了个体和集体的范围界限及行为界限，能够被社会中大多数的人所认可和接受，可以对个人或集体的行为产生统一协调的作用，有利于整个社会发展。在社会实践中，这些准则或者习惯不仅能使人们的行为更加规范，更重要的是还可以大大降低人们经济行为中的"交易成本"，也就是默认的这些东西是不需要进行交流沟通和谈判来确定的，并由此减少了诸多摩擦和成本付出。③ 而且，这种交易成本直接影响着个体或集体的行为决策，也就是标准化的规则准则影响着人们的行为。这些标准化的行为规则和要求，或者约定俗成的习惯和准则，可以统称为"制度"。

---

① 约瑟夫·E. 斯蒂格利茨. 公共部门经济学（第三版）[M]. 北京：中国人民大学出版社，2013.

② 约瑟夫·E. 斯蒂格利茨. 政府为什么干预经济：政府在市场经济中的角色 [M]. 北京：中国物资出版社，1998.

③ 在现实生活中，任何事情都有其共同认可的假设和前提，一切事情从头来过是不现实的。这种情况下就难免会出现问题，如对假设的理解不一致或者是对默认规则的忽视和违背等，都会引发争议。

制度经济学最初把"制度"当作既成事实并作为经济制度进化的动力来加以研究，认为"制度"是指限制、解放和扩张个人行动的集体行动[①]，集体行动控制个体行动。而集体行动广泛多样、涉及方方面面，主要体现就是法制。社会学家康芒斯特别强调法律制度对经济制度变化所起的作用[②]。

以科斯[③]等为代表的新制度经济学认为，制度是指被人们创造出来的，用来约束和制约人的行为机制，或者被概括为影响人们经济生活的权利和义务的集合，包括行为准则和规则或所有权，并且将制度作为公共服务进行研究，强调制度所具有的外部性。新制度经济学家威廉姆森认为研究制度应符合两个基本假设：一是有限理性，即由于人们既无法获得充分的信息，也没有足够的能力处理获取的充分信息；二是机会主义，认为人们会充分利用一切机会实现自身利益最大化[④]。在假设的基础上，把制度作为研究对象，作为公共服务来研究，将交易费用或成本、产权制度以及经济组织作为关键变量，从而产生了交易成本理论、产权理论以及制度变迁理论等理论。

将交易成本的概念应用于公共选择以及外部性研究，人们便可以运用交易成本理论和方法来分析和评价政府部门的行为，如由政府部门来组织公共商品生产的交易成本低于私人部门时，就可以由政府部门取代私人部门生产。与此同时，在交易成本为零和市场机制完善的条件下，只要产权明晰且外部性的各项权利可交易，市场可以通过交易把外部性内部化，通过契约很好地解决外部性问题[⑤]。

制度经济学主要强调两个方面作用，制度的公共商品和公共服务的性质，对人们的经济利益关系具有规范性和秩序性；由于制度是政府或集体作出的决策，制度对人们的经济行为具有普遍的强制性，可以很好地解决外部性问题。普遍强制性可以限制个体的机会主义膨胀与得逞后的嚣张。而科学合理的制度可以有效弥补限理性的缺陷，以较低的制度成本和交易成本，更好地规范和统一个体或集体之间的协调与协作关系，产生正的外部性。

---

① Commons John, R. Institutional Economics［M］. Madison：University of Wisconsin Press，1961.

② 约翰·康芒斯. 制度经济学［M］. 北京：华夏出版社，2009.

③ 丹尼尔·W. 布罗姆利. 经济利益与经济制度——公共政策的理论基础［M］. 上海：格致出版社，2012.

④ Williamson, Oliver, E. The Economic Institutions of Capitalism［M］. New York：Free Press，1985.

⑤ 朱柏铭. 公共经济学理论与应用（第三版）［M］. 北京：高等教育出版社，2018.

四、公共选择理论的实质内涵

经济学最重要的成就也许就是证明了受纯粹自私动机驱策的个人能够从交换中实现互利。[①] 借助价格制度（市场行为），这一交换过程可以扩展到包容各种各样的物品和劳务。而这种"无形之手"定理通常被视为对不存在政府的条件下纯粹自私的个体活动所产生的有益结果的完美例证。但其中暗含了一个集体选择制度，与市场制度一起发挥作用。

可以想象，更可以观察，交换需要很重要的前提，在萨缪尔森看来，产权制度和实施产权的程序是必不可少的公共物品。而纯粹的公共物品具有两个显著的特征：供给的连续性，排除他人消费的不可能性或者无效率。但是，存在囚徒困境的问题。泰勒[②]建立了囚徒困境合作解的失败与政府干涉程度之间的关系，认为国家在满足社会的需要或实施社会规范方面的干预，在心理上会解除个人满足社会需要和维护其规范方面的责任，也就是存在一个国家需要、国家干预、个人责任的心理解除、国家干预的强化的循环。这样，国家必须建立旨在诱导合作行为的奖惩制度，避免产生"挤出效应""劣币驱逐良币"，让一个人的道德行为，即公正的、合作的行为，引发共鸣，增加更多的道德行为，就会强化进一步的合作行为。

与市场失灵一样，政府也会因为管制错误或政策执行失当导致政府失灵。公共选择理论就针对现实中如何根据公共需求确定选择问题进行研究，也就是如何把个人偏好总结为社会偏好，并准确表达社会偏好，进而更好地把握社会总需求。在此基础上，作出选择以满足社会整体效用最大化或者能够促进帕累托改进，提高资源配置效率。同时，公共选择理论也强调了"管制寻租"的观点[③]，即监管者、被监管者都会积极地寻求透过监管实现自己所追求的利益。寻租是指社会成员通过行贿等活动，促使政府机构或政府官员帮助自己确立某种垄断地位以获得经济租的活动。而设租是指政府在干预经济的过程中，拥有权力的政府官员通过创造一种环境而获得非生产性经济利益的活动。A. 克鲁格以政府对外贸管制为例，通过构建实证模型分析了由于政府管制所产生

---

① 丹尼斯·C. 穆勒. 公共选择理论［M］. 北京：中国社会科学出版社，2010.
② Taylor, Michael J. The Possibility of Cooperation, Cambridge University Press, 1987.
③ "寻租"这一概念是由美国经济学家 A. 克鲁格（1988）在其文章《寻租社会的政治经济学》正式提出并进行了深入研究。

的对租金的争夺①。

针对弥补市场失灵的公众利益理论的缺陷，以乔治·斯蒂格勒②为代表的经济学家提出了"管制俘获论"，认为监管机构被监管对象俘获，并为被监管者提供更多的日常性服务。寻租的被监管者和设租的监管者相互博弈，以攫取双方最大化利益，影响公众利益。可以理解的现实问题是被监管者天然地拥有经营管理方面的信息优势，并借此获取租金。因此，可以通过创新激励相容的机制达到引导监管者和被监管者尽可能地选择有利于社会的行动，从而达到次优选择，增进整体社会福利。而同时对权力制衡机制的考量，通过一致同意原则可以不对任何人加以强制，从而能够避免管制无效和政府失灵。③由此，引发了对政府规制的研究。

政府规制是指政府部门依据有关法律法规，通过许可、定价、规则约束等手段，对企业和个人的行为进行引导、干预和规范的活动。④政府规制理论的诞生以 20 世纪 70 年代美国经济学家 A. E. Kahn 出版《规制经济学：原理与制度》为标志，规制的主要内容包括进入规制、价格规制、质量规制和数量规制四个方面，主要的政府规制理论包括规制的公益理论、俘虏理论、奥尔森的经济监管理论和让·梯若尔的规制理论。

其中，政府规制的公益理论是政府以公众利益为出发点，对个体或企业经济活动进行直接的规范、限制和干预，以弥补市场失灵，有效维护社会公众的利益；政府规制的俘虏理论认为政府规制可能只对公众中的某个特殊群体有利，不一定必然代表广大公众的利益，而可能仅仅代表某一特殊群体的利益；1993 年让－雅克·拉丰和让·梯若尔的《政府采购与监管中的激励理论》在微观经济学范畴内将监管问题当作一个最优机制设计问题，运用完备合约的方法，创造性地将激励和规制理论引入机制设计的问题中，将博弈论、信息经济学和激励机制等在内的设计工具融入一个统一的理论框架，分析政府采购与规

①　A. 克鲁格. 寻租社会的政治经济学 [J]. 刘丽敏，译. 经济社会体制比较，1988，(6)：8－16.

②　乔治·斯蒂格勒 (George Joseph Stigler，1911—1991)，美国著名经济学家、经济学史家、芝加哥大学教授，同弗里德曼一起并称为芝加哥经济学派的领袖人物，1982 年诺贝尔经济学奖得主。

③　Buchanan. James and Gordon Tullock. The Calculus of Consent [M]. Ann Arbor：University of Michigan Press，1962.

④　朱柏铭. 公共经济学理论与应用（第三版）[M]. 北京：高等教育出版社，2018.

制问题，创造出一套具有操作性的模型和综合方法。① 公共选择理论为政府规制选择以及对个体或企业组织活动的规范提供了理论指导。

第二节　现代企业伦理

一、现代企业伦理的关注

工业革命使现代企业蓬勃发展，并带动社会变革。人类社会对企业的依赖达到前所未有的程度。但企业问题的不断出现，一次次引发了世界范围的关注和思考。对于美国 2008 年金融危机，从理查德·T. 德·乔治②的观点可见一斑，"我并不认为资本主义或者企业伦理是罪魁祸首。虽然缺乏足够的政府监管，以及金融行业很多人的贪婪肯定在这场崩溃中起到重要作用，但这并不是资本主义的失败，而是自由市场与适当的政府监管和控制之间的失衡造成的"。一方面，他承认，自由市场虽然是客户需求的最好指标和最有效工具，但并不总是能够自我更正，需要政府的恰当控制以遏制贪欲的无限膨胀。另一方面，他也提到"企业伦理同样没有失败，它曾经是，而且依然是危机前、危机中和危机后都更加需要的伦理"。针对问题，剖析原因，采取对策，解铃还需系铃人，他认为"如果说以他人的利益为代价来实现自私自利的贪婪是金融灾难的原因之一，那么也说明要让系统为所有人的利益服务还需要更多的公司自律，董事会和高层管理人员受到的道德压力还不够大，而且太多的人失去了道德方向，或者说他们的道德方向需要重新校准"。

谈到企业伦理，理查德·T. 德·乔治发现企业伦理课程在"后水门"时代已经扎根，但其后不断曝光的高官欺诈、贿赂和回扣、非法政治献金、飞机空难以及缺陷轮胎、汽车及其他产品的出售等新闻，使之得到更好的发展。可以肯定的现实状况是大多数公司已经采取了措施，至少在其组织架构中装点上一些社会责任的"饰物"。

事实上，在人类社会发展的过程中，关于伦理道德的问题始终是一条难以抹杀的主线。人与人交往，除了遵循法律之外，就是道德约束或者说道德规

---

① 让－雅克·拉丰，让·梯若尔. 政府采购与规制中的激励理论［M］. 上海：格致出版社，2014.

② 理查德·T. 德·乔治. 企业伦理学［M］. 北京：机械工业出版社，2012.

范。孔子讲"德不孤，必有邻"，也就是从另一个角度说明人们愿意和有道德的人交往。当然，我们讲伦理道德，并不是说人们没有道德，更不是说与道德无关，或者说必须把他们变成有道德的人，而是帮助他们想通道德问题并且中肯有效地为自己的道德观点进行辩论。自然地，道德观点、道德过程是道德信仰和道德辩论的最基本的要素。

对于企业来说，我们无法想象无约束的企业如脱缰的野马般驰骋会对人类社会带来什么样的后果，企业道德应该成为永恒的存在。以往关于企业无道德的神话，我们给予充分的理解，但应当就此终止。众所周知，企业作为以盈利为目的的社会组织，主要是和利润相关要素打交道。商业环境中的企业和个人对伦理没有那么显著的关心，他们也许并非不合乎伦理或不道德，恰恰相反，他们只是无道德或者无道德意识。在这里，伦理和企业是完全说不到一起的两回事。我们可以理解，企业无道德的神话反映了一个广泛存在的真理，就是企业以盈利为目的。

但是，企业无道德的观念却掩盖了很大一部分现实，现代社会有种种迹象表明企业无道德的神话应当破灭，主要体现在：一是丑闻的曝光和随之而来的公众的反应；二是环境保护质疑者和消费者权益保护主义者等大众团体的形成；三是通过会议、期刊和报纸文章表达出来的对企业在道德中角色的关注以及有关伦理行为和伦理计划的公司守则的大量出现。一个曾经被隐藏但渐渐展现的事实是，企业不能够再刻意为所欲为。而且一些企业对某些社会运动的反应是强烈的，有着更大的决心去改造自身，营造良好的道德形象。当然，不可否认，也会有一些企业无动于衷，甚至是恼怒和困惑。

二、企业与伦理的关系

（一）企业与道德的关系

对于企业的主业来说，存在一个不可辩驳的事实：企业的主业是业务，不是政府事务、慈善或者社会福利，更不是道德。当然，这种说法是针对自由市场经济而言的。在不同的社会架构中，企业的构成和目标不尽相同。如社会主义的苏联以及中国改革开放之前的企业属性中会有其独特的一面，或者是政府属性，或者是社会属性，甚至于政治属性或政党属性。

在美国社会发展历程中，起初对企业的要求很简单。这和大多数社会的诉求是一样的，即人们希望产品尽可能地丰富、优质和便宜。但随着企业各种问题的不断涌现，需要有针对性的立法，通过法律制定规则，对工作条件、保护儿童、防止垄断以及保护环境等作出明确的规定。实际上，这些规定往往就代表了人们在道德上所关心的问题，并体现出人们的道德观念和道德标准。企业以法律为挡箭牌、无视其他道德要求也将无所遁形，会受到来自多方的关注和谴责。

理查德·T. 德·乔治认为"企业的主业是每个社会的人民决定的，过去是这样，现在还是这样"。事实上，作为社会实体的企业，确定其的主要任务有哪些本身就是一个道德决策，而且这个道德决策由社会作出并执行。

（二）企业的道德背景

企业作为社会实体，是当代社会的重要组成部分，以各种方式关系到所有人。而道德由人类的行为规则组成，这些规则规定某些行为是错的或者是不道德的；而另外某些行为被认为是道德的。道德首先具有社会性，是从人的行为判定标准为出发点的，更会打上时代的烙印。一些道德可能随着社会发展而消失或者作出适时调整。

企业的经营是一种人类活动，企业的经营过程中会有不道德的行为。但这并不是说，企业的机构会更容易产生不道德行为，而且大型的公有企业和小型的私营企业之间必然存在道德水平上的差异。当然，从事企业经营活动的人也受制于道德准则；企业是一个社会实体，社会也会设定对它的要求和限制，从以道德的形式逐步演变成法律。

很自然地，企业、企业的机构、企业的人在经营活动中面临的问题又是十分残酷的。一个普遍存在的现象是，企业往往以法律为挡箭牌或者说以法律为底线、以不违法为最高要求，而无视其他道德方面的要求。从主观上讲，这些往往说明企业是出于恶意或者有不道德之心；当然，从客观上讲，也常常反映出公司内部控制机制的欠缺，以至于未能像考虑和权衡财务因素那样地对待道德因素，也反映出公司内部人员对参与有关公共事务和道德伦理论证的能力缺乏信心。尽管如此，企业中的个体也不能为所欲为，政府的规章、政策和方针调节着市场的动向，很多行动既牵涉到价值观念更牵涉到商业利益判断。

（三）企业伦理

企业伦理虽然没有确切的定义，但是说到底，和在人类社会生活的其他方面一样，伦理或道德标准也适用于企业。企业的行为最终都是企业中人的行为。企业当中的人员并不会比别人得到更多的宽容，对他们起约束作用的道德和伦理标准和他们不从事商业行为时是一样的。事实上，对于大多数人来说，当听到企业伦理时，想到的主要是企业的丑闻、企业对投资者或者顾客的欺诈行为以及市场各种不公正的传闻。这种理解是合理的，但有局限性，企业伦理实际上有着更为宽泛的内容。

亚当·斯密的《道德情操论》（*The Theory of Moral Sentiments*）是与国家财富相关的《国富论》相得益彰的力作，它主要关注经济事务的公正问题。至今，分配公平和全球正义依然是哲学家的讨论话题，这也直接明确了企业伦理的理念和最高追求。

三、美国的企业伦理运动

在 20 世纪 60 年代，只是学生和消费者组织会对企业提出道德要求。到了 70 年代，企业伦理运动悄然兴起。80 年代，运动变得越来越重要。如强生公司 1943 年制定了有关企业伦理的信条，但是大多数公司不认为自己需要在组织内部建立伦理机制。《美国民权法》（*U. S. Civil Rights Act*，1964）禁止因种族、肤色、宗教或者国籍产生的歧视，企业也相应地增设了机会均等办公室。美国政府出台了多项涉及企业伦理的法案，如 1970 年《职业安全与健康法案》（*U. S. Occupational Safety and Health Act*，1970）、《环境保护法》（*U. S. Environmental Protection Law*，是一系列与环境保护相关的政策、法令集合的简称）、《反海外腐败法》（*Foreign Corrupt Practices Act*，1977）等，其中《反海外腐败法》禁止企业对他国政要行贿。水门事件①的发生以及之后的政治强化，包括《反海外腐败法》等相关法案的实施，都对经济行为进行了进一步

---

① 水门事件（Watergate Scandal）或者水门丑闻，是一起由窃听引发的一系列后续政治事件组成的，导致尼克松总统辞职，是美国历史上最不光彩的政治丑闻事件之一，对美国本国历史以及整个国际新闻界都有着长远的影响。水门事件主要在以下几方面造成冲击：一是监督模式是双向的、互相的监督，监督者与被监督者之间存在一种相互制衡的监督关系，权力监督关系的各个主体之间的地位是平行并列的，基本要领是"职能分工，互相制衡"。二是在监督范围方面，监督者与被监督者的职权有明确的划分，监督者不能代行、更不能取消被监督者的职权，也即监督者与被监督者的职能是不同质的，彼此不能互相代替，并且特别重视监督程序的设计和执行。三是侧重于权力的横向分工，而不是纵向的级别划分，政权的纵向组织相对简单，相互监督和制衡不会产生不受任何监督的"终极权力"。横向监督模式在权威性和效率方面有所欠缺，但权力运行系统是正义的，不易出现专制，对普通民众来说是安全的。这种模式的最大优势在于它的目的正当性，能最大限度地保护公民的基本权利不受公共利益的代表——政府的侵犯。这也是近代宪政制度的"终极价值"，即使牺牲一些效率，也要尽可能维护法律的客观性与公平性，保障人民基本权利。

的规范。到 80 年代，相当数量的企业采取了一些具体措施，如实施了企业伦理守则；在董事会层面成立伦理委员会；开设员工伦理热线，记录员工伦理方面的忧虑。

1987 年，美国发布《联邦量刑指南》（*Federal Sentencing Guidelines*，FSG），对触犯各种法律的企业的量刑提供指导。其中，重要的条款是，如果能够表明已经采取了措施来发展"有效的项目以防止和发现违法行为"，则可以减少对该企业的罚金。FSG 实际上是一个指导法官如何对触犯联邦法律的公司进行量刑的手册，并且首次要求法官在量刑时考虑被定罪的机构是否建立了"有效的合规机制"来防止、发现和报告犯罪行为的发生。自此美国的企业也相应地建立起合规经营的理念，如美国银行业的合规管理通常都以 FSG 作为核心框架来展开，并制定了七条核心准则，主要包括：具有完整的合规标准和程序；高层主管参与；授权有限和尽职；有效的交流；适当的监控、稽核和报告；对违规者的惩戒必须一致、公平；必要和及时的程序修订①。

2001 年安然事件和 2002 年的世通事件中，企业造假、高层舞弊等直接打击了投资者和市场的信心，属于典型的企业伦理丧失案例。而且，企业造假与高层舞弊的共同目的是欺骗市场、从中获益，对广大投资者的"割韭菜式"利益侵占必然引发投资者的不满情绪，极大地打击了市场信心。为了扭转局面，以情绪化的方式快速导致了新的证券法律《SOX 法案》的产生。法案要求对董事会设立伦理准则，并且以各种方式加强伦理的制度化。

2007 年的次贷危机以及进一步引发的金融危机，使人们对金融过度创新和人的贪婪有了更加深刻的认识。美国政府对政府管制根据不同的历史发展时期以及伴随着重大事件的发生，也相应地经历了几个阶段：一是 20 世纪 30 年代前的信奉"看不见的手"，以自由主义为根本的放任经济发展态势，金融混业经营，强调效率优先。二是 70 年代前的对"市场不是万能"的意识，开始进行严格的金融分业经营，强调安全优先。三是 2008 年前的自由经济恢复，在"金融抑制"和"金融深化"的矛盾博弈中，以提升金融服务能力和市场

---

① 在国际性银行中也有体现。如在汇丰银行，其核心业务准则包括卓越的客户服务、高效的运营、强大的资本和流动性、审慎的借贷政策和严格的成本费用约束；其关键业务价值包括最高的个人诚信标准、真理和公平交易的信念（承诺）、事必躬亲的管理、对质量和能力的郑重承诺、形式主义（或官僚）的最小化、快速的决策和执行、集团利益高于个体利益、权利和责任的适宜结合、公平与客观的雇主、有法律依据的补充选拔和升迁的方法、在业务开展中遵循法律和监管精神和条文的承诺、良好环境实践的促进和持续的发展以及对当地社会福利和发展的承诺等。

竞争力为中心；2008 年后，逐步认识到效率优先和安全优先的弊端，在权衡金融抑制和金融深化过程中，力争实现效率和安全的均衡，以企业伦理平衡相关利益关系。

总之，企业伦理运动是一种社会现象，涉及学术、企业、社会和政府各个方面。而在这个过程中，"道德"一词变得非常普遍和重要。"道德"实际上是界定了哪些做法或者哪些行为是特别正确的或者是特别错误的，同时说明了管理这些行为的原则以及这些行为和做法所包含、强化或追求的价值观。

四、伦理的功利主义倾向与反思

（一）效用与功利主义

企业作为社会组织，在组织生产、输出产品或服务的过程中，为了保持正常运转，必须以利润作为其出发点和落脚点，只有这样才能保证生存和发展。一般情况下，企业的目的就是谋求利润，所有的企业都需要进行财务核算，力求盈利，保障持续经营。在这个过程中，成本收益分析是常用的方法，可以用来衡量和评判经营结果的好或坏。在大多数情况下，人们只关注企业的经营收益，以利润作为考核评价的依据，唯利润论成败。

功利主义则从目的论出发来研究伦理，主张以结果作为评判所有行为的依据，与我们日常的理性思维方式没有什么不同，但可以使人们的思考更加清晰和系统化。功利主义主张行为本身没有好坏之分，只有当与其结果相联系时该行为才具有道德价值，也就是我们平时说的"以成败论英雄"。

功利主义的基本观点是，观察一个行为的价值应当以结果为标准，衡量该行为对所有相关者造成的收益与损失。如果收益大于损失，该行为即为好的行为，反之则为坏的行为[1]。

当然，功利主义又可以细分为行为功利主义和规则功利主义。行为功利主义认为，每个具体行为都应该从功利主义的角度来分析其正确性以及所有的细节；规则功利主义认为功利应当针对某一类行为而非具体的行为而言。这样，在一类行为与具体到个体行动上，以结果来判定"好"或"坏"。功利主义很显然地与我们追求效用或者效果的思维方式不谋而合。

---

① 理查德·T. 德·乔治. 企业伦理学 [M]. 北京：机械工业出版社，2012.

（二）道德的义务、权利和公正

事实上，功利主义并非是唯一的道德准则。而且，功利主义对社会带来的负面影响也是有目共睹的。这样，与此相反的道义主义针锋相对地提出了自己的观点，道义主义者认为行为的道德性与其结果没有必然关系。在道义主义者眼里，就有了理性、义务和道德法则，并且具有普遍一致性。也就是说，如果某一行为符合道德规范，必然具有理性的形式。道德法则阐述的是理性行为的具体方式。理性一定是具有一致性、普遍性和先验性的。符合道德的行为不应该自我矛盾，并且应当具有普遍意义，不为经验所动而随时变化。当然，行为的规则、原则或者准则在普遍推广的前后都必须具有一致性。在这里，强调一致性就是强调权威，对任何人、任何事都一样，不为任何风吹草动或情景所"俘获"。

在道义主义者看来，个人和公司必须承担道德责任。我们每个人都对自己的行为负有责任。这种责任有些是法律责任，有些是道德责任，或两者都有，或两者都没有。但作为公司或正式组织，对待道德问题必须要有明确的观点，不管是基于功利主义还是道义主义。在这其中，有一些观点是值得探讨和借鉴的，例如，一是被企业广泛接受的公司组织观点，认为企业的主业是产生利润，社会改革、福利等应该是政府而不是企业应该关心的问题，以此对环境保护主义者和消费者组织就企业社会责任提出的道德要求作出回应，试图让政府承担企业创造利润之外的所有社会责任。二是公司的内部人观点，强调个人行为的道德，认为企业会对一些事情采取行动，并按照理性的决策程序行动，但这种行为会影响他人，可以从道德的角度进行评价，个人的行为是道德的，对于公司来说就是道德的。三是公司的道德行为者观点，认为将某个具体行为以及该行为的道德责任归因于公司是明智的，实际上也是有效的，当然道德也总是必然由个人承担的，不管他们是为自己还是由于职位或者说职责所在而为公司承担。

五、企业伦理的实践

纵观历史，企业伦理在实践中展示出了丰富多彩的多样性。通过观察社会公正与经济制度，可以发现资本主义的道德性问题与改善迹象。这些观察包括：经济制度中的企业体制、道德和社会责任、公司治理、信息披露和高管薪酬，安全、风险、环境保护、检举行为、营销、真相和广告、工人的权利，公司内部员工的权利和义务，道德产权与新技术，全球性问题和国际责任等广泛的领域和范畴。

（一）企业伦理的一般意义

现代企业的特征是实行公司制。公司作为企业的组织形式，把股东与利益相关者连接在一起。按照惯例，公司的特殊之处在于其是有限责任的，这就意味着公司的股东只对他们在公司股票中的投资金额负责，而他们的个人财产没有风险。传统的公司概念将公司的存在描述为主要为了股东服务，目的是增加股东财富，股东利益至上，股东利益在所有的利益中是第一位的。但这种观点受到越来越多的质疑。

第一种考虑是虽然股东从法律上来看是所有者，然而他们往往只是单纯投机，对公司的长远未来并不真正感兴趣，他们的兴趣在于立即获得投资回报，尽管这样最终会给公司带来长期的危害。随着现代金融市场的发展，投资方式多样化，大量股东不是自己购买和持有企业股票，而是通过共同基金、投资计划或保险计划来持有股票，这样他们甚至都不知道自己有某个特定公司的股票，更谈不上关心，这种"缺席"的股东，至少从实际上看不是企业的服务对象。

第二种考虑是尽管公司股东从技术上来说是所有者并拥有权利，包括公司运作良好的权利，但是还有其他成员与公司有更大的利害关系，公司的存在和成功与否给他们带来的风险也更大。因此，这种考虑认为在经营公司时，不能只考虑股东，还要考虑公司所有的利益相关者。公司不应该只仅仅为股东服务，还应该为所有的利益相关者服务。如公司员工，在公司显然承担很多风险，他们在这里要度过生活中重要的一个阶段，投入时间、精力、才华、创造力和想法与力气，他们值得公司在作出与其有关的决策时受到应有或充分的尊重。同时，我们也可以想象，大公司所在的社区也会直接受到公司的影响，社会上也会普遍地感到公司应当对他们有责任。

利益相关者的观点并没有否认经理给予股东尽可能好的回报的责任，但在现实意义上，这种观点对此的解释是长期的尽可能好的回报，而且这和履行对其他利益相关者的责任是一致的。从公平的认可、考虑和对待所有利益相关者的角度来经营公司，和传统的将股东利益视为唯一考虑或者认为股东利益至上的公司观是不同的。利益相关者观点相信最好的、最保险的获取利润并增加公司股份价值的方法是培育员工的忠诚度和能力，并尽可能地为顾客提供最好的产品和最优惠的价格。与此相反，以员工和顾客的利益为代价谋求公司利润，会在短期内获得丰厚收益，但很少能够长期产生利润。

根据利益相关者的观点进行利益相关者分析（Stakeholder Analysis），就包括了权衡所有对公司具有以及或有索取权的各方对公司提出的相互矛盾的要求，其目的是为了让公司履行特定情况下的义务。这种方法不是用来分析公司的一种特殊的道德方法，是可以与功利主义、道义主义的方法以及道德判断同时使用的方法，只是要求多个有利益牵涉的各方得到公平的考虑，以求利益均衡，平衡相关关系。

（二）企业的内部道德责任

不管人们对公司的设想如何，也不管法律对公司的结构如何规定，我们都不能仅仅通过某种方法对公司重新定义或重新构想来改变公司的道德责任。要承担道德责任就必须和相关的行为或结果存在因果关系。公司的一般责任来自公司和社会的性质以及两者之间隐含的协议。

第一个一般责任就是"不伤害"，这是对个人和企业同样有约束力的一般责任，也被称为公司必须遵守的道德底线。

第二个一般责任来自公司得以成立的自由企业制度的性质。公司有赖于体制的完整性，有道德义务不去破坏体制的自由和价值观。这也广泛地体现在从不贿赂到不从事垄断行为这些责任上，因为这些行为破坏了公平竞争机制。

第三个一般责任是在参与的交易中公平行事。公平是系统继续运转所必需的。与此相对的是强行交易，但这样会破坏后续交易。

第四个一般责任是遵守自愿达成的合同。他们必须能够在确信自己和签发的合同责任会得到履行的情况下采取行动。

在通常情况下，在大公司，公司的所作所为或有所不为的最终责任都落在董事会，董事会是公司经营管理层在法律意义上的指挥者和监督者。董事会对股东负责，挑选管理层，并为此承担道德风险，还要负责批准重大的政策决定以及公司的总体福利，并对此负有道德责任。管理层对董事会负责，管理层必须通报董事会其行动、决策或者是将要作出的决策、公司的财务状况、成功和失败等情况，通过董事会对股东负有诚实和有效管理公司的责任。从道德上讲，管理层没有利润最大化、增加公司股票价值或者提供销售额或利润的责任。尽管管理层应该有这些合理目标，但是股东没有任何道德权利。管理层有责任设定公司的道德风格，对员工负责、为产品向消费者负责、为其行为向公众或社会负有道德责任。

（三）企业的外部社会责任

公司是社会的产物，其结构和法律地位因社会而异，社会给予公司特别的优惠并允许其股东承担有限的经济责任，而其他企业却没有赋予公司的特权，这就能够理解为什么社会期望得到一些不一样的回报。

在遵守法律之外，社会对公司还有更高的要求和期望。在这里，就要区分法律责任和社会责任。道德责任就是道德要求（Moral Demands），而这些要求来自道德法则，不盗窃、不欺骗或者不撒谎的责任都是一些具体例证。而与此同时，遵守法律则是一个相当简单的概念，公司是受制于各种法律的法律实体，法律是政府强制执行的。考虑到公司的有限性，公司的法律责任是唯一真正合理的社会责任。在某种意义上，有社会责任的公司是指遵守法律并履行法律责任的公司，类似于有社会责任的个人行为，它们往往不止于遵守法律，还会积极参与社会事业、社会改革和社会的政治与公民的生活中。我们可以用企业公民来代替企业社会责任，实现企业的拟人管理和角色转换。

当然，这里还有社会要求（Social Demands）的问题，既是法律要求，也是道德要求，如果社会要求以法律要求的形式表达出来，公司就必须被迫遵守，如以法律形式颁布的安全标准等。

（四）公司准则的显性表达

近年来，很多企业都以公司准则（Corporate Codes of Ethics）[①] 的形式宣誓自己的社会伦理理念和行动标准，目的是通过详述或明确一般的道德准则如何用于公司的工作和产品来帮助雇员做到行为合乎伦理。这些准则是一种帮助员工从道德的角度去思考问题并采取恰当的判断以作出正确的行动。当然，在这个过程中，没有具体行为的明确指示，员工自身的道德标准掌握与道德推理能力至关重要。显性的准则不可能揭示道德标准的推理过程，也就是不太现实地向员工解释这些准则是如何产生的，更不会有道德原理的举例说明，以及问题和冲突的如何解释和解决等。这一特质就为有效实施埋下了隐患。自然，最好

[①] 可以参考 Gary P. Weaver. Corporate Codes of Ethics：Purpose，Process and Content Issues. Business & Society，32，No. 1，Spring 1993，pp. 44 – 58.

Bodo B. Schlegelmilch and Jane E. Houston. Corporate Codes of Ethics. Management Decision，28，No. 7（1990），pp. 38 – 43.

的公司准则应当具备以下功能：为员工在有关法律问题和利益冲突的行为上提供指导，可以使员工和管理层对公司的目的、行为和行动进行道德评价，以确保公司达到准则的要求。当然，只有管理层坚决地执行准则，才会有助于在公司内部形成讲道德的良好风气。

同时，除了企业各具特色的公司准则外，国际准则（Global Codes of Conduct）① 也逐步登上历史舞台，为全球化形势下的企业提供可资参考的模板。

（五）企业伦理的重点领域

一是公司文化建设。公司文化和有道德的公司具有密切相关性。和人一样，公司、其他正式组织以及国家也具有道德品性。如果公司认真对待道德责任、努力公平对待员工和顾客、做事考虑后果等，我们称其为有道德的公司，也可以说公司有道德品性。而公司文化（Corporate Culture）可以支撑也可能阻止其成员的道德行为。公司文化类似于一个社会、人群或者国家的文化，包括公司的氛围、价值观、信念和行为、公司里人与人之间的关系、成员对公司的感情、公司的历史以及现有成员对公司过去和现在的历史和传统的认可程度。

比较强势的公司文化独特而且明确，员工在被公司雇用时就开始融入了这个文化。事实上，一家有道德的公司，或者正直行事的公司，一定会在实践中履行自己的责任，会通过厘清员工责任并鼓励他们承担责任，来帮助员工有责任地行事。道德责任以及道德本身必须是自我承担和自我接受的。只有当所有人承担了相应道德责任时，公司的全部道德责任才能实现。

二是公司治理、信息披露和高管薪酬越来越成为企业伦理的重点。前面提到的安然公司案例已经证明人们的关注是正确的。在公司治理、信息披露和薪酬方面，安然公司和其他几乎同时发生的一些丑闻引起大家共同的关注，关注的焦点聚焦在公司的重点领域。② 为了解决董事会、管理层、信息披露、高管薪酬等方面存在的问题，美国的《SOX 法案》2002 年 7 月生效，包括 11 个部分和 66 个条款，成为美国最大规模的管理公司的法律。

在高层管理方面，302 条款要求首席执行官和首席财务官都要确保财务报

---

① Oliver F. Williams. Global Codes of Conduct：An Idea Whose Times Has Come. University of Notre Dame Press，2000.

② Kurt Erichenwald and Floyd Norris. Enron's Auditor Says It Destroyed Documents. The New York Times，January 11，2002.

表的公允和准确，并确保有一定的程序可以帮助董事会发现问题。在董事会方面，《SOX 法案》就是要努力使投资者能够得到董事会独立行事的保证。如果董事会的功能是代表股东利益，那么只有当董事会独立于管理层，才可以得到想要的所有信息以及可以用批评的方式对待管理层描述的公司蓝图，而不是与此相反地照单全收，只有这样才能最好地实现其功能。这也就是我们所说的，董事会不能当橡皮图章。

在信息披露方面，强调现代社会的信息至关重要。完整、真实、及时、有效是信息披露的基本要求。当然，对商业秘密可以有特别要求，以最大范围地保护公司拥有的知识产权以及根据法律规范和道德诉求可以保护和拒绝透露的信息与知识。那么，哪些信息应该披露？披露给谁？以什么方式披露？这些都是信息披露应当考虑的问题。从这个意义上讲，这也是内部控制边界可以跨越公司本身经营管理范围之外的一个重要方面。

关于高管的薪酬，一直是个十分敏感的话题。其实，公司董事会的责任之一就是对首席执行官进行任命和业绩评估，并决定其薪酬。按道理来说，这个被动的接受不应该引起太多的关注，但事实并非如此。在大多数情况下，薪酬的决定是董事会薪酬委员会或者董事会的独立董事作出的。比较合适的做法是将高管的薪酬和公司的业绩挂钩，实施持股计划或者股权激励将高管的薪酬和业绩联系起来。但即使这样，高管的薪酬一旦与员工相比拉开巨大的差距，或者业绩一般、薪酬很高，股东或者员工都会抱怨。同时，社会公众也会有一个评判，顺应公众的要求，高管薪酬信息必须披露。事实上，业绩与薪酬披露的这些规定也是回应社会大众对高管能力表现、业绩与报酬相关性关注的措施之一。

第三节　道德哲学

关于哲学的产生，梯利认为"只有以理性代替幻想，用智慧代替想象，摒弃超自然的动因作为解释的原则，而以经验的事实作为探究和解说的基础，这时才产生了哲学"[①]。在人类社会发展过程中，随着政治、道德、宗教、哲学的发展，引发了对混乱（Chaos，公元前的几个世纪）社会现实的独立思考，开始重新审视人类社会制度，一种逐渐增长的向往自由和个人主义的倾向出现了。在西方，与事物的新秩序一起发展壮大的经济变化和民主制度的建立，更

---

① 梯利. 西方哲学史［M］. 伍德，增补. 北京：商务印书馆，1995.

进一步地推动了独立思考和实际行动，开启了那个时代的启蒙。而与此同时，中国的先秦诸子百家也在探索中，开启了具有东方特色的启蒙时代，以解决当时社会制度和发展过程中的混乱问题，寻求新的社会秩序。

一、最初的道德思考

在西方哲学发展历史中，苏格拉底、柏拉图、亚里士多德等先哲都涉及对伦理的哲学思考，其贡献难以用言语赞颂。柏拉图认为，革新社会体制的市政纲领的三个方面包括：重"德治"的治国原则，经济集团的"财产公有制"，男女平等和妇女、子女的"共有"。① 柏拉图、亚里士多德和斯多葛学派都推崇德性，即与聪慧、勇敢、节制和正直联系在一起。

德行当中"善"是一个核心概念。关于善，苏格拉底一直相信知识和推理，可以用到一切人类问题上，特别是在道德领域，他认为一定存在被人们承认和接受的某种原则或标准或善，并且认定正确的思维是正确行动不可或缺的。亚里士多德认为，人类的一切行动都有某种目的，这种目的可以成为达到较高目的的手段，这较高目的又是更高目的的手段，依此类推，最后达到最高的目的或目标，这是终极的原则或至善。对个人来说，至善是自我实现，但不能被解释为个人主义。人应当时刻保证理性、感情和欲望间的正当关系，也就是要有唯理的态度。那么，什么是唯理的态度？亚里士多德认为，唯理是居中于两个极端之间（中庸论），也就是不偏执于任何一端、保持适度，这和中华传统中的中庸之道有一致性。斯多葛学派要求人们遵从自然而生活的意义，也就是顺天而为，强调理性的人类享受平等的权利，一切人同属宇宙灵魂。真正有德行的行为是有意识地导向最高目的或目标的行为，这些行为是因为清醒地了解道德原则而做出来的。无意识或无知识的行为不是德行。

与此同时期的中国，孔子述而不作，以后人编撰而成的《论语》集中反映了这位儒学先师的理念，成为中华几千年的精神主线，几乎没有中断，一直延续。孔子强调以"仁"为中心，"克己复礼"，提出了一系列的行动原则或规范。儒家以"弟子入则孝，出则悌，谨而信，泛爱众，而亲仁，行有余力，则以学文"为核心思想，提倡孝道和仁爱，突出强调"仁义礼智信、恭宽信敏惠、温良恭俭让"，并明确指出"君子中庸，小人反中庸"，以中庸作为君子的行动指南。这些关乎道德层面的理念和行为准则影响至今。

---

① 姚介厚. 西方哲学史［M］. 南京：凤凰出版社，江苏人民出版社，2005.

二、法与道德

人类社会的发展是伴随着人们对个人、群体和社会的追求与秩序的建立和完善而不断进步的历史过程。在这个过程中，面对资源有限与人类需要之间的矛盾，在提高生产率、发挥财富创造的同时，逐步完善社会制度，以法的形式固化行为准则，以德的规范辅助社会发展。

（一）对幸福的追求

对于个人来说，满足欲望或者没有欲望，都可以使人快乐。人的欲望无非是物质方面和精神方面的。从朴素的生存需求到对幸福的生活追求，人们也在不断地升级自身的欲望。每一个个体对幸福的追求演化成人类永恒的话题。

（二）对平等的渴望

在利益分配上，人类始终抱有一个对平等的幻想。在柏拉图对话《高尔吉亚》中，卡利克勒斯说"法的制定者是占人口大多数的弱者。他们制定法规，进行表扬和谴责，着眼于自己和为自己的利益威胁那些较强的和能够胜过他们的人，使其不能超越他们"。这里有一个基本假设，就是大多数人都自知自身处于劣势，所以十分喜欢平等。然而，真正的法律制定权一定不在大多数人手里，即使形式上的民主程序长期存在。这种说法表达了对处处不平等的抗争和对平等的殷切期盼与美好愿望。因此，平等对待一直是人类社会中一个美好的理想。这和我们传统文化中"不患寡，而患不均"的思想一致，历史痕迹也很明显。即使没有绝对意义上的平等，但对平等的渴望促成了诸多历史事件的发生，这已经被历史经验一次次地证明。

（三）对正义的呼唤

柏拉图、亚里士多德和斯多葛学派都推崇德性，但是如果没有正义，在富有德性内涵的词汇中都会出现"随意颠倒文字的普通意义。把胆大妄为的亡命徒看作是可爱的朋友；把谨慎温和的人说成是懦夫，认为遵从理性的人是毫无用处的庸人。人们得到信任同他的暴戾粗鲁成正比，没有人比得逞的阴谋家更卓具声望，除非或许另有聪明人，能干同样的勾当而略胜一筹"。[①] 即使是

----

① 梯利. 西方哲学史［M］. 伍德，增补. 北京：商务印书馆，1995.

被广泛认可和接受的所谓天赋人权，也仅仅是人们因其有用而同意遵守的行为规范而已。关于法和制度，一个被大众广泛接受的观点是：一切法和制度，只要能使个人安宁，即有用处，就是合理的。这就要求法律和制度应当作为正义的存在而发挥作用，为德性铺平道路，为德性保驾护航。

（四）对道德的崇拜

善是核心，善心是根本，善念是关键，善行是外在表现和终极目标。作为社会中的个体，我们生下来就是孤独的，一些事只能自己面对，而一些事情仅靠自己则无能为力，这样在这个世上才会有充分的理由去寻找别人的关怀。当然，每个人也都会付出自己的关怀。爱己者，人恒爱之①。由己及人，由人及人，由人及己，是良性社会之基础。很自然，不仅仅是物质层面需要有美德的体现，精神层面更是如此。人们期待道德行为所给予的物质资助和精神抚慰，在不同时期有着不同的内在诉求。

（五）对法律的依赖

政治制度是一切法律的基础和前提。亚里士多德根据统治者的多寡和执政目的，将各种正常政制和对应的蜕变政制分为：君主制，由一人统治；贤人制，由少数优秀的人统治；共和制，由多数人统治。并从历史经验中发现，多数人统治比一个人或少数人统治好，法治比人治好。历史也一再证明，社会的发展离不开社会规则在减少冲突、降低成本、促进发展方面的价值贡献。人们越来越依赖法律和法治。

三、个人的美德

（一）人类对美德的追求与期盼

中国哲学，强调德治，孔子宣扬克己复礼，弘扬仁义礼智信，以仁扬善。从伦理学的角度，亚里士多德认为，在实践知识中伦理学又是起点和基础，综合、升华了先前的伦理思想，继承和发展了苏格拉底和柏拉图的理性主义伦理思想传统，批评了苏格拉底将美德归结为知识，否定道德的情感内涵，认为伦理学的宗旨与目的是人的生活的至善与幸福。他对于幸福有三种

---

① 马可·奥勒留. 沉思录 [M]. 北京：中央编译出版社，2008.

看法，也是针对三种生活方式，即享乐生活、政治生活和沉思生活，追求合乎德行的生活是精神上的真快乐，而身体上的和荣誉上的幸福，仅仅是身体的和外在的善。

从德行论上看，勇敢、节制、正义和友爱是受到广泛尊重的美德。其中，所谓正义是"社会制度的首要价值，正像真理是思想体系的首要价值一样"。①亚里士多德认为，正义包括两个基本含义：一是守法，所守的法泛指成文法和一切不成文法。二是公平。守法是总体正义，法立足于并体现伦理原则和美德，法律应当是正义的，制定法律的人是以合乎美德的立法，最好地表现全体的共同利益或者统治者的利益，维护社会的共同幸福。守法意义上的正义，不像勇敢、节制等只是个人伦理德行的一个部分，而是关乎个人德行的总体。公平的正义是每个人分享或获得的利益应当等于他的应得，也就包括了分配的正义、回报的正义或者互惠的正义、矫正的正义或者补偿的正义。

苏格拉底所倡导和教导的德性，包括克己、豪爽、高尚、勤俭、耐性。其实，和孔子提倡的克己复礼、仁义礼智信、温良恭俭让、恭宽信敏惠等是没有本质区别的。事实上，中华传统文化的基石包含了若干的价值观，如感恩价值序列为天地君亲师，职业价值为士农工商学，伦理价值为仁义礼智信，社会价值为忠孝节烈恕，行为价值为道德廉耻勇，礼仪价值为温良恭俭让等。

（二）先哲的观察与警示

然而，事实上，人类在追求美德的过程中，并非一帆风顺，尤其是对个人来说，可谓荆棘密布、举步维艰。柏拉图在《理想国》中有类似的一段话：正直的人同不正直的人相比永远是失败者。尽管人类谴责非正义行为，苏格拉底也发现，当不正直达到足够的程度，则不正直比正直有力量、自由和占优势，并认为正直是强者的利益，不正直是个人的利益。先哲明察"世人无知人之明者，往往以恶人为友，善人为敌"；并警示"当真实至于至善。似乎善者而非真善者，不得谓之友"。从个体来讲，人们在追求美德的过程中，往往遭受重创。但这丝毫不影响人类社会在追求美德中持续前行。

---

① 梯利.西方哲学史［M］.伍德，增补.北京：商务印书馆，1995.

四、道德逻辑

(一) 善的性质与至善的追求

亚里士多德认为，人类的一切行动的目标就是终极的原则或至善。"凡是能够实现至善，即最大幸福的德性，都有价值，而其中主要的则是正义和仁爱。妒忌、猜疑和悲痛，造成矛盾又伤人。我们要做正当的事，不是怕惩罚，而是出于责任感。做好人，不仅不应该做坏事，而且甚至要不想做坏事"。[①]

关于德性是至善，对个人来说不能孤立地存在；个人只能通过社会活动在社会中取得这种善。而国家的任务就在于实现德性和幸福，国家体制和法的目的在于为使尽量多的人为善而创造条件，也就是社会福利。这样，就要求个人必须以个人私利服从公共福利为原则。如果所有的人都讲道理和有德性，就不必有法和国家。不幸的是，事实恰恰相反。

(二) 善与知识的关系

关于善，亚里士多德认为"善的理念是最大的知识问题，关于正义等的知识只有从它演绎出来才是有用的和有意义的"。无意识和无知识的行为不是德行。这就是说，德行一定是发自内心、经过思考的具有知识的行为。同时，亚里士多德将知识分为三类：理论知识，包括数学、自然哲学和形而上学或者神学；实践知识，包括伦理学、政治学、家政学（经济学）；创制知识，包括诗学、艺术、哲学和其他生产性的技艺。

亚里士多德认为一切证明的科学体系包含三个要素：一门科学提出要研究的主体的某个方面、领域，也就是一门科学要研究其本质属性的那个"种"，如数学以数理为种，生物学以生物为种，伦理学以行为规范为种；作为证明出发点的共同公理，包括各个学科共有的逻辑公理、各自特有公理、定义、假设、可证明为正确的命题、从假定的断定中可推得真实知识的结论；它肯定知识对象的各种属性的意义，也就是揭示知识对象所必然具备的属性，是有限系列的科学定理。

事实上，无论是爱而没有知识，还是有知识而没有爱，都不可能产生美好

---

① 梯利. 西方哲学史 [M]. 伍德，增补. 北京：商务印书馆，1995.

的人生。① 道德的实际问题，产生于同一个人或者不同的人，在同一时间或不同的时间的欲望冲突。谨慎是美好人生的一部分。超出谨慎范围之外的那部分道德，大体上而言，是类似于法律或者规则的东西。

（三）相关知识体系的建立

为了建立知识体系，我们必须清理自己的概念，了解用词的真正意义，正确地为所用的概念下定义，确切地知道我们说的是什么。而且，我们要有理由来说明自己的观点，要证明我们的论断，要思维而不是猜测，要对我们的理论加以检验，用事实予以证明，参照事实尽心修改和纠正，这才是唯一正确之路。

仅仅就概念论概念而脱离具体实际情况的结论性言语毫无实践意义，更谈不上理论意义。对虚无论断的批判，揭示出一个共识：知识涉及一般和典型，而不涉及个别和偶然。我们用看似真理的义正词严说"一个例外就可以推倒一个理论"，其实是仅仅针对自然科学领域的精确科学而言的，与社会科学毫无关系。

苏格拉底对知识和明确推理的思考怀有强烈的信心，以至于认为知识可以包治百病，甚至推广到一切人类问题，特别是道德领域，试图给人的行为找出合理的基础。苏格拉底力求了解道德的定义，发现是非的唯理原则，也就是可用于衡量的标准。他认为，知识是善，正确的思维是正确的行动必不可少的。知道什么是德性，他就会有德性。没有是非是好事，但是没有是非观念就成了大问题。认识是非不仅是理论上的意见，而是坚定的实践上的信念，不仅属于理智问题，而且属于意志问题。

对于道德，经验不是观念的来源，在经验或感官世界中没有同真、善、美那样的观念恰好相符的东西。事实上，我们是根据真善美的理想和标准来考察和观察世界的。从这个意义上讲，概念的知识是唯一的真知识。当然，知识也是思想同实在或者存在的一致性，这里必须要有一个对象。理念、观念或者概念涵括或集合许多个别事物所共有的基本特征，事物的必然的模式就是它们的本质。在罗素看来，其所处的时代的道德是功利主义和迷信的一种奇特的混合物，而迷信的部分在其中占有较大的比例。② 按照一般理解，从历史意义上

① 罗素. 罗素的道德哲学［M］. 刘烨，编译. 北京：中国戏剧出版社，2008.
② 罗素. 罗素的道德哲学［M］. 刘烨，编译. 北京：中国戏剧出版社，2008.

讲，迷信是道德准则的起源。最初，某些行为被认为是神所不喜欢的，于是通过法律加以禁止。人们需要听从先哲的劝告"使你的智慧仅仅用于正直的行动"。①

(四) 关于善的一般逻辑

把逻辑学作为构建各学科知识体系的逻辑工具与科学方法是符合客观规律的。逻辑理论的哲学目的就是科学方法论。而一切科学知识都是证明的科学，证明既是最具科学价值的三段论推理的特殊形态，又是构建与教学科学知识的主要方法，是修筑科学殿堂的坚实工具，又是科学知识体系的逻辑基础。这样我们就不难理解，逻辑学为什么是关于思维和论述的科学，即关于概念、判断、推理以及其语言表达的科学。

关于逻辑的重要性。亚里士多德提出了范畴的概念，也就是论断中最概括的形式，是任何事物所用的基本的、最一般的谓语。他列举了 10 个，有时是 8 个这样的范畴，即一个东西是什么，怎么构成的，多大，关系如何，在什么地方，什么时候，采取什么姿势或位置，处于什么状态，做什么，遭遇了什么等。也就是说，我们所观察的对象处于时间和空间中，可以衡量和计算，同其他事物存在联系，可以施予作用和承受作用，有本质的和偶然的性质。

在道德领域，没有客观真理，只有主观意见。那就需要我们必须尊重产生意见的那种能力。在任何个体的支配部分里，是否存在与理性动物的本性和气质不相容的意见就完全依赖于这种能力。不要对事物抱有一种那些错待你的人所抱有的同样的意见，或者抱有一种他期望你有的意见，而是要按其本来面目看待事物。② 实际上，知性就是判断能力，思维就是判断。康德认为有 12 种判断，主要包括全称判断、特称判断、单称判断、肯定判断、否定判断、无限判断、直言判断、假言判断、选言判断、或然判断、断然判断和必然判断。那么，关于判断的有效性，要么纯粹导源于心灵，运用于经验，并进行推演；要么来源于经验，这时知性就变成对感觉的内容使用概念的活动。时间、因果和相互作用的范畴表现在时间—秩序的模式中，即永恒、相继和同时。也就是思考某种东西存在于任何时间内（可能性范畴）、存在于一个确定的时间内（现实性）、存在于一切时间内（必然性），可能性、现实性和必然性的范畴表现

---

① 马可·奥勒留. 沉思录 [M]. 北京：中央编译出版社，2008.

② 马可·奥勒留. 沉思录 [M]. 北京：中央编译出版社，2008.

在从时间上理解的模式。

在逻辑判断中，情感是判断一切善的准则。伊壁鸠鲁提出"情感是判断一切善的准则"，将情感也确立为认识真理的一条重要准则，建立幸福生活的基本原则，将身体健康和灵魂宁静看作幸福生活的标准。[①] 我们需要时刻牢记：快乐符合人性、痛苦悖逆人性。一切存在的永恒的泉源必然是一切力量的泉源。洛克的伦理学是经验主义的，以利己主义的快乐主义为归属。[②] 经验主义者断言，快乐和痛苦是道德的导师，引起快感的，称之为善；容易造成痛苦的，称之为恶。影响人类一切行动的自然倾向或实践原则，是期望幸福、避免悲惨，这是理智的旨趣，不是理智的本性。

（五）道德的心理学解释

在心理学中，探究情感与感情问题是主要任务和重要内容。这里就存在观念联合的规律，也就是观念按一定的、有规则的次序在心灵中的联合。人学会把他的快乐同使他喜爱的东西联系起来，道德情操使人们得到许多可喜的利益，人的感情逐渐由这种利益转移到使人取得利益的东西，这样就会为德性而爱德性。

而事实上，人有无穷欲望。当人们温饱满足之后，还是其他一切欲望，特别是贪婪、竞争、虚荣和权力欲。贪婪是一种动机，即希望拥有尽可能多的财富或者财富的控制权。这种贪婪是由对生活必需品的需要和担忧引起的。尽管对财富的渴望是资本主义制度的主要动机，但它绝不是在解决温饱问题过程中的最主要动机，比它更重要的动机是竞争。尤为突出的问题是金钱崇拜。金钱崇拜指的是一种信仰，即认为一切价值都要用金钱来衡量，金钱是人生成功与否的唯一尺度。可以理解为，金钱作为唯一的标的物，以此来对人生成败作出评判。在这种世界观下，工资薪酬等收入之对于人生的重要性不言而喻。虚荣是一种有巨大潜力的动机，是人们内心深处一种最重要的欲望，引导人们的行为。权力欲是一种比贪婪、竞争、虚荣更重要的动机。满足虚荣心的是荣誉，而拥有荣誉却不拥有权力是一件相对容易的事情。当然，权力欲也有吸引人的方面，对知识的追求是由权力欲望来推动的；科技上的所有进步同样是由权力欲望推动的；政治上的改革者或许和专制君主一样有强烈的权力欲望。在这种

---

① 梯利. 西方哲学史［M］. 伍德，增补. 北京：商务印书馆，1995.
② 梯利. 西方哲学史［M］. 伍德，增补. 北京：商务印书馆，1995.

动机下，是做好事，还是做坏事，决定于社会制度，决定于个体的能力和道德水平。以个人意见，片面地诋毁权力欲是十分错误的。

当然，不管人们承认与否，在人们身上存在着某种程度的活跃的坏心，主要表现在对特定敌人的特定恶意以及对他遭遇不幸的窃喜。当然，不可否认的是这与你死我活的竞争现实有关，同时也与个人的恐惧、嫉妒和挫折有关。

五、道德追求

人类在道德领域的作为，除了法律和制度的安排及其影响以及负面的惩戒，事实上，道德倡导者的摇旗呐喊发挥着极其重要的作用。道德家的目的很单纯，就是改良人们的行为。当然，表面的方法是道德的告诫，其实真正发挥有效作用的方法是经济的赏罚制度。苦口婆心的劝告不如实实在在的利益奖惩来得直截了当。

实际上，智慧、善良、仁慈、艺术能力等优秀的品质，都毫无疑问地因科学而增强。科学技术的进步极大地改变了我们的物质世界，提升了物质使用效率，为人们的生活状态改进提供了持续性保障。人的自身品质也随之享受幸福的提高以及承受痛苦的降低而逐步提升。但这种显著性，仅仅是体现在物质方面的，节俭或许在物质丰富到一定程度时，就不再成为美德。

同时，随着人类社会的发展，对自由的探讨也越来越强烈。罗素认为，使用一些极其模糊的、抽象的词意来解释"自由"是毫无意义的。但又不得不对自由做抽象的定义，以便于人们在此基础上交流。"自由"就是不对人们实现欲望的过程设置任何外部的障碍。通过这个定义可以理解，人们通过提高追求目标的能力或者降低自己的期望水平来增加自由。当然，人们还没有达成一个共识，就是把人性作为参数放到政治中去考虑问题。外部环境为适应人性会进行调整，也会改变人性，这种相互作用的结果就是能够达到一种和谐状态。

人的道德是在社会实践中展现出来的。社会可以定义为"为着共同的目标进行合作的一群人"。要达到最低限度的自由，就是生存条件的基本满足——食物、饮料、衣物、健康、住宅以及父母的关怀等。通向自由之路存在的障碍，主要体现在物质和社会两个方面。对社会自由的干涉，使人们感到厌恶并进而引起人们的愤怒。事实上，人们并不了解别人的利益所在，更不清楚占有别人福利的想法和程度。当然，一类财富的获得必须以牺牲他人为代价，而另一类财富的获得则并不意味着别人的丧失。

关于思想自由，罗素认为，当思想不受时常出现的外部束缚制约时，它才是自由的。要做到思想自由，最基本的条件是不因观点的表达而遭受法律的制裁。然而，在现代社会，法律惩罚还不是最大的障碍，更大的障碍是经济惩罚和证据歪曲。自然，当各种信仰可以自由竞争时，思想便是自由的。

六、近代哲学精神

新时代的历史是思考精神觉醒的时期，批判活跃，反对专制主义和集权主义，要求思想、感情和行动自由。文艺复兴与宗教改革，宣扬独立思考精神。比如，在自然科学问题上，伽利略开始排斥权威和神秘的臆测，宣称一切全称命题都应该以观察和实验为基础，理想的研究方法是实验、观察和思维之上的论证。启蒙运动推崇知识、科学、艺术、文明和进步。卢梭把科学、艺术看作是奢侈怠惰的产物，是道德败坏的根源，粗暴地动摇了启蒙运动的骄傲和自信，主张回到自然的淳朴天真状态中去。[①] 卢梭认为，唯有善良的愿望具有绝对价值，强调情操作为精神生活因素的重要性，否定理性的发展能够使人完善。人本来平等，社会有了私有制，才使得人不平等。在国家论上，卢梭认为，一切人类政府的目标是福利，人民最高的福利是精神上的福利，他们推崇建立统一、独立、自主的国家。在新政治学中，卢梭提出了契约论、人民主权和统治者的统治权等概念以及关于自然法和天赋人权的思想。

（一）自由与自由意志

如果有人从事物的根源来考察，对于这些事物就像对其他事物一样，我们将获得最清晰的认识。[②] 在政治上，卢梭以人民直接参政（创制权和复议权）代替代议整体。卢梭在《社会契约论》中认为，社会是建立在契约之上的，个人为了公民权的自由而放弃个人的自由，公民权的自由为公共意志或人民的道德意志所制约。[③] 同时，提出要根据人类的实际情况和法律可能出现的情况进行探讨，看是否能在社会秩序中找到某种合法的和妥当的政府行为的规则。

人生来是自由的，但却无处不身戴枷锁。亚里士多德说过：人不是天生平等的，有些人生来就是做奴隶的，而另一些人天生就是来统治的。[④] 但是，他把因果关系弄颠倒了。即便是最强者，如果他不把他的强力转化成权力，那么

---

① 卢梭. 社会契约论 [M]. 北京：商务印书馆，2017.
② 亚里士多德. 政治学 [M]. 北京：中国人民大学出版社，2003.
③ 卢梭. 社会契约论 [M]. 北京：商务印书馆，2017.
④ 亚里士多德. 政治学 [M]. 北京：中国人民大学出版社，2003.

服从就转化成义务了，他就不可能强大到足以永远当主人。当然，强力是一种物理力量，人们向强力屈服是一种必要的行为，而不是一种意志行为，顶多只能是一种明智的行为。关于自由意志，在洛克看来，自由的观念不是意志或者爱好，而是根据心灵的选择或指导，人有做或不做的力量。当然，最有压力的不安自然会影响甚至决定着人们的意志，不受约束的自由从来就不曾存在。

洛克认为一些人形成社会，从而使那个社会成为一个整体，具有像一个整体那样行动的权力，而这种权力是由大多数人的意志和决定构成的。统率立法权的要旨是保全社会，而且要同公共福利相符合，同时还要保全每一个人。立法权至高无上，一旦赋予人立法权，在他那里便是神圣不可更改的；任何别的人的命令不经过公众所选择和委任的立法权的批准，都不具有法律的力量和强制性。

（二）契约秩序与道德性

人类从自然状态一进入社会状态，他们便发生了一种巨大的变化：在他们的行为中，正义代替了本能，从而使他们的行为具有了他们此前所没有的道德性；只有在义务的呼声代替了生理的冲动和权力代替了贪欲的时候，此前只关心自己的人才发现他今后不能不按照其他的原则行事。这时，他就从一个蒙昧的和能力有限的动物变成了一个聪明的生物，变成了一个人，一个社会中的人。

根据社会契约论，关于财产权，对一个国家的成员来说，国家是他们的一切财产的主人；但对于其他国家而言，国家便只能根据它得自个人的最先占有权，才能成为财富的主人。关于主权问题，卢梭认为，既然主权是公意的运用，那它就永远是不可转让的；主权者既然是一个集体的存在，那就只有它自己能代表它自己，权力可以委托他人行使，但意志不能听任他人支配。关于个别意志，卢梭认为，由于其本性而总是倾向于偏私，而公意则总是倾向于平等。公意和众意往往是有很大区别的，公意只考虑共同的利益；而众意考虑的则是个人的利益，它是个别意志的总和。因此，为了使公意能更好地得到表达，就不能允许国家之中存在小集团，并让每个公民按照他自己的想法表达自己的意见。实际上这并不现实，权利平等和所产生的正义观念是由于每个人的偏私所产生的；公意要真正成为公意就应当在它的目的和本质上是公正的，它必须来自全体，才能适用于全体。从这个意义上讲，公意是契约秩序的基础，也是道德性的具体体现，人只有按照公意行事，才能成为合格的社会人。

（三）权威与契约规则

任何制度都需要权威推动。在现实生活中，人们服从权威。如果是强力，人们不会违反它，但强力不构成权力，人们只是对合法的权威才有义务服从。即使征服者有这种可以任意屠杀的可怕的权力，但卢梭认为一个由战争造成的努力或一个被征服的民族，除了被强迫服从以外，对其主人便无其他的义务了。[①]

事实上，被动的服从除了秩序以外，对效率毫无帮助。压制一批人和治理一个社会之间是有巨大差别的。按照原始的约定，如果人们只是聚合在一起，而不是结合在一起，他们之间没有共同利益，也不构成一个政治体。人们是采取何种行为而使自己成为人民，这一行为必须先于统治者产生的行为才能构成社会的真正基础。如果没有事先约定的话，除非选举的结果是全体一致的，否则，少数人何以必须服从多数人的选择呢？少数人服从多数人这个法则，其本身就是一种约定，表明至少一次是全体一致的。这也是为什么有些决策需要以全票通过为原则、有些决策需要以多数通过为原则的基本前提。"创建一种能以全部共同的力量来维护和保障每个结合者的人身和财产的结合形式，使每一个在这种结合形式下与全体想联合的人所服从的只不过是它本人，而且同以往一样的自由"[②] 是社会契约所要解决的根本问题。

卢梭认为，社会公约一旦被破坏，每个人便立刻恢复原来的权利；只要失去约定的自由，就可以收回早先为了取得约定的自由而放弃的天然的自由。[③] 也就是说，社会契约已经让每个结合者以及他所有的一切权利全部转让给整个集体了。这里需要注意的是既然每个人都把自己奉献给集体，这个条件对大家都是同等的，不存在例外；由于转让是毫无保留的，联合体就必然尽可能完美，使每个个体没有什么额外要求，个人必须服从整体或集体；由于每个人都是把自己奉献给全体而不是任何个人，每个人获得的权利与让渡的权利相同，且互相之间没有牵扯。

（四）法律与民主制

法律在契约社会的地位是明显的。有了社会契约，政治共同体就有了生

---

① 卢梭. 社会契约论 [M]. 北京：商务印书馆，2017.
② 卢梭. 社会契约论 [M]. 北京：商务印书馆，2017.
③ 卢梭. 社会契约论 [M]. 北京：商务印书馆，2017.

命，通过法律使它运作起来并表达其意志就成为重要的事情。当然，事物之所以美好和符合秩序是由于其性质使然，而不是由于人类的约定。但如果没有自然的制裁，正义的法则就成为一句空话。因此，为了把权利和义务结合起来，使正义达到它的目的，就需要有约定和法律来加以推行和维护。法律可以约定某些特权，但它绝不能明确规定把这些特权给予哪个具体的人；法律可以把公民分成几个等级，甚至规定取得各个等级的权利的资格，但绝不能指明某人可以列入某个等级。服从法律的人们应当成为法律的制定者；规定社会条件的，应当是结合成社会的人们。因此，立法既是一项超出人的力量的事业，而在执行方面它又是一个无形的权威。

制定法律的人比谁都更清楚应当怎样执行和解释法律，因此就显得似乎只有把行政权和立法权能够结合在一起的体制才可能是最好的体制。然而，事实上，由制定法律的人去执行法律是存在问题的，也就是把带有普遍性的事物转向个别事物是有区别的。现实也证明，这样做的结果，要么出现能力不足的问题，要么出现法律权力滥用的问题。卢梭认为，真正的民主制从来就没有过，而且将来也不会有。多数人统治少数人，这是违反自然秩序的；让人民经常不断地集合起来处理公共事务也是不可想象的。当然，随着经济社会发展和社会实践的深入，以往的经验和结论一定会有所改变。从另外一个角度讲，没有任何一种政府形式适合于一切国家。对于企业来说一样，没有对所有企业都适用的内部控制体系模板。诉求的不同，对好政府的评判也就不同。臣民们希望公众平安，公民们则要求个人自由；一个宁愿财产有保障，另一个宁愿人身有保障；一个认为最好的政府是最严厉的政府，另一个认为最好的政府是最温和的政府；一个主张惩罚犯罪，另一个主张预防犯罪；一个认为为邻国所畏惧是好事，另一个则喜欢最好是不为人知；一个巴不得日进斗金，另一个最大的愿望是有饭吃。诸如此类的诉求差别会影响政府的模式设计和效果。

个人主义的观点也体现在重农学派，如魁奈的经济理论和亚当·斯密的《国富论》中有所体现。新的政治经济学是建立在个人在经济领域内有进行活动的天赋权利，社会应尽可能少地给予干预，也就是放任主义。这种思想肯定了自由竞争，取消不合人情的限制，其中包括垄断或特权，实行自由交换，保护契约和财产，开明的自利就不仅仅能实现个人利益，还能实现公共福利。放任主义是天赋人权的一种具体表现。

七、对不同意见的宽容

从功利主义的角度来看，没有人在乎过程，在意的只是结果。对个人来讲，在一个人的成长过程中，是多少人对过错的宽容才造就了今天的自己。同时，就如奥巴马 2020 年在与市长们沟通时所讲，身边聪明的人越多，你在回答问题的时候就能少些尴尬，作出的响应也就越好。其实，对于企业来说，市场和消费者的宽容是不可想象的。

对于国家而言，国家越有自信，越不会限制人民的表达自由。对于个体而言，越有控制力的领导就越不怕下属的不同意见。兼听则明，不能只是说说而已，要让所有的人都能做到，尤其是具有决策权的人。一个批评者对于一个现代社会而言意义重大，我们不要把批评者当作敌人，很自然，批评也需要以保守底线为原则。

第四节　道德推理过程

近年来，公司准则逐步盛行，但是我们不能指望公司准则会对道德推理过程进行详细介绍，这些公司准则可以参考通用的道德原理。[①] 而思考是一门艺术，对道德问题的思考更是一个难题。我们习惯了约定俗成，习惯了人云亦云，习惯了上级意志，习惯了权力和权威。这些为道德领域的思考不知带来了多大的困惑，让思考者望而却步、悄然转身，让质疑者退避三舍、三缄其口。

而事实上，没有哪个职业能够脱离道德责任的约束。专业人士除了具有特定的专业知识，还应致力于独特的服务理念，肩负着社会其他成员不承担的道德义务。而独特的服务理念和个人利益冲突是显而易见的，道德问题层出不穷，例如，贿赂、佣金、礼物；告密揭发；误导营销和欺诈营销；性别歧视与性骚扰；隐私权；攻击性广告；环境保护，包括气候变化；平权行动与优惠待遇等。

马克·帕斯丁（Mark Pastin）在其著作《管理难题：获得道德上的优势》中认为，大部分高效率公司的企业文化都较弱，但是道德标准很高。[②] 企业文化就是在历史发展过程中创建起来的规则与传统，被当作企业内的做事标准和

---

① 布莱恩·格雷厄姆. 思考是一门艺术［M］. 张振成，王亦兵，译. 北京：新华出版社，2018.
② 布莱恩·格雷厄姆. 思考是一门艺术［M］. 张振成，王亦兵，译. 北京：新华出版社，2018.

行为指南。帕斯丁认为，企业文化通常是不理性的，带有保守性质，是在用过去来评判未来。如果一家公司想要具有创造性的应对变化的能力，那就必须能够学习、能够质疑那些看上去不可置疑的事情。文化可以突破，而道德标准不行！不能在道德标准上，就如同九斤老太所说的一代不如一代。

帕斯丁同时还坚持认为，"如果你想要改变所在组织机构的文化，那就应该从讨论道德规范入手"。最为成功的公司总能找到正确的道德规范，并大量拥有员工的技能、想象力和创造力的智力资产。

那么，如何加强员工对公司的忠诚度，不让他们另谋高就呢？答案就是让公司成为更有道德的雇主，坚信管理层会善待他们，会让他们的辛勤劳动和创造力得到应有的认可和报酬。企业做得越好，员工就越能保持对公司的忠诚度，并乐于毫无保留地为公司的发展贡献。其中的关键词就是信任（Trust），这也是企业内部控制价值主张中忠诚的基础。

在这种情况下，自我调节的市场机制与追求自我利益最大化的原始驱动力带来的现实问题，直接引发思考并恢复了我们对价值追求的崇尚。对于道德思维来说，大体可以分为生成观点、组织观点、设计解决方案、评估解决方案等内容。

一、思考模式

我们经常会碰到的最棘手问题是和别人的交流无论如何都进行不下去。这时候，对牛弹琴这个成语或许会时常浮现出来。当然，也有与此相对的，就是很多牛对你弹琴。追究其根源，除了知识的缺乏或不对称之外，更重要的是不在一个语系或者一个逻辑体系下交流。我们可能会问，难道他没有逻辑吗？不是，只是他的逻辑和你不同而已。没有逻辑、没有知识、没有思考，人的日常交流还勉强可以应付。但如果没有思考或者说不会思考，对一些严肃的、重要的话题，尤其是对机构的而不是对个人的，这种缺陷的放大效应就会凸显。

那么，如何思维、提出问题、生成观点就需要认真面对。对于个体来说，概念性思维、创造性思维和明辨性思维就要按照各自规律来加以培养和训练，并在实践中加以应用和强化。事实上，让人们"思考什么"比"如何思考"更加容易。人们习惯了"做事"而常常忽视"如何做事"。摆脱权威的奴役，超越传统的智慧，坚持独立的思考，才是所有良好结果的前奏和必要基础。

（一）人类的自我辩护

一切事物都有其存在的道理。人类在适应自然和社会的过程中，必然遭受对创新冲动的惩罚或重创。人们不是天生的、谨小慎微的保守主义者，其最高原则是生存而不是寻求真理。在这种背景下，人们便成为不假思索、例行公事的思考者，将无可争议的行为标准和既定的行为模式视为指导原则。当然，人类的觉醒是在自然挑战下开始的，一种自由倾向的宗旨就是拒绝接受传统的权威，相信个体的理性神圣不可侵犯。与此同时，另一个极端现象也逐步显现，就是"行动优于思想"，呼吁大胆做，重视实干家，轻视思想家。在实践中，确实存在一批成功人士，他们的共同品质包括果断、有干劲，甚至冷酷无情。人们在乱世中盲动的偶然成功一直刺激着有感觉的社会人，或慨叹，或愤懑，或热血沸腾，或呼唤神灵。其实，在决策和反应方面，我们并没有比原始人进化多少。

现实中，一个可行的方案就是培养人们的概念性、思辨性、创造性思维，以便于达到对概念和问题进行分析，对需要解决的问题有更加清晰的认识；提出自己的观点，并综合不同的观点和证据，从不同的角度认识问题；用不同的方法来解决问题，态度坚决、有理有据、令人信服地陈述观点，使人们逐步变成真正的思考者。

（二）正确的思维方法

那么，我们如何进行思维呢？这就要从实际出发，针对问题设计解决方案而不是寻找解决方案。这样，面对信息不完善、事物处在变化之中的实际情况，需要及时、动态地填补信息空白并进一步阐析信息，分析发现问题实质。在这个过程中，要坚持几个简单的原则：一是容忍不确定性原则，学会质疑那些被视为理所当然的事情；与他人共情、换位思考，间接地体会他们的想法和情感；就同一问题，除了能够陈述令人信服的观点，也能够令人信服地陈述对方的观点；运用专业知识和技能，弥补不确定影响，作出正确决定。二是暂缓判断原则，即使对所持观点的可靠性有十足的把握，也要有质疑精神，暂缓决定，思考观点的前后一致性、特定概念的所有内涵的涵盖程度、语言和论证的契合、证据和结论的必要支撑，这是优秀思考者必备的素养。三是天真地对待一切，承认"人类的智慧始于承认自己无知"，对事物要有敬畏之心，有一种如履薄冰、如临深渊的恐惧，才不会遗漏什么重要的要素。四是留出思考空间，人们往往为庶务所累、妨碍和阻止了自己的思考，把大脑清理出来，知道要思考什么、从哪里开始，执著于一件事情、厘清相关问题、寻求思考的答案。

一个完整的思维方式首先从问题出发，要清楚地了解问题是什么性质的，如事实问题、价值观问题、概念问题，抑或是综合问题。同时，要对问题进行优化，尽量避免掺杂事实、价值观和概念的多因素问题，而且与需要解决的问题紧密相关，可以提出不同层面的方案。在判断问题、优化问题的基础上，就要分析的问题，从事实、价值观、概念三个维度去分析。同时，从不同层面看问题，也就是从总体层面和个体层面来分析如何看待问题。最后的落脚点是结论，即解决问题的方案。实际上，大部分解决方案在一步一步、循序渐进的问题梳理、分析判断的逻辑推理过程中已经悄然产生。看似先有了结果，其实是一个具有创造性的过程。这样，思考就可以描述为一种像逻辑思维和数学思维那样严密的过程。

当然，在我们回溯科学重大发现的时候，那种按部就班、步骤清晰的似乎一切尽在掌握的架势，总是那么让人神往！实际上，却是个误导。现实没有那么美好，到处碰壁的无助、希望与失望的交织、误打误撞的成功欣喜，构成了丰富多彩的画卷。在思考过程中，也是一样，生成观点贯穿始终。思考就是在想法和观点之间建立连接，思考的品质取决于所发现的关系以及所建立起来的连接。思考的过程就包含了发现因果关系，生成观点。就具体的思维方式而言，主要有概念思维、创造思维和明辨思维三种。

关于概念思维。我们的生活中，无时无刻不在下定义！那么，我们所谓的概念就是对特定事物的一般性分类，将具有共性的"所有"事物划至某个观点或原则旗下。对于共性的认识就构成了概念。概念本身就是一种逻辑思维的结果。概念思维就是以形成概念作为核心的。而概念又分为封闭式概念和开放式概念。封闭式概念的结构受逻辑必然性的影响和制约，开放式概念则随着环境和体验而不断发生变化。

概念性思维可以分为三步，第一步是收集典型案例，观察概念是如何被使用的？我们研究的问题中概念是指什么？还要区分概念和其他相似概念的区别到底是什么？第二步是分析典型案例，寻找共同点，从具体案例中分离出来，然后再组合集中起来称为新的概念。第三步就是检验概念，认识和理解内涵和外延，发现特例并加以处理。最终实现用现有概念综合描述或阐述观点。

关于创造思维。我们可以用类比法和结构修改法去思考问题，创造性地解决问题。类比法就是要摆脱常规思维模式、忘掉历史和自我，从事物的本源出发，做有效的类比，以期获得创造性的结论。结构修改法有通过拆分、重组、重新解释等改变结构，有转换使用方向（上下、里外、前后）来使用结构，有调换出发点来使用结构，有创建新的结构（改变基本概念、将已有的结构组合起来）等诸多方式，来实现创新和创造。创造性思维在本质上是一种破坏性思维，通常要抛弃自己的文化传统和习俗。

关于明辨思维。优秀的思考者一定会在思考过程中对自己的思考进行再思考，也就是自省能力和思辨能力。提高思辨能力必须具备几项基本素质，主要包括：处理逻辑和语言之间的张力而产生的所有问题；对问题进行评论和讨论，从最常用的角度去看待问题；用演绎法和归纳法进行理性分析；评估证据并从中得出可靠的推论。实践中，要时刻审视论证的有效性、证据的充分性以及语言的准确性。

二、道德思维之生成观点

有一种常见的观点认为，道德纯属个人见解，属于个人主观意识，缺乏客观性或绝对性，无法用于仲裁两个相互矛盾的观点。而且，大多数人认为道德只不过是个人的意见和品位，是每个人特定价值观的体现。但是，上述观点和其他类似的观点一样都忽视了一个基本事实，那就是道德思维和其他信访室的思维并没有什么两样，我们都会在这方面表现很差、都会犯错误。例如，我们倾向于教条主义，用道德的刻板印象看待一切，观点找不到合理解释的时候就诉诸权威，以及经常过于草率地作出批判等。

道德思维中，生成道德事实是一项重要的工作。生成道德事实①，就要暂时搁置所有批评，收集他们的偏好、利益和需求，从不同视角、不同层面分析整理所有利益相关者在规范化问题中下的结论。其中，各类规范化问题都可以归结为正义、权利、价值观、美德以及后果。

在生成道德事实的基础上，就可以引导思考，形成道德观点（如表 5 - 1 所示）。我们应当关注特别义务，也就是对于直接施加或直接接受影响的各方是否有什么特别的义务？特定义务是特定的从业人员必须有特定的职业义务要求，如医生要保护患者的隐私、记者要尊重爆料者或私下表达观点者的隐匿权、律师与客户之间对话的法律保护的机密性等。在更加广泛的领域，如商业

---

① 布莱恩·格雷厄姆. 思考是一门艺术［M］. 张振成，王亦兵，译. 北京：新华出版社，2018.

领域，如客户永远是对的，公司对股东有特定的义务，对社区和环保等有特定的责任等。

表 5 – 1 观点生成表：规范化问题①

不干涉：如果我什么都不做，顺其自然，会发生什么？这可以接受吗？					
正义	权利	价值观	美德	后果	
				直接后果	间接后果
1. 与他人相比，我是否受到了不公正对待？	1. 公司的提议是否减少了我将来的选择余地？	1. 在社会、经济、文化价值观等方面会产生哪些影响？	1. 这会降低我们独立自主的程度吗？	1. 直接受影响的人有可能会因此变得更高兴吗？	1. 对间接受到影响的人来说，会有哪些后果？
2.					
3.					

观点生成表可以帮助我们厘清关系，在这个过程中，要有同理心、想象力，并考虑普遍性，要有推己及人与换位思考的意识和能力。

三、道德思维之组织观点

组织观点就是在生成观点以后，必须进行组织和结构化处理，从个别到一般，从规范化问题到规范化原则。我们所生成的每一个规范化问题都反映了内在的规范化原则。如表 5 – 2 和表 5 – 3 可以将一个案例（护理员工作中遇到的问题）中的规范化问题映射到规范化原则。

表 5 – 2 规范化问题与规范化原则的映射②

规范化问题	规范化原则
免受伤害及远离受伤害的恐惧	安全权利
受教育的机会	正义：平等机会

① 布莱恩·格雷厄姆. 思考是一门艺术［M］. 张振成，王亦兵，译. 北京：新华出版社，2018.
② 布莱恩·格雷厄姆. 思考是一门艺术［M］. 张振成，王亦兵，译. 北京：新华出版社，2018.

表5-3 相关方、规范化问题与规范化原则①

相关各方	规范化问题	规范化原则
护理员	1. 作出决策前都应当先听听她的说法； 2. 应该知道别人说了什么； 3. 如果所受指控未经证实，就不该失去工作； 4. 她应该关注，照顾别人的情感。	正义 知情权 正义：机会 正义：程序 尊重个人的尊严 普遍性

在相关各方、规范化问题与规范化原则建立映射关系后，建立问题与原则的转换表。这就需要明确不可重写的原则，主要包括普遍性、尊重个人的尊严和自主权。普遍性就是我们在做任何道德评判的时候都必须让所有处于类似情况中的人均根据同样的判断行事。尊重个人的尊严就是我们希望别人怎样对待自己必须怎样对待别人，对自己赋予最高的内在价值也就必须赋予别人同样的内在价值。自主权就是我们在达成自己的目的时拥有自主权。

可重写的原则就是在不同的情况下根据其重要性进行选择，以期获得道德解决方案。

表5-4 转换表：规范性原则②

不可重写的原则	可重写的原则				
	正义	权利	价值观	美德	后果
1. 尊重个人的尊严 （1）有没有无视所涉及每个人的内在价值？ （2）有没有将他们当作手段而不是目的？	1. 机会 机会平等 社会平等	1. 个人 知情权 隐私权 言论自由 财产权 安全权 生命权	1. 个人幸福 教育 健康 安全 就业	1. 中世纪 （1）七美德：诚信、希望、仁慈、谨慎、节制、正义、坚韧 （2）七宗罪 傲慢、暴怒、嫉妒、色欲、暴食、贪婪、懒惰	1. 每个人的行动都有哪些利弊？

① 布莱恩·格雷厄姆. 思考是一门艺术［M］. 张振成，王亦兵，译. 北京：新华出版社，2018.
② 布莱恩·格雷厄姆. 思考是一门艺术［M］. 张振成，王亦兵，译. 北京：新华出版社，2018.

续表

不可重写的原则	可重写的原则				
	正义	权利	价值观	美德	后果
2. 普遍性 （1）我们是否能坚持在类似情况下所有个人和组织均以同样的方式行事？ （2）不论担任什么角色，我们是否能够做到不计得失地对自己施加同样的决定？ （3）我们是否愿意用我们对待他们的方式来对待自己？	2. 分配正义 公平分配利益和责任	2. 公共 子孙后代的权利 拥有干净环境的权利 教育权 享有平价医疗服务的权利 享有公共安全的权利	2. 社会政治 自由市场体系 民主价值观 环境	2. 现代 独立、自力更生 责任感、自律 努力、谨慎、坚韧、友爱、同情心、仁慈、敏感、慷慨大方、慈善 诚实 忠诚、可信	2. 对直接和间接受影响者的影响有多深、多广？
3. 自主权 涉及的人有没有被剥夺自主决定和选择的自由？	3. 惩罚 正义对其进行应得的惩罚	3. 一般原则 诚实原则 忠诚原则 保密原则 合法原则	3. 经济 自由企业竞争 有限政府干预 选择自由 消费者主权	3. 人际关系中的关爱 耐心 培育 信任 诚信 支持而不霸道	3. 受影响的人数有多少？
	4. 程序 提供正当程序的公平机会		4. 认知 限制信息操纵 诉诸理性		4. 是否有人因他人受损而得益？
	5. 补偿 为造成的伤害提供公正的赔偿		5. 文化/艺术 环境 尊重他人 尊重传统 控制公共环境		5. 这是短期后果还是长期后果？

四、道德思维之设计解决方案

几乎每一个重大的道德问题两边都有好的一面，并不是简单的善恶与对错之争。最佳的解决方案能够在任何情况下将价值最大化，能够满足有关各方尽可能多的喜好、利益和要求。

这就要求有一个主导性的规范性原则。如果有，就要考虑其他原则加起来的重要性是否超过主导性原则，如果没有或者不如加起来的重要，就要考虑如何综合、协调尽可能多的原则。

不像数学思维、科学思维、逻辑思维那样，我们大多数人没有接受道德思维的训练，而是直接学习道德准则，学习在适当的情况下直接套用简单的道德处方。道德问题十分复杂，相关各方在某种程度上都有自己的道理，都是对的。为了作出最佳决定，我们必须设计出一个解决方案，而不是直接套用标准模板。

在设计解决方案之后，我们就要对方案进行评估。评估包括论点、论据以及语言等方面。在论点上，我们要考虑论点的构成，看是否有遗漏、是否将事实与价值观混为一谈，并讨论论点间的关联，尤其是在限定词与词汇的处理上。在论据上，要进行思想实验，将价值观的信念转化为价值观，运用想象力身处受影响之人的环境中、站在他们的立场上，体验我们提议之事所造成的影响，并考虑论据的描述是否能准确表达准确性的影响，这就要求有充足的样本、典型的样本，避免夸大或低估影响；从论据能够推理出相关结论，可以采用类比法，但不能存在刻板印象①、稻草人谬误②、片面辩护等问题。在语言上，要求明确和一致，强调专业术语和抽象概念的正确使用，避免鼓动性语言、窃取观点和语言模糊等现象。

从生成观点到概念性思维、创造性思维、明辨思维，道德决策的过程有时看上去十分复杂，要求有效率的道德思考者提升技能，完成相关工作。

五、企业伦理对企业约束的逐步强化

如人之于社会，企业作为社会组织，在参与社会活动和开展生产经营管理活动的过程中，很自然地受到外部的约束和影响，并在某些方面强化自身的内在特质。企业这时已经具有了一定的"人格"，要有道德约束，承担社会责任，追求高尚。

对人来说，如曾子曰：吾日三省吾身：为人谋而不忠乎？与朋友交而不信

---

① 刻板印象主要指的是人们对某一类人或事物产生的比较固定、概括而笼统的看法，对社会信息加工起到很大的影响作用，既有积极的一面，也有消极的一面。

② 稻草人谬误是一种错误的论证方式，是指在论辩过程中，有意或者无意地扭曲理解对方的立场以便更容易地攻破对方，或者回避对方较强的论证而攻击其较弱的论证。

乎？传不习乎？企业亦是如此。只不过内省的东西有所差别而已。现代社会对企业的道德要求越来越高。实际上，从全球范围看，大多数企业都在董事会设立道德委员会来统一领导和解决企业伦理问题，包括内部道德责任和外部社会责任，建立相应的工作机制，保障企业履行相关社会义务。

第六章　应用框架

内部控制自身有其发展规律可循。从远古控制到现代意义，从外在约束到内在动力，与现代文明一道，逐步发展和完善。内部控制应用框架是随着经济社会发展与企业经营管理变化，对内部控制发展规律的普遍意义上的总结，是指导任何形式的企业开展内部控制建设的理论应用和实践指南。

第一节　内部控制的产生与发展

一、从古代到现代

（一）古代内部牵制

尽管内部控制的概念被认为是在 20 世纪确定下来和不断完善的，然而在人类社会经济发展史中，早已存在着内部控制的基本思想和初级形式。在公元前 3600 年的美索不达米亚文化的记载中，就存在粗糙的财务管理活动，记录员要核对付款清单，并在付款清单上打上点、钩、圈等核对符号，表明检查账目工作已经完成。①

公元 600 年左右，古埃及在记录官、出纳官和监督官等官员之间建立了比较完善的内部牵制制度。谷物进出仓库，须经记录官、出纳官和监督官几道环节，他们各负其责，互相监督，以防差错和舞弊。记录官在王宫、国库神殿、大农庄等处管理经济收入事项，负责监督行政部门；监督官对各项收入实施监督。同时，配备在仓库工作的官员，负责管理仓库，分发仓库的收支命令，没

---

① 宋蔚蔚．内部控制理论与实务［M］．北京：清华大学出版社，北京交通大学出版社，2010．

有监督官的证书，任何东西不得出库，连官吏向国库领取每年的燃料也是一样；审查记录官编制的计算书，如发现差错和舞弊，轻者处以笞刑，重者处以断肢或死刑。国库长官，一方面负责根据国王的命令授予祭神贡品，发放官吏的工资；另一方面，到各地监督国库收入征收。出纳官的主要任务是监督贵重物品的运输。而且，国家规定，纳税收据必须经两名官吏共同签署生效，以便于互相牵制。

古罗马帝国宫廷库房采用"双人记账制"，每一笔财产收付要有两个记账员同时记录，然后定期或不定期（周末、岁末）地将两个账本进行核对。古希腊官吏提交会计账册，让审计官审查已蔚然成风。官吏在任期完结时，要对经手的钱财进行稽考交接，对身居高位而又肆意践踏法律的官吏，实行流放。13 世纪初，佛罗伦萨诞生了复式记账法，利用各账户间内在的对应牵制关系，进行互相核对，这成为检查账户记录正确与否行之有效的方法。

我国内部会计控制的思想，最早见于《周礼》一书。朱熹在评述《周礼理其财之所出》一文中指出："虑夫掌财用财之吏，渗漏乾后，或者容奸而肆欺……于是一毫财赋之出入，数人之耳目通焉。"其实，在西周时期，地方官员向朝廷汇报一年政绩的上计制度已萌芽。① 到了秦代，已经实行了严密的上计制度和御史监察制度。西汉时期，上计制度进一步完善，通常由丞相主持，皇帝亲自受计，规定各级地方政府将辖区内的户口、垦田、钱财、谷物变化情况编成簿册，层层上报，并且要经常呈报皇帝审查。

宋太祖时期，朝廷实行了奇特繁杂的官职制，实施"官职分离""职差分离"等措施。官是虚名，职才是实际的官；职不一定是职务，只有差遣即通过授权才有职务，才具有实际的职权和事权。如"始于各州府置通判……通判州府副长官，有监察所在州府官员之权，凡民政、财权等事务文书，都须知州或知府与通判连署，方能生效"，从而起到互相牵制、防止舞弊、分化地方权力、巩固中央集权的作用。苏轼第一次到杭州任职，担任的就是杭州通判。同时，宋太祖时规定的"主库吏三年一易"，近似于现代的岗位或职务的轮换制度，以防监守自盗。②

---

① 上计制度是古代考绩制度之一，始于战国，秦、汉日臻完善，两汉体制最为完备，有常课、大课和会课三种形式，长官课掾属、逐级逐层考课两大系列。上计内容包括户籍财政、治狱惩盗、宗室名籍、边戍状况、地理行政、劝课弄桑等方面。

② 李凤鸣．内部控制学（第二版）［M］．北京：北京大学出版社，2012．

（二）现代内部控制

20 世纪初期，由于筹资的需要，企业需要向证券市场定期报告财务状况和经营成果以及所实施的内部控制，只有这样，投资者和债权人（购买并持有企业债券的人）才能有效评估企业的安全性和健全性，并以此作出相应的投资决策。

1934 年，美国《证券交易法》指出，证券发行人应设计并维护一套能为以下目的提供合理保证的内部会计控制：（1）交易的记录必须满足公认的会计准则或者其他适当标准编制财务报表和经管责任的需要；（2）交易根据管理部门的一般授权和特殊授权进行；（3）接触资产需要经过管理部门的授权；（4）按照适当的时间间隔将财产的账面记录和实物资产进行核对，并针对差异采取适当的补救措施。

美国麦克森·罗宾斯案件①是内部控制发展史上的一个里程碑事件，它直接促成了注册会计师职业界对内部控制的关注。美国证监会成立了一个专门的委员会对此事件进行调查，发布了题为《审计程序的扩展》的报告，其中提到关于内部控制的研究："审计中所有基本的、关键的问题……被许多会计师完全随意地对待……我们认为有必要对企业内部牵制和控制系统进行全面了解。"

1949 年，美国注册会计师协会（AICPA）所属的审计程序委员会（CAP）首次发表了对内部控制的研究报告——《内部控制——一个协调系统要素和它对于管理层和注册会计师的重要性》，首次给出了内部控制的定义，即内部

---

① 1938 年初，长期贷款给罗宾斯药材公司的朱利安·汤普森公司，在审核财务报表时发现两个疑问：一是制药原料部门是一个盈利较高的部门，但一反常态地没有现金积累，且流动资金未见增加，还要依靠调剂资金以维持生产；二是公司董事会曾经决议，要求公司减少存货金额，但 1938 年底存货反而增加了 100 万美元。汤普森公司请求官方协调纽约证券交易委员会调查。调查结果发现：一是 1937 年 12 月 31 日的合并资产负债表总资产 8700 万美元，其中 1907.5 万美元的资产是虚构的，包括存货虚构 1000 万美元，销售收入虚构 900 万美元，银行存款虚构 7.5 万美元；二是 1937 年合并损益表中，虚假的销售收入和毛利分别达到 1820 万美元和 180 万美元。汤普森公司认为其所以给罗宾斯公司贷款，是因为信赖会计师事务所出具的审计报告，要求沃特豪斯会计师事务所赔偿全部损失。但是，会计师事务所认为执行审计遵循了美国注册会计师协会在 1936 年颁布的《财务报表检查》中所规定的各项规则，拒绝赔偿。最后，在证券交易委员会的调解下，会计师事务所把历年审计费用共 50 万美元作为对汤普森公司债权损失的补偿。这个事件让审计人员认识到，审计是存在风险的，但企业内部人为造成的，则审计人员不应对此负责；同时，还认识到，建立科学、严格的公认审计程序，使审计工作规范化，可以有效地保护尽责的审计人员，免受不必要的法律指责。

控制包括组织计划和所有在企业中被采用的协调方法，目的在于保护财产，检查会计资料是否正确可靠，提高营运效率并且促进管理政策的贯彻——这被认为是现代内部控制出现的标志。

1958 年，美国注册会计师协会审计程序委员会（CAP）发布的第 29 号审计程序公报《独立审计人员评价企业内部控制的范围》将企业内部控制分为内部会计控制和内部管理控制两类。这一提法也是现在人们熟悉的企业内部控制"二分法"的由来。20 世纪 70 年代中期，与内部控制有关的活动大部分集中在制度的设计和审计方面，重点在于改进内部控制制度的方法和提高审计的质量和效率效果。1973—1976 年，对水门事件的调查，使美国立法机关与行政机关开始注意到内部控制问题，发现过去一些美国大公司进行了违法的国内捐款、可疑或违法的国外支付，包括贿赂外国政府官员等。在美国证监会的自愿披露程序下，200 多家公司揭示了不道德交易，发现数年内有问题的外国交易已达 2 亿美元。为此，美国国会于 1977 年全票通过了《反海外贿赂法》，旨在制止美国公司与外国交易的不道德行为，同时敦促美国公司保持充分的内部控制，公众公司要建立健全企业内部控制，管理层对内部控制的建立健全负有特殊的责任，将为公司不适当的内部控制系统承担罚款和监禁等处罚。此法案被认为是内部控制发展史上的又一个重要里程碑。

美国 AICPA 于 1988 年发布《审计准则公告第 55 号——在财务报告审计中考虑内部控制结构》，首次提出了内部控制结构，即"企业内部控制结构包括为提供取得企业特定目标的合理保证而建立的各种政策和程序"，认为企业内部控制结构由控制环境、会计系统、控制程序三种要素组成。从"制度二分法"到"结构分析法"的演变被认为是内部控制历史上的一个重大转变。1996 年，我国财政部发布《独立审计具体准则第 9 号——内部控制和审计风险》，也参照美国 55 号准则引入了"结构分析法"，要求注册会计师审查企业内部控制，并提出内部控制的内容、控制环境、会计系统和控制程序。

为了遏制日益猖獗的会计舞弊活动，美国于 1985 年成立了一个由美国注册会计师协会（AICPA）、美国会计师协会（AAA）、内部审计人员协会（IIA）等五个协会联合发起的反虚假财务报告委员会，调查导致会计舞弊活动的原因，提出解决方案，并成立发起人委员会（COSO），专门研究内部控制问题。COSO 于 1992 年发布了一份关于内部控制的纲领性文件，即《内部控制——整合框架》。该文件将企业内部控制定义为"由企业董事会、管理层以及其他员工实施的，为财务报告的可靠性、经营活动的效率和效果、相关法律法规的遵循性等目标的实现而提供合理保证的过程"; 提出了企业内部控制的五个构成要素, 即控制环境、风险评估、控制活动、信息与沟通、监控。内部会计控制与内部管理控制已经完全融入内部控制框架的整体之中。2004 年, COSO 发布了《企业风险管理框架》, 开始关注企业层级的风险管理, 丰富了内部控制的内涵与外延, 使企业风险管理更具可操作性。2013 年, COSO 发布了更新版的《内部控制——整合框架》, 帮助主体有效并高效地发展和维护内部控制系统, 提升实现主体目标以及适应业务及经营环境变化的可能性。2017 年, COSO 发布了更新版的《企业风险管理框架》, 以应对十多年来风险复杂性发生重大变化、新的风险层出不穷等情况, 重新定义了风险及风险管理, 从"控制框架"演变为"管理框架", 更新了风险管理的要素和内容, 强调嵌入企业管理业务活动和核心价值链, 以提升主体的价值和业绩。

（三）企业管理理论对企业内部控制的影响

企业管理理论从工业革命开始萌芽, 经历了近 400 年的演变历程, 对内部控制思想、理论、方法的形成产生了巨大影响。一是 18 世纪到 19 世纪初的早期管理思想, 以亚当·斯密提出的国际分工理论和经济人理论为代表。国际分工理论认为从事单一劳动产生更大价值; 经济人理论是出于利己主义的考虑, 相信"我们的期望是晚餐来自屠夫、酿酒商和面包师对于自己爱好的考虑, 而不是他们的仁慈", 一切人的行为都是被其切身利益所驱动的。在这个阶段, 企业已经开始建立基本的管理规则或者奖惩措施, 这也是内部控制的环境基础。二是 19 世纪末到 20 世纪初的古典管理理论, 以泰罗科学管理理论、法约尔的一般管理理论、韦伯的行政组织管理理论等为代表。泰罗科学管理理论的核心是工作定额, 通过比较合理的工作量、标准化流程、差别化工资、计划执行分离等方法和手段来提升管理效果; 法约尔的一般管理理论涵盖了企业管理的技术、商业、财务、安全、会计、管理活动在内的六大基本活动; 韦伯被称为组织管理之父, 其理想的行政组织应当以合法、合理的权力作为组织的基础, 核心是设立公职、废除世袭, 内容包括明确分工、权力体系、规范录用、管理职业化、公私有别等。在古典管理理论阶段, 已经初步萌芽出了如计划执行分离、权力体系建设、录用规范化、公私有别等近似于我们现在提到的内部控制管理的一些认识和思想。三是 20 世纪以来的现代管理理论, 随着社会稳定以及科学技术发展而迅猛发展起来, 形成了多个管理学派, 也称作"管理理论丛林", 有些类似于战国时期的百花齐放、百家争鸣, 包括行为科学理论、数理学派、决策理论学派等。这个时期，不同的管理理论对企业控制的影响和支持各有不同，从理论上探讨企业的不同职能的履行方式实际上也是在寻找具体运营的方式方法。四是当代管理理论，主要思想包括公司再造和学习型组织等。公司再造是指打破亚当·斯密的分工理论，把固有的分工进行重新分工，这是一个抛开旧包袱的过程，核心是业务流程再造（Business Process Re-engineering），信息技术的发展让效率不一定产生于分工，而是产生于整合或者协同。公司再造的影响一直延续到 21 世纪初期。在美国，20 世纪末 21 世纪初期是企业级 ERP（Enterprise Resource Planning）系统实施的高峰，ERP 的实施本质就是企业对流程进行再造，把原来分散的各个系统和流程整合为一个系统，实现端到端的流程管控，协同运转。同时，公司成为学习型组织，是通过形成共同愿景、开展团队学习、改变心智模式、不断自我超越以及系统性思考等方法，逐步形成企业级 PDCA（Plan，Do，Check，Act）的循环而实现的。在这个阶段，人们已经更加关注内部控制措施成本和有效性之间的平衡问题，提出利用如机控等手段，在减少管理成本的同时，提高管理效率。

总之，对内部控制的探讨，是把企业视为一个系统，以它的运作需要一个有效的内在控制系统为研究起点，从加强企业资源的有效管理，提高企业效率和效益的角度来认识内部控制。针对企业这个经济系统来说，内部控制应当是作为经济控制系统而存在的。因此，可以把内部控制视为，为了实现企业的目标，由存在于企业内部的具有约束、指导、激励功能的机制、制度、程序、氛围等因素有机地组合在一起而形成的集合。当然，单纯地把它归结为制度、方法、活动或工具不能描述内部控制的实质，也不能满足企业管理的需要。如何协调、控制、激励每一个组成部分以实现企业的目标是企业内部控制的目的所在，它应当是一种机制，一种有机的控制系统。[①]

二、现代企业内部控制的内涵

关心企业发展的人们，会很自然地发问，企业内部控制到底是什么？内部控制从何而来？企业开展内控管理的意义何在？

企业的管理流程，或者说企业的运营规则，从来都不是因为企业成立了某个部门才有，而是在企业成立之初，为了顺利运转而自然形成的。当然，在这个以成败论英雄的时代，我们不能说一家企业的成功一定是某部制度导致的。

---

① 张宜霞. 内部控制——基于企业本质的研究［M］. 北京：中国财政经济出版社，2004.

但一家企业成功之后，我们在研究其成功原因时，总会将之归功于它的运作机制、制度体系、管理流程等。

从狭义的角度来看，内部控制是企业确保运营有效性和高效性、财务报表可信、依法合规等方面目标的过程。广义而言，内部控制包括企业一切风险管控的行为过程。内部控制的管理要求始于确保上市公司财务报表的准确性和完整性，即维护股民最终的利益。可以说，这是外部驱动的，其管理理念逐渐被企业管理者所认同和接受，进而延伸到企业运营的各个方面。也就是说，内部控制有一个从财务相关内部控制（Financial Controls）到运营相关内部控制（Operational Controls）的演变过程。

美国会计师协会（American Institute of Accountants，AIA）在1949年首先定义了内部控制的概念，并在1958年和1972年进一步对其进行强化。1977年，上市公司根据法律要求需要充分地实施内部控制以确保财务信息可信。随后，1992年COSO的报告以及2002年美国《SOX法案》进一步定义了内部控制。

当然，在近期内部控制发展史上，不得不提到的一件事情，就是众所周知的安然公司事件。2001年12月安然公司突然申请破产保护，2002年6月安达信会计师事务所的丑闻事件彻底打击了美国投资者对资本市场的信心。为了改变这一局面，2002年7月30日，美国颁布了《SOX法案》，要求上市公司对其财务报告内部控制有效性进行年度评估。从那时起，一些国家和地区颁布了类似的有关公司治理和内部控制方面的法律法规。

那么，我们可能会追问，内控管理的意义在哪里呢？在前面，我们已经对内部控制的价值主张做了一个概括性的阐述。但迄今为止，中国各大企业实施内控管理已经近20年，而内控部门的职能作用、管理范畴也在不同的企业受到了不同程度的质疑和挑战。说到底，主要是因为内控管理的成效并不能够快速表现出来，也不能够对管理效果进行量化衡量，让人有看得见、摸得到的显著成就。其实，内控管理对企业盈利带来了多少价值，这些价值是否与其投入成正比，这些价值又应当如何衡量，都是非常现实的问题。所有的这一切都要回到内部控制核心要义的层面上来加以解释和理解。

（一）内部控制的核心定义

2013年COSO发布的《内部控制——整合框架》第二部分"框架和附录"

中的第一章就对内部控制的定义作了阐述。内部控制被定义为是一个由主体①的董事会、管理层和其他员工实施的，旨在为实现运营、报告和合规目标提供合理保证的过程。这个定义强调内部控制是：

旨在实现目标——这些相互独立但又互有重叠的目标类别包括运营、报告和合规。

一个持续不断的过程——此过程包括持续的任务和活动，是达到目的的手段，而非目的本身。

由人来实施——不仅仅是单纯的政策、流程手册、系统和表单，而且包括组织中各层级人员以及他们所实施的可能影响内部控制的行动。

可以提供合理保证——向组织的高级管理层和董事会提供合理保证，但非绝对保证。②

与组织的结构相适应——可灵活应用于整个组织或其中一个下属单位、分部、业务单元或业务流程。③ 这个定义之所以被设计得如此宽泛，主要原因有二，一是该定义需要体现如何设计、实施和执行内部控制体系，以及开展内部控制体系有效性评价这些最基本的重要概念，这样才能为不同类别、行业和地区的组织应用内部控制框架提供理论和实践基础；二是该定义需要涵盖内部控制的所有组成要素，并明确其内涵。

2008 年财政部、证监会、审计署、银监会、保监会五部委联合发布的《企业内部控制基本规范》中对内部控制的定义是"本规范所称内部控制，是由企业董事会、监事会、经理层和全体员工实施的，旨在实现控制目标的过程。内部控制的目标是合理保证企业经营管理合法合规、资产安全、财务报告及相关信息真实完整，提高经营效率和效果，促进企业实现发展战略。"

与 COSO 的内部控制定义不同，该基本规范内部控制定义中的目标增加了合理保证企业资产安全、促进企业实现发展战略的内容。但企业资产安全实际上是运营目标的一个子目标，只是因为我国国有大型企业占比较大、国有资产流失严重而需要特别关注。而促进企业实现发展战略则是企业目标的上位概念。一般认为，发展战略包括愿景、战略目标、业务战略、职能战略四个部

---

① 泛指按照 COSO 内部控制框架建立内部控制体系的经营实体（包括公众公司和私营企业）、政府机构或非营利组织。

② 即指内部控制存在局限性，后文详述。

③ Treadway 委员会发起组织委员会（COSO）. 内部控制——整合框架（2013）［M］. 财政部会计司组织翻译. 北京：中国财政经济出版社，2014.

分，其中愿景为企业发展指明了发展方向，战略目标明确了企业的发展速度与
发展质量（是比运营、报告、合规更高层次的目标），业务战略明确了企业的
发展重点，职能战略明确了企业的发展能力。

2014 年银监会发布的《商业银行内部控制指引》中对内部控制的定义是
"内部控制是商业银行董事会、监事会、高级管理层和全体员工参与的，通过
制定和实施系统化的制度、流程和方法，实现控制目标的动态过程和机制。"
该指引对于内部控制提出了以下四方面目标：一是保证国家有关法律法规及规
章的贯彻执行；二是保证商业银行发展战略和经营目标的实现；三是保证商业
银行风险管理的有效性；四是保证商业银行业务记录、会计信息、财务信息和
其他管理信息的真实、准确、完整和及时。

（二）内部控制的主要特征

从内部控制的核心定义来看，内部控制的基本特征可以从以下几个方面进
行总结概括：①

一是内部控制是由主体内部人员实施的控制。这说明了内部控制的责任主
体，即由谁负责实施主体的内部控制。内部控制中的"内部"，其首要含义是
指由主体内部人员实施的控制，以区别于由主体外部人员（如财政、税务、
注册会计师等）进行的控制。因此，内部控制的责任主体是主体的负责人和
有关管理层。

二是内部控制是对组织内部事务所进行的控制。这是指内部控制的范围，
也是内部控制中的"内部"的第二层含义。对于一个主体来说，内部控制的
控制范围涉及主体生产经营过程的方方面面，上至管理层，下至基层岗位工作
人员，都与内部控制有关。因此，内部控制具有全员、全方位、全过程的特
点。也可以说，内部控制的范围是组织边界所划定的区域，凡是内部活动都在
其控制之列，尽管其影响会扩展到外部。

三是内部控制是以政策、流程、系统等的制定、设计和实施为主要内容的
控制手段。这是内部控制在控制手段和方法上的特征表现。控制有很多种手段
和方法，在工程技术领域，控制主要是通过一定的控制装置、设备及仪器来实
现的。而内部控制作为一个管理体系，其控制的手段和方法则是制定和设计一

---

① 李连华. 内部控制理论结构——控制效率的思想基础与政策建议 [M]. 厦门：厦门大学出版
社，2007.

定的政策、流程、系统等，并通过这些程序和政策的实施来达到控制的目标。在这里，政策、流程、系统很大程度上发挥着控制标准的作用。在实际工作中，控制过程的基本内容是通过现实状态与既定标准之间的对照发现差异，并对差异进行纠正，从而使主体的管理经营活动始终保持在设定的控制范围之内。

四是内部控制是对控制目标的实现提供合理保证的过程。在内部控制管理中，不仅要制定严密的控制程序和政策，依据这些控制程序和政策制定具体的控制制度，更为重要的是这些控制制度的贯彻和执行。所以，从时空上讲，内部控制应该包括制度制定、制度实施、制度实施效果评价、制度完善等一个完整的过程，通过这些过程和环节来保证内部控制目标的实现。这里之所以讲的保证是一个合理保证，主要是因为内部控制本身也存在着一定的局限性，无法为控制目标提供绝对的保证。而且，这些局限性仅靠内部控制本身是无法克服的。当然，其他诸如外部因素变化的影响也不是内部控制能够左右和消除的。

（三）对于内部控制的一些偏见

我国的内部控制理论研究和实践应用时间都还比较短，很多人对其含义还不是十分了解，以致对其存在着诸多不当的观念和误解，严重影响和制约了我国内部控制管理的有效开展和控制效果的提高。[①] 如同研究正常人心理学从精神病学开始一样，我们可以对内部控制的一些普遍偏见及其辨析进行总结概括，从"内部控制不是什么"来进一步理解内部控制的核心要义。

一是内部控制建设就是制定规章制度。书面形式的规章制度，虽然是内部控制的一种必要表现形式，而且是内部控制管理中最重要的环节，但员工价值观、职业道德与胜任能力等软环境，也是主体内部控制建设的重要组成部分。另外，在重视制度制定的同时，更应该注重制度的实际执行。否则，再完善的制度，如果仅停留于书面形式的话，也没有任何管理意义。

二是内部控制就是"管、卡、压"，会影响工作效率和积极性。这种观点认为，内部控制必然导致大量的规章制度要遵守，一堆表格要填写，许多公章和私章要加盖，既滋生官僚作风，又影响工作效率。不可否认，为了达到内部控制目标，遵守规章制度、填表格和签章都是必要的控制手段。而且，履行这

---

① 李连华．内部控制理论结构——控制效率的思想基础与政策建议［M］．厦门：厦门大学出版社，2007．

些控制手段和措施肯定会耗费一定的时间。但是，这并不意味着一定会滋生官僚主义和降低工作效率。相反，只要主体在设计控制制度时，能够根据主体的实际业务流程制定合理的控制程序，完全可以实现控制和效率的统一。反之，如果只是为了图省事，减少控制措施和控制环节，则可能导致主体发生严重的经济舞弊，而且在没有科学严密的制度约束下，各个部门和岗位很容易遇事相互推诿，工作效率很难真正提高。

三是内部控制主要是内控、会计、审计部门的工作。事实上，内部控制不仅首先不是，而且也主要不是内控、会计、审计部门的责任。就控制责任而言，对内部控制负总体责任的是董事会和管理层，具体到个体，就是高层管理机构的人员，内控、会计部门、审计部门只是作为职能部门具体实施内部控制相关工作。在管理实践中，内部控制涉及管理的各个层面和所有环节，所有部门和人员都和内部控制有着密切关系，都对内部控制的有效实施以自己的工作岗位和工作内容为界限而承担相应的控制责任。仅仅依靠内控、会计或审计部门，根本无法完成预定的控制任务。而且，在控制过程中如果不能全员参与、全过程参与，那么局部的控制效果也很容易被其他部门或环节中的浪费或损失所抵消，从而无法从总体上提高主体的内部控制管理成效。

四是内部控制就是为了防止贪污舞弊。预防贪污和舞弊是内部控制的一项重要任务，可以说从内部控制产生之日起这种作用就一直存在，而且也是人们强调的重点之一。但对现代内部控制来说，预防贪污舞弊只是其工作的一部分内容，除此之外，内部控制还关注主体经营效率的提高、回避主体经营过程中的各种风险等。随着内部控制的发展，后者正在变得越来越重要。如果仍然认为内部控制就是预防贪污舞弊，则显然是有失偏颇的。

五是认为内部控制就是内部会计控制。关于内部控制和内部会计控制的关系，有一个逐步发展和演变的过程。在20世纪50年代到80年代之间，由于受CAP发布的《第29号审计程序公报——独立审计人员评价企业内部控制的范围》的影响，普遍认为内部控制包括会计控制和管理控制两部门，换言之，内部会计控制只是内部控制的一个组成部分而已。但20世纪80年代之后，人们已经不再区分内部管理控制和内部会计控制，原因就在于内部管理控制和内部会计控制有着非常密切的联系，很难而且也不应该将二者分割开。2001年我国财政部颁布的内部控制规范虽然形式上冠之以"内部会计控制规范"，但是其内容绝不局限于会计领域，而是包含了很多主体采购、生产、销售、投资等管理控制方面的内容。因此，如果认为我国的内部控制仅仅是指内部会计控制，显然是不全面的，也可以说是一种误解。实际上，2008 年我国颁布的《企业内部控制基本规范》又回到了会计控制和管理控制一体化的道路，淡化了内部控制的会计背景和意义。

六是内部控制越严格越好。内部控制应当根据主体的实际情况来制定。不同性质、不同行业、不同规模的主体，其生产经营的特点是不同的，因此，对内部控制的要求也存在很大差异。内部控制制度的制定，要遵循成本效益原则和灵活性、适应性原则。成本效益原则就是指权衡成本与收益，以效益大于成本为标准。在主体设计和制定内部控制制度时，如果分工和制衡的成本高于由此而带来的效益，那么就不应当采用该项控制程序。反之，就应该实施该项控制措施。按照这一原则，对于手续繁杂而涉及金额又小的业务就可以采用简化的控制程序，而不必事无巨细都要严格划一地控制。灵活性、适应性原则是指主体管理当局应根据有关规定，结合主体自身内部控制的目标、战略发展和管理需要，灵活地制定出适合自己管理情况的内部控制制度，而不必完全拘泥于其他主体的做法。比如，企业规模如果比较小、业务比较简单，就可以采用相对粗线条的岗位设置和责任划分，而不需要像大型企业那样设置完善的岗位，制定严密的岗位职责。因此，内部控制并非越严格越好，关键是要适合主体的自身情况，能提高主体的运转效率。从理论上讲，判断一个控制制度的好坏，不是看其严密程度，而是看其是否能够真正地促进主体管理水平的提高。凡是能够实现主体管理目标的控制制度，就是有效的、好的控制制度。

七是内部控制制定后，可以一成不变。一些人认为，只要内部控制制定得当，就可以一劳永逸。事实上，内部控制具有较强的时效性和环境适应性，今天有效的内部控制明天不一定有效。同时，内部控制也有一个精益求精的过程，是一个动态过程。内部控制总归是不可能很完善的。因此，主体要定期评估内部控制是否有效，以发现控制中的缺陷，并及时采取措施加以修正。

八是内部控制建设可以采用"拿来主义"的思想，复制其他国家或其他主体的制度。不可否认，内部控制的一部分控制方法是具有通用性的，例如岗位分离控制、实物控制、授权批准控制等都可以直接采用其他企业的经验做法。但内部控制还有其他一部分内容，如岗位设置和职责划分等，则都是内生于每个主体的运营和管理活动之中的，无法直接采用其他主体的做法。其实，即便是一些原理性、通用性的控制方法，也应该与主体每个阶段的实际情况结合起来，不能直接采用其他企业的做法。否则，很难达到好的控制效果。在我国，财政部等五部委联合颁布的内部控制基本规范，只是一种基本要求，仅就企业内部控制的建设作出了一些原则性要求，企业在具体实践中需要以此为基础，根据自身的生产经营过程和管理要求设计自己的控制制度和控制程序。

在国外，美国 COSO 的研究报告更加具有原则性，都是一些框架性的要求，主体有很大的灵活性和自由发挥的空间。之所以如此，主要是因为内部控制与主体的实际联系紧密，每个主体的情况都不一样，不能整齐划一，也不可能存在一个放之四海而皆准的内部控制制度。

（四）内部控制的局限性

无论内部控制设计、运行和实施得如何完善和良好，也只能为管理层实现主体目标提供合理保证。目标实现的可能性受到内部控制体系固有局限性的影响。内部控制的固有限制，也可以叫作面临的挑战或局限，造成了内部控制无法保证控制之外的事件、错误或不合理等情况绝对不会发生。换句话说，甚至一个有效的内部控制体系也有可能出现失败。正是因为内部控制存在局限性，而且无法避免，所以内部控制为主体实现目标提供的是合理保证，而非绝对保证。

内部控制的局限性，一般包括五个方面：

一是主观判断。内部控制的有效性受人们在主体决策过程中出现的失误所限制。此类决策必然是基于当时所掌握的信息在可用时间内进行的人为判断，其受制于管理偏见及运营压力。这些基于人为判断所作出的决策，可能有时候会出现无法达到预期的结果，因此需要进行相应地调整。

二是外部事件。即便是有效的内部控制，都是在不同层级开展，以实现不同的目标。对于与主体运营效果与效率相关的目标，如实现其使命、价值主张（例如生产率、产品质量和客户服务）和利润目标等，当外部事件对这些目标的达成产生较大影响且无法将该影响降低至该主体可接受水平时，内部控制将无法对目标达成提供保证。在这些情况下，内部控制只能为主体达成（或未能达成）目标进度的解释或理解提供合理保证。

三是执行失效。即便是设计完善的内部控制也可能失效。员工可能会误解指令，作出错误判断，或者由于粗心、注意力分散或被分配过多的工作任务而出现失误。例如，某个负责调查异常情况的部门主管，可能仅仅由于忘记或没有深入地开展调查工作，而未能制定恰当的改进措施；临时人员替代休假或生病的员工执行控制，可能导致其不能正确地履行职责；信息技术应用的变更可能早于员工接受相关培训，以致无法甄别出按照设计方式有效运行的各种迹象。

四是管理层凌驾。即便一个主体具备有效的内部控制体系，但仍会有一些管理人员有意并且有能力凌驾于内部控制之上。"管理层凌驾"这个概念是指出于非法目的而逾越既定的政策或程序，以获取个人利益、粉饰主体业绩状况或合规情况。部门经理、业务单元经理或高级管理人员可能出于各种目的而凌驾于内部控制之上，具体如下：虚增报告收入以掩盖未预料到的市场份额的下滑；虚增报告利润以达成不切实际的预算目标；在公开发行或销售之前抬高主体市值；满足收入或利润预测，以便获得与业绩挂钩的奖金；掩盖债务违约的情形；隐瞒未遵守法律规定的行为等。管理层凌驾不能与管理层干预相混淆。后者是指为了合法的目的而偏离既定控制的行为，即在出现既定的业务流程未考虑到的风险或其他情况时，管理层采取的干预或偏离控制的行为。管理层干预通常是公开并受制于政策和流程的，或者需要向适当的人员披露的。而管理层凌驾则通常不会被记录或公开，反而会被有意掩盖。

五是共同串谋。串谋行为会导致内部控制失效。个别员工集体共同犯罪或隐瞒某项行为时，往往能够修改财务或其他管理信息，从而使其不被内部控制体系发现或阻止。例如，实施内部控制的员工与客户、供应商或与另一名员工之间可能产生串谋行为。销售和（或）运营部门管理层可能会串谋以规避内部控制，以使报告业绩达到预算或激励目标。[①]

除了以上主要的局限性外，还存在以下局限性：一是内部控制是针对常规事项设置的，就是经常发生的事项，不太适用于非常规事项；二是针对常规事项实施内部控制，要考虑成本效益原则，控制成本不能高于所获得的收益，或不能高于暴露的风险；三是主体自身发生了变化，以往设置的内部控制不再适用，这就需要不断改进。

第二节 国际上 COSO 框架的发展及最新贡献

COSO 框架之所以被广泛认知和应用，并不是说它是世界上唯一的内部控制管理框架，而是因为它是出现最早、使用最普遍、引用最多的内部控制管理框架。企业内部控制管理人士需要熟悉并使用 COSO 框架，以此作为最重要的工具之一。

---

① Treadway 委员会发起组织委员会（COSO）. 内部控制——整合框架（2013）［M］. 财政部会计司组织翻译. 北京：中国财政经济出版社，2014.

一、COSO 框架的发展

1985 年美国注册会计师协会、美国会计协会、财务经理人协会、内部审计师协会、管理会计师协会联合创建美国反虚假财务报告委员会（Treadway Commission）。两年后，基于该委员会的建议，其赞助机构成立 COSO，专门研究内部控制问题。自 2004 年起，COSO 框架已正式成为美国上市公司内部控制框架的参照性标准，发展历程如下：

（1）反虚假财务报告委员会于 1985 年成立，在 1987 年发表报告，号召研究并制定一个统一的内部控制框架。

（2）1992 年 9 月，COSO 发布了内部控制整体框架报告，是对内部控制最权威的解释。

（3）1994 年，COSO 对内部控制整体框架做了进一步增补和完善。

（4）2004 年，美国上市公司会计监管委员会（PCAOB）通过了一项颇具争议的审计准则，该准则要求审计师检查和验证公司财务会计报告内部控制有效性；同年，COSO 报告作为全球各监管机构所发布的有关内部控制的法规和要求的默认标准，成为世界上最被广泛认可的内部控制整体框架。

（5）2004 年，COSO 发布了《企业风险管理框架》。

（6）COSO 于 2013 年 5 月正式发布了《内部控制——整合框架》，对原框架进行了更新。

（7）COSO 于 2017 年正式发布了《企业风险管理——与战略和绩效整合》（*Enterprise Risk Management, Integrated with Strategy and Performance*），对 2013 年版 ERM 框架进行了更新。

二、COSO 框架的核心内容的演化

COSO 框架自 1992 年发布，在 1994 年、2013 年和 2017 年三次被更新。2013 年版本 COSO 框架被从事内部控制管理的人员反复引用，它概括了 COSO 框架的核心思想。比较 1994 年版本，2013 年版本有以下变化：商业目标方面，2013 年版本扩大了控制范围，从财务方面的控制扩展到了运营方面的控制；内部控制元素排序中，控制环境成为"首要考虑"，首要位置凸显出其在实现预期目标方面的重要性；组织结构方面，新结构包括新商业模式及第三方提供的活动。

2017 年版本的更新主要体现在 ERM 框架的更新，ERM 框架是 COSO 框架

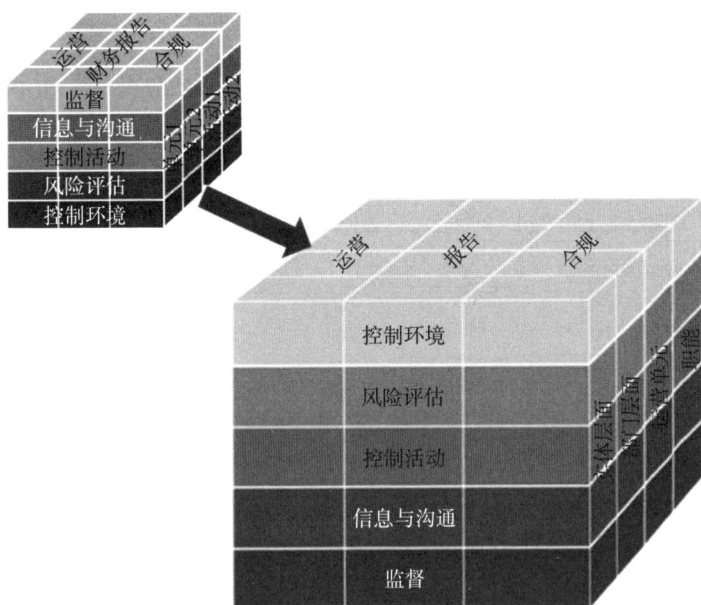

图 6-1　1994—2013 年 COSO 框架示意图

中有关风险管理理论的部分：凸显风险管理对于企业价值创造的作用，从独立的风险管理视角变为融入企业治理、企业管理的视角；强调了风险的可扩展性，强调了需要从企业各个层面、从业务的角度管理风险；同时，不断强调信息技术在影响企业战略、业务环境和企业风险管理策略方面的作用。新版本 ERM 框架完全脱离 2013 年版本的影子，将风险管理和内部控制的概念进行了进一步的区分。

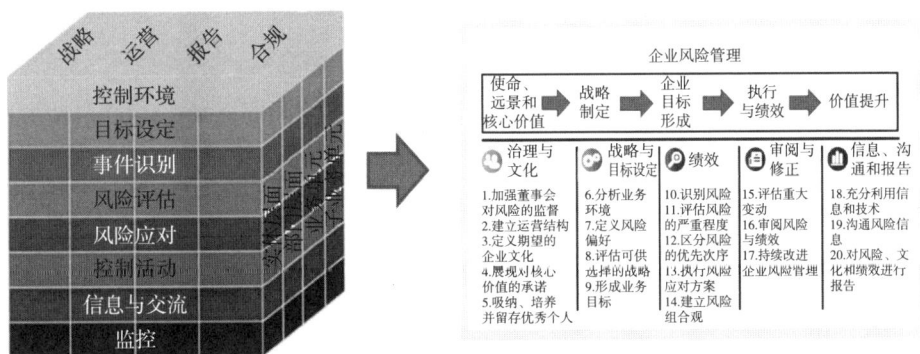

图 6-2　2013 年版内控框架与 2017 年版 ERM 框架

三、2013 年版本 COSO 框架的核心内容

在任何情况下，企业都应当仔细斟酌正式发布的总体目标，并获得董事会成员的认同。尽管使命声明书听起来很振奋人心，但是企业更应该细化这些总体目标，制定具体计划，努力实现目标。公司总体目标的适用对象是公司整体，而下一级或细化的目标可以针对具体业务部门、运营单元或商业活动。每一项目标的建立都应该致力于满足 COSO 框架有关运营、财务报告以及合规的目标。

（一）内部控制的目标

1. 外部财务报告目标。为企业编制财务与非财务的内外部报告提供可靠信息是企业内部控制系统的主要目标。外部财务报告目标应遵循公认会计准则，并适应企业所在的商业环境。外部财务报告的目标既适用于源自企业会计记录的期中和期末财务报表，也适用于基于外部需要的其他财务报表。这些报表可能以监管要求的格式正式发布，也可能以报告形式在年度股东大会和企业网站上发布，或通过其他电子媒介进行公开。

尽管外部财务报告受到企业管理层的重点关注，但它通常仅占整个企业报告很小的篇幅。而企业内部报告的目标则是满足企业战略目标、运营计划、不同层级和单元的绩效考核等内部需求。尽管 COSO 内部控制强调的是外部报告，但企业的内部报告同样重要。

2. 内部控制营运目标。企业的营运目标与基本使命——企业存在的根本原因，直接相关。营运目标会因组织结构、行业因素和公司业绩的管理层选择不同而不断改变。企业的营运目标将进一步细化成业务部门、分支机构、营运单元、职能部门等子部门或子单元的营运目标，所有这些目标旨在让企业更有效率地实现其最高目标。

营运目标包括优化企业整体服务流程、提升产品质量、削减成本以及其他创新性的改善措施。营运目标的另一项重要内容是提高顾客和员工的满意度。企业应在营运的诸多相关方面建立内部控制目标，以此逐步提升经营效果。

3. 内部控制合规目标。全球企业都面临着日益增多的法规监管。尽管这些法规可能定义含糊，导致企业在遵循过程中无据可循或有据难循。但企业需要在合规上建立内部制度，确保其运营单位或职能部门在遵循相关条例和规章的前提下正常运转。实际上，实现遵循法律法规的内部控制目标十分重要，内

部审计师或质量监管人员可以在法规遵循的有效性方面发挥检查和监督的作用。

企业管理层在准备财务报表和实施其他内部控制时，必须提升判断力，使企业遵守外部财务报告和其他相关内部控制的要求。管理层必须深思如何管理在财务报告的目标和子目标里识别出的风险。在某些目标中，管理层应对风险的选择十分有限。也就是说，管理层在这些目标上会选择规避风险而非降低风险。例如，管理层可能决定通过将某些交易过程外包给更适合执行这个商业流程的第三方来规避风险。但是，即使是在外包给第三方的情况下，管理层的责任并不会因此而转移，管理层始终负有设计、实施、执行内部控制系统的责任。对外部财务报告目标来讲，企业承担或规避的风险应该在个体或整体上没有超过风险的承受极限，同时也不会导致重大的财务错报。

4. 重叠的内部控制目标。很多控制过程彼此之间相互关联且可以支持多个目标。一个类别中的目标可能与另一个类别中的目标彼此重叠，互相助力。例如，"5 个工作日内实施财务报账"的目标有助于另一个运营目标——帮助管理层检查经营业绩。此外，它有助于"及时报告"和"及时满足监管机构要求"等相关目标。

一个内部控制目标所属的类型有时会发生变化，这取决于该目标所处的环境与其他目标的联系。例如，在室外的商品存货四周修建栅栏或雇用门卫检查商品进出是否合规，这是防止资产被盗的运营类的内控。这些控制可能与根据定期实地检查发现存货损失地点的报告和财务报表中的记录毫无关系。但如果出于报告意图，管理层依赖连续的存货记录形成期中或内部财务报告，那么实物资产安全控制也需要包含在报告的范畴之内。这些实物资产安全控制的规定和对连续存货记录的控制的规定，都是实现报告目标所需要的内容。在此，需要清晰地理解企业的流程、政策、程序，以及每一类目标间的相互影响。

（二）内部控制的五个关键要素

除了之前所描述的运营、报告和合规三个内部控制目标之外，2013 年版COSO 框架还从内部控制的单独要素和组织因素两个维度来定义内部控制。新版三维 COSO 内部控制框架（见图 6-3），分别从目标、组织和要素三个方面进行阐述：三类内部控制目标，即营运控制、报告控制和合规性控制——位于图的顶部；而 COSO 立方图的正前方列示了内部控制的五个关键要素，即控制环境、风险评估、控制活动、信息与沟通以及监控活动，右侧方列示了内部控制涉及的组织与职能，从整个实体到部门和单元。五个关键要素有其复杂的核心内涵，包括 17 项原则和原则项下的属性要求。

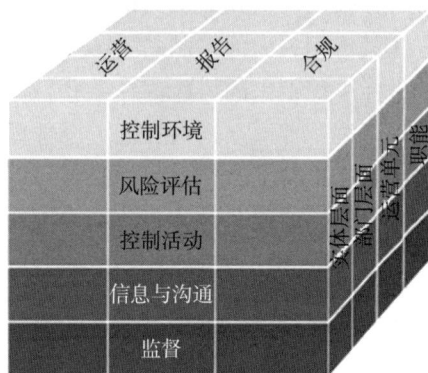

图 6 - 3   COSO 框架示意图

（三）内部控制的组织结构

企业的组织结构是内部控制的第三个重要维度，显示在模型的右侧面。它展现了内部控制在整个组织结构中的相关要素，包括公司层面、业务部门、分支机构、运营单元或包含如销售、购买、生产以及营销等关键商业流程的职能部门。很关键的点是，我们应该记住整个组织实体的组成要素，从公司层面开始，然后到所有业务单元和细节部分。有些单独的控制活动可能与另一个活动在某个运营细节上存在不同，但是它们必须符合整个公司的控制环境。

例如，假定一个欧洲联盟企业已经在缅甸启动了一项高风险的商业产品销售计划，由于受到 IT 资源和远程通信联络条件的限制，我们可以预计，在缅甸公司的运营过程中将会设置一些与总部公司不一样的控制流程。然而，使用这些额外的流程，如使用辅以手动操作的控制流程，应该达到整个公司层级的内部控制标准，尽管这些手动流程可能在除缅甸以外的其他地方都不再采用。

这个模型表达的总体含义是内部控制紧紧围绕目标、以目标为导向，识别、评估实现目标面临的风险，结合自身资源配置情况，适当地设计控制措施、开展控制活动，全面、全员、全过程地促进企业正常发展。当然，当今企业的内部控制并不仅仅是单独的控制目标，而是一个多层级、多维度的概念；在 COSO 模型中的每个单元都在三个维度上与其他要素产生联系。企业管理层应该清晰地指明内部控制目标，如与编制财务报表相关的、恰当的外部报告目标等。当然，有些目标可能非常具体，例如基于企业计划的某项业务活动；而另一些目标则可能是便于理解的假定性目标，例如高管层可以设定下级公司层面的外部财务报告目标；还有一些目标可能是管理团队成员所设定的，但是对这类目标进行清楚界定有其自身价值，如公司编制可靠的财务报表以反映与公认会计准则相一致的活动，如管理层应该详细说明企业业务部门、分支机构、运营单元以及职能部门为确保实现公司整体目标而清晰设置的子目标。

（四）内部控制原则

2013 年版 COSO 框架的一个重大变化就是制定了支持内部控制五要素的内部控制原则。相比于1992 年版隐晦地提出了内部控制的核心原则，新版本明确地列示了 17 条内部控制原则来描述与内部控制五要素有关的基础概念。CO-SO 决定通过明确说明这些原则来增加管理层对组成有效内部控制的诸要素的理解。

这 17 条重要原则的背后都有基于原则特征而形成的管理层的关注点。这些关注点能够辅助和指导管理层设计、实施、运行内部控制流程并评价相关内部控制原则的存在和效果。但 2013 年版 COSO 框架并没有要求对某一原则进行单独评价，它允许管理层自主判断 2013 年版 COSO 框架中提出的关注点的适用性或相关性，并基于企业具体环境考虑选择更符合特定原则的其他关注点。

这些内部控制要素和原则汇总起来组成内部控制的实施标准和管理层的关注点，能够帮助和指导管理层评价这些内部控制要素是否存在、是否有效，以及这些要素是否在企业层面共同发挥作用。每一个关注点都直接对应这 17 条原则，每一个原则都直接对应内部控制的五要素之一。

COSO 内部控制原则的具体内容如下：

一是控制环境，主要包括 5 项基本原则：企业对诚信和道德价值观的承诺；董事会相对于管理层保持独立；组织架构、报告路径以及适当的权利和责任；吸引、发展和留任优秀人才；企业内部控制责任人的问责制度。控制环境是内控的基础。例如规范的公司治理结构和议事规则、董事会审计委员会定期听取公司关于风险状况及控制措施的汇报、明确组织架构设置及明确的权责分配、建立有利于企业可持续发展的人力资源政策、形成行为准则，以及企业的价值观和文化建设、建立有正式的针对不良行为的举报、调查和惩处制度和流程等。

二是风险评估，主要包括 4 项基本原则：企业制定足够清晰的目标；识别实现目标所涉及的风险；考虑潜在的舞弊行为；识别并评估内部控制的重大变化。风险评估是指对企业目标实现可能造成负面影响的事项发生的可能性。风险评估是指为了有针对性地设计内部控制，有效地实施风险管理，需要对风险进行评估，其分为几个步骤，风险评估是及时识别、科学分析和评估影响企业目标实现的各种不确定因素并制定应对策略的过程，是实施内部控制的重要环节，包括目标设定、风险识别、风险分析、风险应对这几个步骤。

三是控制活动，主要包括 3 项基本原则：选择并设定控制活动；选择并设定一般 IT 控制活动；通过政策和程序来部署控制活动。控制活动是为管理和控制风险而制定的政策制度和程序。在风险评估及确定风险应对策略的基础上，按照不同目标、层面、作用和执行方式进行。按照不同的目标可以分为战略目标控制、运营目标控制、财务目标控制、合规性目标控制等；按照不同的层面可以分为企业层面、部门层面等；按照作用可以分为预防性控制、发现性控制等；按照不同控制方式可分为职责分离控制、审批控制等。

四是信息与沟通，主要包括 3 项基本原则：获取、生成和使用高质量的信息；对内部控制信息进行内部沟通；对内部控制信息进行外部沟通。人们往往认识不到信息和沟通与控制的联系。事实上，顺畅的信息沟通渠道可以明确内部控制相关信息的收集、处理和传递程序，能够促进内部控制有效运行。高质量的信息是企业的控制活动可靠运行的依据。信息分享和沟通机制能够连接内部的各个层级，以及外部的利益相关方。及时沟通问题并加以解决。信息技术的利用可以提升信息分享的效率和效果。信息系统被作为沟通渠道和媒介时，应考虑施加适当的控制。

五是监控活动，主要包括 2 项基本原则：进行持续并且（或者）单独的内部控制评价；对内部控制缺陷的评价和沟通。监控活动是确定控制体系是否有效及最大可能减少意外及不测的关键。内控系统需要监督，内控系统的监督包括日常监督工作和专项监督活动，对监督过程中发现的内部控制缺陷，应当分析缺陷的性质和产生的原因，提出整改方案并及时向董事会、监事会或经理层报告。内部控制建立与实施过程的记录或资料应妥善保存，以确保内部控制建立与实施过程的可验证性。

在明确 17 项原则的基础上，该框架更深入地阐释了原则项下的 81 个相关属性，即具体做法，如企业要证明自己关于商业诚信和伦理价值的承诺、董事会要证明自己对于内部控制有区别于管理层相对独立的细心关注等内容，内容繁杂，但可执行性强，在此不再赘述。

总之，一个有效的内部控制系统有助于缓解不能达到目标的风险至可接受水平。要搭建这个体系，管理层需要确保：一是内部控制的五个组成部分以及相关的基本原则能够体现并发挥作用；二是五个组成部分在整合的方式下共同运作。

四、2017 年版 COSO 框架的核心内容

2001 年，COSO 委托普华永道开发了一个评价和改进企业风险管理的框架。在这期间，发生了安然公司、世通公司等一系列令人瞩目的企业丑闻和失败事件。COSO 认为，对管理者来说，一个非常重大的挑战就是某个组织在努力创造价值的过程中准备承受多大的风险；而制定统一定义、能够提供主要原理与概念、具有明确的方向与指南的风险管理框架将有助于企业迎接这一挑战。2004 年，COSO 发布了《企业风险管理框架》，主要内容包括：定义、内控环境、目标设立、事项识别、风险评估、风险应对、控制活动、信息与沟通、监控、职能与责任、风险管理的局限、该做些什么十二章。企业风险管理框架是在内部控制整体框架基础之上的，对企业风险管理内容的关注更加广泛和深入，不仅可以满足企业加强内部控制的需求，也能促进企业建立更为全面的风险管理体系。

经过多年酝酿，COSO 于 2017 年发布了新版的 ERM，强调 ERM 与战略和绩效的整合，即强调风险管理和战略、绩效的融合，回归了管理的本质；对使用者提出了更高的要求，也就是要从绩效结果或管理目标去理解风险管理，而不是就风险管理来谈风险管理。新版 ERM 更新了风险管理的定义，与老版定义偏重于对负面影响的控制不同，其将负面影响和正面机会等而视之；展现形式也从"魔方"转变为"DNA 螺旋体"，与"整合"的意境更贴合，表现了风险管理与使命、愿景、价值观、战略、运营和绩效等管理要素的关系。同时，新版仍然采用了 2013 年版 COSO 内部控制框架的要素—原则—属性三个层级逐步深入的结构，核心内容为五个要素，即治理和文化、战略和目标设定、执行风险管理、评价和修正以及信息、沟通和报告，只是对老版要素进行了合并和微调，在五个要素下共有二十项原则。

2017 年版 COSO 风险管理框架从企业使命、愿景和核心价值出发，其宗旨为提升公司的价值和业绩，强调企业风险管理在创造、保持和实现价值的角色。企业风险管理不再仅是发挥防止对企业价值的侵蚀和降低风险到可接受水

平的作用，更是融入企业战略及经营中，促进企业积极创新、提升价值。风险和价值之间的紧密关联有利于风险管理帮助企业目标的实现，定位更加明确。其转变主要体现在对风险管理概念、风险防线职责及风险管理框架要素及其原则要求上。

在风险管理概念上，由过去将风险管理定义为企业管理的过程，修订为风险管理是企业在创造、保持和实现价值的过程中，结合战略制定和执行，赖以进行管理风险的文化、能力和实践。

在风险管理三道防线职责分工上，新框架最大变化是对第二道防线的重新定义。新的第二道防线指"支持职能部门"。负责企业风险管理及内部控制相关政策的制定，统一规划风险管理及内部控制系统建设，协助第一道防线建立和完善其风险管理及内部控制体系，并履行监控职能，确保第一道防线的风险管理及内部控制工作得到有效实施。该防线相对于第一道防线应具有一定程度的独立性，包括负责监督企业绩效和企业风险管理的人员，例如法务、合规、财务、人力、质量、安全等，所有可以协助一线核心业务部门进行风险管控的职能，都属于支持职能部门。可以通过绩效管理和风险管理对第一道防线进行风险提示和建议，以实现战略和业务目标。在风险管理体系上，新框架采用了五要素二十原则的表现形式（见图6-2）。

（一）治理与文化

治理与文化要素主要包括：加强董事会对风险的监督、建立运营架构、定义期望的企业文化、展现对核心价值观的承诺、吸引并留住优秀人才五项原则。治理确立了公司的基调，强调公司风险管理的重要性和监督责任。文化则包含公司内部的道德价值观、理想行为以及对风险的理解。与2004年版整合框架相比，在对董事会能力和独立性的要求、企业文化及价值观的强调以及人才管理等方面作出了更加科学合理的改变。

一是强调董事会对风险的监督。新框架中的"董事会"突破了传统含义，包括董事会、监事会、普通合伙人或该实体机构的所有者。董事会监督企业战略的实施并履行管理责任，支持管理层努力实现发展战略和业务目标。同时，强调董事会对风险的监督以及董事会技能、专业知识和人员结构的要求，明确董事会的专业性、独立性以及管理职责，指出董事会需要具备对企业风险管理的监督能力和整合风险管理的能力，建立定期自我审查机制，强化公司管理偏见的查找与有效管理，进而保障企业价值的实现。

二是建立适应企业管理的运营架构。运营架构是指企业组织和开展日常运营的方式。通过运营架构，让企业全体人员根据职责分工实施风险管理活动，并保证与企业的核心价值始终保持一致。同时，运营架构还需与法律架构以及管理架构（法人治理结构和公司股权结构）保持一致。其中，建立适应企业管理的运营架构有原则性要求，主要是强调企业应设置运行架构的合理层级，建立独立的风险管理组织体系，清晰界定运营架构中的权力和职责，以及根据业务性质、战略目标和风险变化来动态评估和调整运营架构和层级关系的运行机制。

三是定义期望的企业文化。企业文化反映企业的核心价值、行为和决策等企业特质，影响企业如何识别风险，接受什么类型的风险，以及如何管理风险。在企业文化方面的原则性要求，就是董事会及管理层应当建立一个激发企业所有员工创造力、树立正确价值观的企业文化。这里主要是强调企业文化和风险管理、企业行为及决策以及内外部环境的关系。企业文化在很大程度上影响战略选择的策略、风险识别评估以及资源的配置，适宜的企业文化有助于企业有效地管理风险。当然，内外部环境变化也会影响企业文化的转变，例如企业收购兼并、组织结构调整、领导层变更等。

四是清晰体现对核心价值观的承诺。核心价值观贯穿在企业所有的行为和决策过程中。对核心价值观的共识，将有助于增强企业在追求战略和业务目标过程中的凝聚力。清晰体现对核心价值观的承诺，主要强调的是风险文化的融入、问责机制、沟通渠道和价值观偏差管理等内容。在风险文化融入方面，通过董事会和管理层对风险文化的重视，鼓励员工参与决策，讨论经营过程中的风险等方式将风险文化融入企业核心价值；在问责机制方面，通过企业对首席执行官或其他管理层人员实施问责，以及员工的自我问责，建立并全面执行问责制度；在沟通渠道方面，通过强化信息公开、透明度以及对信息提供者的保护，畅通信息沟通渠道；在价值观偏差管理方面，通过价值观偏差产生的原因分析，明确偏差处理的原则，采取有效的措施，促进共识的形成。

五是吸引并留住优秀人才。在吸引并留住优秀人才方面，主要包括：企业人力需求的评估，人才的吸引、发展、留住、奖励，人才压力管理及继任计划等内容。在这里，主要是强调人力资源管理、人才压力评估和人才应急计划。在人力资源管理方面，管理层应在董事会的监督下，确定实施战略和业务目标所需的人力资本。在此基础上，企业开展人才吸引、人力培训、职业导师、人才评估、人才激励等人力资源管理工作。在人才压力评估方面，应定期开展人才压力评估，并通过重新平衡工作量或增加资源水平等方式来调整员工压力，使员工压力保持在激励员工发展的范围内。在人才应急计划方面，企业应制定人才应急计划，以应对企业风险管理重要责任岗位人员的继任。

（二）战略与目标设定

战略与目标设定要素主要包括分析商业环境、定义风险偏好、评估可供选择的战略及制定业务目标四项原则，揭示了风险、战略与目标之间的关系，三者互相影响，其中企业风险偏好的设定（风险管理）以战略为基础并与其保持一致；商业目标是对战略的分解，并为风险的识别、评估以及应对提供基础依据。

战略与目标设定要素是在 2004 年版《企业风险管理框架》目标制定基础上的进一步发展，主要强调四个方面：一是强调在环境分析时，要考虑过去、现在、未来变化的影响，以更加深入的商业环境分析为风险管理与战略制定提供支持；二是更加强调风险偏好对公司管理资源配置的作用；三是强调企业在战略制定过程中应确定并应用风险偏好，以确保所选择的战略与其风险承受能力相匹配；四是强调企业目标应根据重要性等因素设置容忍度，以便更好地遵循成本—效益原则。

一是全面分析商业环境。商业环境是指影响企业战略和目标的趋势、关系和其他因素，主要包括政治、经济、社会、技术、法律等外部环境，以及企业资金、资产、人力因素、企业价值观和文化、经营管理等内部环境。全面分析商业环境的原则性要求，主要是突出商业环境在过去、现在和未来对风险配置（即风险严重程度及级别）的影响。回顾过去的表现可以为企业提供有价值的信息，用于勾画风险状况；察看当前的环境可以显示目前的趋势、关系和其他因素对风险配置的影响；通过设想这些因素在未来演变的结果，可以考虑未来可能的风险配置以及企业发展方向的变化。

二是定义风险偏好。风险偏好是指企业为了实现目标在承担风险的种类、大小等方面的基本态度。风险偏好的作用在于可以更好地指导企业优化资源配置，使资源配置与企业的使命、愿景以及核心价值观保持一致。制定风险偏好是一项在风险和机会之间寻求最佳平衡点的过程，主要应用于企业的资源优化配置及运营决策过程中。企业风险偏好的设定是一个反复的过程，受到企业风险管理能力和成熟度的影响，并在整个战略制定和执行过程中不断地细化和完善。风险偏好的确定则仍然采用定量或定性的方法，但要与风险评估保持一致。

三是评估可供选择的战略。战略必须支撑企业使命和愿景的实现，并与企业的核心价值观和风险偏好保持一致。可供选择的战略是指企业在考虑内外部环境之后，在战略制定过程中，可进行选择的战略。评估可供选择的战略强调了战略制定的过程以及战略制定与风险偏好的关系。在战略制定中，企业需要识别和理解每个可选战略的潜在风险和机会，并根据企业的风险偏好确定最佳战略。如果选择的战略及其相关的风险，与企业的风险偏好或风险承受能力不一致，则需要选择替代战略或重新审视风险偏好。同时，企业也需定期评估其长短期战略并作出相应调整。

四是制定业务目标。业务目标是指针对企业战略分解后，形成的具体的、可衡量、可实现和具备关联性的业务目标。制定业务目标主要是强调目标的分类管理、制定绩效目标以及风险容忍度三方面。在目标的分类管理方面，企业可以根据战略按市场份额、客户满意或者企业责任进行业务目标分类，也可以按照业务模块对目标进行分类，如运营管理、人力资源或其他职能部门。在制定绩效目标方面，企业通过制定绩效目标来衡量业务目标实现程度。当然，激进的绩效目标可能为企业带来更大风险。在容忍度方面，根据设定目标，设置合理的风险容忍度，以便更好地平衡目标与资源配置，容忍度范围越窄，实现相应目标所需要的资源就越多。

（三）执行风险管理

执行要素主要包括风险识别、评估风险的严重程度、设置风险优先次序、执行风险应对方案及建立风险组合观五项原则。重点是对影响战略和业务目标实现的风险进行识别，用风险组合的观点对识别的风险进行评估，在评估的基础上，结合风险偏好，按照严重程度进行排序，确定不同级别风险的应对措施。该要素突出强调风险识别、风险评估、风险排序和风险应对的方法技术，并进一步强化和完善了风险组合观的概念。

一是风险识别。风险识别重点强调了风险清单、风险框架以及风险识别方法。通过建立统一的风险框架、一致的风险描述方式，企业可以清晰地区分事件和机会，从企业整体组合的角度管理所有风险。同时，在风险识别过程中，企业应该更加关注风险以及其影响的目标，而不是风险成因或风险的衍生影响。比如在识别产品质量风险时，关注产品缺陷会影响到产品质量和安全，而不是关注未经质量检查或设备工序等其他因素。而风险识别的方法，主要包括研讨、采访、过程分析、认知计算、数据追踪、指标监控等。

二是评估风险的严重程度。评估风险的严重程度主要强调风险评估因素、评估层级、评估方法及评估调整机制等内容。在风险评估因素方面，企业应对风险影响、可能性、严重程度等因素进行评估，并结合各评估因素重点考虑风险自身的固有风险、目标剩余风险和实际剩余风险。在评估层级方面，企业需要分层级开展风险评估，对企业在公司层面以及各部门、各业务单位层面分别开展评估工作。在评估方法方面，主要包括访谈、研讨会、调研和标杆学习等定性方法和建模、决策树、蒙特卡罗模拟等定量方法。定性评估方法容易实施，但在识别相关性或进行成本—效益分析等方面存在一定的局限性。定量评估允许增加评估的颗粒度和精确度，并支持成本—效益分析，但更为复杂和烦琐，对数据量化要求较高。企业结合自身风险管理需求和管理能力，可单独选择一种方法或多种方法组合进行。在评估调整机制方面，当业务环境、风险偏好、竞争对手等发生变化时，企业应及时对风险进行重新评估。

三是设置风险优先次序。设置风险优先次序主要应强调风险优先次序的标准和层级。企业确定风险优先次序标准需考虑适应性（企业适应和应对风险的能力）、复杂性（风险的范围和性质）、速度（风险影响企业的速度）、持久性（风险对企业的影响时间）、恢复（企业重新恢复的能力）以及企业风险偏好等因素。而企业确定风险优先次序层级，需在各个层级设置相应的风险优先次序，并在明确了风险归属层级（风险所有者）及其风险次序的基础上，确定企业整体风险的优先次序。

四是执行风险应对方案。执行风险应对方案重点强调风险应对措施应考虑并确保在商业环境、业务目标、绩效目标和风险偏好范围内来管理风险，并遵循成本效益原则。企业应意识到风险应对措施仅能管理风险而非消除风险。当风险应对措施出现不当情况时，除考虑调整应对措施外，在某些情况下，也需考虑调整企业战略或业务目标。当然，选择任何的风险应对措施都可能会带来新的风险和机会。而针对新的风险和机会，企业应评估其严重性和相关的优先次序，并评估拟实施的风险应对措施的有效性。

五是建立风险组合观。风险组合观重点强调风险组合观层次、风险组合观的构建以及风险组合观的调整。具体来讲，风险组合观可以分为四个层次，包括：最小整体——风险观，识别和评估单个风险，主要关注潜在风险事件；有限整体——风险类别观，用风险分类的方法识别和确定风险信息，主要关注同类风险间的关系；部分整体——风险概况观，强调不同业务目标与风险的联系，主要关注不同业务目标之间与对应风险的相互影响；全部整体——风险组合观，强调从企业的整体战略和业务目标角度识别风险，主要通过从全局视角识别、评估、应对和审核风险来进行决策，促使企业更多地关注战略的实现。关于风险组合观的构建，需要从全局和业务两个角度分析不同层级的风险偏好、所承担的风险类型及风险数量，以此来构建风险组合观，将风险应用在部门间分配资源和调整业务目标方向上。关于风险组合观的调整，就是当内外部环境发生变化时，企业应以风险评估为基础，分析内外部环境变化所产生的影响，并据此调整风险组合观。

（四）审查与修正

审查与修正要素主要包括评估重大变化、审查风险与绩效、持续改进企业风险管理三项原则。通过审视绩效情况，企业可以更加有效地利用风险管理来应对内外部环境变化的影响，保障企业的稳定与发展。当然，企业也可以考虑在内外部环境发生重大变化时，充分利用风险管理的要素发挥更为长期的作用。在审查与修正要素中，淡化了风险监督，更多地强调了对企业经营运行情况的审查，包括通过关注内外部环境变化，进一步评估企业管理目标和绩效完成情况，以此来识别、发现和促使风险管理改进的内容。

一是评估内外部环境重大变化。评估内外部环境重大变化重点强调评估内外部环境重大变化的作用，明确评估的内容以及建立事后评估机制。识别内外部环境重大变化、评估其影响和针对变化的应对措施，都是提高企业风险管理能力的过程。企业需要及时评估内外部环境变化情况，调整风险管理措施，以应对其对企业战略、业务目标、风险管理能力的影响。同时，在内外部环境发生重大变化导致的风险事件发生以后，企业需要及时地开展事后评估，以审查企业针对风险事件的应对情况，并总结经验教训，以此改进应对措施。

二是审查风险与绩效。审查风险与绩效重点强调将风险审查融入企业的管理过程中。风险审查重点需关注企业是否按预期执行并实现了目标，哪些风险的发生可能影响目标绩效，企业为了目标实现是否承担了足够的风险，对风险的评估是否准确，企业文化及价值观是否合理，企业战略、业务目标、目标绩效是否科学，风险的优先排序是否准确，风险应对措施是否恰当，风险偏好是否清晰等内容。企业通过审查风险与绩效来保障预期风险管理目标的实现。

三是持续改进企业风险管理。持续改进企业风险管理重点强调改进企业风险管理的效率和实用性。风险管理的持续改进应当贯穿于企业经营始终，通过在经营管理中持续评估风险管理，企业可以系统地识别出风险管理改进的方向，并制定相应改进措施。风险管理改进方向主要由新技术、历史缺陷、组织变革、风险偏好、风险分类、沟通、同行业对标及业务环境等因素综合决定。

（五）信息沟通与报告

信息沟通与报告要素主要包括充分利用信息和技术、沟通风险信息、风险文化和绩效报告三个原则，强调数据管理、报告形式和内容。

一是充分利用信息和技术。充分利用信息和技术主要包括信息范围、信息数据来源、信息数据分类、信息数据管理等。技术发展和商业进步导致数据量呈现指数级增长，企业必须及时准确地提供形式合理且颗粒度适宜的正确信息，以提升其利用风险管理技术应对复杂内外部环境变化的能力。信息范围需要涵盖风险管理的所有要素，主要包括治理和文化、企业战略与目标制定、绩效、审查与修正等方面信息；信息数据来源主要包括尽职调查、地缘政治报告、供应商、社交媒体等外部数据以及管理决策、营销、财务、安全、资产等内部数据；信息数据分类，就是按照风险分类标准或业务类型进行科学的数据分类，便于后续数据归纳分析。信息数据管理，就是要求企业对于数据和信息的管理必须有助于以及时、可验证的方式安全地向最终用户提供标准化的高质量数据，企业应明确信息管理的流程和相关控制以帮助其提高数据的质量，加强数据的可靠性；企业应建立数据架构的标准和规则，以便可靠地读取、分类、索引、检索数据，并实现数据共享，从而保护数据的长期使用价值。

二是沟通风险信息。沟通风险信息主要包括风险信息沟通对象、风险信息沟通内容及方法。信息沟通对象主要是内外部利益相关者；信息沟通内容主要包括企业风险管理的重要性及价值、企业文化及核心价值、企业战略及目标、风险偏好和容忍度，管理层和员工对企业风险和绩效管理的总体期望，管理层对与企业风险管理有关的任何重要事项的期望。沟通方法主要为电子信息、外部材料、非正式沟通、公共活动、培训和研讨会、内部书面文件以及举报热线等。

三是风险文化绩效报告。风险文化绩效报告重点强调报告使用者、报告内容、文化报告以及关键指标报告。报告可以帮助企业各级人员了解风险、文化和绩效之间的关系，并在战略和业务目标设定、企业治理和日常运作中改进和优化决策。其中，报告使用者包括管理层和负责管理与监督企业的董事会、风险责任人、风险应对人员、外部利益相关者及其他关联方等；风险报告包括风险组合观、风险配置、成因分析、风险评估、主要绩效指标、风险管控措施、趋势分析、事故披露、违约和损失情况、企业风险管理计划和措施等内容；文化报告包括分析文化趋势、其他企业的标准、修正方案对决策的潜在影响、经验教训分析、评估文化行为趋势、调查风险态度和意识等内容；关键指标报告包括指标目标、目标容忍度、关键业务指标、关键绩效指标以及风险与绩效指标的关系等内容。

2017 年版 COSO 风险管理框架相比以往发生了较大的变化。整体上看，新的框架对风险和风险管理的概念进行了更新，将风险管理融入企业管理之中，贯穿企业战略目标的设定、执行、考核和监督全过程。在风险执行部分，强调风险管理的动态性以及新技术带来的变革。

在指导实践上，可以通过企业自身风险管理现状的梳理，与 2017 年版 COSO 风险管理框架要求进行比对，审视存在的不足，明确未来风险管理发展方向和具体改进措施。比如，从风险管理设计层面上，可以构建新的风险管理组织架构，确保风险管理部门的独立性，并完善风险管理职能；从风险管理日常工作内容上，可以进一步细化风险评估及内控评价的工作流程，建立风险组合观以及风险偏好体系，将风险管理工作与战略制定、重大决策及目标考核融合；可以进一步改善风险管理信息系统，加强风险管理队伍建设，推广风险管理文化等。

第三节 国内内部控制基本规范与指引概述

一、国内主要规范

随着社会主义市场机制的逐步确立，我国对企业内部控制管理工作越来越重视，先后颁布了一系列相关法律法规，并在各类业务规范中强调企业内部控制的重要作用。按照时间维度，与银行相关的内部控制要求，主要包括：

2002 年，中国人民银行发布《商业银行内部控制指引》，首次提出商业银行建立内部控制体系的必要性。

2004 年 12 月，中国银监会发布《商业银行内部控制评价试行办法》，在 2002 年中国人民银行发布的《商业银行内部控制指引》基础上，增加和强调了内控评价的重要性，变单点评价为连续性评价，同时强调了对于过程的评价。

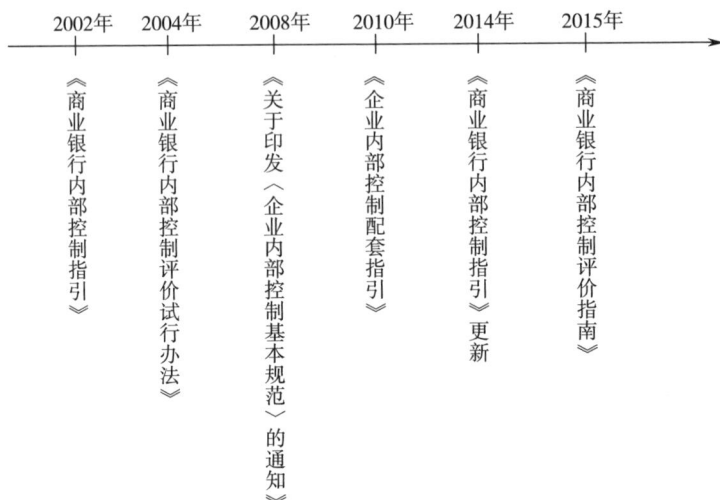

图6-4　商业银行内部控制规范性文献

2008年6月28日，财政部、审计署、银监会、证券会和保监会五部委联合发布了《关于印发〈企业内部控制基本规范〉的通知》。该通知规定《企业内部控制基本规范》（以下简称《基本规范》）自2009年7月1日起先在上市公司范围内实施，鼓励非上市的其他大中型企业执行。该通知要求实施《企业内部控制基本规范》的上市公司，应当对内部控制的有效性进行自我评价，披露年度自我评价报告，并可聘请具有证券、期货业务资格的中介机构对内部控制的有效性进行审计。

2010年4月26日，财政部、审计署、银监会、证券会和保监会五部委联合发布了《企业内部控制应用指引第1号——组织架构》等18项应用指引、《企业内部控制评价指引》和《企业内部控制审计指引》（以下简称企业内部控制配套指引）。企业内部控制配套指引同《企业内部控制基本规范》一并自2011年1月1日起在境内外同时上市的公司施行；自2012年1月1日起在上海证券交易所、深圳证券交易所主板上市公司施行；在此基础上，择机在中小板和创业板上市公司施行。鼓励非上市大中型企业提前执行。通知要求实施内控规范的上市公司，应当对内部控制的有效性进行自我评价，披露年度自我评价报告，同时应当聘请会计师事务所对财务报告内部控制的有效性进行审计并出具审计报告。

2014年9月，由于《商业银行内部控制指引》部分规定和要求在一些方面已难以适应银行业改革发展与监管工作实际以及部分条款与新发布监管要求不一致等原因，有必要进行调整完善，中国银监会根据实际情况修订并发布了新的内部控制指引。新指引的内容更为全面、要求更为原则性、监管约束更强化责任追究机制。

2015 年 10 月，中国人民银行金融标准委员会发布《商业银行内部控制评价指南》（JR/T 0125—2015），在参考相关法律法规、监管要求的基础上，根据中国商业银行的特点和内部控制评价现状，提出了商业银行实施内部控制评价的操作指南，明确了"由谁评价"、"评价什么"、"如何评价"和"评价结果如何利用"等一系列问题。

二、主要内容

2008 年，财政部、证监会、审计署、银监会、保监会五部委联合发布了《企业内部控制基本规范》，标志着我国内部控制制度建设取得重大突破。该规范的实施有利于维护中国资本市场的长期发展，为上市公司内部控制信息披露的规范运作提供了重要的指导条件。该基本规范中，企业建立和实施内部控制应遵循五条原则，即全面性原则、重要性原则、制衡性原则、适应性原则、成本和效益原则。基本规范比照 COSO 五要素将内控的基本要素确定为内部环境、风险评估、控制措施、信息与沟通、监督与检查。

2010 年，财政部等五部委联合制定的《企业内部控制基本规范》与企业内部控制配套指引共同构成了中国企业内部控制规范体系。其中《企业内部控制应用指引第 1 号——组织架构》等 18 项应用指引基本涵盖企业资金流、实物流、人力流、信息流等各项业务和事项；《企业内部控制评价指引》是为企业管理层对本企业内部控制有效性进行自我评价提供的指引，《企业内部控制审计指引》是为注册会计师和会计师事务所执行内部控制审计业务的执业准则。三者之间相互独立，又相互联系，形成一个有机整体。

2014 年，银监会对 2007 年版《商业银行内部控制指引》做了修订并发布执行。修订后的《商业银行内部控制指引》从内控评价、内控监督、监管约束、监管引领四个方面指导商业银行进一步强化内控管理。该指引共七章，分别为总则、内部控制职责、内部控制措施、内部控制保障、内部控制评价、内部控制监督、附则。其中，在内控评价方面，细化相关要求，推动持续改进。该指引要求由董事会负责保证商业银行建立并实施充分有效的内部控制体系；指定专门部门作为内控管理职能部门，牵头内部控制体系的统筹规划、组织落实和检查评估。该指引对制度体系、风险盘点、系统控制、报告路线、不相容岗位、重要岗位轮岗和休假、员工行为规范、分支机构管理、会计信息、账务核对机制、新设机构和业务的开办、外包管理及客户权益保护方面控制进行了原则性的要求。同时，强调了内部控制评价以及内部控制监督的重要性。该指引补充完善了内控评价的工作要求，要求商业银行建立内部控制评价制度，明确内部控制评价的实施主体、频率、内容、程序、方法和标准，强化内部控制评价结果运用，推动内控评价工作制度化、规范化，以利于促进商业银行不断改进其内控设计与运行。

在内控监督方面，该指引从内部、外部两方面提出内控监督的相关要求，强调发挥内外部监督合力。要求商业银行构建覆盖各级机构、各个产品、各个业务流程的监督检查体系。银监会及其派出机构通过非现场监管和现场检查等方式，实施对商业银行内部控制的持续监管。

该指引强化了监管约束，加大了违规处罚力度。对内部控制存在缺陷的商业银行，银监会及其派出机构将责成其限期整改，对逾期未整改的商业银行，将根据有关规定采取监管处罚措施。另外，该指引对商业银行风险管理、信息系统控制、岗位设置、会计核算、员工管理、新机构设立和业务创新等提出内部控制的原则性要求，取消了原《商业银行内部控制指引》中对银行的一些业务或环节所做的详细操作性规定，体现了原则导向。

我们可以说 2002 年到 2014 年为银行内部控制发展最为关键的 10 年。2014 年以后，随着《商业银行内部控制指引》的发布实施，商业银行内部控制体系建设逐步规范发展。

第四节　一个清晰完整的内控框架结构

结合国内外内部控制框架，以及商业银行内部控制框架，我们总结出一个清晰完整的内控框架，主要内容包括内部控制组织建设、内部控制制度建设、内部控制文化建设、内部控制信息化建设、内部控制评价与改进、内部控制成熟度模型以及价值创造等。

一、内部控制组织建设

（一）银行组织与人员

银行的组织形式有事业部制、部门制等多种方式。中国的银行业以部门制为主，而国外的银行业多以事业部制为主。无论哪种组织形式，一个清晰的职责体系、授权机制、人员的胜任能力以及清晰的问责机制都是内部控制体系建设的环境要求。

（二）内部控制组织

内部控制组织可以简单地从"三道防线"和"三个层面"说起。"三个层面"主要是指治理层、经营层和执行层。治理层一般为公司的董事会，经营层是指企业的高级管理人员，执行层是指其他人员。"三道防线"是指由各业务、技术部门构成的一道防线，二道防线是指风险、内控、合规管理类部门，三道防线是指审计部等监督类部门。"三道防线"和"三个层面"凸显了公司治理层对于内部控制体系建设的重要作用，强调内部控制理念的传播是一件自上而下的事情；而"三道防线"强调了每一道防线的责任与重要作用，强调风险防控的责任是一件自下而上的事情；两者共同作用才能够构成攻不破的风险防控机制。

除了以上的三道防线之外，鉴于分支机构众多的特点，银行往往会构建1.5 道防线来更好地防御风险。例如，在一些一线部门或者直属机构内部建立风险内控团队，以派驻风险总监的方式，更贴近一线的管控风险，防止"两张皮"的现象出现。

当然，现代银行经营管理中，有模糊或放弃"三道防线"的倾向，而是回归经营条线（即所谓的生产线）、职能支撑（即所谓的官僚机构）和审计监督组成的经营管理体系，如美国银行。

美国银行按照业务类型划分为全球消费者与小企业银行业务、全球财富与投资管理业务、全球商业银行业务、全球银行与市场业务四大业务领域，支持功能部门包括财务、人力、风险、审计、全球战略与营销、全球技术与营运、合规与监管关系七大支持保障部门（见图 6 - 5）。

同时，在业务、治理与控制职能和审计之间建立了一整套不同于三道防线的管理体系（美国银行开始逐步放弃"三道防线"的概念，而是采用新的管理理念对风险管理部门间的定位进行阐述）。其中，治理与控制职能包含四个部分，即企业控制职能（技术和运营、人力资源、市场和公司事务、首席财务官团队）、合规、风险和法律，协同运作，对业务条线提供支撑；审计部门独立地对业务条线、治理与控制职能部门进行审计（见图 6 - 6）。

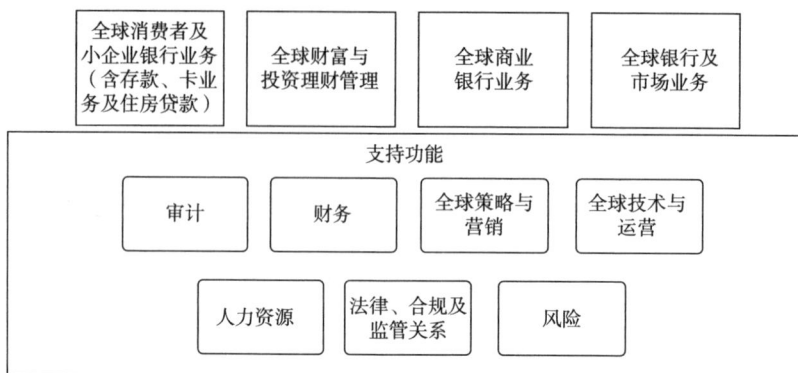

图6-5　美国银行架构图

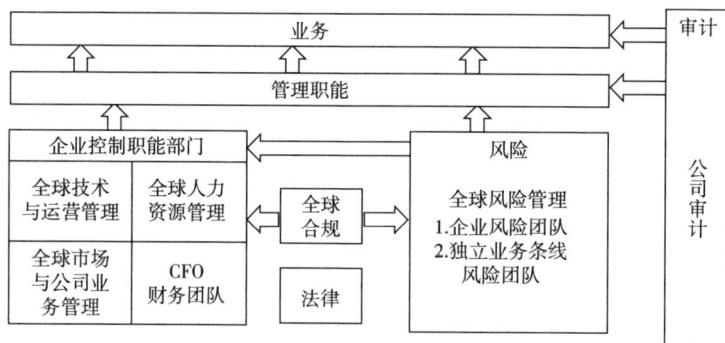

图6-6　业务、管理职能与审计的关系

二、内部控制制度建设

内部控制的制度从狭义理解是一部制度，就是银行的内部控制管理的纲领性文件，规范银行内部控制的组织、内容等；从广义理解是一套涉及账户、信贷、理财等各类业务以及财务、信息技术等各类内部管理行为的制度规范，这些制度规范就是银行内部控制最直接、有效的体现，也就是我们所说的"控制即制度"。

内部控制制度体系的建设成果其实也就是银行管理制度的建设成果。在中国人民银行《商业银行内部控制指引》发布之前，大多数银行早就完成了其制度体系的建设，因此并不是因为有了"内部控制"这种提法才有的银行制度，而是在制定银行制度的同时已经体现了"内部控制"这种管理思维。

制度或者内部控制的建设过程其实并不困难，而且大多都是一线部门自动发起的；举个例子，在银行发起信贷业务的时候，自然就会建立一个审批流程，这就是一个最简单也最有效的控制。但为什么很多银行一提到内部控制体系的建设就认为是一个耗时耗力的巨大工程呢？其实我们所说的"建设"更多的是"重检"，也就是把当前割裂的、矛盾的、在业务形成过程中已经建立好的固有制度，对其进行体系化的归类、融合、重建的过程，而这个过程往往会涉及银行内部多方面的协调妥协、职责权限的变动，甚至权力的纷争，因为"伤筋动骨"，所以困难重重。

说到制度或者内部控制的建设，自然就会提到流程梳理工作。那么，流程和控制有什么区别呢？流程是指一个或一系列连续有规律的行动，这些行动以确定的方式发生或执行，导致特定结果的实现。流程包含控制，控制一定是流程，但是流程不一定是控制。

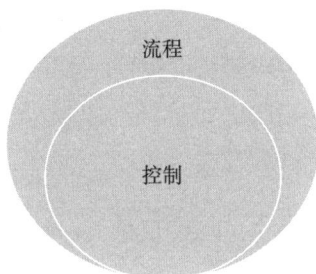

图6－7　流程和控制的关系

例如，不符合线上风控模型条件的客户贷款申请将被拒绝（系统审批）。通过线上风控模型条件筛选的申请将由人工按照信贷审查规定进行审核，并调整可授予的贷款期限和额度上限（人工审批）。这就是一个流程，而且这个流程也是一个控制。又例如银行的系统开发，需要遵循开发的流程，从需求、开发、测试到系统上线，就是一个流程，但并不是一个控制；在这个流程中，需求评审就是一个手工控制。

当然，控制可以分为不同类别，分类的方式也有很多，如预防性控制（Preventive Control）、发现性控制（Detective Control）、纠正性控制（Corrective Control）等；如人工控制（Manual Control）、自动化控制（Automotive Control），也就是我们常说的人控和机控的概念；关键控制（Key Control）、非关键控制（Non－key Control）；治理控制（Governance Control）、管理控制（Management Control）、业务控制（Business Control）等。

一般情况下，控制的梳理和确认是建立在流程梳理、风险评估的基础之上的，只有将业务流程完整地进行梳理才能够明确风险点及其控制措施。流程梳理主要包括以下几个步骤：一是重大风险及其流程信息收集，在业务流程优化过程中应首先建立适当的信息收集机制，将企业现有与内部控制相关的制度、文件等通过合理方式进行收集和整理，以便于对流程进行分析和优化；二是重大风险管控流程现状描述，通过访谈、问卷调查以及跟单等方式对重要业务流程进行端到端的理解；三是业务流程优化，基于公司内控流程评价的现状评估报告、结合已收集的公司相关政策、制度文档等信息，对流程进行分析和优化；四是形成流程管理手册，将流程优化后的成果以及相关信息在公司整体范围内进行广泛的沟通和讨论，从而最终获得流程控制文档、风险相关文档、职责权限明细表等，这些都是基于风险管理和内部控制的工作成果。从某种意义上讲，内部控制建设的具体成果最直接的体现就是一整套制度以及配套的流程文档。

三、内部控制文化建设

内控文化是企业文化的一部分，也是控制环境必不可少的一部分。建立有效的内控文化，提升全员的内控意识是保证内控制度长期有效落实的手段。银行应通过各种不同的手段对内控文化进行宣贯，以不断提升各级员工的内控意识。文化建设的手段包括专题研讨会、文化节、海报、刊物等多种方式。

银行内控文化建设和奖惩制度、人员合规、党建等工作相辅相成，共同帮助银行筑牢合规底线。

银行作为承担社会金融系统稳定性责任的特殊机构，不仅仅要构建自身的内部文化，更要帮助银行的客户提升其风险防控、依法合规意识，这也是银行社会责任感的体现。

四、内部控制信息化建设

随着金融科技应用不断推广，内部控制信息化程度也不断加强。内部控制信息化有两个层面的含义：一是提高银行经营管理的机控（Automotive Control）比例；二是企业也可以通过信息化、数字化的手段，提升内控合规职能部门自身内控管理工作的效率以及风险识别的能力，并将审计的结果与内控信息平台进行交互，实现内控的闭环管理。

五、内部控制评价与改进

提到内控建设，自然要提到对于内控的评价。内控评价工作旨在发现控制缺陷，以不断提升优化内控有效性，是实现 PDCA 良性循环的重要环节。控制缺陷是指控制在设计上或运行中，无法让管理层和员工正常执行所分配工作，及时预防或发现错报。控制缺陷分为设计缺陷和运行缺陷。设计缺陷是指企业缺少为实现控制目标的必要控制，或者现行的控制并不合理及未能满足控制目标。运行缺陷为合理设计的控制未按设计运行，或者执行控制的人不具备必要的权限或能力来有效执行该控制。

穿行测试是控制有效性检验的常用方法。穿行测试是从交易发生到反映在银行报告里的整个过程中对交易进行跟踪的一个活动。穿行测试应当包括从各项交易的发生点（如提出采购计划、采购订单、验收、付款申请等）到最后财务入账、进入财务报表的整个过程以及对各重要流程的内控，包括针对舞弊风险的内控。穿行测试的主要目的就是通过流程穿行测试，找出流程描述和风险控制文档的内容与实际执行情况的差异，分析差异产生的原因，并提出整改完善建议，使内控文档和实际情况保持一致。

对于机控，在设计控制测试方法的时候，往往需要选择正向、负向等多维度的测试方案来测试机控措施执行有效性，但一个类型的测试方案仅需选取一个案例即可。然而对于高频发生的人工控制，例如贷款的审批，则需要基于抽样的原则，选取多个样本，基于统计学的方法来验证控制有效性。

当然，内部评价需要配套失效控制的补偿措施、整改机制以及重新核验，这样才能够形成良好的管理闭环。

此外，内部控制成熟度模型在内部控制评价中具有重要的地位。内部控制的成熟度评估是一个对于内控体系建设自我评估的过程，也是一个自我反省的过程。如果说内部控制的评价是对于企业的一次体检，内部控制的成熟度评估就是对于内部控制管理部门的一次体检，这个体检衡量的是内部控制部门建设的内部控制体系的成熟度。

我们可以从几个关键的问题来看出二者的区别，以采购为例，内控评价模型解决的问题是：采购方面的内部控制的设计是否有效？采购方面的内部控制是否按照设计实施？采购方面的内部控制是否适用于银行现状？而成熟度模型解决的问题是：银行是否把关键的控制都纳入内部控制体系中？内部控制的重检方式、方法是否有效？内部控制信息化建设是否能够支持内控管理工作的有效开展？内部控制文化建设是否满足内部控制的管理要求？

内部管理成熟度模式借鉴美国卡内基梅隆大学的成熟度模型，一般可以分为 0~4 级：不受控的环境、非正式内控体系、标准化的内控体系、受控的内控体系和优化的内控体系。内部控制体系并不是说级别越高越好，而是应当达到适用于银行发展阶段的成熟度级别，也就是要充分考虑适应性问题。

六、以内控管理促进价值创造

在组织建设、制度建设、文化建设、信息化建设的基础上，企业应当通过持续评价，发现问题并主动改进，保证内部控制体系的正常运行。当然，许多企业还会存在效率低下甚至重复工作等问题，直接影响内部控制的价值创造。一方面业务部门疲于应付合规要求，大量人力物力财力投在合规工作上，但又同时可能存在风险控制的盲点，一旦发生内控失效或者风险事件，似乎内控管理或者风险管理相关部门的工作就被"一票否定"；另一方面，在业务部门大力发展业务、拼命往前冲的道路上，内部控制似乎成为了业务发展的"绊脚石"，内部控制工作的必要性就被反复的质疑。

COSO 发布的新版本 ERM 框架中强调了以价值为导向的风险管理方法，内部控制建设的最终目标也一定是以价值为导向，形成一种机制，督促企业把擅长的事情做好，提升股东的价值。

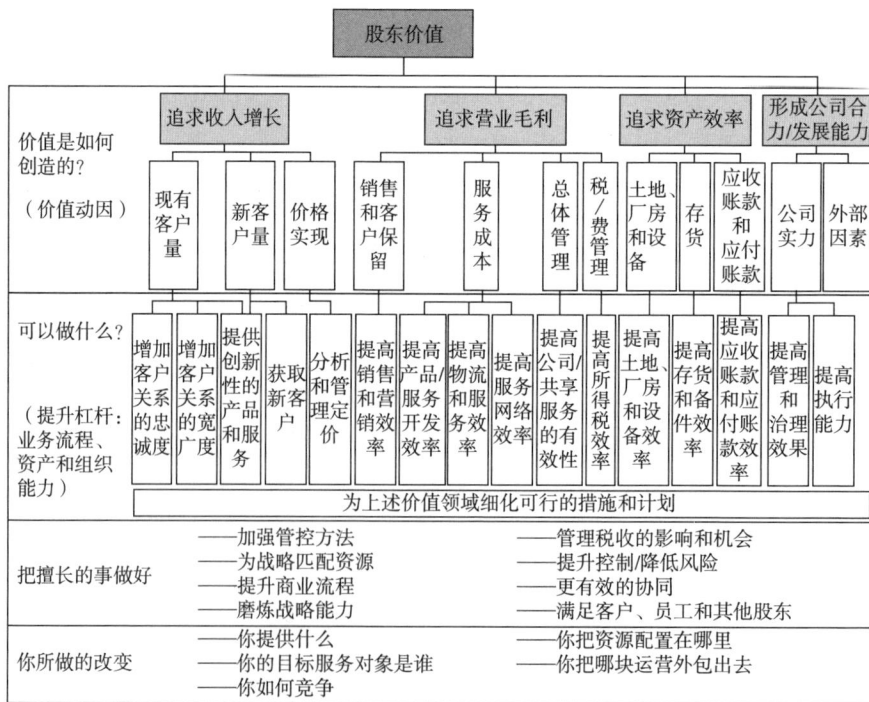

图 6-8 以价值提升为导向的内部控制管理

一个明确的内控框架需要清晰的银行价值导向，例如追求业务增长、追求净利润、拓展金融生态，不同的价值导向会影响内部控制的布局。比如，一个起步阶段的银行，为了追求业务的增长，可能会放松贷款条件；而一个平稳期的银行，为了减少坏账率，则会收紧放贷条件。虽然落在流程和纸面上都是信贷审批环节，但里面的内容或者执行过程中的力度是不同的。

因此，内部控制管理部门在对内部控制进行评价、重检的过程中，应当根据企业价值导向的变化而关注不同的侧重点，在守住关键底线的同时，选取不同的评价方法、标准和导向，通过内部控制的后督，引导企业回归正确的道路上。如果说绩效考核是引路灯，那么好的内部控制管理就应当是矫正器，两者配合才能够形成合力，指引企业达成经营目标、创造价值。

第七章　制度建设

不以规矩，不能成方圆。作为显性规范的制度，对现代企业来说不可或缺。这些制度也是内部控制的公开表达。对于银行来讲，从治理、管理到业务运营，有其自身规范要求，尤其是随着经济社会的发展和科技的广泛深入应用，探求一般规律下的制度建设，不仅对银行业具有现实意义，对其他企业也有一定的启迪。

第一节　金融体系与银行监管

一、金融市场与金融机构

众所周知，金融体系中不同参与者之间的互动关系主要体现在资金流动上，资金通过金融体系从资金盈余的主体流向赤字的主体。而金融决策是在金融体系中作出的，了解金融体系的运作机制是进行有效金融决策的基本前提。金融体系包括金融市场、金融中介、金融服务企业以及其他用来执行居民、企业和社会金融决策的机构；同时，可以通过对金融市场与金融中介进行界定，根据资金流动来解析不同参与者之间的互动关系。这样，我们可以从六个方面阐释金融体系的功能，明确市场机制是驱动金融创新的重要力量。从金融中介的不同类型以及政府和准政府组织在金融体系中扮演的角色以及履行不同的金融职能分析入手，可以进一步阐述金融机构的经营管理特性。

现代金融市场通常是没有一个特定的场所，如股票、债券以及货币的柜台交易所或者场外交易市场的情形就是这样，在本质上是连接证券经纪人及其客户的全球化计算机通信网络。金融中介被定义为主要业务是提供金融服务和金融产品的企业，包括银行、投资公司以及保险公司，其产品包括支票账户、商业贷款、抵押、共同基金以及一系列各种各样的保险合同。

实际上，部分资金通过诸如银行等金融中介从盈余方向赤字方流动，而有些资金是不经过金融中介而是通过金融市场进行流动的。

金融体系及其运作是一个随时间变化的统一概念框架。而这个框架的关键性基础要素是其功能，而不是以此作为概念性的"安全基石"加以关注。从功能出发，该框架应依赖于两个基本前提：一是金融功能比金融机构更加稳定，也就是说，功能随时间和国界的变化很少；二是金融的形式以功能为指导，也就是说，机构之间的创新和竞争最终将导致金融体系的功能发挥更富有效率。

从有效配置资源的角度，或者说这一根本性功能的最综合层次出发，金融体系提供了随时间变化或推移来转移经济资源、跨国界转移经济资源以及在不同行业之间转移经济资源，以此可以区分金融体系执行的六大基本或核心功能①：

1. 提供金融资源跨时间、地域、行业的经济资源转移渠道。金融体系的存在为不同时间的资源转移提供便利，同时可以在不同地域之间的转移中发挥重要作用，利用时空转移，把稀缺资源从较低收益的用途转移到更高收益用途。

2. 提供管理风险的途径。大多数情况下，资金随着金融体系转移，风险也随之进行"捆绑"转移。因此，风险管理便需要通过金融体系加以实施。当然，也存在一些金融市场工具和金融产品在不转移资金的情况下，也可以转移风险，诸如保险、担保、期货、期权、互换等。这样，管理风险的任务就越加沉重。

3. 提供实体交易的清算和结算工具。金融体系提供清算和结算支付的方式，为商品、服务以及资产交换提供便利，有效的支付体系令居民和企业在购买过程中无须浪费时间和资源。

4. 提供不同企业之间共享资源和所有权细分机制。金融体系提供了一些机制，如归集资金开办规模巨大且无法分拆的企业，或者将大型企业的股份在众多投资者（所有者）之间进行细分。如证券市场或银行将居民的财富归集或加总为更大数量的资本提供企业使用；从投资者的视角看，金融体系通过归

① 兹维·博迪，罗伯特·C. 默顿，戴维·L. 克里顿. 金融学［M］. 北京：中国人民大学出版社，2009.

集资金，在投资中细分股份为单个居民提供参与需要巨量资金的投资机会；在共同基金中，投资者的资金得到归集，同时基于他们给予代表基金中比例性份额的账户记录等。

5. 提供价格信息，帮助不同经济部门协调分权决策。金融体系可以提供有助于在不同经济部门中协调分散性决策的价格信息。如许多不参与证券交易的人同样可以利用证券信息进行其他类型的决策，居民可以根据利率和证券价格进行决策。

6. 提供解决交易中信息不对称或者存在委托代理关系的激励问题的途径。

我们知道，"运转良好的金融市场和金融中介是经济社会健康运行的关键要素"。[①] 金融市场所履行的最基本的功能是，将资金从那些由于支出少于收入而积蓄了盈余资金的家庭、公司和政府那里，引导到那些由于支出超过收入而资金短缺的经济主体那里。

在直接融资中，借款人通过在金融市场上出售证券或金融工具，直接从贷款者手中获取资金，这些证券事实上是对借款人未来收入和资产的索取权。金融市场主要形态包括债务与股权市场、一级市场和二级市场、交易所和场外市场、货币市场和资本市场。金融市场工具主要包括货币市场工具和资本市场工具。资本市场工具主要包括股票、抵押贷款和抵押支持证券、企业债券、政府债券等。

金融中介机构的功能就是间接融资。被称为间接融资是因为在贷款—储蓄者与借款—支出者之间有一个金融中介机构，帮助资金实现在双方之间的转移。银行作为间接融资的金融中介机构，在经济社会体系中扮演支付结算中心、信用中心和信息中心的角色。

间接融资和直接金融在金融功能发挥方面各有特长，但也存在差异，主要表现在：在交易成本方面，在金融交易过程中所耗费的是时间和金钱，而金融中介机构可以大大降低交易成本，其原因在于金融中介机构具备专业手段，规模较大可以享受规模经济的好处，从而降低交易成本；在风险分担方面，金融中介机构可以通过风险分担减少投资者风险，使其资产风险控制在投资者所能承受的范围之内；在解决信息不对称以及逆向选择和道德风险方面，由于信息不对称在交易之前会带来逆向选择，在交易之后会形成道德风险，而逆向选择和道德风险在金融中介机构那里可以得到有效缓解和解决，信息中心的功能得

---

① 弗雷德里克·S. 米什金. 货币金融学 [M]. 北京：中国人民大学出版社，2016.

到有效释放；在范围经济和利益冲突方面，金融中介机构可以提供多种金融服务，降低信息成本，在获得规模经济收益的情况下，减少利益冲突，控制道德风险。

从全球金融实践来看，金融中介机构主要类型包括存款机构（银行），如商业银行、储蓄与贷款协会、互助储蓄银行、信用社等。契约型储蓄机构主要包括人寿保险、火灾和意外伤害保险、养老基金、政府退休基金等。投资中介机构主要包括财务公司、共同基金、货币市场共同基金、对冲基金等。

二、金融体系的监管

金融体系是受到最严格监管的部门之一。政府监管可以帮助投资者获得更多的信息以及确保金融体系的健全性。银行业与金融机构的管理也会随着监管的步伐进行改进和逐步完善。

（一）银行的经营特点

一个普遍的认识就是在将资金融通给具有生产性投资机会的借款人的过程中，银行发挥了十分关键的作用，对于确保金融体系和经济体稳定、高效运行十分重要。而银行如何实现利润最大化，必须研究如何和为什么发放贷款、如何取得资金并管理资产和负债以及如何赚取收益，这些是银行不可回避的问题。

从银行的资产负债表可以窥见银行的经营轮廓，所有银行的资产负债表都可以简化为：资产方，主要包括准备金和现金、证券（如国债、地方政府债等）、贷款（如工商业贷款、不动产贷款、消费者贷款、银行同业贷款、其他贷款等）、其他资产等；负债方，主要包括存款、借款、银行资本等。从资产负债表就可以分析出银行的经营业务范围和盈利模式，可以看出银行的基本业务情况。银行赚取利润的途径是销售具有某些特征的负债（流动性、风险、规模和回报率的特定组合），并利用所得到的资金购买具有不同特征组合的资产。这个过程通常被称为资产转换。银行进行资产转换和提供一系列服务，如支票清算、记账、信贷分析和其他，这个过程类似于其他企业的生产过程。如果银行能够以较低的成本提供市场所需的服务并赚取可观的资产收益，就能获得利润。

由此，不难看出，银行为了实现利润最大化，就要考察如何管理其资产和负债。这样就有以下四个基本问题需要考虑：

一是一旦银行发生存款外流，为了确保银行有足够的资金用于支付储户，这就要求银行手头有足够的现金，银行需要进行流动性管理，保持足够的流动性资产来履行银行向储户进行支付的义务。

二是银行要通过购买低违约率的资产和进行资产多样化组合，将风险保持在适当的低水平，即需要进行资产管理。主要手段包括：（1）银行要努力寻找那些既愿意支付高利率，又不可能对贷款违约的借款人；（2）银行应试图购买高回报、低风险的证券；（3）在管理资产中，银行必须通过多样化来降低风险；（4）银行必须对资产的流动性进行管理，避免存款外流时付出高昂成本来满足流动性要求。

三是以低成本额获取资金，即负债管理。充分利用存款业务、金融市场工具以适当的成本获取资金。

四是必须确定银行应当保有的资本规模或补充所需要的资本，即资本充足性管理。银行资本可以避免银行破产，持续履行义务；资本的规模影响银行所有者的回报，银行以资本充足率来约束和管理资本规模；银行必须满足监管当局对银行资本的最低要求。

这样，随着银行业务的开展，就产生了信用风险管理、利率风险管理、表外业务管理等内容，与此对应的就是银行管理的基本原则。银行管理理论的发展大体经过了资产管理、负债管理、资产负债管理、资产负债综合管理等阶段。而由于银行的特殊行业性质，高负债、经营风险、社会相关性强等都决定了银行经营的政府管制不可或缺。

（二）银行监管的目的与核心内容

监管即监督管理，包含监督（Supervision）和规制（Regulation）两层意思。《新帕尔格雷夫经济学大辞典》对管制的定义是：政府为控制企业的价格、生产和销售决策而采取的各种行动，政府公开宣布这些行动是要努力制止不充分尊重社会利益的私人决策。银行监管就是银行监督和规制的合体，有学者把银行监管界定为金融监管机构根据金融法规对银行实施的监督与管制，确保维持一个稳定、健全、高效、平等竞争的银行制度和银行体系[①]；也有学者认为银行监管是指一个国家或地区的监管当局依据国家法规制度的授权对银行市场运行状况进行全面系统监测，以维护市场秩序和防范市场风险，同时对银

---

① 张庆. 论德国银行监管体制与结构模式［D］. 成都：西南财经大学，2008.

行机构实施全面的、经常性的检查和督促，并以此促进银行稳健高效运营。①归根到底，银行监管的目的是寻求银行体系的安全、稳定与公平竞争。

金融监管由多种因素触发，众多的经济学家和经济学派从不同视角对银行监管进行了理论分析，典型的有市场失灵理论、交易成本理论、公共选择理论、博弈论、政府规制理论等，但市场失灵、外部性与信息不对称是政府监管的主要原因。一般的政府监管是通过设置安全网实现的，其主要考虑：银行经营管理的内部化，存款和贷款的分离，使信息不对称问题广泛存在，直接影响金融体系的顺利运行。储户缺乏对银行资产质量信息的掌握，可能导致银行业恐慌，引发贷款下降和银行挤兑。政府为储户设置的安全网可以有效抑制银行挤兑和银行业恐慌，为储户提供存款保险保护，以鼓励储户将资金留在银行体系内。但政府安全网存在道德风险的问题，容易造成逆向选择，甚至导致"太大而不能倒闭"（Too big to fail），逆向选择的问题就更为突出。监管的主要内容可以归纳如下②：

1. 对资产持有的限制。其目的就是最大限度地减少给纳税人带来沉重负担的道德风险问题。监管体系鼓励银行提高资产的多元化程度，通过限制特定种类贷款或者向单个借款人贷款的规模来降低风险。当然，这会影响金融体系的运行效率。

2. 资本金要求。对资本金的要求是最大限度地削弱金融机构道德风险的影响的另一种办法。对资本金的要求有两种形式，第一种是杠杆比率，如资本与银行资产的比率。由于表外业务风险的存在，这种约束的缺陷也越来越明显。第二种是以风险为基础的资本金要求。《巴塞尔协议》一直在探索更为科学合理的计量方法。但其局限性带来了监管套利，在实践中根据监管资本要求调整风险资产配置，背离监管初衷。

3. 金融监管的注册与检查。金融监管或者审慎监管是指对金融机构的经营者进行监督以及评估金融机构经营的质量，是减少金融业逆向选择和道德风险问题的重要方式。

4. 即时整改行动。为了使银行在出现风险时，能够采取正确的行动，而不是引发更为严重的道德风险、进一步加大纳税人的损失，存款保险公司在银行出现困境时应尽早干预，并采取更为有力的行动。

---

① 邵汉华. 银行监管有效性的实证研究 [M]. 北京：社会科学文献出版社，2017.
② 弗雷德里克·S. 米什金. 货币金融学 [M]. 北京：中国人民大学出版社，2016.

5. 风险管理评估。以往对金融机构的实地检查的重点主要是评估其资产负债表在某个时点上的质量，以及考察其是否遵守资本金要求和服从对其持有资产的限制。金融环境的变化导致全世界范围内对审慎监管程序的认识转变。现在，银行监管者更关注的是评价银行控制风险的管理程序的健全性。在对银行风险管理进行评级时，主要考虑以下四个因素：董事会和高级管理层实施监督的质量；对所有具有重大风险的业务活动的政策和限制措施的有效性；风险计量和监控体系的质量；预防雇员欺诈和从事未授权的活动的内部控制措施是否妥当。近些年，还要求银行高级管理层实施正式的风险管理政策和程序，以确保不突破董事会预定的风险上限，并实施监督风险和执行董事会指令的内部控制制度。其中，特别重要的是压力测试（Stress Testing）与计算在险价值（Value at Risk）。

6. 信息披露要求。为了确保市场能够获取准确和充分的信息，监管者要求银行服从标准会计准则和披露一系列信息，以帮助市场评估金融机构资产组合的质量和风险敞口的规模，向公众提供更多的有关金融机构风险和资产组合质量的信息，帮助股东、债权人和储户对金融机构予以评估和监督，防止银行过度冒险。信息披露要求是金融监管的关键内容，《巴塞尔协议 II》把信息披露当作三个支柱之一，要求银行就其信贷敞口、准备金规模和资本金水平披露更多信息，以强化市场纪律。

7. 消费者保护。信息不对称的存在意味着消费者在金融活动中不能掌握足够信息来保护自己。对消费者的保护，监管手段可以有几种形式。美国 1969 年的《消费者保护法》（Customer Protection Act）要求贷款人向消费者提供有关借款成本的信息，包括标准化的利率与贷款的总融资费用。1994 年的《公平信用交易法案》（Fair Credit Billing Act）要求债权人尤其是信用卡发行商提供融资费用评价的方法。国际金融危机以后，对消费者的保护提出了更高的要求。许多借款人无法理解贷款条款，以及所申请的贷款远远超出还款能力，结果使大量借款人丧失房产抵押赎回权。其实，在中国，类似的事情也大量存在，企业超承受能力授信，个人超还款能力借款，形成了社会问题。

8. 对竞争的限制。竞争的加剧也会增强金融机构冒险的动机。很显然，竞争削弱了金融机构的盈利能力，迫使金融机构为了维持既有的利润水平而承担更大的风险。很多国家都颁布了法规，限制竞争以保护银行。当然，限制竞争也会导致银行之间不必过于激烈地竞争，可能导致消费者成本的增加，降低银行机构的效率。信息不对称为反竞争的监管提供了理由，但不意味着对监管是有利的。工业化国家的政府限制竞争的动力正在逐步消失。这些监管的目的在于缓解信息不对称问题和限制金融体系过度冒险，可以有效抑制金融体系中的道德风险和逆向选择等问题。

（三）监管实施

理解监管理论，并不意味着金融体系的实际监督和管理是一件很容易的事情。一方面，金融机构为了寻求利润，有强烈的动机通过钻空子等行为规避现有监管，监管目标和手段需要不断地调整。另一方面，监管者和金融机构之间不断地进行着猫抓老鼠的游戏。监管者面临不断变化的挑战，难以有效地防止金融机构的过度冒险行为。此外，在监管游戏中，胜败常取决于细微之处，千里之堤，毁于蚁穴。而且，被监管者可能会疏通政治家，甚至动用政治影响，使监管行为向有利于自己的方向倾斜。因此，金融监管并不能保证百分之百地有效保持金融体系的健康性。

而且，单个银行的运作，也就是银行为实现利润而对资金的获取、使用与管理，在全世界范围内大致上都差不多。但如果把银行业看作一个整体来考察其结构与经营，可能会有不同的结论。如美国，有大约 5700 家商业银行、800家储蓄与贷款协会、350 家互助储蓄银行以及 7000 多家信用社。这是否会更好？这种分散性是否意味着美国的银行体系更具竞争性，运作效率和健全程度比其他国更强？美国的经济体系和政治体系的什么特征可以解释银行机构数量众多的原因？这就需要首先考察银行体系的发展历史、金融创新如何加剧银行业的竞争性环境以及所带来的重要变化。事实上，在商业银行范畴，它们是迄今为止最大的存款机构，其存款占到整个银行体系的三分之二。

（四）美国银行与监管的历史发展

美国银行体系的历史发展比较特殊。主要是联邦政府和州政府的政治存在与经济社会的分工造成的。1782 年的北美银行成立标志着美国现代商业银行业的开端。在强化中央集权管理和州政府权力分散的政治争论与实际斗争中，逐步形成了现在的双重银行体系（Dual Banking System），即由联邦政府管理的银行同由各州政府机构管理的银行并行运作。

按照 1863 年的《国民银行法》（National Bank Act），由联邦政府注册的银行体系，由美国财政部下属部门——货币监理署负责监管。1913 年，旨在增强银行体系安全性的联邦储备体系建立，标志着中央银行制在美国再次出现。

20 世纪 30 年代的大萧条，促使 1933 年《银行法》①（*Banking Act*）出台。一方面，催生了联邦存款保险公司（Federal Deposit Insurance Company，FDIC），为银行存款提供联邦保险。另一方面，由于商业银行的投资银行业务被看作是银行破产的根源，禁止商业银行从事企业证券的承销和发行等业务，将商业银行和证券业完全分离。

对银行业的监管，美国存在多重监管机构，如货币监理署主要负责管理拥有商业银行体系一半以上资产的国民银行；美联储和州银行监管当局共同管理作为美联储成员的州银行。当然，美联储还对银行持股公司负有监管职责，对国民银行负有第二监管责任。联邦存款保险公司和州银行监管当局共同监管在联邦存款保险公司投保但并非美联储成员的州银行。州银行监管当局还对没有在联邦存款保险公司投保的州银行负有独立监管职责。

当然，金融创新促进了"影子银行"的发展，使银行监管的难度进一步加大。近年来，吸收存款、发放贷款的传统银行业务正在衰落，一部分已经被影子银行体系（Shadow Banking System）所替代。金融环境的变化推动金融机构进行盈利性的创新。创新大体分为三种类型：适应需求变化的金融创新、适应供给的金融创新和规避监管的金融创新。适应需求变化的金融创新，如利率波动性，随着利率波动性的日益增强，改变了金融产品的需求状况，可变利率抵押贷款和金融衍生工具的诞生顺应了这一趋势。适应供给变化的金融创新，如信息技术、计算机和通信技术的发展推动了金融创新，一方面，降低了处理金融交易的成本，金融机构可以通过为公众提供新金融产品和提供新金融服务获得更大的利润空间；另一方面，使投资者更容易获取信息，为企业发行证券提供了便利。当然，存储技术、人工智能的大量金融应用也极大地丰富和发展了金融科技领域，比如，银行信用卡和借记卡的产生与发展，电子银行业务，自动柜员机到智慧柜员机，线上业务的虚拟银行等。如商业票据市场，在信息技术的发展过程中，可以为大银行和企业发行的短期债务证券提供交易便利和风险甄别便利，促使商业票据市场迅速发展。证券化促进了影子银行的发展，如次级抵押贷款市场的形成。次级抵押贷款（Subprime Mortgages）是证券化和银行体系推动下的最重要的创新，尽管是导致 2008 年国际金融危机的重要推手，但在金融创新与金融服务的历史发展中，具有重要的里程碑意义。

同时，规避监管促进金融创新。不言而喻，银行所受到的监管程度高于其

---

① 1999 年被废除，取而代之的是《金融服务现代化法案》（*Financial Services Modernization Act*）。

他行业，虽然与其他经济领域的创新过程差别不大，但政府监管是促进创新的重要动力。当经营环境发生变化，监管约束带来的压力凸显，使规避这些监管约束能够赚取巨额利润时，钻空子和创新就可能发生。其中，两类监管制度严格限制了银行的盈利能力，一是强制银行将一定比例的存款作为准备金的法定准备金制度；二是对存款利率支付的限制。这些约束也促成了货币市场共同基金和流动账户的设立。

与此相对应的监管变化可以归结如下：

第一阶段是 18 世纪 20 年代至 20 世纪 30 年代大危机，以自由主义经济理论为主导，信奉"看不见的手"的作用，金融监管理论主要围绕货币管理和如何应对因挤兑引发银行危机两个方面问题而展开。

第二阶段是 20 世纪 30 年代大危机结束至 20 世纪 70 年代，由于大危机的影响，人们认识到"市场不是万能的"，市场失灵理论风靡一时。这一时期的金融监管基本上都是建立在市场失灵的认知基础上的，中央银行代表政府开始监管金融机构的行为，以避免市场失灵和金融体系不稳定。

第三阶段是 20 世纪 70 年代至 21 世纪初美国金融危机爆发，新一轮金融自由化开始得到重视，"金融抑制"和"金融深化"交织在一起，金融体系安全让位于效率，反对政府的过度和严格监管，在促进金融繁荣的同时也留下了危机隐患。

第四阶段是 2008 年国际金融危机爆发至今，主要以政府从各个方面加强对金融体系监管为特征。为了重振包括银行业在内的金融业的信心，稳定经济发展，各国政府纷纷加强了对以银行业为代表的金融业的监管，从效率优先逐渐转向安全和效率协调并重发展。正是鉴于风险和效益之间替代性效应，金融监管理论演变的结果，既不同于效率优先的金融自由化理论，也不同于安全优先的金融监管理论，而是二者新的融合与均衡。[1] 总体上，"银行监管效率理念经历了从安全优先到效率优先，再到效率与安全融合互动的嬗变过程"。[2]

在我国银行监管实践中，以问题为导向，逐步完善金融监管，尤其是银行监管。为进一步深化金融监管体制改革，有效解决现行监管体制存在的监管职责不清晰、交叉监管和监管空白等问题，强化综合监管，优化监管资源配置，

---

[1] 李成. 金融监管理论梳理与中国现实思考 [J]. 预测，2004（3）：12 – 15.
[2] 程吉生. 银行监管效率理念的嬗变与启示——兼评巴塞尔新资本协议 [J]. 财贸研究，2003（3）：33 – 35.

逐步建立符合现代金融特点、统筹协调监管、有力有效的现代金融监管框架①，更好地防范和化解系统性金融风险。我国在 2018 年合并了银监会和保监会两个独立的监管机构，新设了中国银行保险监督管理委员会，赋予其职权，维护两个行业的稳健运行，防范和化解金融风险，切实保护消费者合法权益，维护金融市场稳定。

第二节　商业银行内部控制

银行作为强监管企业，其内部控制的重要性更是不言而喻，除了以上提到的意义之外，内部控制管理还增强了企业的合规和风险管理水平，对银行声誉、企业信赖感、业务获得监管机构支持等方面等都起到了积极作用。强监管企业，也就是我们所说的外部监管环境比较严格的企业，如银行业、证券业、保险业这类金融企业，金融机构本身就是经营风险的机构，因此其风险管理、内部控制意识也更强，也更为保守，各类监管机构对其的惩罚力度、管理力度也更加的严格和强硬。又比如医院、医药企业等对于民生、社会稳定性影响较大的企业，也有中国的卫健委、美国的 FDA 等类似的监管机构专门对其进行监管。还有公开发行股票的上市公司，为了保护投资者利益，需要其符合证券监管机构发布的相关内部控制要求等。

当然，银行同其他企业不同，是经营货币的机构，是把握一个国家金融系统的机构，其稳定合规运营更是关乎一国的命脉。在美国 COSO 对于内部控制"合理保证实现经营的效果和效率、财务报告的可靠性及符合法律和规章制度三大目标的程序"的基础上，1998 年 1 月巴塞尔委员会颁布的适合一切表内外业务的《内部控制系统评估框架（征求意见稿）》，提出了新的内控定义，其中进一步强调董事会和高级管理层对内控的影响，描述了一个健全的内部控制系统及其基本构成要素，提出了供监管当局评价银行内部控制系统的若干原则，在财务风险控制的基础上又增加了企业运营风险控制的部分。

一、商业银行内部控制设计与实施

在内部控制框架中，内部控制的五要素包括控制环境、信息沟通、风险评

---

① 中国政府网．第十三届全国人民代表大会第一次会议关于国务院机构改革方案的决定［N/OL］．(2018 – 03 – 17)［2019 – 11 – 02］．http：//www.gov.cn/xinwen/2018 – 03/17/content_ 5275072.htm.

估、控制活动、监控活动，那么商业银行内部控制体系的设计与实施也必然需要从这五个方面着手。《商业银行内部控制指引》则为商业银行内部控制体系的设计与实施确定了基本原则和方向。

（一）控制环境和信息沟通方面

《商业银行内部控制指引》的"内部控制职责"部分，即第七条到第十三条，界定了董事会、监事会、高级管理层、内控管理职能部门、内部审计部门、业务部门等在构建内部控制体系中职责，这是COSO内部控制框架中控制环境的重要组成部分。《商业银行内部控制指引》的"内部控制保障"，即第二十七条到第三十三条，包含COSO框架的控制环境和信息沟通两个要素中的部分内容，包括信息沟通、人力政策、内控文化等。

在内部控制治理和组织架构方面，《商业银行内部控制指引》规定商业银行应当建立由董事会、监事会、高级管理层、内控管理职能部门、内部审计部门、业务部门组成的分工合理、职责明确、报告关系清晰的内部控制治理和组织架构。董事会负责保证商业银行建立并实施充分有效的内部控制体系，保证商业银行在法律和政策框架内审慎经营；负责明确设定可接受的风险水平，保证高级管理层采取必要的风险控制措施；负责监督高级管理层对内部控制体系的充分性与有效性进行监测和评价。监事会负责监督董事会、高级管理层完善内部控制体系；负责监督董事会、高级管理层及其成员履行内部控制职责。高级管理层负责执行董事会的决策；负责根据董事会确定的可接受的风险水平，制定系统化的制度、流程和方法，采取相应的风险控制措施；负责建立和完善内部组织机构，保证内部控制的各项职责得到有效履行；负责组织对内部控制体系的充分性与有效性进行监测和评价。

在内部控制部门职责分工方面，《商业银行内部控制指引》要求商业银行应当指定专门部门作为内控管理职能部门，牵头内部控制体系的统筹规划、组织落实和检查评价。内部审计部门履行内部控制的监督职能，负责对商业银行内部控制的充分性和有效性进行审计，及时报告审计发现的问题，并监督整改。业务部门负责参与制定与自身职责相关的业务制度和操作流程；负责严格执行相关制度规定；负责组织开展监督检查；负责按照规定时限和路径报告内部控制存在的缺陷，并组织落实整改。

在信息与沟通方面，商业银行应当建立贯穿各级机构、覆盖所有业务和全部流程的管理信息系统和业务操作系统，及时、准确记录经营管理信息，确保信息的完整、连续、准确和可追溯。商业银行应当加强对信息的安全控制和保密管理，对各类信息实施分等级安全管理，对信息系统访问实施权限管理，确保信息安全。商业银行应当建立有效的信息沟通机制，确保董事会、监事会、高级管理层及时了解本行的经营和风险状况，确保相关部门和员工及时了解与其职责相关的制度和信息。

在业务连续性管理方面，商业银行应当建立与其战略目标相一致的业务连续性管理体系，明确组织结构和管理职能，制定业务连续性计划，组织开展演练和定期的业务连续性管理评估，有效应对运营中断事件，保证业务持续运营。

在人力资源管理与激励约束机制方面，商业银行应当制定有利于可持续发展的人力资源政策，将职业道德修养和专业胜任能力作为选拔和聘用员工的重要标准，保证从业人员具备必要的专业资格和从业经验，加强员工培训。商业银行应当建立科学的绩效考评体系、合理设定内部控制考评标准，对考评对象在特定期间的内部控制管理活动进行评价，并根据考评结果改进内部控制管理。商业银行应当对内控管理职能部门和内部审计部门建立区别于业务部门的绩效考评方式，以利于其有效履行内部控制管理和监督职能。

在内控文化方面，商业银行应当培育良好的企业内控文化，引导员工树立合规意识、风险意识，提高员工的职业道德水准，规范员工行为。

（二）风险评估与控制活动方面

1. 对于风险评估和内部控制措施的概括性要求。《商业银行内部控制指引》规定商业银行应当建立健全内部控制制度体系，对各项业务活动和管理活动制定全面、系统、规范的业务制度和管理制度，并定期进行评估。银行应当合理确定各项业务活动和管理活动的风险控制点，采取适当的控制措施，执行标准统一的业务流程和管理流程，确保规范运作。商业银行应当采用科学的风险管理技术和方法，充分识别和评估经营中面临的风险，对各类主要风险进行持续监控。

2. 对于内部控制重点方面的原则性要求。《商业银行内部控制指引》对商业银行如何建立健全内部控制措施，以及内部控制体系的一些重点方面，提出了原则性的要求。

在信息系统控制方面，商业银行应当建立健全信息系统控制，通过内部控制流程与业务操作系统和管理信息系统的有效结合，加强对业务和管理活动的系统自动控制。

在部门、岗位职责、权限与报告线路管理等方面，商业银行应当根据经营管理需要，合理确定部门、岗位的职责及权限，形成规范的部门、岗位职责说明，明确相应的报告路线。应当全面系统地分析、梳理业务流程和管理活动中所涉及的不相容岗位，实施相应的分离措施，形成相互制约的岗位安排。应当明确重要岗位，并制定重要岗位的内部控制要求，对重要岗位人员实行轮岗或强制休假制度，原则上不相容岗位人员之间不得轮岗。

在员工行为管理方面，商业银行应当制定规范员工行为的相关制度，明确对员工的禁止性规定，加强对员工行为的监督和排查，建立员工异常行为举报、查处机制。

在授权体系建设方面，商业银行应当根据各分支机构和各部门的经营能力、管理水平、风险状况和业务发展需要，建立相应的授权体系，明确各级机构、部门、岗位、人员办理业务和事项的权限，并实施动态调整。

在会计制度制定与执行方面，商业银行应当严格执行会计准则与制度，及时准确地反映各项业务交易，确保财务会计信息真实、可靠、完整。

在资产与重要凭证管理方面，商业银行应当建立有效的核对、监控制度，对各种账证、报表定期进行核对，对现金、有价证券等有形资产和重要凭证及时进行盘点。

在新设机构、新开办业务/产品/服务的内部控制方面，商业银行设立新机构、开办新业务、提供新产品和服务，应当对潜在的风险进行评估，并制定相应的管理制度和业务流程。

在外包管理方面，商业银行应当建立健全外包管理制度，明确外包管理组织架构和管理职责，并至少每年开展一次全面的外包业务风险评估。涉及战略管理、风险管理、内部审计及其他有关核心竞争力的职能不得外包。

在客户投诉处理方面，商业银行应当建立健全客户投诉处理机制，制定投诉处理工作流程，定期汇总分析投诉反映事项，查找问题，有效改进服务和管理。

（三）监控活动方面

《商业银行内部控制指引》用第六章中的第四十三条到第四十六条，对银行自身的内部控制监督做了规定。《商业银行内部控制指引》规定商业银行内部审计部门、内控管理职能部门和业务部门均承担内部控制监督检查的职责，应根据分工协调配合，构建覆盖各级机构、各个产品、各个业务流程的监督检查体系。

商业银行应当建立内部控制监督的报告和信息反馈制度，内部审计部门、内控管理职能部门、业务部门人员应将发现的内部控制缺陷，按照规定报告路线及时报告董事会、监事会、高级管理层或相关部门。商业银行应当建立内部控制问题整改机制，明确整改责任部门，规范整改工作流程，确保整改措施落实到位。

商业银行应当建立内部控制管理责任制，强化责任追究。一是董事会、高级管理层应当对内部控制的有效性分级负责，并对内部控制失效造成的重大损失承担管理责任。二是内部审计部门、内控管理职能部门应当对未适当履行监督检查和内部控制评价职责承担直接责任。三是业务部门应当对未执行相关制度、流程，未适当履行检查职责，未及时落实整改承担直接责任。

二、商业银行内部控制评价方法与缺陷认定标准

《商业银行内部控制指引》规定，商业银行应当制定内部控制缺陷认定标准，根据内部控制缺陷的影响程度和发生的可能性划分内部控制缺陷等级，并明确相应的纠正措施和方案。COSO框架定义了内部控制缺陷，即一个或多个要素和原则相关，可能会导致主体偏离控制目标的缺点。重大缺陷则是指一项或多项内部控制缺陷的组合，可能会导致主体严重偏离控制目标。若是存在一项重大缺陷，组织就不能得出其已满足有效内部控制体系所有要求的结论。如果管理层确定某个要素和一个或多个相关原则不存在且未持续运行，或相关要素未共同运行，那么内部控制体系一定存在着一项重大缺陷。

第三节　银行的制度起源与本质内涵

一、银行的制度起源

我们一直都在讲银行内部控制，那么内部控制从何而来？依据是什么？在银行业普遍没有引入"内部控制"这个词之前，银行又是如何确保合法合规经营的呢？想要回答这个问题，就必须谈到制度建设。

首先，完善的制度是银行建立客户信任机制的重要手段。说起银行，可能大家都以为是西方传到中国的，其实不然，古时候我国就已经有了银行的概

念，可谓历史悠久，只不过那个时候的银行的职能没有那么多，也没有那么完善而已。

银行在我国起源于唐朝，在唐宣宗时期（公元847—858年），苏州就有"金银行"出现。北宋嘉佑二年（1057年），蔡襄知福州时，作《教民十六事》，其中第六条为"银行轧造吹银出卖许多告提"，这是"银行"一词单独出现最早的时间。最早的时候只有官办银行，民间是没有的，到后来逐渐出现在民间，中国最早的专门借贷机构是国家开办的质库，后来有了民间经营的钱庄。它们融汇天下的货币，方便了往来的商旅。日升昌票号是中国第一家专营存款、放款、汇兑业务的私人金融机构，开中国银行业之先河。日升昌票号成立于清道光三年（1823年），中国旧时的钱庄是由集市银钱兑换业发展而形成的信用机构，大体上北方及华南称为银号，长江流域包括上海称为钱庄。关于钱庄和银号的称呼我们也常常会在一些影视剧中见到。中国第一家银行——中国通商银行是盛宣怀奏办的，于光绪二十三年（1897年）开业，该行最初发行的光绪二十四年版银两票，面值有五十钱、一两、五两、十两、五十两和一百两。

由此可见，无论是古代还是现在的银行，其本质就是一种信用机构，是基于客户对于其财产的保管和增值的信任上而建立起来的货币流通的中介。如果客户不相信把钱保管在银行的资金安全性，则银行不可能存在。换句话说，银行在运营过程中如何确保这种信任机制的建立不被破坏，并不断强化这样的信任机制，就成为了银行立身之本。这也是为什么银行内部管理要求、制度体系的规范和强化是十分必要的，也是十分迫切的。国外很多银行，比如汇丰银行，都定期在官网上披露银行合规报告，报告中将企业制度体系等都进行了详尽披露，将内部管理的规范性作为营造客户信任的一种手段，也作为银行的优势之一。制度是银行客户和员工了解银行经营文化和理念的重要手段。

其次，完善的制度管理是银行内部防范风险的重要方法。说到企业就必须提到企业的生产资料，生产资料就是劳动者进行生产时所需要使用的资源或工具，一般可包括土地、厂房、机器设备、工具、原料等。① 生产资料是生产过程中的劳动资料和劳动对象的总和，它是任何社会进行物质生产所必备的物质条件。不同于其他类型企业，生产资料往往是木材、塑料等实物原料，银行最核心的生产资料就是资金。其核心生产资料区别于其他类型企业的本质使其风

---

① https://zhidao.baidu.com/question/919045347310253659.html.

险暴露大，风险管控复杂性高。举个简单的例子，我们看各种电视剧、小说里面被劫持最多的就是押运的金银。在银行实现全面信息化之前，货币和票据的保管、交易的发生等都是通过人为操作来实现的，银行网点众多，操作方式不统一，各类案件层出不穷，因此必须通过制度的规范、制度的检查等，从正向规范、负向惩戒两个方面来降低风险；银行全面信息化时代到来后，更是进一步将制度要求固化到计算机系统中，作为强制的控制措施。

最后，现代银行所面临的监管环境比较严峻，制度是监管要求具体落实的体现之一。中国的《商业银行合规风险管理指引》对合规的含义进行了如下明确："是指商业银行的经营活动与法律、规则和准则相一致。"根据《巴塞尔新资本协议》的定义，"合规风险"指的是：银行因未能遵循法律法规、监管要求、规则、自律性组织制定的有关准则、已经适用于银行自身业务活动的行为准则，而可能遭受法律制裁或监管处罚、重大财务损失或声誉损失的风险。简单来说，合规就是合乎规定，所以在谈"合规"之前，一定要在银行内部明确"规"到底是什么，一是将外部的法律法规、监管规则内化为银行内部的管理规定；二是对银行自身经营过程中出现的问题进行总结分析，立为规矩，形成银行的制度体系，有所为，有所不为。

二、制度属性与特点

英国历史学家阿克顿讲过的分粥故事，可以帮助我们认识制度的起源：在一个荒无人烟的小岛上，有七个人组成了一个小团体共同生活。七个人每天面对一锅粥，如何制定分配制度呢？他们提出了五套分粥方案①：一是大伙指定一人来分粥——分粥者总是给自己多分；二是选出一个分粥委员会来分粥——分粥委员会成员还是给自己多分；三是在分粥委员会的基础上成立一个监督小组——委员会与监督小组争论不休，反而分不下去；四是大伙儿轮流分——分粥者也是给自己多分，多寡不均；五是大伙儿轮流分，但分粥者必须最后一个取粥——结果发现粥分得最为公平、最有效率，且方法最为简洁实用。

"分粥故事"表明人性是自私的，这种自私在群体性生活中不会自动"屏蔽"。如果没有制度约束，人类社会将停留在"一切人与一切人作战"的霍布斯丛林时代。"霍布斯丛林"在社会学中是个可怕的名词。在社会学家托马

---

① https：//www.sohu.com/a/122200964_ 380930.

斯·霍布斯①设想的这种"原始状态"下，每个人的生活都是"贫穷、孤独、肮脏、残忍和短命的"。由此生出的丛林法则是：弱肉强食，没有道德，没有怜悯，没有互助，只有冷冰冰的食物链。

制度在不同的语境之下的体现形式不同，例如在政府的语境下，制度就是法律法规，法律是指我国最高权力机关全国人民代表大会和全国人民代表大会常务委员会行使国家立法权，立法通过后，由国家主席签署主席令予以公布。因此，法律的级别是最高的。法规是由国务院制定的，通过后由国务院总理签署国务院令公布。这些法规也具有全国通用性，是对法律的补充，在成熟的情况下会被补充进法律，其地位仅次于法律。在地方政府，还会有地方性法规，其有效区域仅限于颁布法规的管辖区域。在专业监管语境下，就是规章，也就是有行政管理职能的直属机构，例如人民银行、银保监会、外汇局、网信办等所发布的监管要求或者指导意见。在国际标准组织的语境下就是国际最佳实践，如 SWIFT 报文的规则、ISO 27001 信息安全管理国际标准等。在企业管理语境下，企业制度是指企业作为一个有机组织，为了实现企业既定目标和实现内部资源与外部环境的协调，在财产关系、组织结构、运行机制和管理规范等方面的一系列规则安排，企业制度和企业文化、企业属性息息相关，初创企业提倡流程的高效以及一切以业务为先，因此在管理制度上多体现充分授权、流程整合、管控环节精简化等特点；而一个处于稳定期的大型企业，因为管理复杂性高，制度多体现层级森严、审批烦琐、业务拓展审慎等特点。本书中提到的制度仅限于企业管理语境下的制度。

在企业管理语境下，我们常常提到"制度管理"，也常常提到"内部控制""流程管理"，然而它们之间的关系到底是什么？可以举例说明，流程就好比是安装一把从淘宝买回家的玩具汽车的工序，首先需要把汽车两个后轮电机装上，其次需要把两个前轮装上，再次需要把汽车的椅子装上，最后装上方向盘、电池，一个玩具汽车才能开动。而内部控制就是厂家为了防止客户把左右两边的轮胎电机装反而标记上"R"和"L"的标志。制度就是把这些安装程序以及"R"和"L"的标志写到一个说明书里面。可以这么说，制度里面承载了内部控制要求，也承载了各类业务流程。这里特别需要强调的是，并不

---

① 托马斯·霍布斯（Thomas Hobbes，1588—1679）是英国政治家、哲学家，提出"自然状态"和国家起源说，指出国家是人们为了遵守"自然法"而订立契约所形成的，是一部人造的机器人，反对君权神授，主张君主专制，主张利用"国教"来管束人民，维护"秩序"。主要著作有《论政体》《利维坦》《论公民》《论社会》等。

是所有的企业都会使用长篇大论说明书的方式去记录流程和控制措施，而会把部分控制和流程固化到系统中，做成自动化的流程和控制，也就是可以通过流水线自动组装车轮，不用手工安装。我们在这里需要明确，其实承载控制和流程的方式可以是多种介质，制度是一种，系统化的方法是一种，但其本质是一样的。换句话说，把制度做好了，就是把内部控制就做好了，"制度即控制"。

制度具有权威性、排他性、特定范围的普遍适用性及稳定性等特点。一是权威性，管理制度由具有权威的管理部门制定，在其适用范围内具有强制约束力，一旦形成，不得随意修改和违反；二是排他性，某管理原则或管理方法一旦形成制度，与之相抵触的其他做法均不能实行；三是特定范围内的普遍适用性，各种管理制度都有自己特定的适用范围，在这个范围内，所有同类事情，均需按此制度办理；四是稳定性，管理制度一旦制定，在一段时间内不能轻易变更、朝令夕改，否则无法保证其严肃性和权威性。这种稳定性是相对的，当现行制度不符合变化了的实际情况时，又需要及时修订。

三、银行制度建设的基本要素

银行的制度体系是在银行这个特殊语境之下的制度体系，是广义的制度体系的一个子集。银行的制度体系和其他制度体系并无不同，但体现了银行这一特殊企业的特点。前面已经说过，银行的本质就是经营信用的机构，完备的制度体系是保障其能够持久地被客户信任的一种必要手段。那么，这个制度体系应该长成什么样子，怎么样才能够算是一个完备的制度体系呢？

首先，制度体系从横向来讲，应当是全面覆盖银行各类业务领域以及内部管理领域的。所以说在我们谈论制度体系之前，首先需要大致梳理一下银行的主营业务。银行业务主要分为三类：负债业务、资产业务、中间业务。

负债业务。负债主要由自有资本、存款和借款构成，其中存款和借款属于吸收的外来资金，另外联行存款、同业存款、借入或拆入款项或发行债券等，也构成银行的负债。负债是银行由于授信而承担的将以资产或资本偿付的能以货币计量的债务。存款、派生存款是银行的主要负债，约占资金来源的80%以上，另外联行存款、同业存款、借入或拆入款项或发行债券等，也构成银行的负债。

资产业务。资产业务属于商业银行运用资金的业务，也就是商业银行将其吸收的资金贷放或投资出去赚取收益的活动。商业银行盈利状况如何、经营是否成功，很大程度上取决于资金运用的结果。商业银行的资产业务以贷款和投资最为重要。

中间业务。中间业务是银行不需要动用自己的资金，依托业务、技术、机构、信誉和人才等优势，以中间人的身份代理客户承办收付和其他委托事项，提供各种金融服务并据以收取手续费的业务。银行经营中间业务无须占用自己的资金，是在银行的资产负债信用业务的基础上产生的，并可以促使银行信用业务的发展和扩大。

银行的内部管理领域和其他类型企业的内部管理领域其实并没有本质的不同，人力资源、财务管理、风险合规与法律、信息科技、后勤保障如安全保障等，都是内部管理类领域，这些领域作为职能管理领域和业务管理领域一并可以作为银行制度建立的重要参考。以上的领域分的颗粒度还是过粗，从制度分类的角度看也不够完善，为了对制度建立更加有指导性作用，每一个领域还应该进行更为详细的划分。例如，针对负债业务，还可以进一步分为对公存款、个人存款等。那么如何才能够确保制度对于业务的大范围覆盖，就需要将制度管理和公司流程梳理工作进行全面整合。一是在流程梳理过程中充分识别风险，明确制定控制措施；二是将流程梳理的成果落实为制度进行明确并执行；三是将部分控制措施落实在 IT 建设过程中，形成机控手段，唯有这样才能够确保制度的合理性及可执行性。

其次，制度体系从纵向来讲，应当包括纲领型制度、管理要求型制度、操作细则类制度以及各类表单及工作模板等，具体可以分为以下几个层级：基本规章、管理办法、操作规程和操作手册。

基本规章是指对整个银行公司治理或基本经营管理活动作出原则性、导向性、纲领性规范要求或提出标准的规章，具有普遍约束性，是其他规章的制定依据。一般银行的基本规章仅有一个，类似于公司章程，规定公司战略、基本词语定义、公司管理原则等的纲领性文件。

管理办法是指对某一类业务的职责分工、管理流程、管理方式、风险控制等进行规范的规章。这是一个高阶制度，它规定了一类业务的管理流程和方式，如存款业务管理办法，这里面所包含的流程和原则是适用于各类存款类产品的。

操作规程是指对某项产品、某项业务处理流程以及管理活动的具体操作进行规范的规章。操作规程是一个具体针对某类产品的制度，例如对公存款业务中，针对大额存单、结构性存款等产品类别，应当出台差异化的操作规程，并在其中对各种存款产品的管理流程、管理模式及具体指标进行细化和明确。

操作手册是指按产品、业务流程或岗位，通过手册化方式进行规范的规章。这是一个针对岗位操作的具体手册，最常见的就是某系统的操作手册中就会明确某个系统使用的步骤和方法，配以截图，方便使用人员明确如何该按照步骤操作。当然，并不是每一个管理办法必须配以相应的操作规程和操作手册，如果一个管理办法将具体的原则、流程、方法等都进行了详细的说明，也没有必要进一步细化形成操作规程和手册。

以上的分级只是为了更加有层次地对制度进行审查及管理。最后，各类、各层级制度应当有明确的模板和标准，这一点是毫无异议的，但却十分困难，难点在于如何明确一个通用且实用的模板。我们可以从以下几点入手考虑：

一是制度层级。制度的层级包括管理办法层、操作规章层、操作手册层。根据不同层级的制度，需要配以不同的模板。例如，管理办法一般在第一章要有办法制定的目的、管理的一般原则、关键词语定义、适用范围等内容，在第二章需要明确主要职责分工，后面章节需要就管理重点进行阐述，最后一章就制度的有效期、制度的主管部门等进行阐述；针对操作规章模板，一般都配以详细的流程图模板、控制措施模板，以明确具体的操作流程、角色、步骤等；针对操作手册，一般都需要配有截图或其他图示等方式，让操作人员更加详细地了解操作步骤。

二是制度的类别。业务类制度和后台管理类制度架构一般也有所不同，同类业务产品的操作规程一般都有类似的内容，有些甚至是监管要求的具体体现，比如大额存单、结构性存款虽然是不同的存款产品，产品本身的特性都会包括起购额度、购买方限制、利率等基本信息，流程都包括预约、认购、录入、核对、盖章、兑付等通用环节，因此可以将同类的产品业务操作规程进行同类化处理，形成较为通用的模板。后台管理类则差异化较大，同类化处理难度也比较大，因此可以进行差异化处理。

三是制度的关联性。制度的关联性也是模板建立中一个很重要但却容易被忽视的重点：第一，在制度的开头，需要明确制度的依据，源引国家相关法律法规、行业监管要求以及其他上位制度；第二，在制度行文过程中，也需要合理、准确地援引其他关联制度，这是制度之间关联性建立以及关联性明确的一个重要途径。

四是格式一致性。格式一致性也是制度模板能够解决的一个问题，尤其是在公文行文格式要求比较严格的银行体系中，字体、字号、空行、间距等都是需要严格遵守的，因此，在模板中也应对格式一致性进行要求和明确。

四、内部控制基本制度的主要内容

根据外部监管要求和商业银行内部经营管理需要，商业银行应当制定内部控制基本制度，以文件化的形式明确相关事项，主要包括：

一是内部控制的概念与内涵。商业银行应当根据自身经营管理特点和经营管理需要，按照《商业银行内部控制指引》《企业内部控制基本规范》中内部控制概念，定义商业银行的内部控制，确定实质内涵、内部控制边界以及内部控制的结构等。

二是内部控制的目标。《企业内部控制基本规范》对内部控制的目标明确为"合理保证企业经营管理合法合规、资产安全、财务报告及相关信息真实完整，提高经营效率和效果，促进企业实现发展战略"。商业银行应当根据实际经营管理需要，根据已明确的内部控制概念、内涵和边界，进一步明晰内部控制的目标。

三是内部控制的基本原则。《企业内部控制基本规范》明确了企业建立与实施内部控制应当遵循全面性原则、重要性原则、制衡性原则、适应性原则和成本效益原则。商业银行应当根据经营管理实践和实际经营管理需要，根据已明确的内部控制概念、内涵、边界和结构，以及实现既定内部控制目标的要求，进一步明确内部控制基本原则。

四是内部控制的要素及内涵。《企业内部控制基本规范》明确了建立与实施有效的内部控制应当包括内部环境、风险评估、控制活动、信息与沟通以及内部监督五个要素。但是，国际上规范要求以及先进商业银行实践都可能超越"五要素"，比如COSO最新的研究成果，已经提升到"八要素"。因此，商业银行应当根据经营管理实践和实际经营管理需要，根据已明确的内部控制概念、内涵和边界，以及实现既定内部控制目标的要求，在确定内部控制基本原则的基础上，明确内部控制的要素构成及其实质内涵。

五是责任、分工与组织体系。《企业内部控制基本规范》明确"董事会负责内部控制的建立健全和有效实施、监事会对董事会建立与实施内部控制进行监督、经理层负责组织领导企业内部控制的日常运行"；并进一步明确要求"企业应当成立专门部门或指定适当部门组织协调内部控制的建立实施及日常工作"。同时，要求董事会下设立审计委员会，负责审查企业内部控制，监督内部控制的有效实施和内部控制自我评价情况，协调内部控制审计及其他相关事宜等；并对内部审计部门的监督检查和报告职责进行了明确。因此，要进一步明确以下问题：董事会、高管层、监事会的内部控制责任与分工，明确公司治理结构和议事规则；建立健全内部控制责任分担机制与相应的组织体系，明确内部机构设置与职能分配；按照国家有关法律法规、股东（大）会决议和企业章程，结合自身实际，明确股东（大）会、董事会、监事会、经理层和企业内部各层级机构设置、职责权限、人员编制、工作程序和相关要求等制度安排，并结合业务特点和内部控制要求设置内部机构，明确职责权限，将权利与责任落实到各责任单位，"通过编制内部管理手册，使全体员工掌握内部机构设置、岗位职责、业务流程等情况，明确权责分配，正确行使职权"。

六是实施内部控制的激励约束机制、人力资源政策以及企业文化建设。《企业内部控制基本规范》对实施内部控制提出了建立激励约束机制、完善人力资源政策以及促进企业文化建设的要求。商业银行应当明确方向，提出具体机制建设、政策制定和以内控文化为核心的企业文化建设的详细要求。

七是信息技术支撑。促进信息技术在内部控制中发挥作用是《企业内部控制基本规范》的要求。要求企业应着手"建立与经营管理相适应的信息系统，促进内部控制流程与信息系统的有机结合，实现对业务和事项的自动控制，减少或消除人为操纵因素"。商业银行应当根据信息技术的发展，明确提出信息技术在业务发展和经营管理中的应用，以及提升内部控制效果的具体举措。

八是风险评估。按照《企业内部控制基本规范》要求，商业银行应当根据既定的内部控制目标，收集相关信息，及时进行风险评估，准确识别与实现控制目标相关的内外部风险，确定风险承受度（主要包括整体风险承受能力和业务层面的可接受风险水平）；采取科学的方法，按照风险发生的可能性及其影响程度，对风险进行分析和排序，确定关注重点和优先控制的风险；结合风险承受度，权衡风险与收益，确定风险应对策略，综合运用风险管理手段，实现对风险的有效控制。

九是内部控制活动。商业银行应当结合风险评估结果，建立相关的制度体系、组织体系、责任体系和绩效考核体系，采用手工控制与自动控制、预防性控制与发现性控制相结合的方法，明确和运用相应的控制措施，通过开展各个经营管理过程中的控制活动，将风险控制在可承受度之内。同时，要明确风险预警标准，对重大风险和突发事件，建立相应的重大风险预警机制和突发事件应急机制，妥善处理相关问题。

十是信息与沟通。按照《企业内部控制基本规范》要求，根据实际经营管理需要，商业银行应当建立信息与沟通制度，明确内部控制相关信息的收集、处理和传递程序，确保信息及时、有效沟通，促进内部控制有效运行；并充分利用信息技术，促进信息集成与共享。

十一是信息系统建设。按照《企业内部控制基本规范》要求，根据实际经营管理需要，商业银行应当加强对信息系统开发与维护、访问与变更、数据输入与输出、文件储存与保管、网络安全等方面的控制，保证信息系统安全稳定运行；并积极开展信息系统风险评估工作，定期对信息系统进行安全评估，及时发现系统安全问题并加以整改。

十二是反舞弊机制。按照《企业内部控制基本规范》要求，根据实际经营管理需要，商业银行应当建立反舞弊机制，坚持惩防并举、重在预防的原则，明确反舞弊工作的重点领域、关键环节和有关机构在反舞弊工作中的职责权限，规范舞弊案件的举报、调查、处理、报告和补救程序；并建立举报投诉制度和举报人保护制度，设置举报专线，明确举报投诉处理程序、办理时限和办结要求，确保举报、投诉成为企业有效掌握信息的重要途径。

十三是监督检查、自我评价与纠错整改。按照《企业内部控制基本规范》要求，根据实际经营管理需要，商业银行应当制定内部控制缺陷认定标准，明确分防线、分条线、分部门、分层级的监督检查、自我评价与纠错整改的组织建立与责任划分，实施监督检查和自我评价，及时发现问题，适时整改，完善内部控制，建立自我纠错、自我完善的内部控制长效机制。

十四是附属机构内部控制要求。商业银行应按照外部监管要求，对境内外子银行、非银行金融机构以及应纳入并表范围的其他机构内部控制提出相关要求，并指导其建立健全内部控制。

十五是外部监督检查和外部审计。《企业内部控制基本规范》明确了国务院有关部门对企业建立和实施内部控制进行检查监督；同时，企业接受外部审计，对企业内部控制有效性进行审计，并披露审计报告。商业银行需要明确接待外部监督检查、接受外部审计的管理程序和工作安排。

第四节 制度管理

一、制度管理的必要性

制度体系应当是循环往复，不断自纠和更新的。制度的更新应当充分体现银行的组织、流程、文化的变革。进行制度管理的过程其实就是一个企业管理模式变革的过程。我们可以透过"华为基本法"的故事，深刻理解制度管理的必然性和必要性。

"华为基本法"仅是一个企业的"宪法"而已，但它的意义及影响不仅限于此。[①] 它是许多企业和分析人士剖析华为成功因素的一个重要来源，也是企业纷纷效仿的对象。为什么要修订"华为基本法"呢？原因很简单，1995 年着手、1998 年诞生、2000 年在业界大流行的"华为基本法"已经局限了企业的发展。一方面，华为的现状与当初相比已发生了根本性的变化，接近国际通行标准已成为必需；另一方面，"华为基本法"存在严重缺陷，它仅仅涵盖了两个方面，即总结华为成功的关键因素和华为将来能够成功的关键因素，具有很大的局限性，关于企业的核心价值观、流程和客户方面的问题提的都很少。因此，当企业认识到客户，尤其是国际客户的重要性，企业就必须要遵守通行的商业价值观和一系列标准流程和制度，以保证企业使命的实现。与此同时，也必须重视竞争对手或合作伙伴的关切，他们除了关心产品，还关心业务流程、财务管理、人力资源、员工福利、劳工待遇等方面，据此判断企业的长期发展潜力。

而事实上，实践早已超越了"华为基本法"的范畴。2005 年 4 月，任正非做了题为"华为公司的核心价值观"的专题报告，涉及公司愿景、使命以及战略，与此前已大有不同，例如在公司战略中增加了新的内容：为客户服务是华为存在的唯一理由，客户需求是华为发展的原动力；质量好、服务好、运作成本低，优先满足客户需求，提升客户竞争力和盈利能力；持续管理变革，实现高效的流程化运作，确保端到端的优质交付；与友商共同发展，既是竞争对手，也是合作伙伴，共同创造良好的生存空间，共享价值链的利益。

"举什么旗，走什么路"，对任何组织来说都很重要。对于华为，"华为基本法"就是一面旗帜。经过飞速成长，系统地思考这些问题，及时总结经验、吸取教训，是继续走好路的根本。而思考的过程在某种程度上胜过最终文本。主要体现在：一是"华为基本法"最大的作用，就是将高层的思维真正转化为大家能够看得见、摸得着的东西，使彼此之间能够达成共识，这是一个权力智慧化的过程；二是"华为基本法"初稿完成时，任正非搞了一次"群众运动"，动员干部员工参与讨论，并明确提出新的意图，通过参与"华为基本法"讨论，培养了一批干部；三是"华为基本法"就像宪法，宪法至高无上，

---

① http://biz.163.com/06/0617/13/2JQT8U1900020QEE.html.

真正让员工印象深刻的是行为守则，这些守则在讨论过程中已经成为员工心里的"绳墨"，为实施奠定了广泛的基础。

固然，一些物化的规章制度、宣言、员工手册的确能促使公司进化。但如何将这些形式上的东西转化成企业 DNA，外化为公司的行为规范，这个过程才真正使公司充满生机。一是潜移默化，这就要求不能通过轰轰烈烈的宣传，而是言传身教、上行下效，以上率下带头以某种方式做某些事情，逐步形成一种氛围；二是抓住关键少数，"华为基本法"是完全抽象的东西，只对最高领导人有指导意义，对一般的人影响不大。

上文是根据 2006 年的一篇文章有感而发的。在这篇 14 年前的文字中，我们看到了华为在修订"华为基本法"时的心路历程以及纠结后的坚定，就像文中说的，没有"华为基本法"，华为一定还是发展的，也许发展慢一些，因为少了纪律；也许发展得更快，因为少了框框。很难说是华为成就了"华为基本法"还是"华为基本法"成就了华为，也或许"华为基本法"的宣传效果大大超过了它的实际价值。但是文中几个观点还是可取的，一是"华为基本法"存在漏洞，企业制度管理往往也是这样，在初次制定制度时会产生制度之间矛盾、重复或者制度所规定的流程不合理、冗杂或者有控制缺陷等问题，此外，外部的法律监管环境也是不断变化的，这些都是需要对制度不断进行重检和修订的原因；二是实践超越了"华为基本法"，也就是从另外一个角度看，业务的发展往往会使一些制度不再适用，例如银行网点使用智能终端机器替代柜员的操作之后，网点的操作手册等都需要发生很大的变革；三是"过程大于最终文本"，往往制度探讨的过程会让人更加深入地思考现有制度面临的问题，推动整个企业进步，与制度文本相比，其实更重要的是这个思考过程，以及思考之后沉淀下来的内容。

二、制度管理的原则

制度管理是以制度对管理对象的管理行为，应当遵循一些原则，以达到管理的目标。具体应当包括合规性原则、健全性原则、一致性原则、有效适用性原则、规范性原则及信息化原则等。

一是合规性原则。合规性是指必须符合国家法律、法规、行政规章、监管机构的规则、准则及其他法律规范，具有强制约束力。

二是健全性原则。健全性是指应当全面覆盖各项业务与管理活动，制度先行，对业务与管理活动的职责分工、操作流程、控制目标、关键控制点、控制措施等具有明确的要求。

三是一致性原则。一致性是指内外部规章、上下级、部门之间的规章应当协调一致，规章间要密切衔接，不得交叉矛盾，给执行带来困扰。

四是有效适用性原则。有效适用性是指制度应当与经营管理活动相适应，符合客观实际，便于操作与执行，并审时度势、及时重检修订。也就是说，制度所规定的流程应当合理，管理要点具有可执行性。

五是规范性原则。规范性是指应当符合体例规范、要素齐全、内容清晰、责任明确、语言精练的要求，目的是具有可比性、可阅读性、可传播性，为正确执行提供支撑。

六是信息化原则。信息化，从狭义上说是指规章制度发布后，应纳入规章制度管理信息系统进行统一管理。从广义上说是指针对规章制度中所规定的管理流程和控制手段，应当在系统设计时进行固化，实现机控，并且保证制度与机控一致。

三、制度生命周期管理

制度建设是一个复杂的系统工程，制度的生命周期包括制度的计划、起草、审核、发布和执行、重检和废止。

（一）计划

由制度管理部门统筹，各职能部门制定自身制度制定计划，向制度管理部门提出制度新建、修订及废除的申请，一般包括但不限于制度名称、制度状态（新增、修订、废除）、变更依据、制度层级、制度所覆盖管理领域、时间安排、负责人等信息。制度管理部门对各部门制度计划进行整合和分析，根据制度管理的原则对制度计划进行初步审核，就发现变更原因不足、制度重复、制度计划缺失等原因与相关部门进行沟通，最后汇总形成年度制度计划。制度管理部门应在以下几个方面开展工作：一是应当对于公司管理领域有一张全景图，并每年对制度的覆盖率进行重检；二是应当按照一定的频率对制度计划的执行情况进行监督；三是应当对各部门计划完成情况、质量等进行考核和奖惩，以推进制度体系的不断完善。

（二）起草

起草由制度提出部门负责，制度起草的前提有三点：一是明确该制度覆盖的管理领域及工作事项，即该制度需要解决的问题；二是明确该制度所涉及的管理流程、责任部门、控制措施等；三是明确该制度的依据以及与现有制度的关系。最后对于重要的制度或有争议的问题，应当形成汇总分析形成解决方案，提交制度管理部门以及高管层进行讨论。

（三）审核

制度的审核包括几个步骤，一是制度中所涉及的相关责任部门应当对制度中所规定的责任和流程进行审核；二是制度管理部门对制度草案是否符合法律、法规的基本原则、是否符合企业实际业务管理的需要和当前重点工作的安排、是否与已有制度冲突、是否涵盖了关键风险控制措施、是否符合制度的形式审查要求进行审核；三是根据制度的层级提交对应组织进行审核，如制度涉及董事会相关职责，需要提交高管层之后再提交董事会审核。对于管理办法以及部分操作细则需要通过高管层审议，其他制度如果原则上与已有制度没有冲突，可以经过分管领导审议之后直接通过。

（四）发布和执行

制度审议通过后，由制度制定部门进行发布，制度管理部门进行制度的归档管理，针对未通过或者有条件通过的制度，制度管理部门应当记录具体的原因并持续跟踪状态。发布之后，制度进入执行阶段，制度起草部门需要采取有效措施，对已发布的制度进行宣传，使与制度实施有关的部门和人员能够掌握、了解制度内容，确保制度的贯彻执行。为了确保制度执行到位，一是应当通过系统化等手段固化流程，提高机控比例；二是合规部门应当定期对于制度的执行情况进行检查和评价。

（五）重检

一是制度在执行过程中存在的问题均可以向制度提出部门和管理部门反映，任何人都可以向制度提出部门、制度管理部门提出制度改进建议；二是制度提出部门每年度至少要对所颁布制度的执行情况进行总结，对下年度是否需要重检进行判断，并知会制度管理部门；三是制度的修订应列入年度制度工作计划，由制度管理部门负责组织制度的修订工作。对于制度执行过程中个别条款的适应性修改或补充，制度起草部门可采用下发解释说明的形式进行，解释说明经不同级别领导批准后，由制度主管部门负责发放和存档。制度的解释说明具有与制度条款同等的效力。

（六）废止

制度的废除应具有充分的理由，废除核心管理制度或重要管理制度时，还要考虑其关联制度，并考虑原有废止制度条款中的流程和控制要点抑或不再适用，抑或已经在其他制度中完全覆盖后方可废止。制度的废止需要经过制度发布时审核方同意后方可以废止。

第五节　经典案例

一、摩根大通银行经营模式与制度

一家银行的经营模式在管理制度中有着最为切实的体现，而管理制度上也在一定程度上对银行的管理理念和文化进行了固化和传承。我们以摩根大通银行为例，来阐述中外银行制度的差异。

目前，我国的银行大多仍然以部门银行的运营模式为主，将绩效指标按照年度分解到各个分行，然后以分行为利润单元去推进各类业务，分行在授权范围内有自己的独立的人事权以及财权，每一个分支机构是一个相对独立的经营体；总行的各个部门作为管理部门，将分配的业务指标下发到各个分行的对口部门执行，总行部门没有独立的人事权以及财权。更为典型的就是农村信用社，以多级法人的形式存在，每个省级机构下的市级、县级机构不仅仅独立运营，更是一个独立的法人。

而国外的银行不同，它们已经以事业部的形式运营了几十年甚至上百年，将绩效指标分解到各个事业部去，每个事业部都有相对独立的人事权以及财权，也有独立的人力、财务、风控等部门，甚至还有些事业群干脆以子公司的形式独立存在；整个银行的运营都是以事业部为基础向下拆解，各事业部再将指标拆解到向下的各级机构的对应业务条线中，并进行相关资源的分配。

例如[①]，2007—2011年，摩根大通银行将业务分为零售金融服务、卡服务（包括汽车贷款和学生贷款）、投资银行、商业银行、资金管理和证券服务、资产管理六大板块。2012年调整为四大板块，延续至今，即消费者与社区银行

---

① http：//zhou－qiong．blog．caixin．com/archives/213419.

（Consumer & Community Banking，CCB）、企业与投资银行（Corporate & Invest-ment Bank，CIB）、商业银行（Commercial Banking，CB）、资产与财富管理（Asset & Wealth Management，AWM）。CCB 板块为零售银行业务，其他三个板块组成批发银行业务。

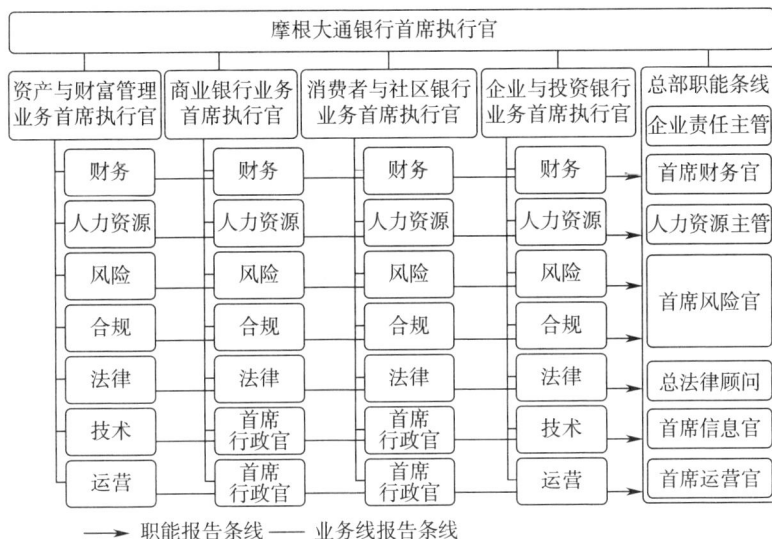

图 7 - 1 摩根大通银行组织架构

每个业务板块下有若干业务线，如 CCB 板块内包括消费者银行、小企业银行、住房贷款、银行卡、商户服务、汽车金融等业务线。每个板块、板块下每个业务条线的负责人都称为首席执行官（CEO）。每个业务板块内有人力、财务、科技、运营、风险、法律、内控、合规、战略/研究、营销宣传等职能支撑部门，职能支撑部门大多同时向业务板块的负责人和集团职能条线负责人双线汇报，形成矩阵式管理。多数职能支撑部门的考核中，以业务板块负责人的考核结果占更大权重；风险等少数部门的考核中，以集团职能条线负责人的考核结果占更大权重。集团也有部分集中的支撑职能人员，以完成需全集团统一管理的功能（根据 2018 年报，14.5% 的人员为集团总部人员，没有分到四人业务板块中）。

摩根大通银行在美国本土完全是条线垂直管理。在美国 23 个州设立的5000 多家网点，由 CCB 板块的消费者银行业务线管理。在消费者银行主管下设管理网点的业务主管，下设大区经理、市场经理（Market Manager）、区域经理（Sub - market Manager），区域经理直接管理若干家网点。目前大区经理 5 个、市场经理 22 个、区域经理 200 多个，管理上的分区划片完全不按州、市行政区划。大区经理手下一般只有几个人，区域经理只有一个行政助理，人员极为精简。CCB 板块另有三条业务线会派驻人员在网点，即住房贷款、小企业银行和财富管理业务线，它们也和管理网点有类似层级的大区、市场、区域经理，但并不和管理网点的人员一一对应，完全由本条线根据市场情况决定数量和划片。批发银行三个板块在美国 39 个州设有业务办公室，基本不依托网点开展业务。这样网点可以专心做好零售业务，而不会因为批发业务每年收入利润波动太大。

中国的银行制度制定部门以总行的部门为主，分支机构在不违反总行制度的情况下，制定本机构差异化实施细则，或者针对一些分行特色业务制定相应的管理制度。因此，针对同一业务管理领域，不同分行在不违背大原则的基础上，往往存在一些差异。此外，因为一套制度所需管理范围较广、管辖的事项较多，适用性较为广泛，在制度中往往更加注重不同部门之间的职责分工，制度内容不仅不会把很多内容说得很明确，反而刻意简化、概括化甚至模糊化很多内容。当然，这并不是说不好，往往是因为管理上的需要，或者为了体现企业文化与特色的处理。而国外银行制度的制定机构往往是以事业部为核心，以流程为导向，该事业部上下共同遵守同一套流程和方法，制度和标准整齐划一，在不同区域均执行一套流程，标准化程度更高。也因此其银行制度往往以追求清晰化为目标，有些银行甚至将流程图、控制要求与制度进行了整合，在制度中嵌入相关的流程图与风险控制措施，作为一个大的制度来发布，这样做的好处：一方面条线上下遵循起来十分方便，便于标准化管理；另一方面为后续的流程系统化打下坚实的基础。但缺点是维护成本比较大，一旦流程有个别细节有所调整，对应的制度文件就需要随之变更。

二、汇丰银行制度披露

中国的银行往往认为制度是一个内部管理的事情，也很少将一个完善的制度管理体系作为银行合规营运的优势进行宣传。相比较而言，国外的银行比中国的银行对待制度管理的态度则更加积极，它们往往将一个规范、良好的管理框架作为银行赢得客户信任的"撒手锏"。

例如，我们在汇丰银行的官方网站上能够看到在"Our Approach"栏目下面有一个单独的部分对企业治理进行阐述。①

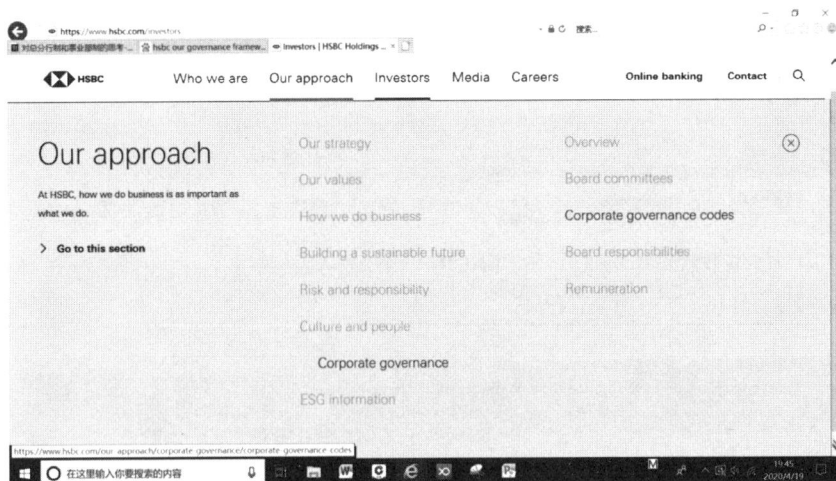

图 7 - 2　汇丰银行官方网站"公司治理"栏位图例

在"公司治理"项下，我们能够看到公司披露了在年报中的企业内部控制的内容。

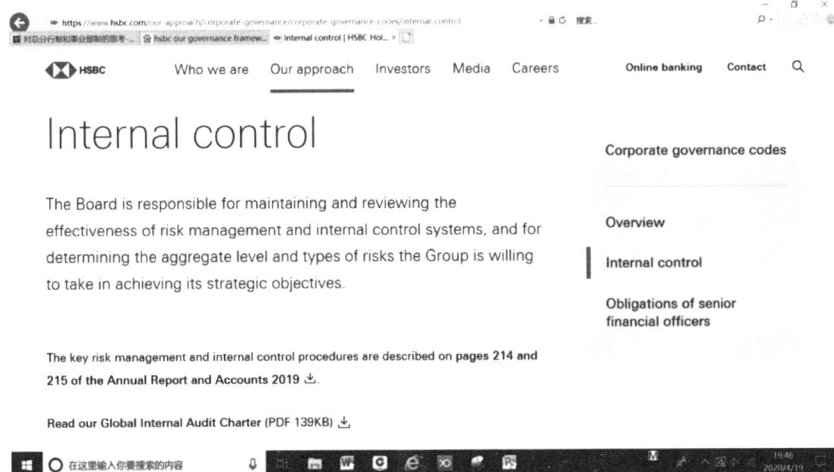

图 7 - 3　汇丰银行官方网站"内部控制"栏位图例

---

① https：//www. hsbc. com/our - approach/corporate - governance/corporate - governance - codes/obli-gations - of - senior - financial - officers.

再往下看，同时还披露了汇丰银行的价值观、行为准则以及高级管理层履行的义务。其中，特别强调了财务高级管理层除了履行普通员工行为准则之外，还要履行关于个人利益冲突避免、合规合法经营、对于发现违规行为的及时报告等职责。

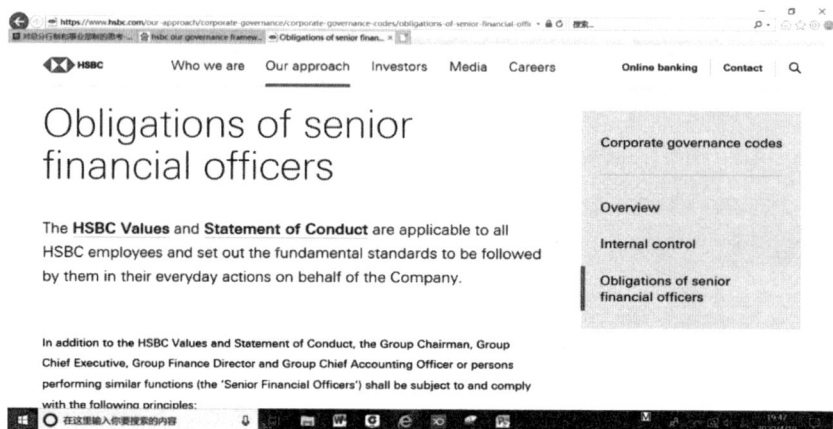

图 7-4　汇丰银行官方网站"高级财务官"栏位图例

此外，汇丰银行还将行为准则框架在官方网站上进行了披露，具体而言，行为准则的框架通过五大支柱得以确保，分别是战略和业务模式、文化及行为、客户、市场以及治理和监管。

"我们全球行为管理规范已通过汇丰银行风险专题组以及董事会审议。行为准则是为确保我们向客户提供公平的服务，以及确保不扰乱金融市场的有序性及透明性。全球各业务条线、各职能部门以及运营、服务及技术部门各自负责所辖活动的行为，并且必须形成、维护、记录全部行为准则，该准则可根据当地市场环境进行修订，但修订必须确保在全球的方法论框架允许的范围，并且执行效果符合全球的管理框架。"

尤其是最近，汇丰银行在 2020 年较以往还特别强调了新技术应用的合法合规性，披露了"HSBC's Principles for the Ethical Use of Big Data and Artificial Intelligence"（汇丰银行使用大数据以及人工智能职业道德规范），将大数据以及人工智能的合法、合规应用的场景、控制、影响等对公众进行了披露。

我们可以看到，作为一个市场化的银行，秉承一切为了服务客户的原则，在对外部的宣传上，除了一味地强调业务本身的便捷性、安全之外，更需要披

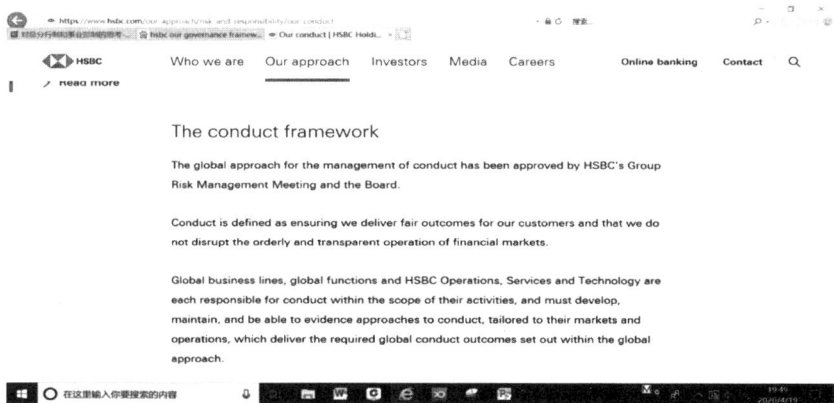

图 7 - 5　汇丰银行官方网站 "行为框架" 栏位图例

露企业级的治理体系完备性来进一步赢得客户信任；将企业的合规经营真正作为一个竞争优势。

第六节　问题与改进

一、我国银行制度管理难点

（一）缺少专职、专业的管理组织

早期大多数银行没有一个专门的制度管理组织，而是在各业务条线归口管理，或者简单地在办公室进行一个统一的归档管理，可以说是比较粗犷的管理模式。

最早提出需要建立企业合规组织的当系 1997 年经济合作与发展组织（OECD）颁布的《内控、道德与合规，最佳实践指南》，要求企业有专职的企业高管对合规工作负责。2005 年 4 月，巴塞尔委员会发布《合规与银行内部合规部门》，要求银行组建专门的合规部门。在我国，银监会 2006 年颁布的《商业银行合规风险管理指引》最早提出建立合规部门的要求，其第二条规定：本指引所称合规管理部门，是指商业银行内部设立的专门负责合规管理职能的部门、团队或岗位，并在第三章对合规管理部门的职责做了详细规定。《商业银行合规风险管理指引》颁布之后，中国各大中小银行分别成立合规部门，有些是成立单独的部门，还有些是并入法律部门以一个单独的团队形式构建，而制度管理的职责逐渐由合规部门承担起来。

目前，大部分大型银行成立了专门管理机构。但实际上，制度管理组织实施专业、专注、权威的日常管理，往往对人员能力和基本素质的要求比较高。首先，制度管理人员需要对银行的各类业务和组织架构十分熟悉，对业务的流程、不同流程之间的关联关系需要有一个立体化的思维；其次，制度管理人员需要深厚的文字功底，对于不同文字所表达的含义需要拿捏得十分准确，这样才能准确地审查各类制度；最后还需要有很好的沟通和组织能力，能够协调不同部门形成合力，解决在制度制定过程中相关利益方的矛盾。而事实上，银行构建一个专业、人员充足的制度管理团队是一件十分困难的事情。

（二）现有制度大多以部门为维度而不是以流程为维度制定

我国银行大多数以部门为维度经营，人力、财务、风险等职能部门需要同时支持多个业务部门的运营，其流程很难为某一业务部门定制化开发，有时职能部门会成为业务流程的一个瓶颈，延长了各类流程的周期。此外，前后台部门由于流程未打通，而造成制度制定过程中的争议较大，各个部门之间没有一个共同的考核目标，导致各个部门都仅为自己的利益服务，前中后台部门之间的矛盾日益加深；从制度的执行角度来看，很多制度互相矛盾，难以执行，或者没必要执行反而增加了基层的负担，基层的落实和执行也就流于表面，最后沦为一纸空文。制度执行的最终问题可能是导致客户体验差。在实际业务开展过程中，客户如果办理了一个需要多部门联合执行的业务，整个服务周期就会非常漫长，客户去找不同的客户经理咨询的结果可能也不尽相同，极易造成客户体验差、企业声誉受损的事件发生。

（三）对如何达到要求的具体操作规范不明确

我国大多银行制度需要适用于不同地区的差异性管理需求，制度上往往重点规定内部管理目标和高层次的要求以及比较高阶的职责划分，但对于具体的操作规范不很明确，在分行层面，都需要各自制定实施细则，导致各个分行之间的执行和落实措施差异性较大。从一个银行客户的角度来看，同样一笔住房贷款在同一家银行，在北京难以申请成功，但在海南就可以申请成功；对于年底销售业务同样达标的客户经理，在北京拿到的年终奖和在海南拿到的年终奖的差异也是很大的。归结到底，这些也是银行没有以客户为中心、以业务流程为导向开展业务而导致的。

（四）制度没有和内部控制打通

我国银行的制度通常缺乏各流程的控制目标、潜在的风险及主要的控制措施等具体内容，主要原因可以归结为：一是没有一个专业的制度管理团队来对制度和内控进行对接和联动；二是各部门认为内部控制是合规部门的事情，制度的发布是自己部门的事情，没有将企业级的内部控制和本部门的制度发布挂钩，缺少企业级思维、从总体看银行内控合规的问题。当然，这并不是某一个部门、某一个人员的问题，而是现有的机制导致的问题。我国银行的内部控制和制度往往都是"两张皮"，内控团队仅仅在开展内控评价，却没有做内控的建设和维护。

二、我国商业银行制度改进方向

（一）制度建设

银行内部制度是经营管理行为的规范要求，其设计和执行直接影响银行经营管理水平。强调依法合规经营，就必须从制度源头抓起。制度建设的基本原则就是要求内部制度能够充分体现科学性、系统性、完整性、规范性和有效性，遵循经营管理发展规律，并形成实际经营管理活动中的强大执行力，通过树立良好理念、落实管理措施，力争达到制度"设计科学、执行有力、监督到位、问责有据、改进有效"的要求，为"好银行"奠定"良法"基础，保障银行依法合规经营、健康持续发展。

从企业层级考虑问题，先做整体框架设计，在治理制度、管理制度、业务制度三个层级分类的大框架下，区分基本制度、管理办法、实施细则、操作手册，做结构化、系统化处理，全景展示制度体系与结构，指导制度建设工作。在治理制度层面，按照基本制度、管理办法、实施细则等进行规范。在管理制度层面，区分人力、财务、行政、资产负债、风险、审计、法律、合规、IT、运营管理等管理职能，分别建立基本制度、管理办法、实施细则和操作手册。在业务制度层面，分别对公司业务、个人业务、金融市场业务、投行业务、国际业务、信用卡业务等进行规范，建立基本制度、管理办法、实施细则和操作手册。

1. 对"良法"孜孜不倦的追求

"法律是治国之重器，良法是善治之前提。"在制度建设方面，应当根据银行经营管理特点，实施规章制度统筹管理，强调目标导向、问题导向、责任导向、效果导向，着力于从依法合规、有效性、规范性视角，严把制度关口，管好制度依据。具体地讲，一是突出统一法人经营特点，建设与银行地位相匹配的制度体系，力争实现制度科学化、体系化、规范化、手册化、信息化及完整有效；二是形成主动管理、动态评估、持续改进的制度建设与管理机制，快速响应不同主体对创新突破与审慎经营的期望和要求，推动制度建设与管理能力向专业化、价值型迈进；三是展现专业能力，树立工作权威，避免因顶层设计违规导致银行遭受法律制裁、监管处罚以及财产和声誉损失。

2. 用规矩绳墨为制度建设保驾护航

制度建设是顶层设计，是一件非常严肃与至关重要的事情。应当从改进制度管理、规范管理内容、强化质量控制、实施监管规则解读等方面，促进提升制度建设水平。

一是改进制度管理工作。实施规章制度统筹管理，明确工作目标，规范工作方式，对岗位人员提出六方面工作能力和四方面工作态度要求。在工作方式上，建立部门协同、监管政策解读、问题收集与整改、计划管理、需求管理、质量管理、审查、听证问询、会商会审、外部征询等工作机制。在工作能力方面，提出制度管理人员应具备主动学习、总结实践、换位思考、勇于担当、时间掌控、高效文书等方面的能力。在工作态度方面，坚持"四严原则"，即严肃、严谨、严格、严厉；树立"四个意识"，即服务意识、专业意识、质量意识、责任意识；发挥"四个作用"，即职能作用、重要作用、特殊作用、有效作用；秉承"四个对待"，即对待事业要忠诚、对待工作要勤奋、对待困难要坚韧、对待自己要自信。

二是规范制度管理内容。首先，整体规划规章制度体系结构和分层分类标准，明确提出规范性文件概念，并要求对规章进行补充调整的规范性文件需及时归并到对应规章；其次，进一步强化规章制度主体责任及其全流程管理，通过计划管理以及触发式重检、修订手段等，确保规章制度的"废、改、立"，使规章制度常用常新；再次，提出规章制度的规范性要求，明确体例、不同层级对应使用的标题名称等；最后，提出规章制度管理系统建设和使用要求等。

三是强化制度质量控制。实施制度的全流程控制，才能保证制度制定的质量。建立制度的全流程管理机制，就是从制度的计划、起草、审查、审议、审批、发布、重检、修订、废止等环节采取控制措施，实施制度生命期管理。与此同时，业务部门、管理部门作为制度的责任主体，要强化责任意识，压实主体责任。在制度中要清晰地规范几项内容，即做什么事，谁来做，怎么做，不按照要求做的后果是什么，监督检查与问责的方法、手段是什么等。要严肃制度起草与设计，尽量避免出现"让不开车的人去设计交通指示牌"等情况，切不可把制度制定与完善当作培养新人的契机。同时，制度设计是组织行为，很难对起草人、管理者和决策者实施问责，其主体责任部门要严肃负责，担起责任来。

四是实施监管规则管理。按照监管规则的范围、收集渠道和职责以及传达落实、政策解读、外规内化、跟踪监测、入库管理等方面要求，及时、准确地掌握外部监管规则，并督促落实将监管规则转化为银行内部规章制度，成为银行经营管理的依据。

五是建立政策解读专刊。持续跟踪、收集国家法律法规、行业政策和各类监管规定，根据银行实际进行对标分析与解读，为及时掌握监管精神和要求，推进"外规内化"，把禁止性、限制性、强制性的监管要求落实到位，提供知识普及和宣传工作平台。

3. 把握制度的现实与历史延伸

"道有因有循，有革有化。因而循之，与道神之。革而化之，与时宜之。"制度的适应性就要求制度因势而变，既要重视新制度建设，又要做好制度传承。

一是把好新增规章制度审查关口。重点强化规章制度质量管理与准入控制。第一，明确制度审查的范围，对拟提交领导层审议的必须进行制度审查；第二，规范制度审查的内容，覆盖合规性、有效性和规范性等方面；第三，明晰制度初审、内控合规部审查的职责与责任，根据规章制度初审表和规章制度审查意见书模板要求，开展工作；第四，强调审查质量，从提前介入、审查依据、问题管理等视角做好审查准备；第五，针对重大、复杂情形建立听证问询、会商会审、专家征询等多方论证机制，提高审查的科学性、可操作性。

二是推动存量规章制度重检、修订。首先，主动收集、分析银保监会和地方银保监局检查指出的银行总行制度问题，通过走访座谈、电话沟通等方式，协调总行相关部门及被检查分行进一步分析问题、明确监管要求和整改方案、落实整改责任，并督促抓紧实施整改并做好与监管机构的沟通准备。其次，系统梳理分析总行制度，对于发布时间较长、内容陈旧、操作性差、因机构职能调整导致责任主体不明确的总行制度，向总行部门发布规章制度修订管理建议书，提出规章制度现实存在的问题或缺陷，推动、督促规章制度的重检与修订。

（二）制度管理

1. 加强制度管理专业人才储备，以派驻的方式构建制度管理统一视图

在制度管理方面要根据银行规模，设立专业、专职的团队或者人员。这个团队的任务不仅仅推动银行各个部门开展制度建立、制度重检以及制度废止等工作，更需要在银行内部宣讲银行的制度文化，推动内部控制管理和银行制度管理的融合，确保控制措施充分在制度中落实和体现。当然，这些工作都和银行的流程优化工作息息相关，因此制度团队应当有一些机动人员，可以灵活地派驻到业务部门中，对业务部门流程梳理过程中如何嵌入内部控制进行引导，并协助业务部门将关键控制措施落实到制度中推行，同时也从第二道防线的角度对制度的合法合规性、是否与其他制度有冲突、可落地性是否足够强等进行指导和审查，形成"总部常驻人员+N名自由人"的管理模式。

2. 以业务流程和管理流程为主线，打造标准化的流程，同时嵌入标准化的控制措施

识别各流程涉及的制度，并按照制度重要性分步骤实施现有制度的整合、修订及完善工作。这点强调的是从流程出发，将制度制定与流程梳理工作整合，避免流程、制度"两张皮"。这点可以借鉴一些"流程银行"的概念。"业务流程再造"使企业重新审视了自己。通过流程来重新认识企业，而不是通过部门认识，是20世纪末最为重要的管理思想之一。通过流程来认识银行、管理银行并再造银行，那就是"流程银行"。用流程来认识银行，即认识到银行是由若干交错流程构成的；用流程来再造银行，即可以通过流程的优化和再造改变银行；用流程来管理银行，即建立一套标准化的作用流程，强化管理。①

目前的银行管理多是通过制度、规章等，以为这就够用了，很少涉及流程，也有在制度里用文字表述流程，但流程表述不规范，流程思路、逻辑不清晰；几十页制度让几百个一线员工从中理解，一定会有上百种理解，就会有几百种操作方法，工作标准不统一；制度中先写了部门职责和岗位职责，之后再

---

① https：//baike. baidu. com/item/% E6% B5% 81% E7% A8% 8B% E9% 93% B6% E8% A1% 8C/8584930？ fr = aladdin.

介绍流程，不是将职责表述在流程里，这样会使职责和流程是"两张皮"；很少在制度中提及执行措施。

欲改进银行管理，需要在以下几个方面作出改变：一是打破部门的壁垒，部门考核中除了考核自己部门的指标外，还需要将部门之间的协同、部门之间的相互服务等纳入考核的范畴，以考核为导向来缓释部门之间的矛盾，促进部门之间的融合。二是可以将几十页制度用一张或几张流程图来解决问题，把控制措施嵌入流程图。把制度变成可视化逻辑图，人们更容易接受，图形化记忆要比文字记忆好很多。大篇幅文字不适合员工阅读和记忆，文字没有图形逻辑性强。流程银行就是使我们复杂工作简单化、简单工作统一化和标准化、所有工作都流程化。三是要很好地理解制度与流程的关系。流程主要体现做事顺序和方法，制度则主要针对做事必须遵守的规定提出要求。制度是流程得以执行的保证，简单来说，流程告诉我们如何做事情，制度告诉我们做了事情的后果和处理方法，也称"流程管事、制度管人"。

3. 使用金融科技手段，通过系统化的方式实现机控①

在制度管理上，要充分利用 IT 技术与人工智能等先进的科技手段，开展制度建设的规范性、合规性、控制有效性审查，实施制度全流程管理，把住制度关口，实现信息共享，强调内部相关人员的参与，提升制度管理效率。对于法律、规章、外部监管规则、行业自律准则等外部要求，要进行解构处理，实现条款化管理，建立与内部制度的关联关系；对于禁止类、限制类、遵循类的外部要求，要区别对待，确保内部制度不踩红线、不触底线，根据经营管理实际，遵照要求执行。在制度执行上，突出强调制度约束的系统实现，以"机控"代替"人控"，提高经营管理质量和效率。由于"人控"掺杂了人的因素，就有了主观意愿的介入，倘若再由不合适的人去执行，极易出现纰漏。对执行效率和质量来说，与"机控"有着天壤之别。

"工欲善其事，必先利其器。"制度管理必然依赖于"人"和技术的支撑，信息系统和专业化建设是重要的基础工作，直接影响制度建设的质量和效率。主要是完善制度管理工具，设计、研发规章制度管理系统，实现多维查询、分层分类、外规内化、监管解读、重检修订、制度移交、效力管理、计划管理、统计分析等功能，为员工提供内外部规章制度的电子化查询与学习工具，为管理人员提供规章制度管理工具，支持对监管规则"外规内化"、内部制度重检

---

① https：//bank. hexun. com/2019－12－30/199825726. html.

修订等工作的追踪管理，为员工提供顺畅的意见或建议反馈渠道，为内部其他信息系统提供规章制度依据。同时，持续优化和完善系统功能，力争实现"三个平台"建设，即监管政策解读的平台、规章制度全流程管理的平台、规章制度发布和使用的平台。在此基础上，引入 AI，拆分条款，构建知识图谱，支持制度建设，并延伸应用到审计系统、各业务系统、管理系统，共享信息资源，建立和完善信息链条，提升信息使用价值和效率。

同时，因为商业银行的业务处理多是 IT 化的，当前主要的问题是内部控制嵌入业务流程不够，控制方式相对单一，机控手段不足，重业务实现，轻内控管理。因此，一是要系统分析业务流程当中的关键控制环节，优化调整控制方式，将控制措施嵌入业务处理流程当中，增强过程控制。特别是依托金融科技手段，对关键领域、关键环节更多地运用机控手段，如不能机控，通过一般性机控规则解决大部分问题，针对例外处理事项再设置特别的复核、授权等人控措施。二是研究建立企业级、业务领域级、产品级的标准化控制规范，辅以控制矩阵表、工具箱，共享控制工具与方法，供业务部门在流程设计、IT 系统开发时遵循与选择，拉升整体控制水平。IT 系统开发要改变临时搭台唱戏的开发模式，严格项目经理资质管理，引入国际通行的 COBIT5，从项目可研、需求编写、立项、开发、测试、验收全流程统一规范 IT 项目开发与管理。测试、验收与开发相分离，及时发现控制缺陷，避免系统带病上线运行。三是依托现代金融科技，通过数据驱动和人工智能，调整优化作业模式，构建智能风控，增强控制能力。如实施业务前后台分离，集中作业等。现代金融科技为商业银行后台大规模、工厂化集中生产创造了条件，远程网络技术为优化调整作业模式创造了条件。如我国部分商业银行实现了柜面结算业务前后台分离，柜员接单后扫描上传，总行后台组织进行票面要素集中录入、集中审核、集中验印，资金清算、账务核算集中处理，形成了"总行—营业网点"两层作业架构。这样，既大大减轻了前台工作压力，又能够有效地解决柜员业务一手清、风险分散控制有效性不足的问题。再如，利用远程技术和人工智能，将专家经验模型化，实施信贷业务集中审批、集中放款，增强集中控制能力。集中化作业模式可实现专业化处理、批量化作业，有助于降低成本，提升效率，控制风险。四是依托大数据、人工智能，采用神经网络、梯度提升树（GBDT）、随机森林和机器学习，实施事前、事中、事后全流程风险监测预警。根据业务场景、控制需要、数据基础，不断调整完善预警模型，提升对柜面业务、信贷业务、金融市场交易类业务的非现场监测预警能力。可以在业务处理系统中嵌入预警模型，实时预警；也可以按照业务类别建立专门的风险监测预警平台，集中监测预警内部欺诈、外部欺诈和违规操作。五是加强对业务流程、业务产品固有风险、剩余风险进行自评估管理，建立关键风险监控指标，通过风险评估与监测预警，对机构、业务、产品内控的有效性进行定期、不定期评价，利用成熟度模型，确定内控成熟度状况，实现风险量化管理。

第八章　金融科技

科技进步对组织管理的影响是巨大的。新技术对于新的商业模式建立以及内部控制建设都提出了新的要求。金融科技引发银行经营管理变革，甚至可以说是一场革命，尤其是监管科技、合规科技的发展，与金融科技一道影响着银行的经营管理活动重塑。当然，IT自身的内部控制也更加受到关注。

科技是新时代银行金融功能重构的基石。在科技创新与业务发展上要强调有机融合，以科技和数据两大生产要素改革为契机，寻找现代银行治理的突破口，在发展理念、商业逻辑、服务方式、管理方式等方面实现质的飞跃，突出强调社会价值发展和本源业务发展，在更高的格局、以宽广的视野来理解金融，发挥好银行的新金融功能。全力推动科技、金融、创新大融合，必须深入研究金融科技发展以及由此带来的重大影响，适时构筑新发展理念、重塑基本商业逻辑、重估市场竞争态势、完善服务方式，密切关注5G、大数据、人工智能、区块链等技术的最新进展，充分利用信息化、网络化、智能化成果，在公司治理、经营管理、产品服务全场景化等方面整体提升科技应用能力和水平，为现代银行治理提供可靠、有效的支撑，推动银行治理体系和治理能力现代化。

第一节　金融科技与内部控制

一、金融科技的实质内涵

"金融科技"从词的结构上来看，由"金融"和"科技"两个词组成，是一个新型的融合性词汇，是伴随着经济社会发展而出现的新形态。当然，在"金融科技"的同一范畴之内也有不同业态，主要表现在：一是为金融行业服务的科技企业，其本质是科技企业，也没有金融牌照，但在某种前沿技术和金融场景结合方面有着一技之长，比如市场上的一些大数据分析公司、智能风控公司，还有金融集团开办的服务于金融行业的科技企业等；二是由科技引领的金融企业，例如 P2P 公司、直销银行等这样的具有金融牌照，但是突破了传统的、以营业网点为业务开展核心的传统模式，通过线上 APP、网站等形式开展金融业务；三是在一些大型金融机构内部，传统的科技部门、网络金融部门等都在扮演着金融科技从业者的角色。总而言之，通过利用各类科技手段、创新传统金融行业所提供的产品和服务的形式都属于金融科技的范畴，这并不拘泥于以何种形式存在，它可以是一家企业、一个部门或者一种产品或服务等。

从某种意义上讲，金融科技其实从很早就存在，只不过是近几年全球科学技术上的突飞猛进才引起了人们的特别和广泛关注，例如云计算①、区块链②、人工智能、大数据③、5G④ 等技术的发展和应用，让金融机构看到了这些新技术和金融场景的碰撞带来了另样火花，即一开始可能仅仅是将业务从线下搬到线上的区别，没有触及业务模式的改变。但越来越多的新技术使金融行业的业务模式和管理模式发生了重大变化。例如，大数据的计算能力大大提升了银行风险的信息分析与控制水平，对放贷的量级、客户的范围、流程周期以及精准性都产生了极其重要的影响。又比如，P2P 的形式更是一种金融业务形态的创新，将点对点的借贷由线下搬到了线上，让原来通过中介而相互接触不到的交易双方在网上达成交易。而且，近期的各类新技术也改变了业务运作方式，如

---

① 云计算（Cloud Computing）是一种分布式计算，又称为网格计算，即通过网络"云"将数据计算处理程序分解成若干小程序，再通过多服务器组成的系统进行处理和分析小程序得到的结果并反馈给用户，以解决任务分发并进行计算结果的合并，实现对巨大数据量的处理，属于网络服务的范畴。

② 从科技层面来看，区块链（Blockchain）涉及数学、密码学、互联网和计算机编程等多学科的技术问题。从应用视角来看，区块链是一个分布式的共享账本和数据库，具有去中心化、不可篡改、全程留痕、可以追溯、集体维护、公开透明等特点。区块链具有丰富的应用场景，基本上都基于区块链解决信息不对称问题，实现多个主体之间的协作信任与一致行动。

③ 大数据（Big Data）是指无法在一定时间范围内用常规软件工具进行捕捉、管理和处理的数据集合，是需要新处理模式才能具有更强的决策力、洞察发现力和流程优化能力的海量、高增长率和多样化的信息资产。大数据的 5V 特点（IBM 提出）：Volume（大量）、Velocity（高速）、Variety（多样）、Value（低价值密度）、Veracity（真实性）。大数据包括结构化、半结构化和非结构化数据，非结构化数据越来越成为数据的主要部分。

④ 第五代移动通信技术（5th Generation Mobile Networks 或 5th Generation Wireless Systems，简称 5G）是最新一代蜂窝移动通信技术，是 4G（LTE－A、WiMax）、3G（UMTS、LTE）和 2G（GSM）系统后的延伸。5G 的性能目标是高数据速率、减少延迟、节省能源、降低成本、提高系统容量和大规模设备连接。

人脸识别的应用在很大程度上提高了金融机构对于客户身份识别的准确性，也从某种程度上提高了线上签约及办理各类业务的可能性。

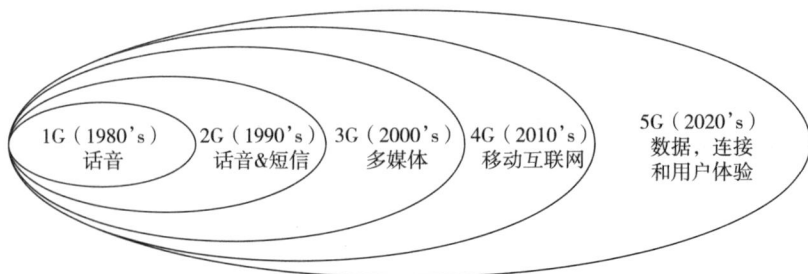

图 8 - 1 通信技术发展示意图

二、金融科技的发展历程

我国的金融科技有一个长期的演变过程，简单来说可以分为四个演变的阶段，分别可以概括为金融线上化阶段、渠道电子化阶段、互联网金融阶段以及如今的金融科技阶段。[①]

（一）金融线上化阶段

这个阶段和计算机技术的发展是相辅相成的。自 20 世纪 70 年代开始，随着计算机技术的产生发展以及在各行各业的应用，中国银行引进第一套理光—8 型（RICOH—8）主机系统，对银行的部分手工业务使用计算机来进行处理，实现了对公业务、储蓄业务、联行对账业务、编制会计报表等日常业务的自动化处理。90 年代，各大专业银行信息系统主机纷纷升级，如引进美国 IBM 公司的大型机 ES9000 系列主机，扩大业务处理范围、增强业务处理能力。1991年 4 月 1 日中国人民银行卫星通信系统上电子联行的正式运行，标志着我国银行信息系统进入全面网络化阶段。此外，各大银行纷纷加入 SWIFT 系统，国际结算业务水平有了很大的提高。1993 年，国务院发布《国务院关于金融体制改革的决定》，指出要加快金融电子化建设。90 年代中后期到 21 世纪初，各大银行开始进入数据大集中时代。1999 年 9 月 1 日，中国工商银行启动了"9991"数据大集中工程。2001 年，几乎所有大型金融机构无一例外地都走上

---

① http://m.sinotf.com/News.html? id = 341448.

了数据大集中之路。2002 年下半年，中国工商银行完成数据大集中建设工程，标志着中国银行业数据大集中取得了初步的建设成果。数据大集中工作使银行分布在各个分支机构和营业网点的业务数据及其他一些相关的数据实现了集中管控，大幅度增强了数据的互联互通，提高了银行电子化管理水平。

（二）渠道电子化阶段

20 世纪 90 年代末期到 21 世纪初期，在将线下业务搬到线上和数据大集中之后，"网上银行""短信银行"等迅速崛起。当然，这也是和互联网技术在经济社会中得到了普遍应用密切相关。银行利用互联网技术与坏境，为广大民众开通了在互联网上办理业务的重要渠道和方式。这也预示着科技的影响从金融系统内部发展为触及到了银行客户，形成了一个更加开放的金融服务生态。2001 年12 月，中国加入世界贸易组织，中国原本就竞争激烈的金融市场出现了新的竞争格局。要想取得市场上的优势，金融企业必须加强客户关系管理、金融产品创新和加强内部信息化建设。这一阶段的发展已经不再局限于金融行业本身，这也是顺应市场变化、采取积极应对策略的具体体现。金融行业从这一刻开始，已经逐渐将业务延伸至电子商城、积分商城等非传统金融业务，通过互联网技术建立了更多金融场景。当然，支付的需求也随之越来越广，而支付系统也不仅仅是一个独立的环节，而是嵌入企业、政府、医院等各类客户的业务系统和互联网应用上，使金融服务更加贴近生活，更加便利。1996 年，中国银行率先推出了网上银行的系列产品，中国银行的客户只要拥有一张长城借记卡，再从网上下载中国银行提供的电子钱包软件就可以在网上进行各种操作，包括在网上开展查询、转账、支付和结算等业务；1997 年，招商银行开通了自己的网站，这是中国银行业最早的域名之一，招商银行的金融电子服务从此进入了"一网通"时代；1998 年 4 月，"一网通"推出"网上企业银行"，为互联网时代银企关系进一步向纵深发展构筑了全新的高科技平台。随后，各大国有银行、股份制银行、城市商业银行等都纷纷利用科技手段，改进服务方式、提升服务质量、扩大服务范围，逐步进入网上银行时代。近年来，电子渠道正在逐步取代传统的线下渠道，成为人们办理金融业务的主要方式。

（三）互联网金融阶段

2007 年，拍拍贷成立，这是国内第一家由工商部门特批，获得"金融信息服务"经营范围许可，得到政府认可的互联网金融平台，此举成为中国金融科技发展史上的标志性事件。至此，科技真正渗入金融最核心的业务中，并且根据互联网的特点，衍生出一系列新的金融业务模式。而淘宝商城的成立，不仅开启了中国网上购物的时代，更是拉动了网上支付的需求，银行独享的支付结算功能受到极大的冲击。为了适应市场变革、规范支付结算，2011 年 5 月 18 日，中国人民银行正式发放第三方支付牌照。2013 年，余额宝横空出世，互联网企业因其拥有经验和技术能力优势，金融地位得到空前的提升。与此同时，各家银行、基金、保险等金融企业纷纷展开大规模互联网化的战略布局。2014 年 10 月 16 日，蚂蚁金融服务集团正式宣告成立；传统银行电子银行部都纷纷升级为互联网金融部，成为互联网金融的生力军。

为了进一步规范互联网金融发展，2015 年 7 月 18 日，中国人民银行联合十部委正式发布了《关于促进互联网金融健康发展的指导意见》。该指导意见按照"依法监管、适度监管、分类监管、协同监管、创新监管"的原则，确立了互联网支付、网络借贷、股权众筹融资、互联网基金销售、互联网保险、互联网信托和互联网消费金融等互联网金融主要业态的监管职责分工，落实了监管责任，明确了业务边界，为规范互联网金融、促进健康发展铺平了道路。

（四）金融科技（FinTech）阶段

2016 年，金融稳定理事会（FSB）对金融科技提出了明确定义，即"金融科技是技术驱动的金融创新，旨在运用现代科技成果改造或创新金融产品、经营模式、业务流程等，推动金融发展提质增效"。目前，这种对金融科技本质内涵的揭示，已成为全球共识。2016 年 8 月 8 日，国务院发布《"十三五"国家科技创新规划》，该规划中明确提出促进科技金融产品和服务创新，建设国家科技金融创新中心等，使金融科技产业正式成为国家政策的引导方向。同年，《中国银行业信息科技"十三五"发展规划监管指导意见》明确指出，"大中型银行要把数据治理作为重要的制度性建设与基础性工作，统一数据标准，提高数据质量，深化数据应用，有效支撑银行业务发展，有效提升银行管理水平"。商业银行的转型需求与成本压力，也让监管部门认识到金融上云的必要性，因此提出未来银行业面向互联网场景的信息系统须全部迁移至"云计算"平台，其他核心系统分批次上云。这样，金融上云的刚需，就催生了"云服务"提供的商业态。2016 年底，招商银行推出摩羯智投，将人工智能与量化交易应用到中国金融行业最核心产业。2017 年 3 月，"人工智能"首次出现在政府工作报告中，人工智能产业上升为国家战略。人工智能在金融领域逐步打开应用场景，包括征信、大数据风控、反欺诈、智能客服、智能投顾以及智能投研。2017 年 5 月，中国人民银行成立了金融科技（FinTech）委员会，旨在切实做好我国金融科技发展战略规划与政策指引，引导新技术在金融领域的正确使用。2018 年，中国建设银行旗下的全资金融科技公司在上海揭牌，作为国有大行成立的首家银行系金融科技公司——建信金融科技有限责任公司应运而生。2018 年，中国建设银行上海九江路支行成为国内第一家无人银行，机器人客服、远程服务、AR/VR 体验服务，这些原本在科幻电影中的场景正在成为现实。2019 年 5 月，中国工商银行通过附属机构设立的工银科技有限公司，在河北雄安新区正式挂牌开业，注册资本为人民币 6 亿元，这是银行业内首家在雄安新区设立的金融科技公司。目前，我国已有 10 余家银行系金融科技子公司。2019 年 10 月，中国人民银行印发《金融科技发展规划（2019—2021 年)》，作为第一份规范金融科技发展的顶层文件，意义重大。该发展规划的提出充分结合了我国金融业科技发展的历史特点，坚定了金融业支持普惠金融、服务实体经济的核心思想，也阐述了未来三年内金融科技发展的二十七个重要任务。《金融科技发展规划（2019—2021 年)》将金融科技重点任务分为六大任务、二十七个小任务，从战略部署、科技应用、科技赋能、风险技防、审慎监管、基础支撑六大方面全面提出了重点任务，如同一盏明灯，为金融科技产业指明了未来发展的方向。

三、金融科技对银行内部控制的影响

金融科技的应用改变了银行业务开展以及内部管理模式，银行内部控制模式也必定随之改变并作出相应的调整，主要体现在：一是从手工控制到计算机控制的改变，二是从业务控制到系统控制的改变，三是内控管理流程从线下到数字化的改变。

（一）从手工控制到计算机控制的改变

手工控制，顾名思义，就是通过人工手动的方法进行风险防控。比如传统的双人复核机制，其目的其实就是为了避免在信息处理时出现数字的错误或误差，造成不必要的操作风险。而计算机系统可以设置各种控制来降低这种风险发生的可能性，例如可以设置限制检查（Limit Check），如某操作员的贷款发放金额权限仅限于 30 万元以内的，那么计算机在放款金额输入的环节就可以设置为该业务人员对于该字段的数据金额不得大于 30 万元，从根本上避免了

超限额风险；如在系统之间相互传输信息的时候，可以在批处理环节设置接收校验，确认下游系统接收到的总金额必须等于上游系统接收到的总金额，如不同则报错，发出警告或提示，及时进行人工调账。计算机在金融机构应用的本身就在一定程度上减小了人工错误发生的可能性，尤其是在账务处理上面，大量的、重复性的计算交给计算机去做，比交给人去做更为放心和可靠。

（二）从业务控制到系统控制的改变

计算机的应用除了帮助业务缓释风险之外，其实也引发了新的风险，也就是信息科技风险。比如计算机把各类数据归集后集中存储于数据库内，那么有数据库管理员权限的员工就可以批量看到大量银行业务及客户数据，如果管理不严格，甚至可以将数据导出，或者将数据篡改甚至删除，这些风险对于银行业务来讲风险都是极大的，如何就承载业务的计算机系统本身进行风险管控，就变成值得研究的一个课题。

（三）内控管理流程从线下到数字化的改变

传统意义上的内部控制管理分为识别、评价、维护等环节，这些内部控制的管理流程都是线下维护和管理的，存在很多弊端。比如，内部控制的评价工作涉及大量的工作底稿以及支持材料，这些底稿和支持材料都是通过邮箱互传的方式，一是邮箱容量往往有限，对于大量数据的传输极为不便。二是邮箱的安全性控制往往不足，在评价公司财务情况、人力资源情况等涉及公司秘密的控制点时，如何确保材料仅在限制范围内传输，就成为了一个难题，稍有不慎就会造成公司秘密的泄露。三是内控评价是一件严谨、严肃的事情，讲究步步留痕，然而线下的形式很难确保工作底稿每一步都留痕，检查人员的签字、问题确认的签字等容易遗漏；此外，线下开展内控评价工作，例如随机抽样，或者工作底稿汇总等工作十分烦琐，就造成工作效率也十分低下，若通过计算机随机算法进行抽样，则能够提高效率且确保抽样的客观性。因此，建立专业的企业级内控管理系统，可以有效解决信息传输、评价留痕等问题，同时也能够提高内控管理标准化程度并进一步提升工作效率。

同时，银行在信息系统建设的发展过程中，逐步强调整体化、标准化、协调性、效率性的原则，开始从企业层级来考虑问题，主要体现在：一是从公司治理、管理、业务的活动和控制出发，从上而下、全面覆盖地用建模的方式描述整体运行情况，交代清楚目标、事项、岗位人员、流程动作、信息流动、结果与评价等要素，为细化经营管理需求奠定基础；二是以面向客户和市场的产品和服务为切入点，以模型化的方法全面、完整地展现业务流程和业务对象，为业务创新提供基础，为业务按照价值贡献进行解构，为需求整合提供基础和框架；三是以业务和服务的控制流程和信息流为基础，构建管理控制的信息准备与信息加工处理框架和管理流程，为管理数字化提供信息支撑；四是从企业级视角规范业务需求分析方法、表现形式，划分业务能力范围，针对重点领域建立全行统一的数据标准规范，为 IT 应用规划与管控夯实基础；五是基于企业级建模成果和业务解决方案成果，深入分析重点问题，提出有针对性的解决方案，抓住主线，更好地引导着力点和 IT 架构规划，制定 IT 架构与实施路线图。这样，所有的经营管理活动开展都是建立在信息系统基础之上，实现了内部控制的机控，极大地降低了人控的风险。当然，随之而来的科技风险便成为人们密切关注的内容。

第二节　信息科技（IT）内部控制

一、COBIT 及其他 IT 内控标准

（一）COBIT

提到 IT 内控标准不得不提到的就是 COBIT（Control Objectives for Information and Related Technology）。它是 ISACA（信息系统审计和控制联合会）制定的、目前国际上通用的信息系统审计的标准，于 1996 年公布，经过多次修订，目前执行的是 COBIT 5。同时，这也是一个在国际上公认的、权威的安全与信息技术管理和控制的标准，它在商业风险、控制需要和技术问题之间架起了一座桥梁，以满足管理的多方面需要。该标准体系已在世界一百多个国家的重要组织与企业中运用，指导这些组织有效利用信息资源，有效地管理与信息相关的风险。可以说 COBIT 就是 IT 治理和 IT 审计的圣经，无论是会计师事务所在做 IT 审计的时候，还是企业内部在开展 IT 内控工作的时候，COBIT 都是必须参考的重要依据之一。

COBIT 5 框架下的控制点最终可以归结为三大治理目标，17 个企业管理目标和 17 个 IT 管理目标。三大治理目标包括实现收益、优化风险、优化资源；17 个企业管理目标为商务投资的利益相关者、竞争性产品与服务的组合、管

理的业务风险（资产）、外部法律的合规性、财务透明度等；17 个 IT 管理目标为 IT 与业务战略的一致性、行政管理层对 IT 相关决策的承诺、从 IT 驱动的投资和服务组合中实现收益、管理 IT 相关业务风险、IT 合规和对业务的外部法律法规的支持、IT 成本、收益和风险的透明度等。这些目标是通过 5 个治理流程及 32 个管理流程实现的。每一个流程项下，COBIT 又定义了若干控制点。其实我们可以看到，COBIT 5 框架将 IT 及业务打通，强调了 IT 内控的价值在于支持企业实现业务目标，并保证利益相关者的权益。

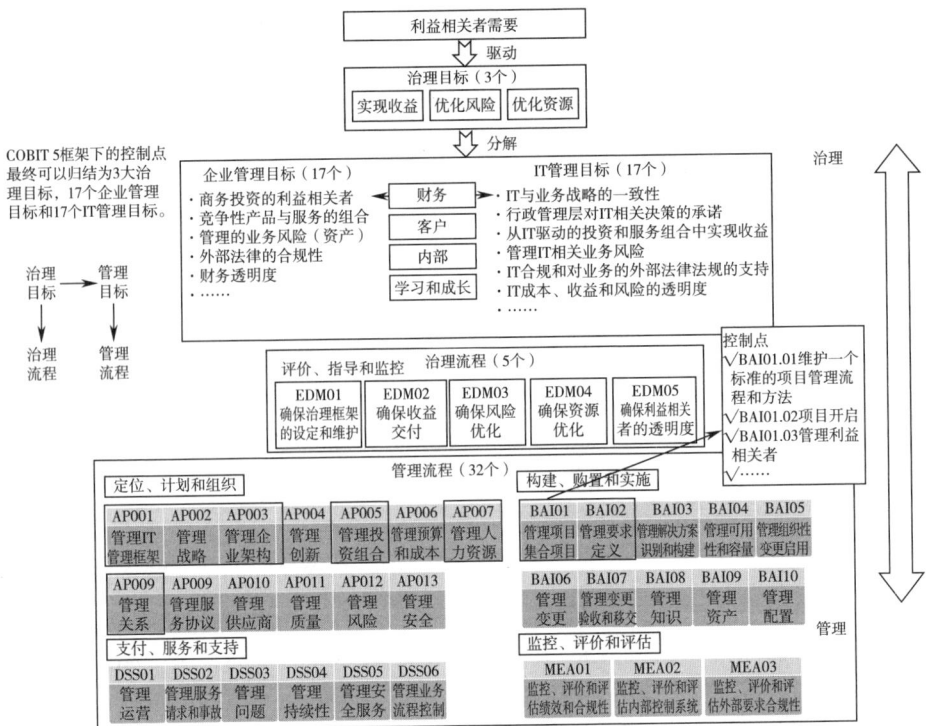

图 8-2　COBIT 5 的框架结构

　　之所以将 COBIT 视为 IT 内控的"圣经"，是因为 ISACA 在制定它的时候，深入分析并结合 ISO/IEC 38500、ISO/IEC 31000、ISO/IEC 27000、PRINCE2/PMBOK、TOGAF、CMMI、ITIL V3 2011、ISO/IEC 20000 等众多标准的精华后，消化吸收、兼容并蓄而形成的。在评价、指标和监控方面，覆盖了 ISO/IEC 38500 以及 ISO/IEC 31000；在定位、计划和组织方面，覆盖了 PRINCE2/PM-BOK、TOGAF、ISO/IEC 31000、ISO/IEC 27000、CMMI；在构建、购置和实施方

面，覆盖了 ITIL V3 2011、ISO/IEC 20000、PRINCE2/PMBOK、CMMI、TOGAF、ISO/IEC 27000；在交付、服务和支持方面覆盖了 ITIL V3 2011、ISO/IEC 20000、ISO/IEC 27000；在监控、评价和评估方面，覆盖了 ISO/IEC 27000。

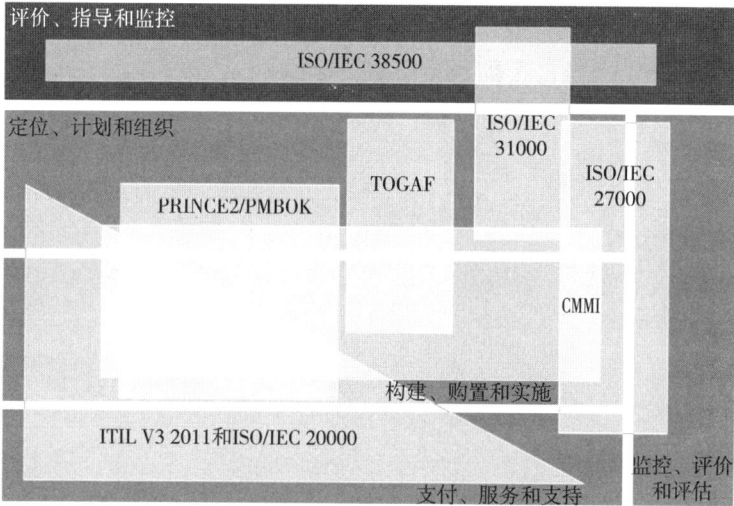

图 8-3　COBIT 5 覆盖的其他标准和框架

（二）ISO 系列

ISO（International Organization for Standardization）是国际标准化组织的简称，是一个全球性非政府组织，是国际标准化领域中一个十分重要的组织，该组织发布了一系列和 IT 相关的标准。IEC（International Electrotechnical Commission）是国际电工委员会的简称，成立于 1906 年，它是世界上成立最早的国际性电工标准化机构，负责有关电气工程和电子工程领域中的国际标准化工作。ISO 和 IEC 组织之间的标准很多是互通的，因此序号也是一致的。

ISO 27000 是指一系列标准，目前的标准包括 ISO 27001－ISO 27007；这一个系列都是信息安全相关的体系，是 ISO 组织为信息安全领域预留序号。其中 ISO 27001 是系列主标准，包括 14 个信息安全领域以及 114 个信息安全控制点，该系列标准主要旨在规范企业信息安全管理流程，确保企业研发的系统、产品等符合信息安全标准要求。企业可以申请获取 ISO 27001 认证，经过认证机构认证之后获得证书，该证书已经成为信息科技类企业向相关方证明其安全管理能力的重要渠道。

ISO 20000 系列是面向机构的 IT 服务管理标准，目的是提供建立、实施、运作、监控、评审、维护和改进 IT 服务管理体系（ITSM）的模型。建立 IT 服务管理体系（ITSM）已成为各种组织，特别是金融机构、电信、高科技产业等管理运营风险不可缺少的重要机制。ISO 20000 让 IT 管理者有一个参考框架用来管理 IT 服务，完善的 IT 管理水平也能通过认证的方式表现出来。ISO 20000标准侧重于通过"IT 服务标准化"来管理 IT 问题，也就是将 IT 问题归类，识别问题的内在联系，然后依据服务水准协议进行计划、推行和监控，并强调与客户的沟通。该标准同时关注体系的能力，体系变更时所要求的管理水平、财务预算、软件控制和分配。

与 ISO 20000 比较类似的一个标准是 ITILV 3。在 20 世纪 80 年代末期，英国商务部（Office Government Commerce，OGC）发布了 ITIL。OGC 最初的目标是通过应用 IT 来提升政府业务的效率；目标是能够将不同 IT 职能之间缺乏沟通的状况降至最低。ITIL 一开始作为政府 IT 部门的最佳实践指南，问世后不久便被推广到英国的私营企业，然后传遍欧洲，随后开始在美国兴起。

那么，ITIL 和 ISO 20000 既然都是 IT 服务管理最佳实践标准，二者的区别在什么地方呢？大致来说，ITIL 是以过程为导向的，而 ISO 20000 是以结果为导向的。打个比方，ITIL 如果是家长，则他管教孩子的办法就是告诉他每天都要 6 点写语文作业，7 点写数学作业，还全程辅导并告诉孩子该如何制定错题本、如何就错误的内容反复练习、练习几次；而 ISO 20000 这个家长，则关注孩子考试考到了多少分，如果考到 90 分以上，则放任不管，如果考到 90 分以下，则会通过找补习老师等方式来帮助孩子提高成绩。可以说 ITIL 和 ISO 20000 是两种不同的教学体系，但其教学对象和范围是一致的。

（三）CMMI

CMMI 的英文全称是 Capability Maturity Model Integration，即能力成熟度模型集成，是美国国防部的一个设想，1994 年由美国国防部（United States Department of Defense）与卡内基梅隆大学（Carnegie – Mellon University）下的软件工程研究中心（Software Engineering Institute，SEISM）以及美国国防工业协会（National Defense Industrial Association）共同开发和研制的，其目的是帮助软件企业对软件工程过程进行管理和改进，增强开发与改进能力，从而能按时地、不超预算地开发出高质量的软件。他们认为只要集中精力持续努力去建立有效的软件工程过程的基础结构，不断进行管理的实践和过程的改进，就可以克服软件开发中的困难。

CMMI 共有 5 个级别，代表软件团队能力成熟度的 5 个等级，数字越大，成熟度越高。CMMI 一级为执行级，在该水平上，任务的完成带有很大的偶然性，组织无法保证在实施同类项目时仍然能够完成任务。做个比喻就是一个刚进入厨师学校学习的预备厨师，凭借着对在餐馆吃过的鱼香肉丝的记忆，第一次尝试做鱼香肉丝，味道还算可口，但没有形成自己的套路，也不能确保第二次做的鱼香肉丝和第一次的味道一样。CMMI 二级为管理级，在该级水平上，所有第一级的要求都已经达到，另外，组织在项目实施上能够遵守既定的计划与流程，有资源准备，权责到人，对项目相关的实施人员进行了相应的培训，对整个流程进行监测与控制，并联合上级单位对项目与流程进行审查。再打个比方，还是那个厨师，已经在学校里面经过了相对系统的培训，能够按照菜谱的步骤和程序做鱼香肉丝，而且老师对整个做菜的过程会监督，确保每次做出来鱼香肉丝是同样的味道。CMMI 三级为明确级，在该级水平上，所有第二级的要求都已经达到，另外，组织能够根据自身的特殊情况及自己的标准流程，将这套管理体系与流程予以制度化。这样，软件组织不仅能够在同类项目上成功，也可以在其他项目上成功。在这个级别，这个厨师经过多年的打工后，自己开了个饭店，自己研发了有自己特色的鱼香肉丝菜谱，还研发出来了自己的宫保鸡丁等其他拿手菜，招纳的其他厨师可以根据他的菜谱做菜。CMMI 四级为量化级，在该级水平上，所有第三级的要求都已经达到，另外，组织的项目管理实现了数字化。通过数字化技术来实现流程的稳定性，实现管理的精度，降低项目实施在质量上的波动。还是这个厨师，他的饭店规模变大了，引入了做饭流水线，在流水线上可以实现自动配菜、加调料、烹饪、包装等功能，这样一个普通人在经过流水线的操作培训之后，也能够做出同样味道的菜品。CMMI 五级为优化级，在该水平上，所有第四级的要求都已经达到，另外，组织能够充分利用信息资料，对软件组织在项目实施的过程中可能出现的次品予以预防。能够主动地改善流程，运用新技术，实现流程的优化。这个厨师已经升级为饭店的董事长了，不参与这家饭店的日常经营，这家饭店已经能够在保障饭菜质量的同时，不断地自纠和完善，创造新的菜肴，并且完善以往的不足。其实我们可能看到 CMMI 的等级和这家软件公司的自身的规模、管理成熟度是相辅相成的，一家初创企业是不能也没有必要达到第 5 级的；而一家规模庞大的企业往往是需要 CMMI 3 级以上的规范，帮助其管理规范化的。

（四）中国监管要求

在国际标准下，我国银行业监督管理机构也制定了众多的监管规定和行业标准，也是企业在梳理 IT 内控时需要参考的对象。主要的如 2007 年中国银监会发布《商业银行内部控制指引》（银监会令 2007 年第 6 号），第二十八条规定"商业银行应当加强对信息的安全控制和保密管理，对各类信息实施分等级安全管理，对信息系统访问实施权限管理，确保信息安全"；2009 年中国银监会发布《商业银行信息科技风险管理指引》（银监发〔2009〕19 号），从信息科技治理、信息科技风险管理、信息安全、信息系统开发、测试和维护、信息科技运行、业务连续性管理、外包管理、内外部审计等方面明确了具体的管控要求；2009 年中国银监会发布《银行业金融机构重要信息系统投产及变更管理办法》（银监发〔2009〕437 号），对投产变更的管理流程进行了规范；2010 年，中国银监会发布《商业银行数据中心监管指引》（银监发〔2010〕114 号），规范了生产中心和灾难备份中心的管理标准和流程；2011 年，中国银监会发布《商业银行业务连续性监管指引》（银监发〔2011〕104 号），明确了商业银行业务连续性要求；2013 年中国银监会发布《银行业金融机构信息科技外包风险监管指引》（银监发〔2013〕5 号），规范了金融机构信息科技外包活动，降低信息科技外包风险；2014 年中国银监会发布《商业银行内部控制指引》（银监发〔2014〕40 号），其中对信息科技提出了规范性要求；2015 年当时的保监会发布了多个行业数据标准，指导保险企业数据管理；2016 年中国银监会印发互联网金融风险专项整治工作方案，对互联网金融发展存在的问题进行监督改进，从防范风险的角度对网络金融进行规范；2017 年中国银监会发布《银行业金融机构销售专区录音录像管理暂行规定》，对录音录像信息管理提出了具体要求；2018 年中国银保监会发布了《银行业金融机构数据治理指引》，对银行数据质量、数据管理和数据安全等方面提出了更高的要求。

我们可以看到自 2007 年至今，监管机构频繁对信息科技方面出台系列监管要求，这些监管要求也成为商业银行及金融机构在 IT 内部控制方面的重要参考和依据。

二、IT 控制环境

IT 控制环境是 IT 内部控制体系的基础，是有效实施内部控制的保障，直接影响着内部控制的贯彻执行、经营目标及整体战略目标的实现。IT 控制环境包括职业道德、员工的胜任能力、管理理念和经营风格、组织结构、权利和责任的分配、人力资源政策与措施、董事会与审计委员会等内容。

IT 控制环境中每一个方面都和企业的内部控制环境息息相关，并不独立于企业内部控制环境而存在，而是作为整体控制环境的一个子集。例如，在职业道德方面，企业文化氛围的塑造，企业的合规培训和要求、廉政政策、员工行为管理等都共同影响着员工如何遵守其职业道德，这并不是一朝一夕养成的，也不是一朝一夕能够消除的。但只有建立在员工遵守其职业道德的基础上，具体控制措施才能够更好地发挥其功效。

三、IT 一般控制

IT 一般控制（IT General Control）是指对整个计算机信息系统及环境要素实施的，对系统所有的应用或功能模块具有普遍影响的控制措施。IT 一般控制可以划分成五类控制，包括组织控制、系统开发与维护控制、安全控制、硬件及系统软件控制、操作控制。组织控制是为了实现组织的目标而进行的组织结构设计、权责安排和制度设计，主要包括职责分离、授权、监督、人事管理等内容。系统开发与维护控制则涉及需求定义、开发规划、系统设计、编程实现、测试、运行维护、文档管理等系统开发、维护和运维等各个环节全流程的控制。安全控制是为了保持良好的运行环境，所采取的包括访问接触、环境安全、防病毒、安全保密、安全教育等控制措施。硬件及系统软件控制是针对硬件以及软件系统的控制措施，包括硬件访问损坏的应对和日常巡检等。操作控制是指信息系统的使用操作应有一套完整的管理制度，主要包括上机守则与操作规程、上机日志记录、保密制度和操作工作计划等。

IT 一般控制的作用是为了保障承载业务操作的计算机系统的安全可靠性。如果 IT 系统本身被入侵，或者被非法操作导致数据丢失或者被篡改，那么系统所承载的业务数据的可靠性也是令人怀疑的。IT 应用控制有效一般应当建立在 IT 控制环境适当的基础上。

与后面提到的 IT 应用控制不同的是，IT 一般控制具有普遍适用性，也就是说，不同的 IT 系统的一般控制措施是基本一致的。主要控制点可以概括如下：程序开发方面，主要关注项目启动、分析与设计、程序设计/软件包选择、测试与质量保障、数据迁移以及系统上线；计算机运维方面，主要关注作业管理、备份管理、问题管理、业务连续性管理；程序变更方面，主要关注变更请求、程序设计、测试与质量保障、程序实施；程序和数据的访问方面，主要关注信息安全组织和安全管理、逻辑访问控制和物理访问控制、数据中心物理环境管理、网络安全、防病毒管理方面。

四、IT 应用控制

IT 应用控制（IT Application Control）是为适应各种数据处理的特殊控制要求，保证数据处理完整、准确地完成而建立的内部控制。比如我们大家都使用的手机银行，我们在系统上必须经过多次鉴证才能够登录，这个就是为了保障交易数据输入为本人而不会被他人冒名顶替而进行的控制手段。IT 应用控制有效应当建立在 IT 控制环境有效以及 IT 一般控制有效的基础上。

IT 应用控制可以分为三类，具体包括：输入控制、处理控制以及输出控制。输入控制就是保证只有经过授权批准的业务才能输入计算机信息系统；保证经批准的数据没有丢失、遗漏和篡改；保证被计算机拒绝的错误数据能改正后重新提交，具体包括数据采集、数据输入控制等。处理控制是对信息系统进行的内部数据处理活动的控制措施，这些控制措施往往被写入计算机程序，包括数据有效性检测、错误纠正控制。输出控制主要是保证交付给用户的数据是符合格式要求的、可交付的，并以一致和安全的方式递交给用户，包括输出错误处理、输出报告管理、报告接收确认。

COBIT Framework 将应用程序控制目标分为以下五个大类：数据准备（Data Origination/ Authorisation Controls）、数据录入（Data Input Controls）、数据处理（Data Processing Controls）、数据输出（Data Output Controls）、边界控制（Boundary Controls）。在应用程序审计方法中，也提出了信息处理目标，主要内容就是 CAVR，具体含义分别是完整性（Completeness）、准确性（Accuracy）、有效性（Validity）以及访问限制（Restricted Access）。

（一）数据准备控制

数据准备控制是指在数据的来源和授权方面确保其准确性，避免无权人员对数据进行数据和篡改的控制，简单来说就是确保正确的角色来做操作的过程。数据准备控制包括但不限于纸质签字授权、电子授权/在线访问控制、访问口令/密码、访问终端限制、具有输入控制的表单等方式。关于手机银行登录认证的例子就是一个典型的数据准备控制。

（二）数据录入控制

数据录入控制的目的就是确保数据在录入阶段的完整、正确，具体包括：

仅拒绝有错误的事务、拒绝整批事务、暂停输入批次、整批接收并对错误事务做标识等控制方法。比如在录入数据的时候设置录入的字段格式、字段范围等都是有效的数据录入控制。

（三）数据处理控制

数据处理控制的目标是保证计算数据的完整性和准确性。保证数据在文件或数据库中的完整和准确，只有授权的处理或程序才能对数据进行更改。例如，仅数据库管理员可以对数据库进行直接修改，并且修改需要经过双人复核，并经过严格的审批流程通过后方可进行等。

（四）数据输出控制

数据输出控制就是指在数据输出过程中，对输出的内容、格式等进行约束，如果超出数据控制范围的则不得输出，或者进行报错处理。例如，在系统计算系统可用率的结果时，增加一个校验，确保输出内容必须小于或等于100％，如果大于100％则系统报错，这就是一个典型的数据输出控制。

（五）边界控制

边界控制就是指在数据传输过程中，对上下游系统之间数据传输准确性及完整性的控制措施，例如：总金额（Total Monetary Amount）控制，即处理的总金额要一致；总项目数（Total Items）控制，即处理的项目总数要一致；总文件数（Total Documents）控制，即处理的文件总数要一致；杂数总计（Hash Totals）控制，即所有文件中数值类数字的总和要一致等。

第三节　数据治理

随着信息科技的发展，数据治理、数据安全、个人信息保护也越来越成为监管机构和银行关注的焦点。全球各个发达经济体都在探索和不断出台政策措施以保障信息科技应用的科学合理性。如欧盟出台《通用数据保护条例》，欧洲各国相继采取措施落实要求；中国银保监会出台《银行业金融机构数据治理指引》，逐步强化对金融数据的管理和保护。2020年2月13日，中国人民银行发布《个人金融信息保护技术规范》，明确个人信息的分级标准，并进一步规范个人信息收集、传输、存储、使用等相关要求。2020年7月3日，《中华人民共和国数据安全法（草案）》全文在全国人大网站公开征求意见。草案内容共 7 章 51 条，提出国家将对数据实行分级分类保护，开展数据活动必须履行数据安全保护义务并承担社会责任等。其主要内容包括：确立数据分类分级管理以及风险评估、监测预警和应急处置等数据安全管理各项基本制度，明确开展数据活动的组织、个人的数据安全保护义务，落实数据安全保护责任，坚持安全与发展并重，确定支持促进数据安全与发展的措施，建立保障政务数据安全和推动政务数据开放的制度措施。

一、个人信息保护与《通用数据保护条例》

（一）关键概念

1. 个人数据，是指与一个被识别的或可识别的自然人（也称数据主体）相关的任何信息。可识别的自然人特指一个个体，对该个体的识别可以直接地或间接地通过参考诸如姓名、身份证件号码、地理位置数据、在线身份识别等标识符，以及一个或多个与该自然人的身体、生理、遗传、心理、经济、文化或社会身份有关的因素（来源于《通用数据保护条例》）。

2. 个人信息，是指以电子或者其他方式记录的，能够单独或者与其他信息结合识别自然人个人身份的各种信息，包括但不限于自然人的姓名、出生日期、身份证件号码、个人生物识别信息、住址、电话号码等（来源于《中华人民共和国网络安全法》）。

个人数据和个人信息的概念一般情况下可等同处理。

3. 个人隐私，是指与公共利益、群体利益无关，不愿告知或者不愿公开的个人私事，可以理解为是个人信息或者个人数据的一个子集。目前，国内外个人信息保护的范畴实际上远远大于隐私保护的范畴。

（二）个人信息保护标准

1. GB/T 35273—2017《信息技术　个人信息安全规范》。该标准规范了开展收集、保存、使用、共享、转让、公开披露等个人信息处理活动应遵循的原则和安全要求。一是个人信息的收集方面，规定了收集个人信息的合法性要求、最小化要求、授权同意、隐私政策内容和发布。二是在个人信息保存方面，规定了个人信息保存时间最小化、去标识化处理、个人敏感信息的传输和存储等。三是个人信息的使用方面，规定了个人信息访问控制措施、展示限制、使用限制、访问、更正、删除、个人信息主体撤回同意、注销账户、自动化决策、用户权利响应等。四是个人信息的委托处理、共享、转让、公开披露方面，规定了委托处理、共享转让、收购、兼并、重组时的个人信息转让、个人信息公开披露等要求。五是个人信息安全事件处置方面，规定了安全事件应急处理和安全事件告知。六是组织的管理要求方面，规定了责任部门与人员、个人信息安全影响评估、数据安全能力、人员管理与培训、安全审计等内容。

2. ISO 29100《隐私保护框架》。该标准定义了处理个人隐私数据的相关角色和角色义务，并描述了隐私安全保护相关的考虑。针对个人隐私数据的保护提出了 11 条准则。一是同意和选择，赋予用户数据处理的同意权和知情权。二是目的、合法性和规范，收集和处理数据的时候需要遵循相关法律和标准。三是收集限制和最小化，遵循必要性原则收集数据，减少个人数据的处理数量。四是使用、保存和披露限制，仅为特定目的才会对个人数据进行使用、保存和转移。五是准确性和质量，确保准确地处理个人数据，例如，正确的录入、更新和维护。六是公开性、透明度和通知，需要向数据主体公开处理数据的过程和目的。七是个人参与和获取，给予数据主体访问并浏览其个人数据的权利。八是员工应当进行内部培训，确保告知如何正确进行个人数据的处理。九是信息安全，在数据处理过程中要保证数据的安全。十是隐私合规，所制定的数据处理流程应当遵循相关的隐私保护标准、法律和流程。

3. ISO 29151《信息技术　安全技术可识别个人信息（PII）保护实践指南》。该标准在 ISO 29100 的宏观标准要求下对 11 条个人数据保护原则进行了更为细致的阐述。该标准提出了几个不同的数据保护维度，分别是组织信息安全、人力资源安全、资产管理、访问控制、加密、操作安全、通信安全、系统的采集、开发和维护、供应商关系、信息安全事件管理、业务连续性管理、合规，主要描述了如何在各个领域下实现 11 条隐私保护标准。

4.《美国通用隐私政策》（U. S. Generally Accepted Privacy Principles）。该标准一共有 10 条保护政策，涵盖了数据生命周期的所有阶段。一是管理，组织定义、记录、交流并根据隐私政策与数据保护过程分配职责。二是告知，组织应就其隐私保护政策和流程提供告知，并识别个人信息收集、使用、保存和公开的明确目标。三是选择与告知，组织应当向数据主体详细描述与现有的数据相关的选择并获得数码性质的被动或明确的对于其个人数据处理的授权同意。四是信息收集，组织只收集在用户告知中列出的个人信息。五是使用、保存和处置，组织应在告知中表明限制个人信息的使用范畴和使用目标。六是访问限制，组织应赋予数据主体相应的访问权限以允许其查看自己的个人信息并对个人信息进行更新。七是面向第三方披露，在获得数据主体许可的前提下，组织仅仅会就用户告知中声明国的目标向第三方机构披露个人信息。八是隐私安全，组织应保护个人信息免受未授权访问的危害和风险。九是质量，组织应保存准确、完整并与收集目标密切相关的个人信息。十是监督和执行，组织应监督其隐私政策和流程的遵守情况，并具有处理与隐私相关的查询、投诉和纠纷的程序。

（三）《通用数据保护条例》

《通用数据保护条例》（*General Data Protection Regulation*，*GDPR*）是欧盟规范数据保护的法律框架文件，于 2018 年 5 月 25 日正式生效，旨在有效保护个人隐私数据。该文件是个人数据保护立法方面一个重要里程碑，也是世界范围个人数据保护方面影响最大、惩罚力度最大的一部法律。该文件详细规定了企业或组织在收集、存储、使用个人数据方面的义务，并明确管辖范围包括在欧盟地区设立的机构以及面向欧盟地区开展业务所涉及的个人数据处理活动。在欧盟法律体系中，GDPR 属于法律条例，对欧盟各成员国直接适用。同时，各成员国可以根据自身情况，参照 GDPR 来完善本国数据保护法律和监管规定。

1. 条例出台背景

欧盟一贯倡导通过立法的形式保护个人信息数据，并不断通过立法强化数据保护。1995 年，欧盟通过了《数据保护指令》，为欧盟成员国立法保护个人数据设定了最低标准；2002 年 7 月，欧盟发布《隐私与电子通讯指令》，确定了互联网个人数据保护的基本原则，如通信和互联网服务商需要采取适当措施保证通信和互联网服务的安全性，在未征得用户同意的情况下禁止存储和使用用户数据，告知用户数据的进一步处理意图和用户有权不同意等措施以保障用户的知情权等；2009 年 11 月，欧盟通过了《欧洲 Cookie 指令》，其核心内容是对电子商务中 Cookie① 的使用加以规范并进行必要的信息披露管理。

在这种形势下，致力于建立数据保护新秩序的《通用数据保护条例》应

---

① Cookie 是互联网常用的用户跟踪和识别技术。2002 年的《隐私与电子通讯指令》要求网站告知用户启用 Cookie 及如何删除或作废 Cookie，但绝大多数网站都会把这部分内容放置在用户注册时必须"同意"的用户协议中。《欧洲 Cookie 指令》则要求网站在用户初始使用时网站必须关闭 Cookie 的使用，直到用户明确同意启用 Cookie 时才能开启此功能。《欧洲 Cookie 指令》是《隐私与电子通讯指令》的重要补充，其强化了用户的知情权，对互联网企业生成、使用和管理以 Cookie 为核心的用户个人数据提出了完整规范的管控要求，以避免数据滥用或以不够安全的方式操作与存储用户个人数据。

运而生。经过近四年的讨论和两年的过渡期，于 2018 年 5 月 25 日在欧盟全体成员国正式生效。该条例被称为"史上最严"数据保护条例，违规者将被课以最高 2000 万欧元或其上一年全球营业额的 4% 的罚款。罚则之重，体现出欧盟对个人数据保护的决心之坚。

2. 主要内容

GDPR 共 99 条，从一般条款、原则、数据主体的权利、控制者和处理者、将个人数据转移到第三国或国际组织、独立监管机构、合作与一致性、救济、责任与惩罚和特定处理情形相关的条款、授权法案与实施性法案十个方面对个人数据保护进行了全面的规范。下面主要介绍 GDPR 所适用的范围、数据主体的权利、控制者和处理者的义务及独立的监管机构等方面。

（1）适用范围

GDPR 主要对数据控制者及处理者对于特定地域范围内或特定主体的数据处理行为进行监管，具体包括：

①适用的地域范围。GDPR 适用于在欧盟内部设立的数据控制者或处理者对个人数据的处理，不论其实际数据处理行为是否在欧盟内进行；亦适用于如下相关活动中的个人数据处理，即使数据控制者或处理者不在欧盟设立：（ⅰ）为欧盟内的数据主体提供商品或服务，不论此项商品或服务是否要求数据主体支付对价；或（ⅱ）对发生在欧盟范围内的数据主体的活动进行监控。

②个人数据的内涵与外延。个人数据分为一般个人数据及特殊类型的个人数据。一般个人数据是指任何已识别或可识别的自然人（数据主体）相关的信息；一个可识别的自然人是一个能够被直接或间接识别的个体，特别是通过诸如姓名、身份编号、地址数据、网上标识或者自然人所特有的一项或多项的身体性、生理性、遗传性、精神性、经济性、文化性或社会性身份而识别个体。

特殊类型的个人数据（以下简称敏感数据）是指那些显示种族或民族背景、政治观念、宗教或哲学信仰或工会成员的个人数据、基因数据、为了特定目的识别采集的自然人的生物性识别数据以及与自然人健康、个人性生活或性取向相关的数据，采取了比一般个人数据更为严格的保护措施。

③处理的定义。GDPR 适用于全自动个人数据处理、半自动个人数据处理，以及形成或旨在形成档案系统的非自动个人数据处理。其将"处理"定义为任何一项或多项针对单一个人数据或系列个人数据所进行的操作行为，不论该操作行为是否属于收集、记录、组织、构造、存储、调整、更改、检索、

咨询、使用、通过传输而公开、散布或其他方式对他人公开、排列或组合、限制、删除或销毁而公开等自动化方式。

（2）数据主体的权利

GDPR 赋予了数据主体访问权、更正权、擦除权、限制处理权、数据可携权、异议权等多项权利，数据主体的权利如下：

①访问权。数据主体有权从控制者那里得知，其个人数据是否正在被处理，如果正在被处理的话，其应当有权访问个人数据并且有权获知处理的目的、数据类型、数据接收者、存储期限、更正权、擦除权、限制处理权、反对权、向监管机构申诉的权利、数据来源，存在自动化决策的，数据主体还有权获知自动化决策的相关逻辑及预期后果等。

②更正权。数据主体有权更正不正确的信息、完善不充分的个人数据。

③擦除权。当出现处理目的不再必要、数据主体要求撤回其对个人数据处理的同意、使用用户画像方式的处理、因直接营销目的而进行的处理、存在非法处理等情形时，数据主体有权要求控制者及时擦除个人数据。

④限制处理权。当数据的准确性存在争议、存在非法处理、数据主体为了自身法律主张而需要该个人数据或数据主体为判断其反对处理是否存在正当理由等情形时，数据主体有权要求控制者对其数据处理进行限制。

⑤数据可携权。数据主体有权获得其提供给控制者的相关个人数据，且其获得个人数据应当是经过整理的、普遍使用的和机器可读的，数据主体有权无障碍地将此类数据从其提供给的控制者那里传输给另一个控制者。

⑥异议权。数据主体有权反对控制者对其数据的处理，尤其是因直接营销目的而处理个人数据的，数据主体有权随时反对。

GDPR 虽然赋予了数据主体上述各项权利，但这些权利并非绝对的和不可抗辩的，数据控制者可依据法律法规的要求、公共利益、正当利益等抗辩理由对数据主体的上述权利加以限制。

（3）数据控制者和处理者的义务

数据控制者指的是决定个人数据处理目的与方式的主体，而数据处理者则是为数据控制者而处理数据的主体。GDPR 赋予数据主体的权利即其课以数据控制者或处理者的义务如下：

①除例外情况外，对个人数据的处理应以获得数据主体的同意为前提。数据控制者（尤其是企业类数据控制者）对个人数据的合规处理主要建立在数据主体同意的基础上，该意见应该是书面的、区别其他事项的、容易理解的。

数据控制者应在事前告知数据主体其有权随时撤回其同意，撤回同意应当和表达同意一样简单。数据主体的同意应与契约的履行目的密切相关，不得要求数据主体同意契约履行所不必要的数据处理。

尤其应当关注的是，对未成年人数据的处理应获得监护人的同意，对敏感数据的处理应取得单独的授权。

②收集个人数据时应履行告知义务。收集个人数据时，控制者应当向数据主体提供控制者及数据保护官的身份与详细联系方式、处理的目的及法律基础、数据接收者、跨境转移情况、存储期限、数据主体所拥有的权利（访问权、更正权、擦除权、限制处理权、数据可携权、反对权）、撤回同意的权利、向监管机构申诉的权利、必要性以及未提供数据可能造成的后果，存在自动化决策的，还应告知数据主体自动化处理的相关逻辑及预期后果等。

③履行 GDPR 的各项要求，保护数据主体的权利。控制者应采取恰当的技术与组织措施，并且在处理中整合必要的保障措施，以便其处理行为符合 GD-PR 的要求和保护数据主体的权利，并且能够证明处理符合规定。

处理者应严格按照控制者的要求进行数据处理，非经控制者同意不得转授权其他处理者进行数据处理，处理者当然地负有对数据保密的义务，在处理完毕后不得存留备份。

④留存书面处理记录。控制者及处理者均应保存书面的处理记录，记录应包括控制者/处理者/数据保护官的姓名及联系方式、处理目的、数据类型、接收者、数据转移记录、数据擦除期限、安全措施描述等。

⑤及时报告个人数据泄露。在个人数据泄露的情形中，控制者原则上应在 72 小时内向监管机构报告，并告知监管机构个人数据泄露的性质（包括数据类型及大致数量）、数据保护官的姓名及联系方式、泄露可能产生的后果及数据控制者已经采取或计划采取的救济措施。

当个人数据泄露很可能给自然人的权利与自由带来高风险时，控制者还应当及时向数据主体传达对个人数据的泄露。

⑥开展数据保护影响评估。当某种类型的处理，特别是适用新技术进行的处理，很可能会对自然人的权利与自由带来高风险时，控制者应当在处理之前评估计划的处理进程对个人数据保护的影响。控制者已经委任数据保护官的，应咨询数据保护官意见。

⑦自愿采用合规性认证。成员国、监管机构、欧盟数据保护委员会和欧盟委员会将鼓励建立数据保护认证机制、数据保护印章和标记，对控制者和处理

者的处理操作是否符合 GDPR 进行合规性认证，控制者和处理者可以自愿采用。

⑧委任数据保护官。如果控制者或处理者的核心处理活动天然性地需要大规模性地对数据主体进行常规和系统性的监控，或者处理是公共机构或公共实体进行操作的（法庭履行司法职能除外），抑或控制者或处理者的核心活动包括对敏感数据、犯罪定罪、违法相关数据的处理，数据控制者和处理者应当委任数据保护官，数据保护官旨在确保遵守个人数据保护相关政策、为数据保护影响评估或其他监管事项提供建议、与监管机构合作等，数据主体可以在所有和处理其个人数据相关的事项中，以及和行使 GDPR 所赋予的权利相关的事项中联系数据保护官。

⑨建立有约束力的公司规则。数据控制者或处理者可以将个人数据进行跨境转移，前提是能够提供适当的保障措施及法律救济措施。建立有约束力的公司规则就是一种适当的保障措施。有约束力的公司规则指的是在某成员国内设立的控制者或处理者，为了在企业集团内部或进行联合经济活动的经济主体内部将个人数据转移或多次转移给位于第三国或多个第三国的控制者或处理者所遵循的个人数据保护政策。此类有约束力的公司规则对跨国集团而言显得尤为必要。

（4）独立的监管机构

GDPR 所涉及的监管机构分为两个层级，欧盟数据保护委员会及每个成员国建立的一个或多个独立公共机构，各级监管机构都是独立的，负责监控 GDPR 的实施并帮助 GDPR 在欧盟的一致性适用。

二、数据治理指引

（一）政策出台背景

1. 外部环境

巴塞尔委员会在分析总结 2008 年国际金融危机教训的基础上，于 2013 年 1 月发布了《有效风险数据加总和风险报告原则》（以下简称《原则》），从数据治理的视角，针对银行的风险数据加总和风险报告能力提出一套治理原则要求，以此提高银行的风险管理能力并改善决策流程。巴塞尔委员会要求被金融稳定理事会（FSB）认定的全球系统重要性银行（G－SIBs）都应在认定后三年内达标；还强烈建议各国监管部门将《原则》推广至国内系统重要性银行

（D – SIBs），以及银行的财务和运营管理、监管报告等业务领域。鉴于此，欧美发达国家和地区监管部门都要求其 G – SIBs 和 D – SIBs 按照《原则》实施达标工作。中国银监会也于 2015 年 11 月发文要求国内五家大型银行开展实施《原则》评估达标工作，针对评估发现的差距制定整改方案和达标路线图，并定期向其报告进展情况。

2018 年 5 月 25 日，欧盟《通用数据保护条例》开始正式实施。该法案详细制定了欧盟企业和非政府组织等机构收集、储存、处理和转移个人数据的相关规则，扩大了用户数据的保护范围，并规定如有企业滥用或不当处理个人数据将受到处罚。

国家标准化管理委员于 2018 年 3 月 15 日发布了国家标准《数据管理能力成熟度评估模型》（GB/T 36073—2018），从数据战略、数据治理、数据架构、数据应用、数据安全、数据质量、数据标准和数据生命周期八个过程域以及对应的 29 个过程，按照初始级、受管理级、已定义级、量化管理级和优化级进行了能力成熟度划分，目的是指导国内组织、机构、企业等对其自身数据管理和治理能力等级进行评估，与行业最佳实践进行对标，发现差距，结合自身实际制定数据能力成熟度的改进方案。

2. 国内银行经营形势与监管要求

近年来，银行业在业务快速发展中，积累了丰富的客户数据、交易数据、外部数据等，并且这些数据已经成为银行的重要资产和核心竞争力。如何充分释放数据的流动性和效用性，发挥数据价值，用数据驱动银行业务模式创新、发展，提高银行经营质效，防控金融风险，已经成为高质量发展的必然选择。

从国家层面来看，中央高度重视数据的基础性战略意义。2015 年 8 月 31 日国务院发布了《促进大数据发展行动纲要》（国发〔2015〕50 号），全面推进我国大数据发展和应用，加快建设数据强国。为了落实党的十九大提出的新时代金融业综合统计的方向和总体要求，国务院办公厅 2018 年 4 月发布了《关于全面推进金融业综合统计工作的意见》（国办发〔2018〕18 号），明确实现金融业综合统计"全覆盖"，有效监测金融服务实体经济的成效，是前瞻性防范化解系统性金融风险、维护金融稳定、最终打造国家金融基础数据库的重要举措。

从银行监督层面来看，为了引导银行业加强数据治理，提高数据质量，充分发挥数据价值，提升经营管理水平，全面向高质量发展转变，银保监会在公开征求意见后，于 2018 年 5 月 21 日正式印发《银行业金融机构数据治理指引》（以下简称《指引》）。

（二）主要内容

《指引》从公司治理的高度对商业银行数据治理工作提出全面、系统的要求，包括总则、数据治理架构、数据管理、数据质量控制、数据价值实现、监督管理和附则七章，共55条。

1. 数据治理架构

《指引》明确要求银行业金融机构应当将数据治理纳入公司治理范畴，建立组织机构健全、职责边界清晰的数据治理架构，建立自上而下、协调一致的数据治理体系。数据治理职责上升到董事会，《指引》要求明确董事会、监事会、高管层和相关部门的职责分工，可结合实际情况设立首席数据官，要求设立归口管理部门。明确业务部门负责本业务领域的数据治理，管理业务条线数据源，落实数据质量控制机制。《指引》还明确由董事会承担数据治理最终责任。

2. 数据治理资源与机制保障

《指引》要求在数据治理归口管理部门设立专职岗位，在其他相关业务部门设置专职或兼职岗位，建立一支满足数据治理工作需要的专业队伍；要求建立问责机制，定期排查数据管理、数据质量控制、数据价值实现等方面问题，依据有关规定进行问责；要求结合实际情况建立激励机制，保障数据治理工作有效推进。

3. 数据管理内容和数据质量控制要求

《指引》明确数据管理的要求应覆盖数据战略、管理制度、数据标准、信息系统建设、监管报送、数据共享、安全策略、应急预案、自我评估机制等；在数据质量控制上，要加强数据源头管理，建立全生命周期的数据质量监控体系和实施数据质量现场检查，持续监测、分析、反馈、整改数据质量问题，确保数据的真实性、准确性、连续性、完整性和及时性。

4. 数据安全和客户隐私保护

《指引》要求应当建立数据安全策略与标准，依法合规采集、应用数据，依法保护客户隐私，划分数据安全等级，明确访问和拷贝等权限，监控访问和拷贝等行为，完善数据安全技术，定期审计数据安全。采集、应用数据涉及个人信息的，应遵循国家个人信息保护法律法规要求，符合与个人信息安全相关的国家标准。

5. 良好数据文化与数据价值实现

《指引》要求应当建立良好的数据文化，树立数据是重要资产和数据应真实客观的理念与准则，强化用数意识，遵循依规用数、科学用数的职业操守。应当在风险管理、业务经营与内部控制中加强数据应用，实现数据驱动，提高管理精细化程度，发挥数据价值。突出强调数据加总能力建设、新产品评估要求，有效评估和处理重大收购和资产剥离等业务对数据治理能力的影响。

6. 数据治理效果评估与审计

《指引》要求应建立数据治理自我评估机制，组织评估数据治理的有效性和执行情况，定期向董事会报告，并按年度向银行业监督管理机构报送。还要求审计机构对其数据治理情况进行审计。

7. 数据治理的监管与处罚

明确了监管机构的监管责任、监管方式和监管要求。将金融机构《指引》与公司治理评价、监管评级等挂钩。对不能满足要求的银行业金融机构，要求其制定整改方案，责令限期改正，并依法采取监管措施及实施行政处罚。

三、数据安全

（一）数据安全的相关定义

数据安全、网络安全、信息安全是近年来网络热词，这些概念互有交错，也有差异。数据安全是指通过采取必要措施，保障数据得到有效保护和合法利用，并持续处于安全状态的能力。[①] 在具体实践中，数据安全更加聚焦于数据本身，强调对于敏感数据的识别以及围绕敏感数据对其收集、处理、使用、销毁等过程进行安全维护和技术防控的过程，同时数据安全还关注数据收集和流转过程中的合法性以及合规性。信息安全是指对于信息的完整性、保密性、可用性的维护，也包含诸如认证、责任认定、不可抵赖、可信等概念。[②] 网络安全是指通过采取必要措施，防范对网络的攻击、侵入、干扰、破坏和非法使用以及意外事故，使网络处于稳定可靠运行的状态，以及保障网络中数据的完整性、保密性、可用性的能力。[③] 网络安全与信息安全在不同语境中往往互用，不进行明确的区分。

---

① 来源于《中华人民共和国数据安全法（草案）》。
② 来源于 ISO/IEC ISO 27000。
③ 来源于《中华人民共和国网络安全法》。

（二）数据安全体系框架分析

为了明确一个完整的数据安全体系框架的构成要素，我们对于数据保护相关法律法规、行业标准和模型进行了深入的研究和对比，这些法规、标准和模型包括但不限于《中华人民共和国数据安全法（草案）》、《数据安全管理办法（征求意见稿）》、微软数据安全模型 DGPC（Data Governance for Privacy Confidentiality and Compliance）、Gartner 数据安全治理框架（Data Security Governance Framework）、《信息安全技术数据安全能力成熟度模型（待发布）》、《数据安全能力建设实施指南（征求意见稿）》、GB/T 35274—2017《大数据服务安全能力要求》、GB/T 35273—2017《信息技术　个人信息安全规范》、ISO 29100《隐私保护框架》、ISO 29151《信息技术　安全技术可识别个人信息（PII）保护实践指南》以及《美国通用隐私政策》。

1.《中华人民共和国数据安全法（草案）》。该草案包括七个章节，一共51 条，目前正处于征求意见阶段，该法主要包括以下内容：一是数据安全与发展方面，明确了国家坚持维护数据安全和促进数据开发利用并重的原则，国家促进数据安全检测等机构发展相关数据安全认证服务；二是数据安全制度方面，应当开展数据分类分级保护、建立集中统一的数据安全风险评估机制、数据安全审查等机制；三是数据安全保护义务方面，应当开展数据安全培训教育，采取相应的保障措施，设立数据安全负责人和机构，落实数据安全保护责任，提供在线数据处理服务的经营者，应当取得相关资质或者进行备案；四是数据安全与开放，国家在大力推进电子政务建设的同时，也应当提高政务数据的科学性、准确性和时效性；五是法律责任，明确了具体的处罚条件及金额。

2.《数据安全管理办法（征求意见稿）》。该办法包括五个章节，一共40 条，目前处于征求意见阶段，主要包括以下内容：一是在数据收集阶段规定了清晰的收集流程和数据收集范围，并强调了数据安全责任与数据保护职责的范围和具体划分与列示；二是在数据使用阶段规定了数据使用过程对于个人信息和重要数据的保护，例如数据保存期限、用户权利响应、数据使用规则、营销规定等方面均提出了相应的规定；三是数据安全相关的监督管理措施，以及个人信息泄露等安全事件的响应策略和处理措施，以及违反有关规定后相关法律、行政法规的规定与责任追究声明；四是提供了该管理办法中相关用语的含义解释。

3. 微软数据安全模型 DGPC。该模型中包括三个核心能力领域，涵盖人员、流程和技术三个部分对数据安全保护所进行的规定。该模型主要包含以下内容：一是在人员领域中，该模型规定了完成数据保护所需要的人员角色和职责的规定和划分，以及整体数据安全治理目标的指导；二是在流程领域中，该模型建议对具体的数据安全治理流程进行定义，通过查阅各种相关的权威性文件，明确必须满足的要求；三是确定指导原则和政策，以产生适合这些要求的环境，流程设计中应当在特定数据流的场景下识别威胁数据安全、隐私和合规的风险所在，分析相关风险并确定适当的控制对象和行为；四是在技术领域中，DGPC 提供了一种可用于分析特定的数据流并识别信息安全管理系统和控制框架中无法解决的特定风险，称为差距分析矩阵。

4. Gartner 数据安全治理框架。首先，该模型划分出五个维度来思考问题，分别是经营策略、治理、合规、IT 策略和风险容忍度。其次，在考虑五个维度平衡的前提下，该模型将数据安全治理分为五个步骤，具体如下：一是对数据进行分级分类，以此对不同级别的数据实行合理安全的手段；二是制定策略，降低安全风险，从两个方面考虑如何实施数据安全治理，明确数据的访问者（应用用户/数据管理人员）、访问对象、访问行为；三是基于所收集到的信息，制定不同的、有针对性的数据安全策略；四是推行安全工具，由于数据结构和形态会在整个生命周期中不断变化，需要采取多种安全工具支撑安全策略的实施；五是查验策略配置是否同步。

5.《信息安全技术　数据安全能力成熟度模型》（待发布）。该模型基于大数据环境下电子化数据在组织机构业务场景中的数据生命周期，从组织建设、制度流程、技术工具以及人员能力四个方面构建了数据安全过程的规范性数据安全能力成熟度分级模型及其评估方法。具体内容如下：一是组织建设，即数据安全组织机构的架构建立、职责分配和沟通协作；二是制度流程，即组织机构关键数据安全领域的制度规范和流程建设；三是技术工具，即通过技术手段和产品工具固化安全要求或自动化实现安全工作；四是人员能力，即执行数据安全工作的人员的意识及专业能力。

6.《数据安全能力建设实施指南（征求意见稿）》。该指南以数据为核心，重点围绕数据生命周期，从组织建设、制度流程、技术工具和人员能力四个方面提供数据安全能力建设的具体实施指南，为组织安全能力建设提供参考。具体内容如下：一是数据安全能力建设框架，将数据安全与现有安全体系融合，提供能力建设框架图说明；二是数据安全组织建设，提供组织结构设计、协同部门数据安全职能；三是数据安全人员能力，分别从数据安全管理能力、运营能力、技术能力、合规能力等几个方面进行了阐述和指导，并与组织架构进行映射；四是数据安全制度流程，主要指导制度体系架构设计并进行相关说明；五是数据安全技术工具，提供了技术工具的架构设计和说明；六是数据安全域实施指南，分别从数据采集安全、数据传输安全、数据存储安全、数据处理安全、数据交换安全、数据销毁安全以及通用安全几个方面提供了实施指导。

7. GB/T 35274—2017《大数据服务安全能力要求》。该文件将大数据服务安全能力分为一般要求和增强要求两个级别，规定了大数据服务提供者应具有的组织相关基础安全能力和数据生命周期相关的数据服务安全能力。主要内容体现在：一是在基础安全要求部分，主要从策略与规程、数据与系统资产、组织和人员管理、服务规划与管理、数据供应链管理、合规性管理等方面阐述了安全要求；二是在数据服务安全要求部分，主要从数据采集、数据传输、数据存储、数据处理、数据交换、数据销毁等方面阐述了安全要求。

在以上框架中，数据安全保护管理组织、数据安全保护管理制度、数据安全保护应急管理、数据安全保护风险评估、数据安全保护评价和考核几个方面都有所提及，数据安全保护合规管理、信息数据分类分级保护管理的几个方面在个别标准中也有所提及。由此，企业可以参考该类标准所提出的共同点与差异点，结合自身实际来构建完整的数据安全框架。

（三）数据安全框架建设的要素

一般而言，一个完整的数据安全框架应当包含以下要素：

1. 数据安全组织。首先要成立专门的数据保护组织架构，并明确该组织架构中不同角色的职责，以明确数据保护的政策、落实和监督由谁长期负责，确保数据保护体系的有效落实。数据保护组织架构可由决策层、管理层、执行层和监督层构成。其中，相关职责可以并入现有的职责相近的组织进行履职，不单独设立独立机构。

2. 数据安全制度。要明确数据安全制度，梳理数据安全管理流程，确保企业与数据安全保护相关的工作流程和技术支撑有相应的制度文档作为参照和依据。数据安全保护相关的制度体系可以分为三个层面，即策略层、标准层、执行层。同时，数据安全保护体系的制度文档在设计时，应借鉴和承接其他体系的制度要求。

3. 外规内化。随着全球各国对数据安全的关注以及各个国家和地区不断出台数据安全相关的法律法规和监管要求，企业应构建弹性的数据安全合规框架，根据业务的运营场景和计划开展业务的地域范围，持续关注、合理解读当地数据安全合规要求。

4. 数据分类分级。数据分类分级工作是对各项业务及内部管理过程中涉及的不同数据进行清晰分类以及准确定级，并根据控制管理要求进行数据管理的过程，是有效实施管控的基础。

5. 应急管理。信息保护应急管理应当承接企业已有信息安全事件应急策略和制度，就信息数据泄露、篡改、伪造等场景进行细化并明确其应急组织、通知通报机制、应急处置流程等环节。

6. 风险评估。信息数据的风险评估是为了针对数据及特定场景之下的风险控制措施进行识别、分析和评估的过程，目的为识别高风险场景并进行有针对性的整改和提升管控。风险评估应当包括评估计划、评估执行、评估报告、整改跟踪四个主要环节和流程。其中，计划阶段需要根据评估的目标、评估领域、参与部门、时间周期等几个方面撰写计划；执行阶段需要按照一定的方法和流程对评估目标进行评估和测试，具体方法包括但不限于问询、查阅资料、抽样测试等方法，开展工作时应当从业务场景入手，识别业务场景中的各个环节，针对每个环节，识别业务所依赖的重要数据以及承载数据的业务流程和信息系统；报告阶段需要沟通具体的问题发现，同时进行风险等级和影响的评估，并且撰写评估报告；整改跟踪阶段需要在设定整改时间结束之后，重新评估各部门整改情况，并且进行跟踪。

7. 评价和考核。在数据保护体系建设和运行过程中，评价和考核体系是体系有效性和适用性的有效保证。数据保护体系的评价和考核包含评价模型建立和考核机制两个层面。一是评价模型建立，通过对数据保护体系中管理目标、组织架构、操作流程、技术控制、意识与能力建设等方面的评价，反映数据安全治理框架的适用性程度和优化方向。二是考核评价方面，考核可以针对个人以及针对组织（如部门、分支机构、子公司）两个层面。针对个人层面可以考虑对个人的数据保护相关行为进行建模并和考核结果进行关联。

8. 技术与工具支撑。信息数据保护技术与工具的使用可以提升信息保护的效率和准确度，同时还可以减少人力的投入，尤其是在信息数据大量电子化的背景下，越来越多的信息数据存在于电子介质之上，因此技术和工具的使用显得尤为重要。

第四节　监管科技与合规科技

一、监管科技和合规科技的概念

从字面上来看，监管科技是行政监管和科技的结合，其在各个监管领域都得到了普遍运用。相对于其他行业，金融业监管更为严格并受到社会各界的更为广泛的重视，监管科技在金融领域的应用和讨论也随之变得更为深入。根据京东金融研究院发布的《SupTech 监管科技在监管端运用报告》，监管科技是在金融与科技更加紧密结合背景下，以数据为核心驱动，以云计算、人工智能、区块链等新技术为依托，以更高效的合规和更有效的监管为价值导向的解决方案。根据英国金融行为监管局（FCA）的定义，监管科技（RegTech）是通过新兴技术来解决风险管理和合规管理面临的挑战和存在的问题。不难看出，无论哪个定义，其核心内涵有两个方面内容：一是综合运用各种新技术、以数据为导向；二是解决监管合规以及风险控制问题。

京东金融研究院报告还表明，在具体的表现形态上，监管科技有两大分支——运用于监管端的监管科技（SupTech）和运用于金融机构合规端的合规科技（CompTech）。其区别就在于技术的服务对象和内容不同，是为了监管机构开展行业监管行为使用，还是为企业内部合规管理使用，服务方向决定了服务内容，并可以由此判断是监管端的监管科技还是合规端的合规科技。

二、监管科技和合规科技的基础

充分获取准确的数据、数字化的监管协议以及数字化的监管材料是监管科技良好应用的三大重要基础。这三大基础既是监管科技得以良好应用的基础，同时也是科技助力之下监管合规管理提升的体现。

（一）充分获取准确的数据

一般我们通过数据获取、数据质量验证、数据处理、数据可视化等几个方面来获取有效数据并对数据进行深入分析，为后续的数据应用提供稳固的支持。获取准确、及时、有效的数据是科技运用在监管合规方面的重要基础，同时科技手段也让数据的获取更加有效和准确。

1. 数据获取

监管机构或者企业内部合规部门通过搭建报告平台，从被监管或者被管理单位抓取实时数据，当然这样做的基础是被监管或者被管理机构的数据接口规范与监管机构或者企业合规部门的要求能够统一，而且被监管或者被管理机构自身的数据质量以及数据标准化程度业已达到了一定的水平。比如，奥地利中央银行搭建报告平台，成为连通被监管单位 IT 系统与监管机构之间的桥梁，该系统可以在不增加数据提供者负担的情况下向奥地利中央银行提供信息。

2. 数据质量验证

为了确保数据质量，监管机构或者企业合规部门还应该进行数据的验证，包括数据清理和质量检查。在这一环节可以使用机器学习的方式，自动标识异常数据，为统计者或者数据源指出潜在错误，以便提高数据质量。

3. 数据处理

监管机构或者企业合规部门还需要有足够的数据处理能力，才能够确保对于将"没有意义"的纷杂信息转化为各类分析指标或者风险预警信息。云计算以及大数据技术显然可以大幅度提高监管机构或者企业合规部门的数据处理能力。例如，英国金融行为监管局拥有用于收集、存储和处理市场数据的云解决方案，在每天的高峰时段自动扩展云设备，这样可以灵活处理上亿条市场数据。墨西哥国家银行和证券委员会以及美国证券交易委员会也使用云计算处理大量数据，在墨西哥国家银行和证券委员会搭建的数据监控平台上，金融机构可以提供实时信息并上传到云，然后通过云计算转化为多维数据集。

4. 数据可视化

数据如果不进行加工处理，只是"没有意义"的信息。如何将杂乱无章的数据进行归集、分析以及展示也是一门值得研究的学问。数据可视化是数据加工处理并友好展现的重要环节。例如，荷兰银行致力于将数据传输转化为逻辑指引，正如内部开发交通信号灯和仪表盘；新加坡金融管理局使用交互式仪表盘和网络图呈现成像化数据。

（二）数字化的监管协议

数字化的监管协议是指通过对监管规则进行数字化的解读，并能嵌入机构和各类业务中，根据监管规则变化保持更新。对监管规则进行数字化解读并嵌入机构和各类业务中，使监管规则更及时、充分地被理解，有效提升合规效率、降低合规成本。数字化的监管协议也是监管科技以及合规科技能够普遍应用的前提，使用 NLP（Natural Language Processing）自然语义解析等能力将监管规则进行数字化的解析即是监管科技和合规科技得到更好应用的前提，也是先进科技带给监管机构即企业合规部门的利好消息。例如，瑞士的监管科技公司Apiax，其业务主要定位于将复杂的法规转换为数字化的合规规则并以数字方式管理法规，包括为跨境金融活动、智能投顾、税务、数据保护等提供合规服务。美国的监管科技公司 Compliance. ai 能够实时搜索、访问、研究和跟踪金融监管信息，将监管信息以数字化的方式进行统计分析。澳大利亚监管科技公司 AtlasNLP 使用人工智能来帮助企业适应监管，它能够将数百万个非结构化文档（如 MiFID2、GDPR）数字化于其云平台上，使 Atlas 能够在几秒钟内为合规查询提供答案。它主要利用 NLP 技术来对监管规则进行研究，目标是使客户感觉是在与合规专家交谈。

（三）数字化的监管材料

数字化的监管材料（主要指非结构化数据）能够将所有与监管相关的资料，包括数据、文件、图像、音视频等都进行数字化处理，并以数字格式存储。无论从监管端的管理还是金融机构合规端的管理来看，数字化的监管材料均为数字化管理的重要支持。数字化的监管材料主要是为了解决合规材料大多是以非结构化形式存在的问题。结构化数据的收集和处理固然是监管科技及合规科技推广的必要条件，但非结构化的数据这一部分仍然需要另辟蹊径。例如，卢森堡的监管科技公司 AssetLogic 建立了文档在线中央存储库，它能够使所有有权查看特定数据的成员看到相同的非结构化文档数据，并且所有的数据文档都是可审核并追踪的，可以确切地看到谁在何时输入了什么信息以及任何后续更改，减少了不必要的错误。当然，现在的影像技术也在很大程度上支持线下文档向线上文档转化的过程。

（四）合规科技与数字合规

与监管科技对应的就是合规科技。合规科技与监管科技相对应，以数据、数字合规与合规数据资产为轴心，科学、合理、有效使用数据这一生产要素，促进合规能力和水平提升。数字合规是以具有理论价值的数据为核心，围绕数据构建合规业务逻辑，依托信息科技开展工作，逐步形成具有商业价值和拥有法律框架下自有产权的数据资产，既提升合规能力和合规水平，又创造市场价值的经营管理活动。数字合规的四大要素包括：数据，一定具有理论价值；合规，符合合规业务逻辑；信息科技，即实现合规的现代科技手段；数据资产的所有权，也就是在法律框架具有商业价值和自有产权。数字合规的核心要义是以数据为主要生产要素，创新合规业务模式，提升合规能力和水平，创造具有市场价值的数据资产。

三、监管科技和合规科技的广泛应用

（一）用于监管端的监管科技案例

监管科技在监管上的应用十分广泛，主要集中在虚拟助手、风险监控、违规操作识别、构建信任等方面。

1. 虚拟助手

一是消费者投诉处理，菲律宾中央银行在 R2A 的支持下，开发了一个聊天机器人来处理消费者投诉，该系统能够自动将问题进行分类，回答简单题，并适当地指导需要向监管机构提出的问题。二是常见问题答疑助手，英国金融行为监管局正在进行概念验证，以便使用聊天机器人与被监管机构和消费者进行交流，从而有效回复日常问题。三是法规解读，使用自然语言处理将规范文本转为机器可读格式以提高合规性，它可以帮助缩小监管目的和法条释义之间的差距。

2. 风险监控

一是信用风险评估，意大利银行开展探索如何将最大似然估计（Maximum Likelihood，ML）算法运用于贷款违约预测，通过汇合不同的数据源来达到目的，预测违约风险。二是流动性风险分析，荷兰银行正在研究一种编码器，来检测来自实时结算系统支付数据中的异常，即流动性异常。自动编码器是一种神经网络，是从数据中抓取主要特征的无监督学习方法。三是识别宏观金融风险，例如通过监测房价广告来预测房价，或者通过网络上某个地区对于房价的兴趣来预测房价走势，又或者通过检测网络上的民众情绪来预测小额存款的趋势等。

3. 违规操作识别

一是反洗钱调查，意大利银行将可疑交易举报（结构化数据）与新闻评论（非结构化数据）整合起来进行反洗钱调查，卢旺达国家银行将监管数据与内部系统数据整合起来为监管者和决策者提供更有意义的信息。二是市场实时监管，监管科技的应用还可以实现实时监控，澳大利亚证券投资委员会市场分析和情报系统，能够实时监控澳大利亚一级市场和二级市场。该系统从股权和股权衍生的产品和交易中实时提取数据，提供报警，识别异常。可以通过监督这些数据从而发现市场操纵信号或者行为偏差。三是反洗钱和恐怖融资监测，多家监管机构，例如意大利银行、卢旺达国家银行等都正在或者计划使用创新技术监控洗钱和恐怖融资行为，新加坡金融管理局用自然语言处理和机器学习来分析可疑交易报告，以便发现潜在的洗钱网。四是反欺诈识别，美国证券交易委员会首先采用非监督学习检测数据中的异常，识别市场参与者之间的共同和异常行为；其次，引入人工指引和判断，帮助解释机器学习输出。五是预测违规销售识别，英国金融行为监管局正在试验使用监督学习和"随机森林"技术来预测违规销售金融产品的可能性，例如使用可视分析识别可能有误导性的广告。这些算法能够创建成百上千个不同的"树"，并且将这些预测结合给出一个整体、综合的预测，使整体预测对特定变量敏感性降低。

4. 构建信任

一是基于区块链技术的数字股权，2015 年 10 月，纳斯达克推出了 Linq，能够使非上市公司使用基于区块链技术的数字方式代表股权。自区块链技术出现以来，其显著的基础是信任，因为它不受任何单个用户的控制。然而由于 Linq 是一个私人分布式分类账户，纳斯达克预计效率和透明度将成为其区块链技术的最重要优势。二是全球性支付解决方案，纳斯达克和花旗银行宣布创新一种新的全球性支付解决方案，通过分布式记账和传输支付指令，实现直接支付处理并自动进行对账。

（二）用于金融机构合规端的监管科技（Comptech）案例

用于监管端的金融科技应用场景大多也可以用在金融机构合规端，但角度和应用场景有所不同。例如，虚拟助手也可以用在帮助银行内部门、分支机构员工了解合规要求或者将合规要求传输给终端客户等；又例如，风险监控和违规识别也可以针对行内交易对手、客户或者自身员工的风险和违规监测方面。用于金融机构合规端的监管科技可以概括为以下四类：

1. 监管报告

可以通过识别和分析数据形成监管报告。具体而言是通过大数据分析、即时报告、"云计算"等技术实现数据自动分布并形成监管报告。例如，英国监管科技公司 NEX Regulatory Reporting 就定位于为企业提供监管报告，主要包括欧洲市场基础设施监管（EMIR）、金融工具市场指令/金融工具市场监管

（MiFID II/MiFIR）、证券融资交易规则（SFTR）、批发能源市场诚信和透明度监管（REMIT）的相关报告。其基于 Hub 技术的云端，能够实现对海量数据的连续处理，灵活形成跨部门、跨资产类别的报告，使其最终能够为银行、经纪公司、对冲基金和资产管理公司提供解决方案。

2. 风险管理

通过风险管理决定必要的投资，将风险转化为竞争优势。例如，在"严监管"下银行需要重新定义风险表现，信贷风险和预期信贷损失（ECL）以及其他资本比率成为一线业务的有价值的决策辅助工具。在风险管理和合规检测领域，美国的 Aravo 和英国的 Finastra 是较为成熟的监管科技公司，其能够主动监控和管理复杂的第三方网络（包括供应商、分销商、特许经营商和合作伙伴）的风险，自动化和简化第三方管理工作流程，消除孤岛并为企业提供集中的"真相"。

3. KYC

帮助服务对象完成尽职调查和了解客户（KYC）程序，进行反洗钱、反欺诈的筛查和检测。例如，英国监管科技公司 SmartSearch 创建了一个反洗钱认证平台，汇集了英国和国际市场的个人和商业搜索，并自动进行全球制裁和个人股本投资计划（PEP）筛选。据其介绍，通过"SmartSearch Way"进行个人反洗钱（Anti Money Laundering，AML）检查仅需不到 30 秒，进行商业检查只需不到 3 分钟。

4. 交易监测

能够提供实时交易监控和审查的解决方案。例如，加拿大监管科技公司 Allagma Technologies 提供的 eTaxMan 解决方案，能够帮助税务机关通过交易监控打击销售税欺诈。eTaxMan 是一种多模块产品，可用于（VAT/GST/RST）系统经济中的销售税合规和欺诈检测。英国监管科技公司 Fortytwo Data，主要基于机器学习和大数据进行交易监控，在机器学习的交易监控中主要形成两个分数，一个基于 Hurestics 基础规则而产生，另一个基于高级机器学习算法而产生，通过"冠军 vs 挑战者"的分数对比，最终使分析师能够快速了解基础规则下分数所需的潜在变化。

5. 存证溯源

合规管理重要的一点就是存证溯源，而区块链技术在这一方面有很大的应用价值。该技术可以让合规管理或者审计团队以非常细的颗粒度跟踪每一个商品或者每一个业务路径，这将大大提升审计合规的效率。阿里、腾讯、招商银行都推出了自己的区块链电子发票系统。对企业员工来说更便捷了，可以不用贴发票了。但对于税务系统的意义更大，因为核税会变得更容易，执行成本会变得很低，会解决更多的偷税漏税问题。

第五节 监管科技理念助力内控管理

一、内控管理存在的问题

在谈及监管科技如何改进和完善内部控制管理之前，我们需要审视现在金融机构内部控制管理遇到的主要问题。

（一）内部控制管理常见问题

一是外规收集难以保证全面性和及时性，外规之间差异以及关联性分析以人为主，工作量很大，而且不同人分析出来的结果差异性也较大；二是合规管理部门难以及时、准确、自动化地监测制度执行情况，主要以周期性的内控评价为主，缺少自动化手段；三是业务流程、外规、制度、内控、合规管理等环节是由不同的机构开展的工作，信息互不沟通，容易造成彼此脱节。

（二）对问题解决方案的探寻

为了解决以上问题，需要在金融机构内部构建一套体系化的方法，这个方法能够打通内部不同的环节，同时也在某种程度上与外部监管机构产生联系。以下思路可以供参考和借鉴：

一是构建监管舆情机制：建立全范围监控与银行相关的监管要求和趋势并作出应对和分析，范围抓取包括监管机构网站、专业论坛以及新闻媒体等，并通过 NLP 和 AI 技术就新抓取的制度与已经抓取的监管要求进行比对和匹配，自动识别出监管要求但管理空缺的领域；同时从舆情的角度了解各类违规事件，例如客户的不满、投诉、举报等，以及员工在网络上的各类言论等并进行分析，发现内部员工在制度执行过程中可能存在违规的方面。

二是构建端到端的数字化合规管理模式。端到端的意思是说不仅是各类合规管理系统内部打通，同时也需要合规管理系统和业务系统打通，从业务系统中抽取关键数据至合规系统，甚至可以把一些合规性审核从业务系统引向专业的合规系统上开展。端到端的另外一层意思是将外部监管信息、制度信息、内部控制信息、控制评价指标信息、控制评价结果打通，形成合规管理闭环，能够监测监管策略以及内部制度的执行情况，找到内控缺陷，改进内部控制执行水平。

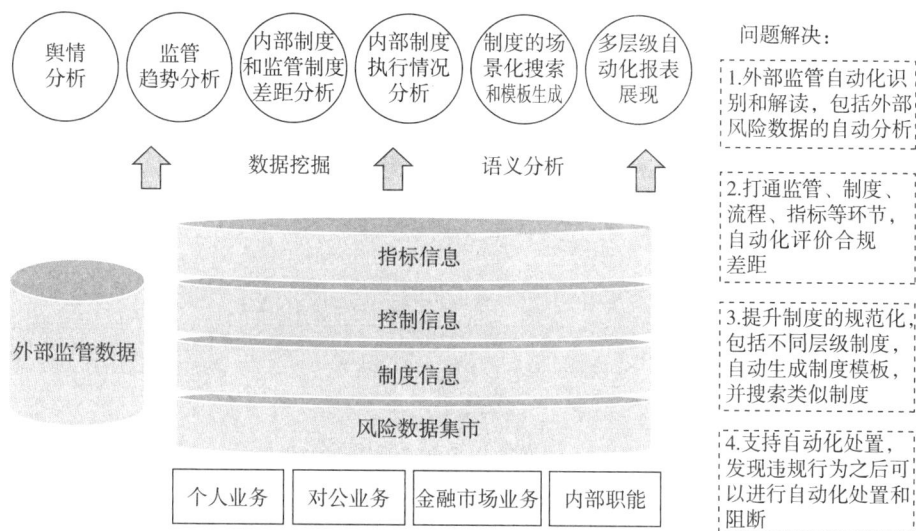

图8-4　外部监管规则内化为制度执行的全过程管理

三是开展数字化合规管理，例如关联交易管理、监管数据报送、员工行为管理等合规管理工作要引入海量数据分析能力，并将一些校验规则嵌入系统中。以员工行为管理为例，可以适当地引入外部的数据，和内部数据进行比对，通过大数据分析的方法发现诸如与外部供应商非法交易、员工违规开设企业、员工异常登录系统等风险行为。

二、金融科技将持续改变金融机构及其内控管理

2019年8月23日，中国人民银行印发《金融科技发展规划（2019—2021年）》（以下简称《规划》），全文内容包括四个章节，从发展趋势、发展目标、重点任务、保障措施四个方面阐述了金融科技的发展规划。《规划》充分结合了我国金融业科技发展的历史特点，坚定了金融业支持普惠金融、服务实体经济的核心思想，也阐述了未来三年内金融科技发展的二十七项重要任务。《规划》的发布标志着中国人民银行已经将金融科技行业作为主流产业进行研究，并且进一步明确了对其未来发展及监管的思路。

（一）金融科技是金融业战略布局之一

《规划》指出，"金融科技"概念由金融稳定理事会（FSB）于2016年提出，"是技术驱动的金融创新，旨在运用现代科技成果改造或创新金融产品、经营模式、业务流程等，推动金融发展提质增效"。虽然概念正式出现于仅仅三年前，但在20世纪90年代互联网技术出现并被普遍应用的萌芽之初，"技术驱动金融创新"就已经被金融行业提出并且实践。

在21世纪，互联网技术突飞猛进，对当代管理理论新思潮的产生起到了重要的促进作用。当代管理理论中提出的"公司再造"理论抛开了亚当·斯密提出的"劳动分工理论"的"旧包袱"，将被拆开的组织架构，按照自然跨部门的作业流程，重新组装了回去。各国大型金融机构也纷纷重新梳理自己的业务作业流程，并将互相割裂的信息系统整合为架构统一、数据互通的大型企业系统。

近几年来，互联网技术应用已经非常成熟，例如大数据、人工智能、区块链、5G等新技术也从研究室搬向了行业中，我们不去讨论和争执到底是业务改变技术还是技术推动业务，但我们能够清晰地看到，金融业的服务模式甚至整个民众的生活方式，已经悄悄地被技术所改变。

虽然在金融科技产业已经逐渐打开局面，但人们对于金融科技公司成立的必要性、定位和未来发展的防线仍然存疑。《规划》的印发本身就再次论证了国家对于大力发展金融科技的决心和支持，给金融科技产业吃了一颗"定心丸"。《规划》从金融科技在推动金融转型升级、金融服务实体经济、促进普惠金融发展、化解金融风险方面的作用和意义进行了深入阐述，论证了金融科技产品的必要性和迫切性，认为金融科技是推动金融行业转型升级的"新引擎"。换句话说，金融科技产业所承载的责任不仅仅是一家科技公司自身的成败，更是对于未来金融行业形态的重塑。

"工欲善其事，必先利其器。"《规划》还明确了金融科技的定位问题，"金融科技的核心是利用现代科技成果优化或创新金融产品、经营模式和业务流程"，金融科技作为一把利器，其本质还是促进金融业的高质量发展。

（二）金融科技发展与合规并举

《规划》将金融科技重点任务分为六大任务、二十七个小任务，从战略部署、科技应用、科技赋能、风险技防、审慎监管、基础支撑六大方面全面提出了重点任务，如同一盏明灯，为金融科技产业指明了未来发展的方向。

首先，金融科技体制机制创新是提升金融服务质量和效率的良好契机。《规划》指出应"依法合规探索设立金融科技子公司等创新模式，切实发挥科技引领驱动作用，构建系统完备、科学规范、运行有效的制度体系。"追溯历史，我国四大行中最早成立的为中国银行，于1912年成立，距今已经有108年了，最晚的为中国工商银行，成立于1984年，也已经36岁了。大银行的管理模式多以稳健著称，科技条线也继承了其管理模式，导致越来越难以适应多变的客户需求。在互联网经济发展迅猛的今天，敏捷、快消、客户体验等热词已经成为年青一代所习惯的行为模式；企业的商业模式也在变革，越来越多的百货商场已经被淘宝、京东商城所取代，随之而来的就是金融服务方式创新迫在眉睫，而这种创新不仅仅是技术的创新，更是人的创新、管理模式的创新。金融科技公司管理模式敏捷化、运营模式市场化改革的第一个目的是为了更好、更快地响应金融业务需求，使之系统实施周期缩短、系统交付质量提升，而另一个更为重要也更为艰巨的任务就是反向推动金融机构管理模式的创新和变革。金融机构如何把握这一契机以及哪家金融机构能够把握这样的契机可能会影响金融业未来10年甚至更长的格局。

其次，金融科技的发展应当持续支持国家金融发展战略，做到服务场景丰富化、服务渠道多样化。《规划》中多次强调了金融科技的应用场景需要支持实体经济、金融惠民、深度扶贫等国家大力推进的举措。同时，金融科技还应当助力金融机构深度挖掘服务场景，在符合国家金融发展规划的前期下，C端融入民生、B端融入实业。云计算、大数据等技术带来的海量数据处理能力将过去不可能变成了可能，一旦获取到大量、准确的数据，信息技术就可以支持诸如"双十一"高并发交易处理、海量小微企业风险画像、"贷款秒批"等10年前不能支持的业务场景。在服务渠道整合层面，互联网行业多次洗牌印证了O2O模式才是取得成功的关键，《规划》中也提到"进一步发挥线下资源优势，构筑线上线下一体化的经营发展模式"，前几年蚂蚁金服、百信银行杀出了一条"零网点"金融机构成功的血路，如今金融科技公司更应当协同传统金融机构，利用各自自身优势，探索线上、线下整合的金融服务模式。

最后，技术创新发展和安全合规并重，通过健全的试错容错机制来解决发展和风险的矛盾。据统计《规划》所提出的二十七个小任务中有十一个小任务与安全、风险、合规相关，占比达40%。金融科技企业的核心竞争力一是对于金融业务的独到理解，二是技术创新并寻找到适用应用场景的能力。风险合规管理职能在企业创始阶段应当定位为赋能业务、服务于业务，而并非管理业务，甚至阻碍业务。此外，新技术带来的风险往往难以预测，除了风险预防之外，还应当考虑事后风险处置方法，例如保险、应急处置计划、风险资金拨备机制等，以支持容错机制的建立。

（三）"监管科技"和"科技监管"生态逐渐成熟

监管科技作为一个新兴概念，近几年逐渐被频繁提及，但大多数人还是对其比较陌生。如本书前面所讲到的，监管科技有两个层面的含义，一是监管机构通过使用先进的科学技术来提升监管的有效性、准确性，二是机构风险合规部门通过使用先进的科学技术来提升其风险合规管理能力。而科技监管，顾名思义就是针对于金融科技公司的监管，是监管机构对于一个新兴行业监管的体系和方法。

在监管科技方面，《规划》提到"运用金融科技提升跨市场、跨业态、跨区域金融风险的识别、预警和处置能力，加强网络安全风险管控和金融信息保护，做好新技术应用风险防范，坚决守住不发生系统性金融风险的底线"。新兴技术的发展不仅让监管机构打通了与金融机构系统之间的壁垒，实现了用数据去监管的愿景，而且金融机构自身也以通过应用大数据分析、AI、区块链技术等来提升自身的风险合规管理水平，同时也盘活了支持以上管理模式的科技公司，形成了由监管机构—金融机构—科技公司三者构成的监管科技业态。

在科技监管方面，《规划》中强调"加强金融科技审慎监管，建立健全监管基本规则体系"的必要性。金融科技公司作为为金融机构提供系统研发服务的科技公司，在延续适用银保监会对科技外包商的监管要求的基础上，还面临着新的监管挑战，例如，金融科技产品除了需要符合金融业务方面的监管要求，还需要考虑到技术风险合规问题。又例如，在开展平台运营、运维工作过程中，平台连接、承载着多家金融机构的业务，针对这样的业务形态该如何监管，监管机构正在尝试运用"监管沙盒"等机制来为金融科技创新打造一片"试验田"，在这个土壤上逐渐寻找创新与合规的平衡点。针对这样的业务，金融机构内部控制该如何去适应，也是各家金融机构面临的新挑战。

第九章   持续改进

内部控制没有最好，只有更好。内部控制的改进和完善是一个动态过程。出现问题后的"亡羊补牢"固然重要，但主动审视和检讨存在的缺陷，以"治未病"的理念"强身健体"更是不可或缺。当然，自我纠错和自我完善也是内部控制有效性的本质特征。追求卓越应当成为一种势在必行的现实和理想选择。内部控制评价是内部控制体系的重要组成部分，也是自我革命、主动纠错、持续改进、追求卓越的主要手段。

任何组织在管理和控制上都需要自我完善。《企业内部控制评价指引》对企业开展内部控制评价做了明确的要求。对银行来说，《商业银行内部控制指引》用第五章专门阐述了商业银行内部控制评价的相关规定，其中涵盖了内部控制评价方法和内部控制缺陷认定标准等相关内容。事实上，内部控制的有效性需要通过闭环管理的方式，形成建立、评价、完善的循环往复机制并正常运转，这样才能促进内部控制与企业的战略、业务、组织相辅相成、与时俱进、动态调整、完善适应，形成一套科学、落地、可持续发展的内部控制体系来加以实现。

第一节   内控评价概述

一、内控评价定义

COSO 2013 年版内部控制框架指出，有效的内部控制体系可以为主体目标的实现提供合理保证，有效的内部控制体系可以将影响目标实现的风险降至可接受的水平。[①] 对于目标实现和风险控制来说，就要求内部控制五要素中的每

---

① Treadway 委员会发起组织委员会（COSO）发布. 内部控制——整合框架（2013）［M］. 财政部会计司组织翻译. 北京：中国财政经济出版社，2014.

一个要素以及相关原则必须同时存在、缺一不可，并能够持续良好运行；而且，五要素可以用系统论的方法独立观察，但不是单独存在，是以系统整合的方式有机结合、协同运行、整体体现的。因此，评判一个内部控制体系是否有效，领导层应当运用所获得的相关信息，用一定的标准去衡量、判断和评价各个要素以及相关原则是否存在并持续运行，而且是否以整合的方式协同运行。当然，也要看整体运行效果，从设计和执行两个层面得出有效性结论。

其中，内部控制框架在"监督活动"中指出，主体应通过持续评价、单独评价或两者的组合，以确认内部控制的五个要素（包括实现每个要素中原则的控制活动）是否存在并持续运行。领导层应运用持续评价和（或）单独评价来确定整个主体及下属单位是否选择、执行并部署了旨在实现控制原则的各项控制。

当然，主体应依据监管机构、标准制定机构或领导层（管理层和董事会）所设定的标准，对各种发现进行评价，必要时应当向管理层和董事会报告各项现实缺陷。内控评价中，持续评价应被嵌入主体不同层级的业务流程中，以提供及时的信息。持续评价一般被定义为常规运营活动（即日常经营管理活动），它们被嵌入日常运营业务流程中实时执行，并能反馈情况变化。而且，持续评价并不排斥单独评价。单独评价是由具有独立性、客观性的管理人员、内部审计和（或）外部相关方，以及其他人员定期开展，其范围和频率则由领导层来判断和决定。一般情况下，单独评价通常是通过内部审计来实施的，其评价范围和频率因风险评价结果、持续评价的有效性以及管理层的其他考虑而有所不同。在具体实施中，单独评价可采用与持续评价相同的各种技术，但由于其目的在于定期评价控制而且未被嵌入主体的常规运营活动之中，相比之下，持续评价往往能够更迅速地识别各类问题。许多拥有完善持续评价的主体，仍然会针对内部控制的各项要素开展单独评价，这是为了对持续评价的结论进行再确认。很自然地，我们能够意识到，如果评价主体认为需要频繁地进行单独评价，那可能就应该考虑如何强化自身的持续评价，而不是一味地强调单独评价。由此不难看出，主体的各层级都可能面临类似的决策，即是否应采用持续评价、单独评价，或两者相结合的方式。当然，相关的考虑也应包括主体的经营范围和性质、内外部环境的变化以及确定持续评价和单独评价时的相关风险。

对商业银行来说，《商业银行内部控制指引》对商业银行内部控制评价做了定义，认为其是对商业银行内部控制体系建设、实施和运行结果开展的调查、测试、分析和评估等系统性活动。在这个定义中，把内部控制评价的内容分为了三个部分，即建设、实施和效果；把内部控制评价的方法确定为调查、测试、分析和评估；把内部控制评价当成一个系统性活动来对待。从这个定义可以看出，内部控制评价是一项对主体内部控制的全面、系统观察和审视，为进一步完善内部控制提供支撑。

二、内控评价的必要性

内控评价是内部控制体系的重要组成部分。按道理，主体应当有自我评价和自我完善的内在冲动，有如人"吾日三省吾身"般的追求。但事实上，并不是所有人都有那种觉醒，不是所有主体都有主动作为的想法和具体行动。对企业主体来讲，外在压力如果能够转化为内源动力就已经是良好的表现了。

（一）监管机构要求

《商业银行内部控制指引》要求，商业银行应当建立内部控制评价制度，规定内部控制评价的实施主体、频率、内容、程序、方法和标准等，确保内部控制评价工作规范开展。关于评价主体，该指引明确内部控制评价应当由董事会指定的部门组织实施。关于评价范围，该指引明确商业银行应当对纳入并表管理的机构进行内部控制评价，包括商业银行及其附属机构。关于评价频率，该指引明确商业银行应当根据业务经营情况和风险状况确定内部控制评价的频率，至少每年开展一次。当商业银行发生重大的并购或处置事项、营运模式发生重大改变、外部经营环境发生重大变化，或其他有重大实质影响的事项发生时，应当及时组织开展内部控制评价。此外，商业银行还应当建立内部控制评价质量控制机制，对评价工作实施全流程质量控制，确保内部控制评价客观公正。在结果运用方面，商业银行应当强化内部控制评价结果运用，可将评价结果与被评价机构的绩效考评和授权等挂钩，并作为被评价机构领导班子考评的重要依据。

根据《商业银行内部控制指引》的要求，商业银行年度内部控制评价报告经董事会审议批准后，于每年4月30日前报送银保监会或对其履行法人监管职责的属地银行业监督管理机构。商业银行分支机构应将其内部控制评价情况，按上述时限要求，报送属地银行业监督管理机构。

（二）上市公司要求

《首次公开发行股票并上市管理办法》第十七条规定："发行人的内部控制制度健全且被有效执行，能够合理保证财务报告的可靠性、生产经营的合法性、营运的效率与效果"，第二十二条规定："发行人的内部控制在所有重大方面是有效的，并由注册会计师出具了无保留结论的内部控制鉴证报告。"该管理办法对企业 IPO 时的内部控制评价提出了明确的要求。从近期拟申请 IPO 企业的否决原因的统计来看，内部控制问题、关联交易问题、财务核算的规范性问题超越传统的头号否决因素——业绩及其持续经营能力问题成为首要的否决因素，占比超过一半。

著名的安然公司事件导致"五大"之一的安达信倒闭。安然公司事件后，美国证券交易委员会出台了著名的《SOX 法案》，要求上市公司在披露财务报表的同时必须披露内部控制状况。安然公司事件给监管机构敲了一记警钟，审计机构仅审计财务报表本身的弊病就是处于一种"不识庐山真面目，只缘身在此山中"的状态。当企业管理层诚实性存疑时，企业可能串通公司各层，甚至外部审计公司，伪造财务数据，并且伪造全部证据链。因此，监管机构提出审计机构需要在审计财务报表的同时，对企业内部控制有效性进行评价，并且根据内部控制有效性来确定财务报表审计的取样要求。

（三）企业内部管理需求

在企业创建初期，缺少完善的内控管理体现在企业内部出现的各类风险事件上。比如，电视剧《大宅门》中白景琦在山东济南开的"黑七泷胶店"的一个学徒，因为家里的老母亲看病需要钱，而白家的竞争对手苦于不知晓白家秘方的最后一道用药，阿胶的质量难以和白家竞争，濒临倒闭，他们以白家的学徒为突破口，胁迫其将制作阿胶的药渣交给自己，在拿到药渣之后终于知晓了最后一道用药，拿到秘方之后，竞争对手降价恶性竞争，导致"黑七泷胶店"生意一落千丈，这个就是内控失效导致风险暴露的经典负面案例。当然，也有一个正面案例就是白景琦的父亲，每次配最后一味药时总是将自己锁在小黑屋里面单独操作，并将药渣清理干净，从未导致秘方泄露。一般情况下，创建初期的企业往往是在发生风险事件之后开始重新评价和优化企业内部控制。一旦发展到创建中期，达到一定规模之后，人员管理的复杂性就要求企业必须通过更为规范、统一化的方式开展管理工作，同时设置不相容岗位要求，通过岗位之间的互相制约来减少舞弊、欺诈等事件。这个时期的企业就需要通过定期评价的方式达到一种发现问题、解决问题、警示全员的效果。

但是,当企业成为一个稳定运行的大型企业之后,"大企业病"也会随之而至,强调内部控制效率、完善内部控制措施就成为现实选择。比如,控制有时会过于烦琐,有些机构的报销需要流转一个月甚至几个月才能走完,这就需要进一步化繁为简,在确保关键内部控制有效的同时减少不必要的流程,通过数字化的手段提升机控比例,减少人为干预,形成一个敏捷的内控管理机制。这个阶段的企业可以通过内部评价来梳理、规整、简化内部管理流程,体现效率追求。

随着经济社会的发展,银行的经营管理活动越来越复杂和丰富,健全的内部控制也就越来越体现其价值,成为商业银行良好运作的必备因素。这时,内部评价作为自我检查的重要方式和途径,由内部相对独立的机构牵头,通过自我体检的方式,对内部控制进行检查和评价,并根据评价结果对不同的机构进行不同程度的业务审批授权,建立一个企业管理的良性循环,不断提升和优化企业内部控制水平,就成为银行自我完善的现实选择。

三、内控评价的内容

内控评价的内容可以根据《企业内部控制评价指引》的要求确定。对于银行来说,可以视实际经营管理情况而定,在具体评价内容和指标的制定方面可以参考《商业银行内部控制评价指南》。该指南提出了内控评价应当围绕三个层面开展,分别为公司层面、流程层面和信息科技层面。在具体实施中,银行可以根据实际情况,以监管标准设计方案和开展内控评价工作。①

(一)公司层面

在公司层面,内部控制五要素始终应当是内部评价的核心内容。五要素的具体内容和定义已经在前面有所交代,这里主要阐述应当如何运用五要素框架细化内控评价内容,执行内控评价工作,主要内容包括:一是内控评价人员应当将五要素作为基本框架,结合银行外部监管要求及内部制度要求,拟定内控评价指标以及评价方法;二是应当明确内控评价范围,具体包括时间范围、机构范围、业务范围以及系统范围;三是应当制定明确的评价方案,包括评价小

---

① 张初础. 银行内部控制评价实务 [M]. 上海:立信会计出版社,2012.

组的人员构成，评价小组的工作周期、工作安排，证据及底稿归档要求及方式等。一次全面的内控评价可以从以下角度出发来设定评价指标。

1. 内部环境。控制环境是所有其他组成要素的基础。内部环境包括：银行治理机制，例如公司董事会与监事会构成、授权及议事规则等；战略发展规划，例如银行战略、发展规划、经营计划等；考核机制，例如银行对各内设机构的考核、子公司考核等；机构管理，例如对于新设、变更机构的审批等；内控体系建设，例如内控基本制度、内控管理机制等；授权管理，例如股东对董事会的授权、董事会对管理层的授权，以及管理层对执行单位的授权等；资本治理，例如资本管理基本制度、资本管理机制等；会计及财务管理体系，例如财务会计管理体系建设、不相容岗位设置、采购制度等；科技治理等方面，例如科技发展规划、科技不相容岗位、系统权限管理机制等；员工合规管理，例如是否建立员工行为管理规范、明确责任追究和处置机制等。

2. 风险评估。风险评估是指以实现既定目标为原则，识别、分析相关风险，形成风险管理的基础，旨在更有针对性地设计内部控制。银行的风险评估可以参考《银行业金融机构全面风险管理指引》中对于风险的分类，具体包括信用风险、市场风险、流动性风险、操作风险、国别风险、银行账户利率风险、声誉风险、战略风险、信息科技风险以及其他风险，各类风险均需要开展风险评估。内控评价应当将各类风险的评估制度、评估流程、评估执行情况等作为必评点。此外，风险评估的结果也应当作为内部控制评价指标设计的重要输入。

3. 控制活动。在内部控制框架的五要素中，控制活动是内控评价的主体和重点。控制活动涉及各个领域的制度、流程，因此控制活动的评价工作是十分繁杂的。控制活动主要包括：财务授权制度的执行情况，例如在授权范围内审批财务事项、分支机构是否遵守相应授权等；财务支出，例如重大支出事项决策流程的合规性、支出事项是否符合国家各项规定和标准等；财务预算的执行情况，例如是否设定年度预算计划并遵照执行等；尽职调查，例如是否按照客户类别进行了信息的全面收集、尽职调查、风险评估等；关联交易，例如是否按照相关要求报送关联交易数据，关联交易是否符合市场公允性原则等；大额及可疑交易，例如识别、监控、上报可疑交易；外包管理，例如是否建立外包管理规范、外包目录并严格遵照执行；数据安全，例如是否根据个人信息保护、数据安全、网络安全相关法律法规、监管要求进行数据收集、提取、处理、存储、销毁等；人事任免，例如是否建立并严格遵守人事任免制度进行高管任命和履职等。

4. 信息与沟通。信息与沟通是企业相关方及时获取风险信息、采取相应缓释措施的前提，良好的信息沟通机制能够让风险信息得到最有效的处置，最大程度地保障相关方的最大利益。信息与沟通包括信息平台的建设，例如建立数据仓库和管理驾驶舱，让风险信息得到实时监控、预警；重大风险事件的通知通报，例如定义重大风险事件、制定应急方案、沟通机制等；信息披露，例如是否按照监管要求对相关方及时、完整、准确的披露信息等。

5. 内部监督。内部监督是"第三只眼睛"，即通过相对独立的机构对整个企业行为的监督来发现问题和解决问题。内部监督包括：案件防控机制，例如定义案件类别和建立分类处置机制；内部审计，例如是否建立独立的内部审计部门、明确内部审计机制和规范以及有效开展内部审计工作等；问题整改，例如是否建立问题整改机制，明确整改要求，就屡查屡犯问题进行问责等。

（二）流程层面

任何组织都需要有明确的工作流程来规范工作开展，以保障正常运转。工作事项的整个存续期间，一直存在流程设计和持续优化的问题。对流程的评价是持续改进和优化的主要手段。流程评价就是以风险管理和控制为导向和衡量有效性的标准，对流程中的控制措施设计和实施效果进行的评估。企业内部控制流程设计可以按照风险情况规划流程、用权责分工规范流程、以工作事项分类描述流程，同时视运行情况优化流程，进行及时的动态调整和更新。①

在流程层面，根据《商业银行内控评价指南》，银行可以将业务分为8大类，包括公司业务、投行业务、零售业务、资产管理、资金业务、支付与结算、中间业务和其他银行业务及非银行业务。当然，在具体的评价过程中，也可以围绕评价对象梳理业务流程的习惯进行分类，既无统一标准，也不一定照抄照搬。

我们可以就一次实际评价来看流程层面的评价内容。流程层面的评价指标包括若干业务，其中，信贷业务，评价内容涉及是否完全依照客户尽职调查、审批流程进行放款，是否对贷款资金使用、还款情况进行监控以及资产保全流程是否合规等；存款业务，评价内容涉及是否建立存款操作流程对资金来源、客户信息进行核实等；资金业务，评价内容涉及是否建立前后台职责分离机

① 许国才. 企业内部控制流程手册［M］. 北京：人民邮电出版社，2010.

制，是否建立中台风险监控机制；支付结算业务，评价内容涉及是否建立支付结算的业务操作规程，是否按照要求进行备案，空白凭证管理是否符合要求等；中间业务，评价内容涉及是否建立程序确保严格遵照代理人委托进行各类操作，会计记账方式是否正确、是否有风险控制举措等。

（三）信息科技层面

在流程层面，《商业银行内部控制评价指南》参照《商业银行信息科技风险管理指引》的流程分类标准划分内控评价指标类别，具体包括信息科技治理、信息科技风险管理、信息安全、信息科技开发、测试和投产、信息科技运行管理、业务连续性管理和外包服务管理等几个方面。在具体的指标设定方面，除了参考以上分类外，还可以参考 COBIT 等国际标准框架，对实际工作也具有指导意义。

系统层面的评价指标包括：信息科技治理，涉及建立治理框架、明确科技发展规划、科技预算、成本管理机制等；信息科技风险管理，涉及建立科技风险管理策略、风险识别、监控、评估流程等；信息安全，涉及建立物理安全、网络安全、应用安全、数据安全等管理框架等；信息科技开发、测试和投产，涉及建立系统立项、需求、设计、开发、测试、投产、后评估等全生命周期管理要求和规范；信息科技运行管理，涉及建立机房管理流程、服务管理、性能容量管理、问题管理、时间管理等流程；业务连续性管理，涉及建立恢复指标确认、预案、演练等机制；外包服务管理，涉及建立外包战略和外包服务过程管理机制等。

第二节　内控评价发展趋势

随着经济社会发展，银行经营环境发生了巨大变化，金融科技促使银行在商业模式和经营管理方式上进行了重大变革，内控评价也应当顺应潮流、因势而变，在职能定位、任务目标、作业方式、工作机制等方面创新发展，解决好现实存在的突出问题，实现内控评价的"专业化、标准化、IT 化"，促进银行治理体系和治理能力现代化并成为其中重要的组成部分。

一、更加清晰的职能定位

内控评价作为企业的成本中心，不直接创造经济利润，其存在的主要意义在于其可以通过促进风险管理、控制和治理的提升，帮助企业提升价值创造。内控评价的价值创造主要体现在：对经营管理活动相对独立的监督和推动经营管理的持续改进，以保障依法合规经营、促进健康持续发展，服务战略目标实现。内控评价是企业治理体系和治理能力现代化的重要组成部分。当然，就监督的具体内容而言，企业可以根据实际发展情况，适时调整内控评价工作内容，以便于更好地、更有效地开展工作，支持企业使命的达成。

关于经营、管理、内控评价三者之间的关系，可以归结为：经营是面向市场和客户之间进行的与产品或服务相关的交易行为；管理是对经营活动的支持和保障；而内控评价是在经营管理活动之外，观察和审视经营管理活动的适当性和有效性。我们可以以内控评价推动管理现代化，以内控评价促进依法合规经营，以内控评价保障健康持续发展。

作为承担内控评价职责的部门应当以目标为导向，实施标准化和专业化建设，实现内部协同运转，全面规范开展内控评价活动，充分发挥职能作用、重要作用、特殊作用和有效作用，实现内控评价的价值创造。

二、更加明确的任务目标

当前，随着金融科技、监管科技、合规科技的发展，银行经营管理活动发生了翻天覆地的变化。内控评价应与时俱进、着眼于现实经营管理方式，并前瞻性地作出相应的调整，以便于有效地履行监督职能。而且，从历史发展的角度来看，内控评价已经从财务内控评价、非财务内部控制评价逐步向风险导向转变，内控评价也应顺应发展而变革。在经营管理变化、科技应用深化的形势下，全面内控评价已经成为发展趋势和历史必然。

全面内控评价就意味着必须改变从某一角度或某一环节出发的评价，如财务内控评价等，着力解决目前碎片化、难以形成整体观点和促进整体持续改进的问题，全面覆盖经营管理活动，避免以偏概全、只见树木不见森林的现象，全面实现价值创造。当然，这些转变既是客观要求，也是必然选择。

三、更加有效的作业模式

实现全面内控评价就是要突出强调风险管理，"以线覆盖点、以点连成线、纵横形成面、多面成整体"，并建立"网格化"的内控评价工作模式，开展"全流程、全样本、全覆盖"的内控评价活动，做到一竿子插到底、一竿子顶到天。①

一是强化一般方法应用。第一，"顺藤摸瓜"，就是按照做事的步骤，逐个环节排查，寻找问题所在；第二，"按图索骥"，就是根据一定的标准，去做比较分析和判断，确定是否为例外或异常；第三，"拨草寻蛇"，就是在对例外和异常进行分析判断的过程中，要透过现象看本质，准确地诊断存在的问题。

二是创新内控评价方式。核心思想是内控评价要"穿透中台，前后连接，保障经营，促进管理"。具体地讲，就是以业务为主线，以管理和外部规则为辅线，并行开展全流程评价，覆盖整个经营管理活动过程。这是与实际经营管理活动相对应的有效方法，可以将外部监管要求、内部政策、内部制度与实际经营活动作为一个有机整体，开展内控评价工作，实现"全面审视、全面检验、全面改进"。

三是内控评价项目标准化。在具体项目上，实行统一化、标准化管理，做到"一个方案、一个流程、一个标准"，避免方案不统一、标准不一致、流程有差异带来的种种问题，为有效执行奠定基础。

四、更加科学的分工协作机制

一是整体协同。为了适应新的内控评价方式，需要建立不同性质的组织或团队，主要包括：研究与方案制定团队、执行团队、支持保障团队。方案制定是关键，方案制定的标准化程度越高，对执行人员的要求就越低，执行效果就越好。保障主要包括人力资源和系统支持，应着力实现现场和非现场系统的融合，提升内控评价数字化水平。同时，要实现总分机构的分工明确、网格化管理和协调运转，发挥内控评价的整体优势。

二是重视科技。大数据是针对处理能力以及信息含量低而言的，需要进行数据挖掘，以发现有用信息。现实的科技水平足以支持内控评价工作的开展，全样本内控评价可以成为现实。但是，需要进一步升级乃至重构非现场系统，引入人工智能，以满足对全样本数据信息的加工处理要求，为现场内控评价提供充足的支持。同时，完善内控评价本身的流程管理，通过系统促进内控评价过程规范化、标准化，为发现问题、形成结论、整改跟踪提供技术支持。

---

① 李三喜. 基于风险管理的内部控制评价流程、评价实务、评价模板［M］. 北京：中国市场出版社，2013.

三是专业统领。以业务线为主线的内控评价模式，需要有专业化支撑。专业人才队伍、专业化的方案、专业化的执行都需要开展专业化建设。可以由银行总行统筹，联合各级机构，确定业务线的划分，并以此为基础建立业务线专业化团队。

五、更加关注重大现实问题的解决

一是意识问题。对银行的经营环境、商业模式和管理方式以及科技进步带来的冲击和变化要有充分、深刻的认识。不能停留在以往的内控评价模式和满足于已经取得的成就。顺应时代发展潮流，提前布局，做前瞻性的制度调整和安排，应当成为共识。

二是资源问题。资源中最主要的当属人力资源。团队化运转、专业化建设都对人才队伍提出了更高的要求。现有人员的素质提升和技能培养，需要统筹安排。当然，人员也要有进有出，保持交流的通畅，保证内控评价工作的正常开展。

三是适应问题。任何管理方式和工作方式的改变都需要假以时日，才能达到预期效果。这就要求我们既要有时不我待的紧迫感，也要保有缓冲时间，循序渐进地推动各项措施的落地。在实践中，检验和完善新的工作模式，逐步提升变革效能。

第三节　内部控制评价机制

一、内控评价机制的内涵

内控体系建设不是一劳永逸的，需要定期检查和更新。内控检查在实际运用中体现为内控的测评、评价和审计，三者相辅相成。其中，内控测评是指由负责内控体系建设的部门执行，根据业务发展要求和外部经营环境变化，持续检验和评估各类、各项业务流程和管理制度，确定单个控制执行是否有效，旨在防止出现制度缺失和流程缺陷；内控评价是指由企业董事会或类似权力机构（如内控部、内审部）进行，根据全面性、重要性和客观性原则，涵盖各种业务和事项，重点关注重要业务单位、重大业务事项和高风险领域，旨在评价内部控制设计和执行整体上是否有效；内控审计是指由外部独立的机构，如会计师事务所开展，根据重要性原则，检查财务报告内部控制，同时兼顾非财务报告内部控制，以满足资本市场的要求，旨在发现是否在所有重大方面保持了有效的财务报告内部控制，同时需要就发现的非财务报告内部控制的重大缺陷进行公开披露。

简单而言，内控测评是指针对某一单一控制的有效性验证；内控评价是指针对企业各领域或者某一重要专项领域的控制有效性验证，一般由内部机构开展；内控审计是指由外部独立机构开展的，一般是满足资本市场要求，以财务内控为主，兼顾非财务内控的有效性验证。近年来，由于商业银行面临的监管压力逐渐增大，非财务内控的测评、评价、审计工作重要性逐渐凸显，针对新出台的法律法规、监管要求等，需要及时开展理财业务、联合放贷、不良催收、数据合规等各类专项内控评价及检查工作。此外，随着整体银行信息化发展，内部审计和内控评价的开展在使用现场检查方式的基础上，逐步演变为使用 IT 手段，利用数据分析的方式，以非现场检查方式开展。金融科技、监管科技、合规科技、审计科技共同发展、相互促进，已经开始逐步形成新的内控评价形态。

二、内控评价质量控制机制

内控评价是针对企业内部控制有效性的监督和评价，而内控评价这项工作本身的质量也需要进行监督和评价，以确保内控评价能够发现真实问题。内控评价的质量是指内控评价工作过程及其结果的优劣程度。广义的内控评价质量是指评价工作的总体质量，包括管理工作和业务工作；狭义的内控评价质量是指评价工作即内控评价项目的质量，包括选项、立项、准备、实施、报告、归档等一系列环节的工作效果和实现内控评价目标的程度。

内控评价的质量标准可以参照会计师事务所对于审计项目的质量控制标准和机制，两者之间有很大的共性。会计师事务所同样面临着监管机构的压力，质量控制是会计师事务所生存和发展的基本条件，是整个注册会计师职业和行业赢得社会信任的重要措施。甚至可以说，质量控制的好坏不仅关系着会计师事务所的存亡，而且还直接关系到整个注册会计师职业的存亡。

良好的质量控制体系应当具有以下特点：

1. 保证内部控制评价机构的独立性。只有控制评价主管机构的定位、考核能够相对独立于被评价机构，才能确保内控评价的质量。就好比一场足球比赛，AC 米兰队和利物浦队对抗，如果裁判员和运动员都来自 AC 米兰队，而这位裁判和 AC 米兰队还是一个老板发工资，那么大概率 AC 米兰队这场则不会有一个犯规，利物浦队则会拿到很多红牌。在这种情况下，裁判就失去了存在的意义。

2. 选择正确的评价人员。内控评价绝对不是一个人单打独斗能够完成的。一个成功的内控评价项目需要一个有力的领导和一支经验丰富、专业、高素质的队伍。有力的领导能够调配具有专业知识的人员，使其参与到内控评价工作中来；内控评价人员需要具备相关专业知识，对相关法律法规、监管要求、制度文件等十分了解或者能够快速地学习和掌握，能够承受时间紧任务重的工作压力，能够在被评价机构不配合的时候调整工作模式和方法，能够按照一定的逻辑找到和分析问题，并且不断地探索和优化检查方法，以达到工作目标要求。

3. 做好充分的事前培训。在评价组进入现场开展工作之前，要组织内控评价人员做好培训工作，认真学习工作方案，明确工作内容和审计目标，收集和学习有关的法律法规、监管要求、管理制度、行业知识，掌握被评价机构的文化风格、组织分工、制度流程等。在编制评价实施方案前，要坚持深入被评价单位，进行充分的调查研究和深入分析，进而明确即将进行的评价重点、步骤、方法和措施等。

4. 制定详细的评价标准和流程。要在事前认真讨论和深入研判编制的内控评价实施方案，准确确定内控评价的对象范围、时间范围、业务范围，细化内控评价内容、重点和测试步骤方法。做到目标清晰、内容完整、重点突出、分工明确，使方案在实施过程行之有效的运用。例如，"检查不相容岗位设置情况"并不是一个可以执行的步骤，而"从系统中导出或者调阅岗位职责清单，查看供应商管理岗位、采购谈判岗位、合同执行管理岗位的人员名单和职责范围，确保不存在混岗操作"，就是一个可以操作且相对标准化的内控测试步骤。内控评价组的成员应按照分工，严格履行规定的程序和步骤，按实施方案确定的内容和重点开展工作，全面完成规定动作和内容。若对实施方案中规定的内容和重点没有测试或作出调整，必须说明原因和理由。

5. 严格取证，加强复核。内控评价质量的高低很大程度上取决于取证是否成功。取证过程中应严格遵守程序，逐项核实，避免走过场，不留死角。取证材料要素应齐全，不能忽略原始凭证。证据应当符合适当性和充分性的要求，做到一事一证，记录真实，所附有关的证据和证明材料充分、准确、明了。内控评价组应当将内控评价问题发现、被评价单位对问题的书面意见、工作底稿、证据以及其他有关材料存档，并交予其他内控评价人员进行复核。

6. 使用系统记录整个内控评价过程。随着信息化步伐的加快，商业银行不仅仅将信息化手段使用在业务层面，在内部管理方面也加快了信息化手段的使用。很多商业银行都研发了内控评价相关的系统，做到评价项目立项、计划制定、实施、底稿撰写和记录、审核、问题反馈、问题整改等工作都在系统上开展，避免了材料遗失，解决了信息共享的困难问题。此外，数据分析工具的应用也使内控评价可以进行全量检查，科技进步使全样本评价成为可能，可以有效回避抽样的弊端。例如，如果使用抽样的方式，则是抽取若干个离职人员，查看他们是否在企业内部管理系统中依然有权限；而数据分析的方法，则可以对全量人员进行检查，即针对系统管理人员权限设置是否合理的内控检查点，可以从人力资源系统拿到全量离职人员清单，从企业内部管理系统中拿到有系统权限的人员清单，两个清单进行比对后直接筛选出离职但权限未取消的人员即可。

7. 建立和透过后督机制来检查、检验内控评价质量。会计师事务所一般会建立内部的 QA 流程，也就是由比较高级的合伙人带队，采用现场检查的方式对项目流程、项目进度、工作底稿、项目交付物、项目难点等进行检查，确保项目流程的合规性；也会抽取一些项目，以非现场的形式，让项目组提供一些材料，远程核验项目过程的合规性。事实上，商业银行也可以借鉴类似的模式，设立一个独立的后督环节，对内控评价自身的质量进行检查和评估。

第四节　内部控制评价方法

一、内控评价工作实施步骤

内控评价工作一般可以分为准备阶段、实施阶段、报告阶段、整改阶段。

1. 准备阶段：主要包括确定内部控制评价范围及制定内部控制评价方案。总的来讲，在内控评价工作开展过程中，确定内控评价范围是内控评价工作开展的基础，处于首要地位，直接决定内部控制评价结论是否合理有效、影响内控评价的人员组织、时间安排和费用预算，是内控评价方案的重要组成部分，与评价实施方案共同指导内控评价工作的开展。

2. 实施阶段：主要包括识别关键控制点、确定测试方法、实施测试、编制测试底稿、缺陷认定与沟通。实施阶段是内控评价最为重要的阶段，也是工作量比较集中的一个阶段。

在关键控制点识别环节，评价牵头部门需要根据国家法律法规、监管规则、内部制度等明确检查要点和测试步骤，检查要点需要清晰、明确。例如，"应按时对关联方进行申报"就是一个不明确的检查要点，检查人员拿到该要点之后，无法就关联方的申报内容、申报方、申报对象、申报时间等进行核对，无法判断具体的申报工作是否满足制度要求。而正面例子为"关联方所在机构申报：关联方主管机构应对关联方的信息和关联关系进行详细审查、核对和判断，在 5 个工作日内，根据《关联方申报表》要求向监管机构完成关联方申报工作"，这就是一个很明确的检查要求。

确定测试方法可以考虑现场和非现场检查、线上和线下检查结合的方式，当然前提条件是大量的控制通过计算机实现。比如针对"洗钱风险评估：各级机构在客户初次身份识别时，应进行客户洗钱风险评估。境内机构洗钱风险评估应按照监管要求，在与客户建立业务关系后的 10 个工作日内完成"这一控制点，那么在测试方法的确认时，应当首先考虑该控制点是否通过计算机实现，如果系统完全打通，所有客户录入核心系统之后都自动连接到反洗钱系统来进行风险评估，在评估完成之后系统在 10 天之内将结果反馈至核心系统，则可以通过开展系统应用控制穿行测试的方法进行控制有效性验证，而不采用抽样的方式。

测试执行情况直接影响内控评价本身的有效性。一般测试的执行都是根据预定的测试方法由相关组织自行开展，具体可以使用自评、互评、总评的方式。自评是指某机构的自我评价，互评是指不同机构之间审查人员相互评价，总评一般是指上级机构对于下级机构的总体评价。一般在测试之前需要对测试人员开展全面培训，就评价点、评价方法、抽样规则等进行详细的讲解，旨在使用更加统一、规范的方法，减少对于主观判断的依赖性，增加评价工作的客观性、科学性。

测试底稿撰写的目的是记录内控评价的全过程，包括测试步骤、测试方法、样本选取、样本测试结果、问题确认沟通等内容，一般需要一个比较明确的底稿模板要求。对于外部审计机构而言，基于资本市场监管机构的要求，测试底稿需要归档和留存，并且接收监管机构检查的监管；对于内部机构开展的评价和审计而言，相关底稿也需要留存，并按照要求需要向监管机构进行报告，同时针对内控评价发现的重大问题和违规情况，也是责任认定、处罚等的重要依据。

内部控制缺陷是指内部控制的设计或运行无法合理保证内部控制目标的实

现。缺陷认定与沟通是前期全部工作的产出，是对于被评价机构整体内控有效性的最终判断。在这个环节，检查机构和被查机构在缺陷级别、性质、措辞方面需要反复沟通。一个明确的缺陷判定的原则和依据十分重要，一是对于缺陷本身的定义、量化标准、判断手段需要十分明确，二是对于缺陷的来源、依据、影响等需要一个客观、科学的解释。

3. 报告阶段：主要包括撰写报告并且向所在机构高管层、董事会进行汇报。完整的报告一般包括管理层声明、内部控制建设及评价工作的总体情况、内部控制评价的依据、内部控制评价的范围、内部控制评价的程序和方法、内部控制缺陷及其认定情况、内部控制缺陷的整改情况、内部控制有效性的结论等内容。如果是对管理的简短汇报，一般仅需要汇报总体结论、具体的内控缺陷、整改计划等方面内容。

4. 整改阶段：主要是指针对内控评价发现的缺陷进行整改。内部控制缺陷的问题整改推动情况直接影响企业内控管理水平，但整改情况需要多方推动，一是需要管理层大力支持，二是需要评价的牵头部门大力推动，三是需要各机构紧密配合和联动，四是需要定期重检和评价，五是需要通过系统化等手段彻底解决根源性问题。

二、内控评价测试方法

（一）内控评价方法论

1. 基于制度的评价方法。内控评价在企业内部执行的早期，大多都是采用基于制度的评价方法，也就是按照外部法律法规、监管要求、内部制度、流程规范逐条解析，将解析后的控制点作为评价的标准，根据一定的方法，开展评价工作。评价结果一般分为两种：一是外部规定没有进行内化，或者内化后的制度仍然不满足外部规定，这种情况一般会被判定为内控设计缺陷；二是根据外部规定制定了合理有效的制度、内部控制或者流程规范，但执行不符合制度要求，这种情况一般会被判定为内控执行缺陷。基于制度的评价方法的好处，一是评价标准明确，二是评价结果有据可依且无争议。但是，缺点是难以回答"so what"的问题，也就是说即使评价结果"存在缺陷"，依然存在一些疑问，如对企业的实质影响是什么，会造成怎样的风险和问题。

2. 基于风险的评价方法。近期越来越多的机构使用基于风险的评价方法，一是可以在评价之前对评价点的固有风险进行初步评估。例如，反洗钱相关风险对于银行可能是致命的，可能导致高额罚款，以及银行声誉受损，对社会而言，银行不仅没有协助政府管控风险，反而助长了犯罪分子的嚣张气焰；而小额采购的规范性问题，如果仅授权机构在某限额之内开展，即使无明确的小额采购流程和规定，对于银行的风险也并非致命。二是对于评价的结果进行风险评估。例如，如果某机构的反洗钱信息系统缺失，那么银行就很难针对每个客户、逐笔交易进行洗钱风险排查，因此该问题导致的风险较大。如果在某次评价中发现，某一次的 1000 元钱的矿泉水小额采购行为缺少授权，经查该行为仅是一次操作上的失误，实际的采购物品也都在银行使用，该问题导致的风险较为可控。综上所述，我们可以通过识别固有风险情况以及评价控制有效性来评估内控缺陷造成的实质性风险，进而对管理层提出更为有效的建议。

（二）内控测试方法

在开展内部控制检查评价工作过程中，应当综合运用个别访谈、调查问卷、专题讨论、穿行测试、实地查验、抽样和比较分析等方法，广泛收集被评价单位内部控制设计和运行是否有效的证据。评价方法的选择应当有利于保证证据的充分性和适当性。证据的充分性是指获取的证据能够为形成内部控制评价结论提供合理保证；证据的适当性是指获取的证据与相关控制的设计与运行有关，并能够可靠地反映控制的实际状况。①

1. 个别访谈法。个别访谈法主要用于了解企业及其所属单位内部控制的基本情况。评价人员在访谈前应根据内部控制评价目标和要求形成访谈提纲，如有必要可先提供给被访谈人员，让其进行准备，被访谈人员主要为单位领导、相关机构负责人或一般岗位员工。评价人员在访谈工作结束后应撰写访谈纪要，如实记录访谈的内容。

个别访谈法适用于机构外部审计师在短时间之内快速了解企业组织、流程等方面内容，以便于将评价点落实至各个经营机构。同样，也适用于对内部机构变化较快的组织进行评价的情形，内部评价人员可以选择近期组织职责有所变化的机构进行专项访谈，以便于迅速了解组织，有针对性地开展评价工作。

2. 调查问卷法。调查问卷法常见于内部环境评价。调查问卷一般包括填列项目、控制描述和支持性文档等内容。其中，"填列项目"基于企业实际情况，明确被评价单位或对象需要填列的内部控制评价内容；"控制描述"是指

---

① 财政部会计资格评价中心. 高级会计实务［M］. 北京：经济科学出版社，2020.

被评价单位或对象针对评价内容，考虑是否存在相关的控制，并如实填写相关控制的设计与运行情况；"支持性文档"要求被评价单位或对象列示相关控制所涉及的支持性文档，如对领导层是否重视内控工作进行评价，需要列示有关会议纪要、审阅记录等文档；对企业文化进行评价，需要列示企业文化手册、员工行为守则等文档。

调查问卷法在实际运营过程中比较适合需要组织机构开展自我评价并上报评价结果的情形，例如，总行组织分支机构开展自我评价，则可以在问卷中明确需要评价的控制措施，让各分支机构按照要求填写具体的控制措施、控制频率并提交证明材料。

3. 专题讨论法。专题讨论法通常用于控制活动评价，是指通过召集与业务流程相关的管理人员就业务流程的特定环节或某类具体问题进行讨论及评估的一种方法。专题讨论法既是一种常见的控制评价方法，也是形成缺陷整改方案的重要途径。对于同时涉及财务、业务、信息技术等方面的控制缺陷，往往需要由内部控制专职机构组织召开专题讨论会议，综合内部各机构、各方面的意见，研究确定缺陷整改方案。

专题讨论法在实际应用中往往是针对跨机构问题的，例如，经检查发现有一单有洗钱风险的对公业务在业务准入时并未排查出风险，为了进一步明确该问题产生的原因以及解决方法，就需要召集对公业务部门、法律合规部门、反洗钱系统研发部门召开专题讨论会。

4. 穿行测试法。穿行测试法是指在内部控制系统中任意选取一笔交易作为样本，追踪该交易从最初起源直到最终在财务报表或其他经营管理报告中反映出来的过程，即该流程从起点到终点的全过程，以此来了解整个业务流程状况，识别出其中的关键控制环节，评估相关控制设计与运行的有效性。

穿行测试法是一种常见的针对计算机控制有效性的测试方法。它基于的前提是，计算机程序具有操作一致性，也就是说针对两笔条件完全相同的业务，计算机处理的结果一定是一致的；因此，仅针对一笔特征业务进行测试，就可以覆盖全部样本。举个例子，如果想测试一笔超出支行授权限额的贷款是否会被系统拒绝受理，则可以找出一个支行业务人员的账户，在与生产环境一致的测试环境中发起一笔超限额业务，按照操作规程处理，看是否会被系统拒绝。

5. 实地查验法。实地查验法是指企业对财产进行盘点、清查，以及对存货等实物资产的出入库环节进行现场查验，主要用于对资产安全性目标的实现情况进行评价。实地查验法通常应与抽样法结合运用。企业对财产进行实地查验，需要制定统一的测试工作表，并从特定的样本库中抽取若干测试样本，与业务记录、财务单证等进行核对验证，以此判断与资产安全目标相关的各项控制的有效性。

实地查验法针对一些非现场检查难以触及的检查点十分有效，例如上面举出的固定资产盘点的例子，如果想知道一家企业到底有多少库存，最有效的方式就是去现场盘点；此外，在银行内控评价中也有很多仅能现场查看的比较机密的信息，或者没有电子化的信息，例如，人事薪酬信息、非电子化报销凭证、非电子化票据。

6. 抽样法。抽样法是指企业针对具体的业务流程，按照业务发生频率及固有风险的高低，从确定的样本库中抽取一定比例的业务样本，对业务样本的控制水平进行判断，进而对整个业务流程的内部控制有效性作出评价。抽样法是控制测试的常用方法，分为随机抽样和其他抽样。随机抽样是指按随机原则从样本库中抽取一定数量的样本；其他抽样是指人工任意选取或按某一特定标准从样本库中抽取一定数量的样本。应用抽样法时，应注意样本库中应包含符合测试要求的所有样本，测试人员首先应对样本库的完整性进行确认。

除了计算机控制的内部控制点，针对手工控制的情况一般使用抽样的方式来验证内部控制有效性。内控评价抽样方法和审查抽样方法基本一致，抽样审计方法不同于详细审计方法，详细审计是 100% 审计范围内的全部项目，而抽样审计是从审计对象总体根据统计原理选取部分样本进行检查，根据样本的情况推断总体情况。抽样不等同于抽查，抽查在使用中无严格要求，而抽样是需要运用统计学原理，严格按照规定的程序和方法实施。抽样方法包括统计抽样和非统计抽样，统计抽样时需要利用概率法则来量化控制抽样风险；在非统计抽样中，全凭主观标准和个人经验确定样本规模和评价样本结果。只要设计得当，非统计抽样也可达到统计抽样一样的效果。使用抽样方法得出结论是存在一定抽样风险的，即推断出的情况与实际情况存在统计学上的误差。

7. 比较分析法。比较分析法是指通过分析、比较数据间的关系、趋势或比率等来取得评价证据的方法。企业可以将评价过程中取得的数据与历史数据、行业标准数据或最优数据等进行比较，找出其中异常波动的情形，并重点对异常区间的内部控制有效性进行检查评价。

这类方法针对一些具有大量电子化数据支持的内控是十分有效的。例如，外包人员的考勤信息，可以将外包人员考勤信息与请假信息进行比对分析，在 Excel 表格中仅几秒钟的时间则能够进行全量的检查，快速识别出问题和缺陷。

三、内部控制缺陷认定

内部控制缺陷认定是内控评价最为重要的一步，也是撰写评价报告之前最关键的活动。可以说，内控评价前期所做的一切工作，都是为了能够准确地认定内控缺陷。当然，评价机构与被评价机构之间也容易产生不一致的认识，分歧在所难免。这样，在这个共同交流探讨的过程中，内控评价人员就需要秉承公正、独立、客观的原则对评价发现的各类问题进行认定，才能达到评价的预期效果，为有效整改、根源式解决问题夯实基础。

（一）内部控制缺陷分类

内部控制缺陷是指内部控制的设计或运行无法合理保证内部控制目标的实现。根据《商业银行内部控制评价指南》，内部控制缺陷按照影响、成因、严重程度可以分为不同的类型。

1. 按影响分类

内部控制缺陷按照影响内部控制目标的表现形式分为财务报告内部控制缺陷和非财务报告内部控制缺陷，其中财务报告内部控制缺陷是指在会计确认、计量、记录和报告过程中出现的，对财务报告的真实性、准确性和完整性产生直接影响的控制缺陷；非财务报告内部控制缺陷是指虽不直接影响财务报告的真实性、准确性和完整性，但对经营管理的合法合规、资产安全、经营效率和效果、发展战略等控制目标的实现存在不利影响的控制缺陷。

2. 按成因分类

内部控制缺陷按其成因分为设计缺陷和执行缺陷，设计缺陷是指缺少为实现控制目标所必需的控制，或现存控制设计不适当，即使正常运行也难以实现控制目标；执行缺陷是指设计有效的内部控制由于执行不当而形成的内部控制缺陷，包括控制由不恰当的人执行、未按设计的方式运行、运行的时间或频率不当、没有得到一贯有效运行等。

3. 按严重程度划分

内部控制缺陷按其影响内部控制目标实现的严重程度分为重大缺陷、重要缺陷和一般缺陷。重大缺陷是指一个或多个控制缺陷的组合，可能导致严重偏离控制目标。当存在内部控制重大缺陷时，应当在内部控制评价报告中作出内部控制无效的结论。重要缺陷是指一个或多个控制缺陷的组合，其严重程度低于重大缺陷，但仍有可能导致偏离控制目标。重要缺陷的严重程度低于重大缺陷，不会严重危及内部控制的整体有效性，但也应当引起董事会、管理层的充分关注。一般缺陷是指除重大缺陷、重要缺陷之外的其他缺陷。

（二）内部控制缺陷认定程序

内部控制评价部门或评价工作组应以日常检查监督和专项检查监督发现的内部控制缺陷及其持续改进情况为基础，结合所获取的证据，对内部控制缺陷的影响、成因及严重程度进行综合分析和全面复核，并进行缺陷认定。一般企业内部的内控缺陷认定需要按照企业机构授权进行层级认定。在进行内控缺陷认定时需要重点关注内部控制之间的关联关系、内控缺陷组合影响以及补偿性控制措施。一是控制之间的关联关系，如果内部控制缺陷与其他内部控制的关联度很高，或内部控制缺陷的存在对其他内部控制的运行效果产生较大影响，则应适当调高内部控制缺陷的严重程度。二是内部控制缺陷的组合影响，如果内部控制缺陷与其他内部控制缺陷的组合共同影响，可能导致严重偏离控制目标，则应适当调高内部控制缺陷组合的严重程度。三是是否存在补偿性内部控制，如果内部控制缺陷存在其他补偿性控制措施，且其补偿性控制措施能够达到同样的控制效果，则可适当降低内部控制缺陷的严重程度。

（三）内部控制缺陷认定标准

企业应当采用定量和定性相结合的方法，分别对财务报告内部控制缺陷和非财务报告内部控制缺陷的认定标准予以界定。一是财务报告内部控制缺陷认定标准，该内控缺陷直接或者间接对于财务报告准确性的影响程度判定，可以根据影响的金额、影响范围、影响后果等进行综合性的判断。二是非财务报告内部控制缺陷认定标准，可以根据该内控缺陷对于非财务方面，如企业经营管理、企业经营的依法合规性以及企业声誉等方面的影响程度判定。三是企业整体内部控制的有效性应当取决于具体的内控评价缺陷等级，一般来说，如果被评价对象存在重大缺陷，内部控制未建立或者不健全，存在无控制或者控制失效的情况，违反监管机构规定并受到重大处罚，则内部控制被认定为无效；如果被评价对象不存在重大缺陷，内部控制设计得当且得到贯彻，则内部控制被认定为有效。内控缺陷认定标准应当具有客观、可度量等特点，可以给予内控缺陷认定人员一个明确、统一的标准。我们认为《商业银行内部控制评价试行办法》中的划分标准具有很大参考价值，在此引用，可以以此为参考设定企业内部缺陷认定标准。

表 9 - 1　内部控制缺陷认定标准

缺陷等级	标准	
	定量标准	定性标准
重大缺陷	1. 财务损失按照损失金额占当年年度集团营业收入比例≥1%； 2. 财务报告错报，按照错报金额占当年末集团资产总额比例≥0.25%； 3. 财务错报金额占当年度利润总额比例≥5%。	1. 对本行整体控制目标实现造成严重影响； 2. 可能产生或者已经造成重大金额财务损失或财务报告错报； 3. 违反有关法律法规或者监管要求，情节非常严重，引起监管部门严厉惩戒或者其他非常严重法律后果； 4. 可能导致业务或服务出现严重问题，影响到数个关键产品/关键客户群体服务无法进行； 5. 造成的负面影响波及范围很广，引起国内外公众广泛关注，对本行声誉、股价带来严重负面影响。
重要缺陷	1. 财务损失按照损失金额占当年年度集团营业收入比例区间为[0.05%，1%)； 2. 财务报告错报，按照错报金额占当年末集团资产总额比例区间为 [0.0125%，0.25%)； 3. 财务错报金额占当年度利润总额比例区间为 [0.25%，0.5%)。	1. 对本行整体控制目标实现造成一定影响； 2. 可能产生或者已经造成较大金额财务损失或财务报告错报； 3. 违反有关法律法规或者监管要求，情节比较严重，引起监管部门较为严重处罚或者其他较为严重法律后果； 4. 可能导致业务或服务出现一定问题，影响到一个或数个关键产品/关键客户群体服务质量大幅下降； 5. 造成的负面影响波及行内外，引起公众关注，在部分地区对本行声誉、股价带来较大的负面影响。
一般缺陷	1. 财务损失按照损失金额占当年年度集团营业收入比例<0.05%； 2. 财务报告错报，按照错报金额占当年末集团资产总额比例<0.0125%； 3. 财务错报金额占当年度利润总额比例<0.25%。	1. 对本行整体控制目标实现有轻微影响或者基本没有影响； 2. 可能产生或者已经造成较小金额财务损失或财务报告错报； 3. 违反有关法律法规或者监管要求，情节轻微，引起监管部门较轻程度处罚或者其他较轻程度的法律后果； 4. 可能导致业务或服务出现一定问题，影响到一个或数个关键产品/关键客户群体，并且影响情况可以立刻得到控制； 5. 造成的负面影响局限于一定范围，公众关注程度较低，对本行声誉带来负面影响较小。

第五节 内控评价的五大误区

内控评价的"老兵",我们在进行内控管理工作中,曾经踩过太多的"坑",值得提醒人们关注。在这里,我们把一些经典案例拿出来分享,就是希望能够给从业者一些参考和警示。当然,以下案例并不一定都是银行的,但道理都是相通的。隔行如隔山,但隔山不隔理。

一、误区一:样本是完全可信的

获取签字、盖章等应有的控制记录或痕迹并不完全等于控制执行有效,而应"透过现象抓住本质",这样才能真正起到评价的效果。例如,在执行内控评价的过程中,被评价单位提供的一份合同,其所用的印章是在合同签署时间之后3个月才新刻制和启用的印章;又如,在审核某纸质的差旅记录时发现,某机构的差旅报销都是某部门负责人审批即可,但反查授权时却发现该部门负责人并无相关授权。

以上的两个案例告诉我们,一是要认真查验每一个签字和盖章;二是需要将签字与授权进行关联,才能发现问题;三是针对高频事项,尽可能地建立起计算机控制,以减少人为操作错误。

二、误区二:样本总量就是一个被评价对象提供的清单

对于固定频率的关键控制点样本量的确定,是需要反复验证的,只有这样,才能保证样本的完整性。例如,在内控评价的过程中,需要被评价机构抽取全量客户清单进行抽样,其问题是该评价对象的客户清单还没有在计算机系统中全部录入。被评价对象拿出客户清单中有233个客户,经与前一年的年度情况进行比较,发现前一年的客户约为223个,推算出一个年度仅新净增10个客户,而前一年同期新增了113个客户。这样,评价人员就对样本总量的完整性产生了质疑,在进一步对被评价对象进行访谈的基础上,从另一个侧面也了解到一家评级机构有被评价机构的部分共享客户清单,经过比对,发现被评价机构提供的样本总量大量缺失。

该案例告诉我们,不要盲目地拿到被评价机构提供的样本总量就开展抽样,在抽样之前一定要反复验证样本总量的完整性。

三、误区三：每年开展一次内控评价就可以了

内部控制评价应当在年初制定计划并有序开展，为整改留有足够的时间，并保证年底内控评价报告的质量。对于银行，当年的内控评价报告一般在下一年初上报监管机构；对于上市企业，内控情况一般作为经过审计的财务报告的一部分进行披露。因此，为了确保上报监管机构的内控评价报告以及被审计的内控情况良好，企业应当按照计划、有序地开展内控评价工作。实际上，反面典型案例很多，也就是企业在年底开展一次全量的内控评价工作，其中有些问题的整改周期较长，在年底之前仍然留有重要缺陷未能整改完成。

这些案例告诉我们，应当至少在年中开展一次全面评价，并且酌情覆盖到分支机构，留有半年的时间推进各项重大缺陷、重要缺陷的及时整改，为年末时点的再评价夯实基础。

四、误区四：整改是否完成由被评价对象说了算

在实践中，寻找到合适的补偿性控制并不是一件易事，企业往往更倾向于采取整改测试通过的方式来解决。例如，在跟进某被评价对象的整改情况时，整改机构告知之前被发现的某系统限额控制缺陷已经得到了有效整改。为了验证整改情况，评价者进一步获取了该系统的生产权限，并通过穿行测试的方法进行了验证，结果发现该系统限额调整并未生效。

该案例告诉我们，针对诸如系统缺陷等可验证的问题，整改效果需要内控评价人员进一步验证，以证实问题得到了有效解决。

五、误区五：被评价对象永远不会"翻案"

在实践中，内控执行人员对于缺陷的确认，并不能完全代表该组织对于内控缺陷的认定，尤其是当内控执行人员是一个初级人员时。例如，评价者曾与一名刚参加工作不久的工作人员商定关于数据传输准确性和完整性的缺陷问题，但最终报告提出该缺陷时，该机构管理层认为问题不出在本机构，而出于另外一家机构，因为另外一家机构负责该数据的验证，它们只负责该数据的提供。当然，有很多现实案例，都是到了最后的缺陷确认环节，才发现需要进一步通过缺陷的表象来分析缺陷产生的根本原因。这样，在缺陷发现环节和确认环节，都需要经验丰富的人员揭示问题所在并进一步解读相关情况。

该案例告诉我们，所有缺陷的认定需要经过被评价机构的管理层进行确认

方可写进报告。另外，缺陷的初步认定环节应当有工作经验丰富的人员参与，这样评价人员才能够高效地获取信息，找到问题根源所在。

第六节　追求卓越

一方面，没有出现风险事件或者没有发现问题，并不证明内控缺陷不存在。另一方面，内部控制是一个动态过程。任何一家百年老店，都有着一颗追求卓越的心。我们经常讲，不把目标定在100分并全力以赴，是不可能达到优秀的。得过且过的及格万岁是不可能有及格表现的！任何组织都应当以高标准、严要求去追求卓越，这样才能保证内部控制体系的有效性，并进而促进战略目标实现和企业使命达成。

在追求卓越的过程中，以史为鉴、以他人为鉴，吸取教训，总结经验，并以实际行动把成熟的管理理念贯穿其中，才能够保障不断创新和持续优化，促进内部控制价值的实现。

现代企业以生存和发展作为历史使命，追求效率和公平，这是社会的选择，也是现代经济社会对企业认识形成的基石。现代企业追求卓越需要以内部控制的价值主张和实现为基础，保障企业生存，助力可持续发展，提升生产和管理效率，保护资产安全，保证信息质量，实施人本管理，履行社会责任。在追求卓越的过程中，吸取失败的教训，采取科学管理方式，系统地思考和解决问题，建立合理的制度安排，设置适用的内部组织机构，发挥人员和人才优势，以科技为支撑，建立科学、适应、高效的内部控制体系，这样才能保障企业基业长青、持续健康发展。

对于我国商业银行，尤其是国有大型商业银行来说，要与时俱进、改革创新，提升治理体系和治理能力现代化水平。

（一）把握政治方向，提高政治站位，把推进银行治理体系和治理能力现代化作为首要的政治任务

面对严峻的形势和光荣的使命，银行应准确把握政治方向，提高政治站位，审时度势，深入学习贯彻党的十九届四中全会精神，以《中共中央关于坚持和完善中国特色社会主义制度　推进国家治理体系和治理能力现代化若干重大问题的决定》（以下简称《决定》）为基本遵循，把推进银行治理体系和治理能力现代化作为首要的政治任务，以责无旁贷、时不我待的坚决态度，不

折不扣、坚持不懈地把中央要求落实到位，在新金融实践中展现人民立场和政治忠诚。这是一个方向性问题，也是银行工作的出发点和落脚点。

1. 意义

党的十九届四中全会具有开创性、里程碑意义，是我们党一次十分重要的会议。中央全会专题研究坚持和完善中国特色社会主义制度、推进国家治理体系和治理能力现代化问题，主要是基于以下考虑：这是实现"两个一百年"奋斗目标的重大任务，是把新时代改革开放推向前进的根本要求，是应对风险挑战、赢得主动的有力保证。《决定》回答了在国家制度和国家治理上应该"坚持和巩固什么，完善和发展什么"的重大政治问题，既有理论上的新概括，又有实践上的新要求。会议要求，要从党的初心和使命的政治高度和历史视野准确把握新时代中国特色社会主义制度建设、国家治理体系和治理能力建设的内在规律、演进方向，不断增强制度自信，到2035年实现"各方面制度更加完善，国家治理体系和治理能力现代化基本实现"，到本世纪中叶实现"国家治理体系和治理能力现代化"。

深入学习贯彻党的十九届四中全会精神，就是要深刻理解坚持和完善中国特色社会主义制度的根本制度、基本制度和重要制度的重大意义。

深入学习贯彻党的十九届四中全会精神，就是要深入学习和理解在推进国家治理体系和治理能力现代化方面的要求，即全面深化改革、系统整体设计推进改革，强调顶层设计和改革的系统性、整体性和协调性；短期内要在重要领域和关键环节的改革取得显著成效，打赢防范化解重大风险攻坚战。

深入学习贯彻党的十九届四中全会精神，就是要掌握工作方法，即强调固根基、扬优势、补短板、强弱项，逐步构建系统完备、科学规范、运行有效的制度体系，加强系统治理、依法治理、综合治理、源头治理，开创"中国之治"新境界。

2. 形势

2020年是个关键的时间点。全面建成小康社会，是我们党作出的庄严承诺，脱贫攻坚战已经进入全面冲刺的关键时期。同时，面对复杂的国际形势，经济向高质量发展面临着更为困难的局面，既要实现全面建成小康社会的目标，又要实现经济的高质量发展，还要积极应对国内外复杂形势的风险挑战，任务十分艰巨。在这个关键时间点上，党中央在治理体系和治理能力现代化方面作出重大决策部署，具有重要的现实意义和深远的历史影响。

3. 任务

国有企业是中国特色社会主义的重要物质基础和政治基础，关系公有制主体地位的巩固，关系我们党的执政地位和执政能力，关系我国社会主义制度。国有大型银行作为国有经济的重要支柱，是党执政兴国的金融重器，肩负着服务实体经济、防范金融风险、深化金融改革的重要使命，是现代国家治理体系的重要组成部分，是市场经济体系的重要组成部分，是中国特色社会主义制度的重要物质基础和政治基础，占有举足轻重的地位。

但银行面临的经营发展压力巨大，一是外部环境的变化对银行内部的管理理念、管理思维、管理架构、管理流程和风控举措等造成重大冲击；二是盈利增长持续承压、信用和市场风险压力增大、服务大局和服务实体经济能力有待提升、农村金融服务亟需拓展等；三是面对风险挑战，风险意识、忧患意识不强，应对风险的能力依然不足、敏感性还不够，深层次的体制机制问题依然存在，防范化解重大金融风险能力亟待全面提升。

在这个关键时期，银行应以高度的政治责任感，深刻领会中央精神，密切结合客观实际，把制度建设摆到更为突出的位置，坚持和深化党的领导制度，持续强化重要领域、重点环节的管理制度，以问题为导向，优化完善制度体系。同时，要进一步增强制度的执行力，特别是增强运用新金融理念和科技力量落实中央方针政策、破解社会痛点的能力，在金融实践中提升市场竞争力，为国家治理体系和治理能力现代化提供金融解决方案，体现新时代国有大行的担当和贡献。

推进银行治理体系和治理能力现代化，既是大势所趋，也是时代需要，是历史赋予的光荣使命，银行应有时代方向感、有历史使命感、有政治责任感，坚定不移地朝着改革发展的宏伟目标前进，为实现高质量发展作出不懈的努力。

（二）坚持政治统领，持续改革创新，以科学的方法论指导和推动银行治理体系和治理能力现代化

银行应深刻理解和正确掌握提升治理能力现代化水平的基本方法，坚持政治统领，紧紧围绕党中央要求，尊重事物发展规律，改革创新，前瞻研究，统筹部署，协调推动，以刀刃向内、自我革命的勇气和精神，狠抓具体落实，推动新时代金融活动向纵深发展，切实履行经济社会发展责任。

政治建设是党的根本性建设，重点强调要把握政治方向、站稳政治立场、涵养政治生态、提高政治能力。在实际工作中，要善于从政治上分析问题、解决问题。从来没有离开政治的业务，也没有离开业务的政治。要从政治上思考

问题、指导实践，持续关注党中央会议精神、党的社会经济政策在银行的落地情况、银行治理能力及治理效能的提升情况。在推进银行治理体系和治理能力现代化进程中绝不能丢掉"政治"这个"魂"。

面对新形势、新任务，银行必须深入领会中央精神，精准把握金融实质和时代任务，正确处理银行经营管理中的政治与业务的关系，以中央精神贯穿业务战略、业务开展的全过程，落实新时期对金融功能的要求。首当其冲的第一要务就是落实中央要求，全力推进银行治理体系和治理能力现代化。在整个推进过程中，要坚持党的领导，服务国家战略，服务经济社会发展，确保金融安全，因时、因势而谋，因时、因势而动，因时、因势而进，在公司治理、经营管理、业务操作三个层面上，优化制度安排，完善制度体系，进一步强化经营管理能力，提升服务水平与市场竞争力。

要从政治上、全局上、战略上认知和把握制度优势，把制度优势厚植于现代银行治理体系建设中，结合金融企业特点，着眼重大战略实施，集中劳动、资本、知识、技术、管理、数据等生产要素，以生产要素创新为突破口，围绕以人民为中心的发展理念，凝聚智慧，推动新金融发展，实现高质量发展。

在业务经营中，以服务国家战略、服务经济社会发展、维护金融安全为基本要求，坚持补短板、强弱项，完善服务内容、服务方式和服务范围，促进高质量发展。如在普惠金融方面，要加大创新力度，完善服务内容，拓展服务范围，解决社会痛点和难点问题，积极推动新的治理机制建设；在金融科技方面，进一步加大投入，提升科技与金融的有机融合，赋能银行，打造更为广泛的综合金融平台，更好地服务经济社会发展。

（三）突出科技应用，融合业务发展，创造性推动新时代新金融功能在国家治理体系中发挥更大作用

科技是最具革命性的要素，也是新时代银行金融功能重构的基石。银行应突出强调、重点解决在科技创新与业务发展上的有机融合问题，寻找现代银行治理的突破口，在发展理念、商业逻辑、服务方式、管理方式等方面实现质的飞跃，这是实现治理体系和治理能力现代化目标、圆满完成时代赋予的光荣任务的重要手段和必要路径。

发挥好银行的新金融功能是在更高的格局、以宽广的视野来理解金融，也是银行提升国家治理能力现代化水平的直接体现。现代社会离不开科技进步，科技进步促进现代化进程。金融科技的迅猛发展给银行经营模式和服务方式带

来了巨大变化和革命性影响。银行需要深入研究金融科技发展以及由此带来的重大影响，适时构筑新发展理念、重塑基本商业逻辑、重估竞争形势、完善服务方式，密切关注大数据、人工智能、区块链等技术的最新进展，充分利用信息化、网络化、智能化成果，科技部门和管理部门、业务部门形成整体、拧成一股绳，在公司治理、经营管理、产品服务等方面全面整体提升科技应用能力和水平，为现代银行治理提供可靠、有效的支撑，探索银行治理体系和治理能力现代化的可行路径。

在发展理念方面，要牢固构筑高质量发展的新理念，突出强调银行的社会价值发展和业务本源发展，回归以绩效为导向的内涵式发展模式，追求经营绩效，平衡资产与绩效、经营管理与绩效，优化资源配置，打破内部条线、层级、部门之间的壁垒，以金融科技创新为发展驱动力，打造金融综合服务平台，促进高效运行机制的建立与完善。

在基本商业逻辑方面，应整体考虑银行定位，综合平衡所有关系，遵循市场经济规律，开展场景化研究，重视竞争优势培育，改进和创新商业模式和战略发展方式，提升市场竞争力和服务国家大局的能力，加快银行从规模扩张驱动向全要素生产率提升驱动的转变，突出以专业化、特色化、个性化、均衡化为特征的综合化业务经营，改善业务结构，补齐业务短板，服务实体经济，重塑核心竞争力。

在产品服务方面，要面对市场和客户，充分利用金融科技，挖掘和引导金融需求，在普惠金融、扶贫金融、绿色金融、住房租赁金融等方面，设计和推广适应经济社会发展需要的金融产品和服务，改善业务形态，改进合作模式，提供综合金融服务，充分展现银行的金融功能。要做到既让人民满意、让监管满意、让市场满意、让竞争者佩服，又能保证业务安全和持续健康发展。

在公司治理和经营管理方面，要通过科技手段，强化信息收集、加工与应用，强化信息共享和沟通，为政策制定与重大决策奠定完整、有效的信息基础，为管理决策和业务经营提供充分的信息支持和技术手段。特别是在风险管理和资本精细化管理方面，以金融科技带动管理创新，提升风险资产的证券化水平，提高风险管理的智能化水平，实现资本的精细化管理和业务结构的优化调整。

科技、金融、创新的大融合是推进银行治理体系和治理能力现代化的重要手段。在银行金融实践中，综合运用科技创新、践行新金融理念的能力就是敢于担当的重要因素，要持续不断地提升银行科技、金融、创新的大融合能力和水平。

（四）强化实践导向，坚持守正出新，全力、全面、深入地推进银行治理制度体系整体现代化进程

强化实践导向，就是要在实践中创新，在创新中优化，密切联系实际，抓好制度建设和执行，把实践作为检验制度优劣的唯一标准，持续改进和不断完善制度体系，逐步推进治理体系和治理能力现代化。

制度是银行治理的框架、规范和准则，是依法治国在银行中的具体体现。治理能力现代化就是要在制度建设上体现现代化，在制度执行上展现现代化。制度设计要依据中央精神、国家政策、经营发展的客观规律，综合平衡内外部关系、经营与管理的关系、内部主体间关系，体现科学性、有效性、适应性，规范银行经营管理行为，为银行经营管理提供可靠的制度保障。与此同时，更要强调制度执行。有了好的制度就必须持之以恒地执行，这样才能取得好的成效。

抓制度建设就是要重新检视制度的现实状况，以政治的观点、新金融理念为制度建设的出发点，按照整体设计要求，通过制定新制度和对现有制度进行重检修订，逐步健全和完善制度体系。这就要求银行在制度建设中，必须研究经营管理的一般规律，深入贯彻落实国家政策和监管要求，紧紧围绕理念、战略与能力，充分考虑经营管理适应性，强调可操作性，体现制度的体系化、科学化和有效性，并利用金融科技成果，把制度要求落实到 IT 系统，为制度的执行做好全面准备。

在制度建设要求上，从外部看，一是在当前服务大局中，承担政策任务，坚持扎根实体经济，保持与国家重大战略的一致，促进政策落地，保障国家战略的实施效果；二是在监管面前，坚持把握监管政策的精神实质，不折不扣地落实相关要求，并内化为具体的制度并贯彻执行。从内部来看，知常明变者赢，守正出新者胜，强调制度的适应性，既要重视新制度建设，又要做好制度传承，必须冷静观察"变"的格局，细致把握"不变"的因素，不断厚植"稳"的基础，激发"进"的动能，合理把握"变"与"不变"中的实质，实现更高水平的再平衡。

制度的生命力在于执行。把制度优势更好地转化为治理效能，需要强化制度执行力。提升制度执行力，首先应不断增强制度意识，严格按照制度履行职责、行使权力、开展工作，在制度的轨道上推进各项工作。同时，也应加强制度执行的监督，自觉维护制度权威，充分发挥制度保障。一方面，业务部门、

管理部门、审计部门要齐抓共管，整合监督检查资源，通力协作，在业务过程和管理中发现问题，及时采取相应措施，防范和控制风险；另一方面，要狠抓问责，守牢底线，坚决打击违规、违纪，树立制度权威。

实践丰富多彩，创新永无止境。制度要在不断地探索实践、改革创新中形成，并逐步走向更加成熟和更加完善。坚持好、巩固好已经建立起来并经过实践检验的制度，及时总结实践中的好经验、好做法，持续加强制度创新，在实践中不断推进治理体系和治理能力现代化。

后 记

　　从某种意义上讲，组织之间没有什么本质上的差别。我对内部控制做过一些探索和思考，从2007年参与《企业内部控制基本规范》征求意见到2008年开始的具体实施，从商业银行内部控制建设标准制定项目立项研究到赴美国银行交流学习风险内控，从轰轰烈烈的内控体系建设项目推动到潜移默化、默默无闻的制度建设，虽秉承"成功未必在我"的信念，但也深谙"功力必不唐捐"的道理，时也势也！

　　用了十几年时间的积累，读了一些经典，思考过一些东西，做了一些实际工作，写了一点点文字（我始终认为，对一个领域没有几十万字的笔记，就不要说懂，更不要说是专家！），有零零散散的感悟，有只言片语的表达，但总觉得欠缺点什么。这本书就是我对以往思考的一个粗加工的半成品，目的是试图系统地梳理一下自己的思路和认知，结果自然是并不尽如人意。这里面大多是古人先贤的意见，不过是我的一个读书笔记整理，同时也有一些与同事朋友交流的点点滴滴，能够形成一个可以阅读的材料，也算可以自慰了。我很在意路途中的风景，而不仅仅局限在对目的地的向往。对每个人来讲，经历和过程是一种财富，是人生的意义所在。我很享受思考、回忆、整理的过程，至少自己的内心在与先哲的隔空交流中又得到了一遍遍的洗礼，那些耳熟能详的先哲名号、那些与朋友交流而畅所欲言的场面时常在脑海萦绕，孔子、孟子、苏格拉底、柏拉图、亚里士多德、卢梭、洛克、罗素、培根、泰勒、西蒙、韦伯、法约尔、霍桑、孔茨、德鲁克、香农、维纳、贝塔朗菲、笛卡尔、斯密、图灵、卡耐基……当然，一些观点或是事实，或是我比较认同的道理，都一而再、再而三地在内心深处打下烙印。我可以武断地讲，现代社会很难有人会静下心来从头到尾细细品读一本书，更别谈几十年如一日深入系统地思考一件事情，浮躁和变动几乎成为显著特征，客观环境与主观愿望猛烈地冲击着每一个人。但对于我整理的这些东西，我想只要你看、你思，每一页或者说每一段都会让你有所思、有所想、有所启发。

对于一个正常组织而言，一言以蔽之，没有风险意识是不可救药的，但仅有风险意识是远远不够的，恰如其分的行动才是关键。目标永远是有的，可风险无处不在，既不能因噎废食，也不能做鸵鸟状而听之任之、无所作为，要有偏好、能控制，才不至于发展到不可收拾的地步而望洋兴叹！

对于任何事情，人们都期待美好。但现实往往会很残忍，或者说很残酷。没有发现美是因为你缺乏审美的眼界，的确是有一定道理的。但同样我们也可以说，没有看到问题是因为你定的标准太低、太容易满足。在现实社会中，对好人的苛刻、对坏人的宽容都是不可取的，不以规矩节之，皆不可行。从心理学的角度看，人人都有看到别人悲惨的窃喜倾向，怜悯这时便成了人的美德。由己及人、自省吾身的人凤毛麟角。这或许是悲惨反反复复，人复人、事复事的大体原因吧！我想，人们应当除了崇拜规矩之外（当然，这点已经很难得），还是要有更高的追求！

我从来就没有相信过"书中自有黄金屋，书中自有颜如玉"的说教。反倒是书读多了，虽然可以让人对某些事情释怀，但也会让人不经意地偶感孤独和无助。对等交流是一种奢望；不学无术而得志者让人备受挫折，更甚者是挫折感挥之不去。弹琴复长啸，林深人未识。但求心意通，隔纸神相交。时常感叹：如诸葛不出茅庐、躬耕隆中，未曾出将入相，或有慧言遗赠，但可能无三分天下之历史厚重；葛洪远离喧嚣炼丹静修三清山，成就儒释道大成之作，《抱朴子》内外兼修，鸿幅巨著世代传扬，展大中华文化恢宏画卷。我从不奉劝人多读书，也绝不把自己的喜好推及他人。当然，这主要是因为别人会把你说的那些话、你写的那些文字当作胡乱说的痴话，更别说我非诸葛有大志得展，亦非抱朴子深悟有大成。所以，别当真，书里的内容总有一款适合你，各取所需吧！

管理学大师彼得·德鲁克说："产生动乱时，最大的危险不是动乱本身，而是人们按照过去的逻辑行事。"实践永远是鲜活的，永不停滞的创新才是硬道理。祝愿所有的组织都能永葆青春、基业长青！祝愿组织里的所有人都能知善、行善而获得幸福！